高职高专公共基础课规划教材

演讲与口才

毕雨亭　编著

清华大学出版社

北京

内 容 简 介

本书针对高职高专学生毕业后工作岗位能力需要、学生认知规律等方面进行编写，主要讲述了关于演讲和口才的基本原理和相关案例，核心内容如下：概述、演讲需具备的基本素养、命题演讲、即兴演讲、演讲中的有声语言、演讲中的体态语言、倾听能力、社交口才、面试口才、销售口才、职场口才、辩论口才。

本书内容由浅入深，由实践到理论，再从理论到实践，将理论与实践密切结合，反映了高等职业教育的特点，也反映了初学者认知和掌握演讲的规律。本书可以用作高等职业院校的基础课程教材，也可以作为对演讲和口才有兴趣的在职人士的参考用书。

图书在版编目(CIP)数据

演讲与口才/毕雨亭编著．—北京：清华大学出版社，2019（2022.7重印）
（高职高专公共基础课规划教材）
ISBN 978-7-302-51428-2

Ⅰ．①演…　Ⅱ．①毕…　Ⅲ．①演讲—高等职业教育—教材　②口才学—高等职业教育—教材
Ⅳ．①H019

中国版本图书馆 CIP 数据核字(2018)第 242156 号

责任编辑：张龙卿
封面设计：范春燕
责任校对：李　梅
责任印制：杨　艳

出版发行：清华大学出版社
网　　址：http://www.tup.com.cn，http://www.wqbook.com
地　　址：北京清华大学学研大厦 A 座　　**邮　　编**：100084
社 总 机：010-83470000　　**邮　　购**：010-62786544
投稿与读者服务：010-62776969，c-service@tup.tsinghua.edu.cn
质 量 反 馈：010-62772015，zhiliang@tup.tsinghua.edu.cn
课件下载：http://www.tup.com.cn，010-83470410
印 装 者：北京国马印刷厂
经　　销：全国新华书店
开　　本：185mm×260mm　　**印　　张**：18.75　　**字　　数**：431 千字
版　　次：2019 年 3 月第 1 版　　**印　　次**：2022 年 7 月第 4 次印刷
定　　价：49.00 元

产品编号：078833-01

前言

随着经济全球化和市场经济体制的不断完善，社会经济的发展急需具备知识、能力、素质协调发展，具有创新精神、较强实践能力和可持续发展能力的人才。因此，要求高校教育实现由“理论灌输”到“实践操作”的转变，将理论知识与实践能力有机结合，培养市场经济所需要的上手快、素质高、业务精、技能强的专业人才。本书围绕培养实践能力强、素质高的技能型专门人才的要求编写而成。在总结长期教学经验和实地考察的基础上，借鉴国内外相关理论研究和实践的最新成果，形成了一个具有较强可操作性的、提升学生演讲能力的理论体系。

培养高素质的应用型人才，除了建立完善的教学计划和高水平的课程体系之外，还需要与之相配套的适用图书。本书就是切合应用型人才的培养目标，在广泛的企业调研和毕业生就业信息反馈的基础上编写而成的。本书注重以下几点。

1. 理论具有针对性

在本书编写的过程中，考虑学生毕业后就业的工作岗位对其素质和技能的要求，本书重视对演讲基本理论的阐述，力求概念、原理表述准确，通俗易懂，便于学生理解和掌握。本书注重吸收新知识，采用新准则，强化理论知识，帮助学生打下坚实的理论基础，以便学生通过专业理论能分析并解决实际问题。

2. 每章都配有相关阅读和案例分析的内容

案例与演讲的实际应用密切相关，供学生运用所学的相关理论，分析具体的案例；案例分析设置了相关问题，让学生根据所学的理论进行讨论分析，提出解决方案，以此锻炼和提高学生解决实际问题的能力。

3. 结构清晰

首先，对演讲进行了概述，让学生概括性地了解关于演讲的基本内容；其次，针对演讲的应用场景进行详细讲述。全书结构清晰明了，便于学生掌握演讲的相关知识。

本书由毕雨亭担任主编，张琦、徐文杰、孙亭亭、林婕、冯书亭、陈嫱、张永涛、陈岱、马晶也参与了本书的编写。

本书编写过程中参考了大量的国内外专家和学者的专著、报纸文献、网络资料，以及与演讲相关的图书，借鉴了部分国内外专家、学者的研究成果，在此对所涉及的专家、学者表示衷心的感谢！

虽然本书各作者通力合作，但因编写时间和理论水平有限，书中难免有不足之处，诚挚地希望读者对本书的不足之处给予批评指正。

编　者

2019年1月

目 录

第1章 概 述

【本章学习目标】

1. 掌握演讲的概念、特性、基本类型、社会功能和发展简史。
2. 掌握口才的概念、特性和构成要素。
3. 理解演讲和口才的关系。

【导入案例】

我有一个梦想

（马丁·路德·金演讲稿）

今天，我高兴地同大家一起参加这次将成为我国历史上为争取自由而举行的最伟大的示威集会。

100年前，一位伟大的美国人——今天我们就站在他的雕像前——签署了《解放黑奴宣言》。这项重要法令的颁布，对于千百万灼烤于非正义残焰中的黑奴，犹如带来希望之光的硕大灯塔，恰似结束漫漫长夜禁锢的欢畅黎明。

然而100年后的今天，我们必须正视黑人还没有得到自由这一悲惨的事实。100年后的今天，在种族隔离的镣铐和种族歧视的枷锁下，黑人的生活备受压榨。100年后的今天，黑人仍生活在物质充裕的海洋中一个穷困的孤岛上。100年后的今天，黑人仍然蜷缩在美国社会的角落里，并且意识到自己是故土家园中的流亡者。今天我们在这里集会，就是要把这种骇人听闻的情况公诸世人。

就某种意义而言，今天我们是为了要求兑现诺言而汇集到我们国家的首都来的。我们共和国的缔造者草拟宪法和独立宣言的气壮山河的词句时，曾向每一个美国人许下了诺言，他们承诺所有人——不论白人还是黑人——都享有不可让渡的生存权、自由权和追求幸福权。

就有色公民而论，美国显然没有实践她的诺言。美国没有履行这项神圣的义务，只是给黑人开了一张空头支票，支票上盖着“资金不足”的戳子后便退了回来。但是我们不相信正义的银行已经破产，我们不相信，在这个国家巨大的机会之库里已没有足够的储备。因此今天我们要求将支票兑现——这张支票将给予我们宝贵的自由和正义保障。

我们来到这个圣地也是为了提醒美国，现在是非常急迫的时刻。现在绝非奢谈冷静下来或服用渐进主义的镇静剂的时候。现在是实现民主的诺言的时候。现在是从种族隔离的荒凉阴暗的深谷攀登种族平等的光明大道的时候，现在是向上帝所有的儿女开放机会之门的时候，现在是把我们的国家从种族不平等的流沙中拯救出来，置于兄弟情谊的磐石上的时候。

如果美国忽视时间的迫切性和低估黑人的决心，那么，这对美国来说，将是致命伤。自由和平等的爽朗秋天如不到来，黑人义愤填膺的酷暑就不会过去。1963 年并不意味着斗争的结束，而是开始。有人希望，黑人只要撒撒气就会满足；如果国家安之若素，毫无反应，这些人必会大失所望的。黑人得不到公民的基本权利，美国就不可能有安宁或平静，正义的光明的一天不到来，叛乱的旋风就将继续动摇这个国家的基础。

但是对于等候在正义之宫门口的心急如焚的人们，有些话我是必须说的。在争取合法地位的过程中，我们不要采取错误的做法。我们不要为了满足对自由的渴望而抱着敌对和仇恨之杯痛饮。我们斗争时必须永远举止得体，纪律严明。我们不能容许我们的具有崭新内容的抗议蜕变为暴力行动。我们要不断地升华到以精神力量对付物质力量的崇高境界中。

现在黑人社会充满着了不起的新的战斗精神，但是不能因此而不信任所有的白人。因为我们的许多白人兄弟已经认识到，他们的命运与我们的命运是紧密相连的，他们今天参加游行集会就是明证。他们的自由与我们的自由是息息相关的。我们不能单独行动。

当我们行动时，我们必须保证向前进。我们不能倒退。现在有人问热心民权运动的人，“你们什么时候才能满足？”

只要黑人仍然遭受警察难以形容的野蛮迫害，我们就绝不会满足。

只要我们在外奔波而疲乏的身躯不能在公路旁的汽车旅馆和城里的旅馆找到住宿之所，我们就绝不会满足。

只要黑人的基本活动范围只是从少数民族聚居的小贫民区转移到大贫民区，我们就绝不会满足。

只要我们的孩子被“仅限白人”的标语剥夺自我和尊严，我们就绝不会满足。

只要密西西比州仍然有一个黑人不能参加选举，只要纽约有一个黑人认为他投票无济于事，我们就绝不会满足。

不！我们现在并不满足，我们将来也不满足，除非正义和公正犹如江海之波涛，汹涌澎湃，滚滚而来。

我并非没有注意到，参加今天集会的人中，有些受尽苦难和折磨；有些刚刚走出窄小的牢房，有些由于寻求自由，曾在居住地惨遭疯狂迫害的打击，并在警察暴行的旋风中摇摇欲坠。你们是人为痛苦的长期受难者。坚持下去吧，要坚决相信，忍受不应得的痛苦是一种赎罪。

让我们回到密西西比去，回到亚拉巴马去，回到南卡罗来纳去，回到佐治亚去，回到路易斯安那去，回到我们北方城市中的贫民区和少数民族居住区去，要心中有数，这种状况是能够也必将改变的。

我们不要陷入绝望而不可自拔。朋友们，今天我对你们说，在此时此刻，我们虽然遭受种种困难和挫折，我仍然有一个梦想，这个梦想深深扎根于美国的梦想中。

我梦想有一天，这个国家会站立起来，真正实现其信条的真谛：“我们认为真理是不言而喻的，人人生而平等。”

我梦想有一天，在佐治亚的红山上，昔日奴隶的儿子将能够和昔日奴隶主的儿子坐在一起，共叙兄弟情谊。

我梦想有一天，甚至连密西西比州这个正义匿迹，压迫成风，如同沙漠般的地方，也将变成自由和正义的绿洲。

我梦想有一天，我的四个孩子将在一个不是以他们的肤色，而是以他们的品格优劣来评价他们的国度里生活。

今天，我有一个梦想。我梦想有一天，亚拉巴马州能够有所转变，尽管该州州长现在仍然满口异议，反对联邦法令，但有朝一日，那里的黑人男孩和女孩将能与白人男孩和女孩情同骨肉，携手并进。

今天，我有一个梦想。

我梦想有一天，幽谷上升，高山下降；坎坷曲折之路成坦途，圣光披露，满照人间。

这就是我们的希望。我怀着这种信念回到南方。有了这个信念，我们将能从绝望之岭劈出一块希望之石。有了这个信念，我们将能把这个国家刺耳的争吵声，改变成一支洋溢手足之情的优美交响曲。

有了这个信念，我们将能一起工作，一起祈祷，一起斗争，一起坐牢，一起维护自由；因为我们知道，终有一天，我们是会自由的。

在自由到来的那一天，上帝的所有儿女们将以新的含义高唱这支歌："我的祖国，美丽的自由之乡，我为您歌唱。您是父辈逝去的地方，您是最初移民的骄傲，让自由之声响彻每个山冈。"

如果美国要成为一个伟大的国家，这个梦想必须实现！

让自由之声从新罕布什尔州的巍峨的崇山峻岭响起来！

让自由之声从纽约州的崇山峻岭响起来！

让自由之声从宾夕法尼亚州的阿勒格尼山响起来！

让自由之声从科罗拉多州冰雪覆盖的落基山响起来！

让自由之声从加利福尼亚州蜿蜒的群峰响起来！

不仅如此，还要让自由之声从佐治亚州的石岭响起来！

让自由之声从田纳西州的瞭望山响起来！

让自由之声从密西西比的每一座丘陵响起来！

让自由之声从每一片山坡响起来！

当我们让自由之声响起，让自由之声从每一个大小村庄、每一个州和每一个城市响起来时，我们将能够加速这一天的到来，那时，上帝的所有儿女，黑人和白人，犹太教徒和非犹太教徒，耶稣教徒和天主教徒，都将手携手，合唱一首古老的黑人灵歌：

"自由啦！自由啦！感谢全能上帝，我们终于自由啦！"

资料来源：陈菲菲. 肯尼斯·伯克新修辞学视角下《我有一个梦想》分析[J]. 海外英语，2017(11).

【思考提示】《我有一个梦想》是美国黑人民权运动领袖马丁·路德·金于1963年8月28日在华盛顿林肯纪念堂发表的著名演讲，在美国甚至世界范围内都颇具影响力。阅读后请思考，《我有一个梦想》为什么会被奉为演讲中的经典之作？演讲有哪些基本特征？

1.1 什么是演讲

《战国策》有云："一人之辩重于九鼎之宝，三寸之舌强于百万之师。"在古代中国，诸葛亮舌战群儒方有了后来的三分天下；在现代美国，奥巴马通过一次又一次的精彩演说成功入主白宫，成为美国历史上第一位非裔美国人总统。

当今社会，演讲早已深入生活的方方面面，朋友聚会要演讲，宣传活动要演讲，论文答辩要演讲，求职面试要演讲，竞选职务也要演讲。演讲能够改写历史，也能改变个人命运，学会演讲这门学问无疑会令人受益一生。

1.1.1 演讲的概念

1. 演讲的基本概念

演讲又称讲演，是指在特定的时境中，以有声语言为主要手段，以体态语言为辅助手段，针对某一个或某几个问题当众公开、系统地陈述自己的见解和主张，从而传递信息、表达情感、阐明事理，并达到感召听众促使其行动的一种语言交际活动。

通过上述定义，我们可以看出，演讲是一门独立的语言艺术，需要同时运用有声语言和体态语言，组成一个综合的、统一的、完整的传达系统，才能最终达到演讲的目的。在这个综合的传达系统中，缺少任何一个因素都无法构成演讲活动，所谓"演讲"，演和讲是紧密相连的，演中有讲，讲中有演。只"讲"不"演"，缺少动人的主体形象和表演活动，过分注重演讲的实用性而忽略了其艺术性，必然会使演讲枯燥乏味，如同坐在收音机旁听广播，从而削弱了演讲的效果；只"演"不"讲"，过分注重艺术表演技巧，则会冲淡演讲的现实性、实用性和严肃性，使之沦为一场廉价的娱乐秀，起不到应有的作用。

可见，演讲不属于表演范畴，在这一过程中，演讲者并不是要扮演某个角色，而是要以自己的真实身份向听众传递信息、表达情感和交流思想，所以严格来说，讲故事、诗朗诵等都不能算是真正的演讲。

此外，演讲也不是站在台上"侃大山"或自顾自地念稿、背稿，而是一种有中心、有条理地将自己的观点与听众进行巧妙沟通的语言艺术，如果认为演讲无须学习，只要敢于当众说话就能成为一个合格的演讲者，那就大错特错了。

2. 演讲学的基本概念

演讲学是研究演讲的发生和发展规律以及演讲的方法和技巧的一门社会科学，具有很强的实践性和方法论性质。主要研究对象包括以下内容。

(1) 关于演讲对社会生活的作用与反作用的规律问题

如演讲在社会生活中所处的地位、社会作用，演讲自身的特征，以及演讲自身的继承、革新和民族演讲的相互影响等。

(2) 关于演讲活动本身的规律问题

如演讲的分类，演讲的内容与形式，演讲的准备阶段以及演讲活动的过程等。

(3) 关于演讲的鉴赏和批评的一般规律问题

如鉴赏的依据和批评的标准,以及如何通过鉴赏与批评推动演讲自身的发展等。

上述三个方面既有各自的相对独立性,又有相互间的依存性。说它们相对独立,是因为每个方面都是从某一角度出发的;说它们互相依存,是因为作为一个有机的整体,部分与部分之间存在着密切的联系,缺少哪个部分都将影响整体的完善性。

1.1.2 演讲的特性

演讲的目的是传递信息、表达情感和交流思想,从而感召听众并促使其行动。基于此目的,演讲应具有如下特征。

1. 现实性

演讲是一种有着较强现实性的社会实践活动,任何演讲都是出于社会现实的需要,旨在解答现实生活中的问题,并追求直接的显示效果,古今中外的演讲家都是面对现实和其所处时代的脉搏向广大听众发表自己的看法,从而使演讲成为斗争的武器、教育的手段和传播科学文化的工具。因此,演讲的主题应是紧密结合现实并具有时代感的,演讲者不能无病呻吟地大谈特谈某些与现实无关的话题,否则很难激起听众的关注和共鸣。

2. 艺术性

演讲的艺术性在于它具有统一的整体感和协调感,即演讲中的各种因素(语言、声音、表演、形象、时间、环境)形成一种相互依存、相互协调的美感。同时,演讲不单纯是现实活动,它还具备着戏剧、曲艺、舞蹈、雕塑等艺术门类的某些特点,并将其与语言艺术融为一体,形成具有独立特征的演讲活动。初学者往往过分注重演讲稿的撰写,却忽视了声音、表演、形象等因素对演讲内容的支撑作用,从而使演讲失去了艺术性,精心构思的演讲内容最后呈现出来时乏味单调,如同“背书”。

3. 感染性

演讲者面对着众多的听众,要使其接受演讲的内容,从而影响人的行为,就必须采用丰富典型的材料,通过严密的逻辑论证,用自己的语言、思想、情感、目光和听众进行交流,进而感染听众。高尔基曾经这样评价列宁的演讲:“有时仿佛是,他精神上有一种不可战胜的力量从他的眼睛里喷射出来,那内容丰富的话语在空中闪光。他的演讲总是让你亲身感到:真理是无法反驳的。”第二次世界大战爆发后,纳粹德国疯狂进攻欧洲各国,英伦三岛沦为孤岛,丘吉尔临危受命出任英国首相,并发表了多次战时演讲,如《出任首相后的第一次演说》,寥寥一千多字,时长约三分钟,却极大地鼓舞了英国军民甚至世界人民,激起了他们同法西斯血战到底的斗志。

4. 逻辑性

演讲不是漫无目的的闲谈,必须有一个中心论点,并围绕这个论点,有层次、有条理地展开,使演讲有一个比较完整的结构。如开篇导入案例中马丁·路德·金的演讲,他回溯了一百年前《解放黑奴宣言》这项重要法令的颁布,点明了一百年后美国黑人所处的低下的社会地位,在控诉种族隔离的不公的同时,祈愿种族平等的到来,最后呼应主题,表达了希望所有美国人在平等中结为一体的美好梦想。全篇思维缜密、语言条理、层次分明、结构清楚，逻辑轨迹非常清晰，不仅感人至深，更发人深省。

5. 广泛性

从演讲者的角度来说，无论什么阶层、什么行业、什么年龄的人，都有可能成为演讲者。如鲁迅和闻一多，他们都是近代中国著名的文学家，但同时也是演讲家。演讲是一种工具，任何人都可以利用这一工具来传递信息、表达情感、交流思想。

从听众的角度来看，一个演讲者所面对的听众，少则几人，多则几十人、几百人，有时甚至可能是成千上万人。而随着科学技术的不断进步，一些演讲的场面之大、范围之广、听众之多，已经达到空前的程度，如电视演讲、网络演讲等，完全可以影响全球范围，听众当以亿为单位来计数。

6. 实践性

演讲的实践性，一方面是指演讲作为一种能力，并不是人先天就能具有的，需要通过后天的培养逐步习得；另一方面是指只学好了演讲的理论知识是远远不够的，只有把理论应用于大量的实践中，经过长期的磨炼，才能将之真正转化为一种实际能力，这是一切演讲者走向成功的必由之路。

1.1.3 演讲的基本类型

恩格斯曾指出："每一门科学都是分析某一个别的运动形式或一系列互相关联和互相转化的运动形式的，因此，科学分类就是这些运动形式本身依据其内部固有的次序的分类和排列。"演讲的分类没有固定不变的规定，只有分类标准的不同，在探讨演讲各种类型的过程中，我们能够进一步了解演讲的性质和特点，这无疑对进行演讲实践具有指导意义。

下面就通过不同的分类标准，简要介绍一下演讲的基本类型。

1. 按照演讲的内容分类

(1) 政治类演讲

政治类演讲是指针对国家的内政事务和外交关系表明立场、阐述观点、宣传主张的一种演讲，其在政治生活中扮演着极为重要的角色。政治类演讲者通常代表着一定阶级或一定社会团体，政治倾向明显，富于感染力和煽动性。如上面提到的马丁·路德·金的《我有一个梦想》和丘吉尔的《出任首相后的第一次演说》，都属于政治类演讲。

1946年，著名的爱国民主战士、中国民主同盟早期领导人李公朴先生在昆明遇害，闻一多先生主持李公朴先生追悼大会，并满腔悲愤地发表了一篇演讲，声讨反动派的无耻罪行，颂扬李先生为民主与和平而献身的爱国主义精神，同时号召广大人民群众站起来，一起与反动派做坚决的斗争。后在返家途中被特务暗杀，这篇演讲就成了他的"最后一次演讲"，而这篇《最后一次演讲》，无论是在思想内容还是在演讲的语言技巧上，都可以说是一次杰出的政治类演讲，激起过无数仁人志士的斗志。

(2) 学术类演讲

学术类演讲又称教育类演讲，是指针对学术领域的问题向听众阐释研究成果、过程，或者传授学术知识和见解的演讲。学术类演讲通常知识性较强，赋予逻辑和说理性，如研究生毕业时的论文答辩就属于学术类演讲。

(3) 管理类演讲

管理类演讲是指为了达成一定的管理目标,向听众发表的总结、动员、交流、汇报等的演讲。对于领导者而言,管理类演讲极其常用,很多著名企业家都发表过精彩的管理类演讲,李嘉诚、马云、李彦宏等都是当中的佼佼者。

(4) 经济类演讲

经济类演讲是为了长期或短期的经济目的,向听众发表的旨在宣传企业、产品等内容的演讲,如商业广告演讲、招投标介绍演讲等。经济类演讲最终目的是影响听众的消费心理和消费目的。

(5) 法律类演讲

法律类演讲包括法庭上的公诉、辩论,法官的审判结果等,以及为了宣传、贯彻法律法规而发表的各种演讲。以某民事诉讼案代理词的开篇为例:"依据我国民事诉讼法的规定,本人根据本案上诉人张三的委托,担任本上诉案的上诉人的诉讼代理人,依法参加本案二审诉讼活动。现根据庭审情况,向法庭提出如下代理意见,以便法庭在评议本案时兼听则明。"可见,法律类演讲对程序的规范性、逻辑的严密性要求较为严格。

(6) 道德类演讲

道德类演讲是以人生观、价值观、精神文明等作为主题,对听众进行思想道德教育的一类演讲。如安徽卫视推出的语言竞技类节目《超级演说家》中,某位演讲者以《做一个怎样的子女》为题所做的演讲就是典型的道德类演讲,具有强烈的教育和启迪作用。

以上是按照演讲内容划分时较为常见的演讲类型,诸如宗教类演讲、礼仪类演讲、军事类演讲、事迹类演讲等其他类型就不一一赘述了。

2. 按照演讲的形式分类

(1) 专题式演讲

专题式演讲又称命题式演讲,是指提前给出一个既定的题目或一定的演讲范围,要求演讲者根据给定的题目或范围,进行准备后所做的演讲。此类演讲主题鲜明、针对性强、内容稳定,主要包含两种形式,即全命题演讲和半命题演讲。

如某单位要求以"青春梦想,顺势起航"为主题开展演讲比赛,具体题目可自拟,就属于半命题演讲;但如果指定题目必须是"勤练技能,服务人民",那就属于全命题演讲,只能围绕此命题组织材料,准备演讲。

(2) 即兴式演讲

即兴式演讲是指在事先无准备的情况下,由于主观上对某事物有所感触、发生兴趣,或者是客观需要而临时进行的演讲。好的即兴演讲多是有感而发,因此时境感强,能够充分调动和感染听众的情绪。但这种演讲的难度较大,需要演讲者具有丰富的经验、娴熟的技巧、敏捷的思维能力、大量的语言和材料储备,并能够根据实际情况,针对听众的心理和需要,灵活迅速地调动语言。如果不具备上述条件,即使使用这种演讲方式,也很难取得理想的演讲效果。

(3) 辩论式演讲

辩论式演讲是指就某个问题或某种情况进行论辩、比较,以断定其是非曲直的演讲。

辩论式演讲是语言的双向交流，具有观点的对立性、伦理的攻守性等特点，常用于政治界、学术界、外交界和一些演讲比赛，如某大学以《网上交友利大于弊还是弊大于利》为辩题组织了一场辩论赛，正反双方在辩论过程中进行的演讲就是辩论式演讲。

3. 按照演讲的目的分类

(1) 说服性演讲

说服性演讲是为了说服一些持有反对意见或者态度冷淡的听众赞同演讲者的某种观点而进行的演讲，为了达到这一目的，演讲者需要充分运用自身的感情感染力和逻辑感染力。此类演讲使用得十分广泛，如为了赢得法官和陪审团的认可，律师为当事人辩护时所做的演讲，又如美国总统在竞选期间，为了赢得民众支持通常会前往全国各地发表演讲。

(2) 鼓动性演讲

鼓动性演讲的主要目的是激励听众，使之向着既定的目标采取行动。在五四运动中，革命青年的演讲大部分都带有鼓动性质，目的是要激励广大中国民众行动起来反帝救国；现代社会，部门领导在动员职工完成某项任务或者参加某项活动时，也常常需要进行鼓动性演讲。

(3) 传授性演讲

传授性演讲又称讲解性演讲，演讲者的目的是将自己所掌握的知识传授给听众，或把某些消息传播给听众，所以通常不会与听众发生争辩，如科学普及讲座、经验介绍讲座、学术会议等。

(4) 娱乐性演讲

娱乐性演讲是指在庆祝或纪念活动中，如茶话会、联欢会，演讲者为了活跃气氛、愉悦听众而进行的演讲。娱乐性演讲并不一定要有中心议题，往往由一连串幽默风趣的语言组成，偶尔也会涉及一些消息。

除了上述介绍的三种分类方式外，演讲还有其他分类方式，如按照演讲的表达方式分类，可分为叙述式演讲、议论式演讲、说明式演讲、抒情式演讲等；按照演讲的场合分类，可分为巡回演讲、集合演讲、课堂演讲、法庭演讲、教堂演讲、战地演讲、广播演讲和电视演讲等；按照演讲的情调分类，可分为激昂型演讲、深沉型演讲、严谨型演讲、活泼型演讲等。

1.1.4 演讲的社会功能

演讲的应用非常广泛，现代商业社会常常在员工培训、媒体采访、领导竞聘、产品发布等多种场合进行演讲，其现实价值和社会功能可见一斑。

1. 演讲有助于演讲者的自我完善

李开复曾说过，有思想而不表达的人就等同于没有思想；美国著名教育家、演讲家卡耐基也认为，一个人的成功15%取决于自身的知识和技术，85%则取决于发表自己意见的能力和激发他人热情的能力。信息的交流和传播依靠语言，一个德行高尚、学识渊博的人，如果不善言谈，说话时词不达意，就无法充分展示自己的全部才能。演讲是演讲者自我表达的绝佳机会，更是自我完善的重要途径，在演讲中展示优雅的举止和机智的言辞，不仅有利于创造祥和的气氛，也有利于人们的交往。

此外，进行一场完美的演讲需要演讲者具备大量的综合性知识，需要运用包括哲学、美学、逻辑学、心理学、教育学、语言学和写作学在内的多门学科，有助于锻炼演讲者流利的口语表达能力、敏锐的观察能力、敏捷的思维能力、丰富的想象能力、快速的应变能力、良好的记忆能力等各项能力。因此，世界多国都很注重对学生的演讲训练，有的甚至会在普通教育和高等教育中开设相关课程。

2. 演讲能够服务社会、促人行动

从个人角度看，演讲有促进演讲者成长的作用，但演讲的最高宗旨在于推动听众符合演讲目的的行动，从而服务整个社会。

德国哲学家黑格尔在《美学》一书中有一段关于演讲的精彩论述："一般来说，演讲家在演讲里的高旨趣并不在于艺术性的描述和完美的刻画，他还有一个越出艺术范围的目的，他的演讲的形式结构毋宁说只是一种有效的手段，利用这一手段实现一种非艺术性的目的或旨趣。从这个观点来看，他感动听众，不单是为感动而感动，听众的感动和信服也只是一种手段，便于演说家要实现的意图。所以，对听众来说，演讲家的描述也不是为描述而描述，也只是一种手段，用来使听众达到某一信念，做出某一种决定，或采取某一种行动。"

《史记》中载有陈胜在发动中国历史上第一次农民起义过程中做过的一次演讲，原文是这样的："公等遇雨，皆已失期，失期当斩。藉第令毋斩，而戍死者固十六七。且壮士不死即已，死即举大名耳，王侯将相宁有种乎？"意思是，你们遇到了大雨，到达的期限已经被延误了，根据秦律，延期是要被斩首的。即使运气好没有被斩首也一样要做戍守的苦差，而戍守的人里面六七成都是活不下来的。再说，大丈夫不死则已，要死就要为干出一番大事业而死，王侯将相难道都是天生的贵种吗？

陈胜这段演讲很成功，不但传递了"失期当斩"的有效信息，通过"壮士不死即已，死即举大名耳"激发了民众奋起反抗的激烈情感，引导和唤醒他们进行"王侯将相宁有种乎"的思考，更促进了揭竿起义的行动，一举成为秦王朝灭亡的导火索，具有深远的社会价值和历史意义。

1.1.5 演讲的发展历程

1. 演讲在中国的发展历程

在中国，演讲这一形式早在先秦的古代社会就已经产生。商朝的盘庚是我国有文字记载以来最早的演讲家，他的演讲词见于我国最早的一部历史文献《尚书·盘庚》，这也是我国最早、最长的演讲文献。

春秋战国时代是中国演讲发展史上的第一个高潮，当时"诸子兴起、百家争鸣"，游说风气极盛。孔子首创私人讲学，对学生进行辞令训练，使之成为善辩之才；墨子主张"辩"，甚至要求将其作为一种专门知识来学习；荀子、韩非子对演讲心理、技巧和语言风格都进行过详细的论述。战国末，苏秦以雄辩的口才，一一说服秦以外的六国，一人身佩六国相印；张仪则与苏秦针锋相对，实行连横政策，凭三寸不烂之舌为秦统一天下立下了汗马功劳。很多在社会政治领域产生过重要影响的人，如吴起、商鞅等，也都掌握了高超的演讲技巧，正是这些人创造了一个辉煌的时代。

在其后两千余年的封建社会中，演讲的发展一直受到压制，但也涌现出如杨雄、诸葛亮、魏征等演讲才华出众者。经历长久的沉寂后，清末至新民主主义阶段出现了中国演讲发展史上的第二个高潮。康有为、梁启超、谭嗣同等以演讲宣传维新变法；孙中山、章太炎、秋瑾等则把演讲作为领导资产阶级革命的重要武器；李大钊、毛泽东、周恩来、鲁迅等则是无产阶级演讲家的杰出代表。

新中国成立后，也涌现出以中国四大演讲家李燕杰、曲啸、刘吉、彭清一为首的一大批优秀的演讲家，中国演讲发展史迎来了第三个高潮。特别是十一届三中全会以后，演讲在振兴中华、对外发展等方面发挥着越来越重要的作用，各界人士也纷纷踏上演讲舞台，越来越多的人开始重视对演讲的学习，不仅与演讲有关的书籍开始大量面世，就连学校也开始有意识地培养学生的演讲水平。

2. 演讲在西方的发展历程

在中世纪前的古代埃及、希腊、巴比伦等地，演讲已成为普遍的社会现象，公元前25世纪埃及人普霍特就曾写过关于如何说话的教喻。古希腊罗马时期是西方演讲发展史上的第一个黄金时期，从演讲理论到演讲实践都达到了旷古烁今的高峰。从亚里士多德开始，演讲就成为政治领袖争取观众的影响力游戏。人们在广场上发表自己的观点，争取公众支持，实现政治抱负，演讲可以把敌人变成朋友，也可以使暴民变成追随者。柏拉图、伊索克拉底、狄摩西尼、亚里士多德、西塞罗等著名演讲家都在这一时期为演讲术的理论和实践做出过卓越贡献。

从西罗马帝国灭亡到英国资产阶级革命的漫长中世纪中，宗教势力强盛，禁锢了包括演讲在内的科学、文化、艺术等众多学科的发展。但为了宣传教义、感化民众，教会频繁地进行神学演讲，在无意中带动了演讲艺术的前进与发展。

约持续200年的文艺复兴积极推动了西方演讲的发展。这一时期各种思想运动蜂拥而至，恩格斯曾高度评价“文艺复兴”在历史上的进步作用：“这是一次人类从来没有经历过的最伟大的、进步的变革，是一个需要巨人而且产生了巨人——在思维能力、热情和性格方面，在多才多艺和学识渊博方面的巨人的时代。”为了宣扬人文主义精神，演讲从文学、戏剧等艺术中借鉴了不少表达手段。

资产阶级革命的兴起将演讲艺术推向了又一个新高潮。作为政治斗争的常规形式，演讲、论辩成了这一时期的主旋律，罗伯斯庇尔、丹东、威廉·皮特，很多政治家本身就是优秀的演说家，尤其是林肯，他创造了包括《在葛底斯堡国家公墓落成典礼上的演说》在内的多篇在演讲史上无可超越的经典之作。第二次世界大战时期，演讲更是蔚然成风，丘吉尔、斯大林、罗斯福都留下了著名的演讲篇章。

20世纪以来，西方演讲理论也渐趋完善并形成体系，大量演讲学专著涌现。而一代又一代伟人的演讲活动，也让越来越多的民众参与到演讲的舞台上，让演讲在不知不觉中彻底融入了人们的生活。

1.2 什么是口才

现实生活中,我们经常会遇到这样一些人,他们讲起话来滔滔不绝,看似伶牙俐齿,但细细琢磨就会发现话中言之无物;有人偏爱使用某些艰深晦涩的辞藻,试图显示自己卓尔不凡的学识,实则是在哗众取宠、空话连篇。但还有一些人,他们语言平实却不失风趣,惜言如金但一针见血,我们喜欢听他们说话,因为他们言之有物、言之有序、言之有理、言之有情,而这就是"口才"的魅力所在。

1.2.1 口才的概念

"口才"一词最早出现在2000多年前的周朝。《孔子家语·七十二弟子》中写道:"宰予,字子我,鲁人,有口才著名。"这是关于"口才"最早的书面记载。自古以来,我国就有重视语言表达能力的传统,并已充分认识到这种能力在安邦定国、社会交往中的重要作用。

什么是口才?简单来说,口才就是一个人的口头表达才能,即在各种口语交际实践活动中,表达主体运用准确、得体、恰当、有力、生动、巧妙、有效的口语表达策略,达到特定的交际目的,取得圆满交际效果的口头表达的艺术和技巧。从形式上看,朗诵、解说、访谈、演讲、主持、报告、交谈、辩论等都是口才的表达方式。

1.2.2 口才的特性

带领复旦大学取得1995年国际华语大专辩论赛冠军的俞五金教授曾说过这样一段话:"我觉得一个人具有口才,从外在形式看,有一口流利而又符合逻辑且生动形象的话语,但从深层次看,应该具有广博的知识和驾驭这些知识的能力。"

那么,怎样才称得上有口才呢?换言之,口才具有哪些特性呢?

1. 明确的目的性

我们平时讲话时,经常觉得自己或别人的说话缺乏内容,显得空洞,究其原因就是不知道自己要说什么,为了什么而说,也就是缺乏主观意图。口语表达是在人的思维支配下的活动,是为了实现特定的交际目的而进行的,所以口才的发挥离不开明确的意图和说话动机,只有解决了"为什么要说"的问题,才能进一步解决"对谁说""用什么态度说""说什么""不能说什么""怎么说"等一系列问题,从而通过施展口才,沟通思想情感,把自己的意图准确、得体地表达出来。

2. 明显的综合性

日常语言交际是把主体和客体在时间和空间上紧密结合,讲、听直接面对面,需要说话人随时观察听者的反映,灵活调整内容和气氛。因此,口才必须具备明显的综合性才能应对所处语境的不断变化,它既是敏锐的反应能力、高度的判断能力和机智缜密的语言表达能力的共同结晶,要求思维敏捷、反应迅速、判断力高、应变能力强,也是一个人的思想境界、道德情操、知识学问和天赋秉性等多种素质的综合体现,离不开说话人的生活阅历、知识积累、思想水平、语言技巧。上述储备将在特定的语境中，通过想象和联想，促使讲说者取得所需材料和方式，从而实现口语表达的目的。

3. 独特的技巧性

对于很少一部分人来说，口才是一种天赋，他们可以毫不费力地运用这项天赋；而对于大多数人而言，口才是靠刻苦训练得来的，其中包含大量独特的技巧。

举个简单的例子，口语是面对面的交往，有特定的环境，既包括说话的环境，也包括双方共同创造的说话气氛。现场的情景是交谈者双方共处的环境，富有口才的说话者善于通过有声语言、肢体语言等方式营造适宜的、利于交流的现场情景，从而达到意想不到的表达效果。你对书店中的一个陌生女孩一见钟情，想要和她保持联系，走上去直截了当地询问对方的联系方式不仅唐突，还很可能被认为心怀不轨。所以你首先要做的就是创造一个轻松愉快的语言环境，和她聊聊最新出版的图书，聊聊你喜欢的作家作品，分享一下读书心得，然后再索要联系方式，成功的概率就会大得多。

4. 情感表露的直接性

“感人心者莫先乎情”，真挚的情感是人与人交流的基础，是带动听者跟随说话人情感起伏、心境的变化，使双方产生精神共鸣的重要条件。

我国澳门前特首何厚铧在接受记者采访时，曾被要求谈谈对澳门的认识和自己参选特首的原因，他说：“澳门是我生活、家庭和事业的根基，澳门的一切，伴随着我长大。澳门人的思想熏陶我的性格；澳门人的忧乐，与我息息相关。我对澳门发自内心的热爱和归属感，鞭策我要贡献所长。在澳门重投祖国怀抱之际，我身为一个中国人，理应当仁不让，竭尽所能，以自己的一份热忱，来承担这一历史使命。”这段话中，没有华丽的辞藻，没有响亮的口号，没有对选民的曲意逢迎和刻意讨好，有的只是他对澳门的一片拳拳之心，听者不由得为之动容。

5. 突出的实践性

口语交际具有“随想随说”的特点，大多数时候我们并不需要站在台上面对上千观众做报告或者演讲，而是随意和我们身边的家人、同事聊聊天、说说话，所以面对的情形往往较为随机和复杂。表达者为实现特定的目的，在因人、因事、因物、因景而进行的讲说中，必须会灵活机智地选用特定的表达方式和技巧以切合言语内容，切合特定语境，切合自己的身份和交际对象的特点。

【相关阅读】

烛之武退秦师

这是一个发生在中国春秋战国时期的故事。僖公三十年九月十日，晋文公和秦穆公联合围攻郑国。原因有二：一是郑国曾两次得罪晋国，即晋文公当年逃亡路过郑国时，郑国没有以礼相待，晋楚之战中，郑国出兵助楚国；二是秦、晋都要争夺霸权，均需要向外扩张，晋国发动对郑国的战争，自然要寻找这样得力的伙伴，秦、晋历史上关系一直很好，所以秦、晋联合也就成为自然了。

当时，晋军驻扎在函陵，秦军驻扎在汜水的南面，战争如箭在弦上，一触即发，郑国局面非常危急。郑国国君手足无措，走投无路间在大臣的建议下派遣烛之武去见秦国国君，希望能说服对方退兵。

烛之武见到秦国国君后，游说道："秦、晋两国围攻郑国，郑国已经知道必死无疑。假如灭掉郑国真的对秦国有好处，我也不敢冒昧前来游说您。可是郑国与秦国并不毗邻，越过邻国把远方的郑国并入秦国国土并非一件易事，您又为什么要灭掉郑国而给邻国增加土地呢？邻国的势力雄厚了，您秦国的势力也就相对削弱了。如果您放弃围攻郑国而把它当作东方道路上接待过客的主人，出使的人来来往往，郑国可以随时供给他们缺少的东西，对您而言也没有什么害处。而且您曾经给予晋国国君恩惠，晋国国君曾经答应给您两座城池，可他早上回国，晚上就修筑防御工事，背弃承诺如此爽快，您对此是知道的。最重要的是，晋国是有野心的，攻击郑国就是为了增加国土和实力，秦国和晋国毗邻，要是下回它想要进一步扩张，除了向秦国下手，还有其他的选择吗？灭掉郑国仅仅是对晋国有利，对秦国全无益处，希望您能重新考虑这件事。"

秦国国君听完烛之武的话不由得心悦诚服，立即就与郑国签订了盟约，不仅退了兵，甚至还派遣秦国军队守卫郑国。

【分析】 从烛之武上面的话可以看出其中的技巧：首先，他站在秦国的立场上分析问题，从情感上就获得了秦国国主的好感；第二，说明灭掉郑国只对晋国有利，对秦国有害无益；第三，陈述保存郑国对秦国的好处；第四，通过回顾秦、晋两国的历史关系，说明晋国过河拆桥、忘恩负义，并不值得信任；最后，点明晋国扩张的野心和贪得无厌，从而使秦国国君意识到晋国的强大会危及秦国。就这样，烛之武不用一兵一卒，仅凭借自己的口才就轻松化解了郑国的危机。

1.2.3 口才的构成要素

口才不是"耍嘴皮子"，它不仅是语言艺术本身的交锋，更是人格、心理、知识、意志、智能等方面的整体较量。在变化的语境中，口才需要运用多种语言要素和非语言要素才能达到良好沟通和交际的目的。

1. 口头语言表达能力

叶圣陶先生曾说："所谓语文，语是指口头语言，文是指书面语言。可见，语文是口头表达能力与书面表达能力的综合体现。"在日常生活交往中，人们更多的是借助于口头语言实现的信息交流，所以，口头语言比书面语言起着更直接的、更广泛的交际作用，其对象是听众，说话的针对性比较强，随时都可以了解到受话者的反应。

口头表达能力是口才最为重要的构成要素，是口才的基础和主要内容，直接影响到传达信息的准确性和传递信息的可接收性，同时加入体态表达、情感表达等辅助手段构成生动形象的情景，以达到良好的沟通效果。

2. 听话能力

沟通是人与人之间、人与群体之间思想与感情的传递和反馈的过程。在这一过程中，把话讲好固然重要，但把话听好，充分理解对方话中的真实意图，是把话讲好的前提。所以，真正有口才的人不仅善于说，更善于听，只有用心体会他人讲话的真正用意，准确无误地听懂他人讲话的实质，才能在应答过程中一语中的。

3. 体态表达能力

体态能够表达出的意义丰富而微妙，被认为是心理语言的外露和个人情感的外化，就像一个信息发射，信号看似隐形却实实在在地存在。体态表达过程中应遵循准确、适度、自然的原则。以空间距离为例，据心理学家测算，熟人交往的空间距离约为 80～120 厘米，任何朋友和熟人都可以自由地进入这个空间，而一旦陌生人超过尺度侵入这个距离，我们很可能会反射性地后撤以保护自身，这个简单的体态就表达出人与人关系的远近亲疏。

良好的体态表达能力是口才的重要部分，得体的微笑、友好的握手、标准的坐姿，这些都能在你开口说话的同时，甚至是在你开口说话之前，给听者留下不错的印象，从而为你的口头表达增色加分。没人愿意听一个整天对自己冷着脸的人的话，无论那些说辞有多么合情合理。而值得一提的是，在整个面部表情中，最突出、最鲜明、最能反映深层心理的就是说话者的眼神，学会用眼神和听众交流能为你的口才增色不少。

4. 心理素质

口才表达必须具备良好的心理素质，如自信、果断、热情等，有的人在熟人面前能说会道，而一旦遇到陌生人或者面对众人，就找不到谈话的话题，甚至局促不安、语无伦次，可见心理素质是否良好，决定了你能否在需要的时候轻松表达自我，展示自己的口才，因此说话者应掌握对自我情绪和情感调节控制的方式方法。

5. 认知思维能力

语言是思维的外壳，好口才离不开优秀的大脑。认知思维能力是指人脑加工、储存和提取信息的能力，即人们对事物的构成、性能与他物的关系、发展的动力、发展方向以及基本规律的把握能力，如观察力、记忆力、想象力等。

记忆是口才必不可少的素质，没有好的记忆力，要想培养出口才是不可能的。只有大脑中积累了充分的知识，你才可能张口即出，滔滔不绝；如果你大脑中是一片空白，那么你再伶牙俐齿，也无济于事。而如果你能拥有福尔摩斯般敏锐的观察力，迅速辨别出一个人的职业、经历，那么无疑也会在谈话中占得先机。想象力则直接影响着你表达的内容是否通俗易懂并体现了你的应变水平。有一个关于和珅和纪晓岚的故事。两人同时在朝为官，和珅任尚书（官名），纪晓岚任侍郎（官名），一次，他们坐在花园品茶，和珅指着一条狗问纪晓岚："是狼（与侍郎同音）是狗？"这表面上是个问句，其实是在用谐音暗指纪晓岚是狗。纪晓岚非常机敏，知道和珅在骂自己，就不动声色地回答："上竖（与尚书同音）是狗，垂尾是狼。"巧妙地用谐音回击了和珅，如果纪晓岚没有丰富的想象力是很难摆脱窘境并反戈一击的。

6. 情感表现能力

说话时，情感表现能力是指一个人把自己的情感和情绪变化，通过面部表情、语言声调表情和身体姿态表情等方式清晰明确地表达出来，并善于让他人理解、体会和掌握的一种能力。只有恰当地表达出自己的情感,才能牢牢吸引住听众的注意力,让他们跟随你的情绪起伏变化,全身心地投入你的话语中。说话者切忌虚情假意和过度表演,真正的口才家在情感表达上须做到发自真心、收放自如。

7. 人际交往意识

人是社会性动物,每一个个体均有其独特的思想、背景、态度、个性、行为模式及价值观,而人与人之间的交往普遍频繁,人际交往意识自然也成为口才不可或缺的构成要素。"见什么人说什么话"并不总是带有贬义,这种行为从口才艺术的角度上讲其实并无不妥。老师、孩子、朋友、陌生人、上司、下属,面对不同的对象,即使说话的内容相同,说话的方式显然也不能一致,口才好的人能够参照对方的性别和性格特征、兴趣爱好、年龄特征、心理需求等多重因素选择最为适宜的说话方式。

8. 人格魅力

孔子曰:"有言者不必有德,有德者必有言。"人格魅力是指一个人在性格、气质、能力、道德品质等方面具有的能够吸引人的力量。在今天的社会里,一个人如果能受到别人的欢迎、容纳,那么他实际上就具备了一定的人格魅力;而一个人如果具备了一定的人格魅力,那么他说出的话势必会更加令人信服。

9. 知识面、阅历和智慧

一位财经达人前去参加文学沙龙,整个过程很可能一句话也说不出,因为他的知识结构中缺少"文学"这一部分。所以,想要在任何场合、任何人面前都能滔滔不绝,丰富的知识面、阅历和智慧是必不可少的。

1.3 演讲和口才的关系

"演讲"和"口才"经常被并列提及,但两者并不是同一事物,演讲是一种语言交际活动,而口才则是一种能力,演讲和口才的关系就像写作和文才的关系,很多人都能写文章,但只有其中少数有文才的人方能将其具有的文化底蕴运用到极致,并创作出好的作品。

口才是演讲的核心和基础,演讲是口才的体现形式之一,也是提高口才的一种有效途径。演讲表达的主要特点是"讲",对于演讲者而言,写好了演讲稿,不一定就能讲得好,正如作曲家不一定都是演唱家一样,这就需要口才。如果演讲者没有口才,说起话来哼哼哈哈、拖泥带水,"这个""那个"一连串,那么演讲稿写得再好也无济于事,而通过反复的从事演讲活动,一个人的口才也能得到提升。

英国戏剧大师萧伯纳的口才是有口皆碑的,但事实上他年轻时却胆小木讷,拜访朋友都不敢敲门,常常"在门口徘徊 20 多分钟"而怯于开口。后来,他鼓起勇气参加了"辩论学会",不放过一切机会和对手争辩,通过反复进行演讲,练胆量、练语言、练机智,千锤百炼才练出了好口才,关于他好口才的故事也一直流传至今。有一次,在巴黎名流人士聚集的沙龙上,一名美国的亿万富翁突然走过来对沉思中的萧伯纳说:"先生,如果你告诉我你在想什么,我就付你一美元。"萧伯纳看了他一眼说:"我思考的内容不值一美元。"亿万富翁怔了一下，摸不清这句话是什么意思，而接下来萧伯纳话锋一转，说："因为我脑中思考的是你。"机智地将想要奚落自己的富翁奚落了一顿。

案例分析

《最后一次演讲》

这几天，大家晓得，在昆明出现了历史上最卑劣、最无耻的事情！李先生究竟犯了什么罪，竟遭此毒手？他只不过用笔写写文章，用嘴说说话，而他所写的、所说的，都无非是一个没有失掉良心的中国人的话！大家都有一支笔，有一张嘴，有什么理由拿出来讲啊！有事实拿出来说啊！（闻先生声音激动了）为什么要打要杀，而且又不敢光明正大地来打来杀，而偷偷摸摸地来暗杀！（鼓掌）这成什么话？（鼓掌）

今天，这里有没有特务？你站出来！是好汉的站出来！你出来讲！凭什么要杀死李先生？（厉声，热烈的鼓掌）杀死了人，又不敢承认，还要诬蔑人，说什么"桃色事件"，说什么共产党杀共产党，无耻啊！无耻啊！（热烈的鼓掌）这是某集团的无耻，恰是李先生的光荣！李先生在昆明被暗杀，是李先生留给昆明的光荣！也是昆明人的光荣！（鼓掌）

去年"一二·一"昆明青年学生为了反对内战，遭受屠杀，那算是青年的一代献出了他们最宝贵的生命！现在李先生为了争取民主和平而遭受了反动派的暗杀，我们骄傲一点说，这算是像我这样大年纪的一代，我们的老战友，献出了最宝贵的生命！这两桩事发生在昆明，这算是昆明无限的光荣！（热烈的鼓掌）

反动派暗杀李先生的消息传出以后，大家听了都悲愤痛恨。我心里想，这些无耻的东西，不知他们是怎么想法，他们的心理是什么状态，他们的心怎样长的！（捶击桌子）其实简单，他们这样疯狂地来制造恐怖，正是他们自己在慌啊！在害怕啊！所以他们制造恐怖，其实是他们自己在恐怖啊！特务们，你们想想，你们还有几天？你们完了，快完了！你们以为打伤几个，杀死几个就可以了事，就可以把人民吓倒了吗？其实广大的人民是打不尽的，杀不完的！要是这样可以的话，世界上早没有人了。

你们杀死一个李公朴，会有千百万个李公朴站起来！你们将失去千百万的人民！你们看着我们人少，没有力量？告诉你们，我们的力量大得很，强得很！看今天来的这些人都是我们的人，都是我们的力量！此外还有广大的市民！我们有这个信心：人民的力量是要胜利的，真理是永远要胜利的，真理是永远存在的。历史上没有一个反人民的势力不被人民毁灭的！希特勒、墨索里尼，不都在人民之前倒下去了吗？翻开历史看看，你们还站得住几天！你们完了，快了！快完了！我们的光明就要出现了。我们看，光明就在我们眼前，而现在正是黎明之前那个最黑暗的时候。我们有力量打破这个黑暗，争到光明！我们的光明，恰是反动派的末日！（热烈的鼓掌）

现在司徒雷登出任美驻华大使，司徒雷登是中国人民的朋友，是教育家，他生长在中国，受的美国教育。他住在中国的时间比住在美国的时间长，他就如一个中国的留学生一样，从前在北平时，也常见面。他是一位和蔼可亲的学者，是真正知道中国人民的要求的，这不是说司徒雷登有三头六臂，能替中国人民解决一切，而是说美国人民的舆论抬头，美国才有这种转变。

李先生的血不会白流的！李先生赔上了这条性命，我们要换来一个代价。“一二·一”四烈士倒下了，年轻的战士们的血换来了政治协商会议的召开；现在李先生倒下了，他的血要换取政协会议的重开！（热烈的鼓掌）我们有这个信心！（鼓掌）

“一二·一”是昆明的光荣，是云南人民的光荣。云南有光荣的历史，远的如护国，这不用说了，近的如“一二·一”，都属于云南人民的。我们要发扬云南光荣的历史！（听众表示接受）

反动派挑拨离间，卑鄙无耻，你们看见联大走了，学生放暑假了，便以为我们没有力量了吗？特务们！你们看见今天到会的一千多青年，又握起手来了，我们昆明的青年决不会让你们这样蛮横下去的！

反动派，你看见一个倒下去，可也看得见千百个继起的！

正义是杀不完的，因为真理永远存在！（鼓掌）

历史赋予昆明的任务是争取民主和平，我们昆明的青年必须完成这任务！

我们不怕死，我们有牺牲的精神！我们随时像李先生一样，前脚跨出大门，后脚就不准备再跨进大门！（长时间的鼓掌）

资料来源：闻一多. 最后一次演讲[J]. 新湘评论，2007(11).

【问题讨论】 抗日战争胜利后，美帝国主义和蒋介石反动政府内外勾结，策划反共反人民的内战。这种倒行逆施的行径遭到全国人民的反对。1946 年，著名的爱国民主战士李公朴从重庆来到昆明发动和平运动，却于 7 月 11 日晚惨遭南京国民政府暗杀。7 月 15 日，云南大学召开李公朴先生追悼会，闻一多先生主持了这次大会，并做了上述演讲。请思考，按照演讲的内容分类，本案例应属于哪种演讲类型？试从演讲的感染性、逻辑性和实践性角度分析闻一多的这篇演讲。

习题

一、选择题

1. “看人说话”具体是指(　　)。
   A. 看对方的性格特征和性别　　B. 看对方的兴趣爱好
   C. 看对方的年龄特征　　D. 看对方的心理需求
2. 在整个面部表情中，最突出、最鲜明、最能反映深层心理的是(　　)。
   A. 眼神　　B. 口形
   C. 面部肌肉的变化　　D. 眉毛
3. 下列有关演讲与口才关系的论述，不正确的一项是(　　)。
   A. 演讲是口才的集中体现
   B. 口才是演讲的基础
   C. 演讲训练有利于提高个人的口才
   D. 一个人只要有良好的口才就一定能取得演讲的成功

4. 按照形式分类，演讲可分为(　　)。

A. 辩论式演讲　　B. 即兴式演讲

C. 专题式演讲　　D. 道德类演讲

二、简答题

1. 简述演讲的概念。

2. 简述演讲和口才的关系。

第 2 章　演讲需具备的基本素养

【本章学习目标】

1. 掌握演讲的发音要求和训练方法，并进行实训。
2. 掌握演讲所需的外在形象和内在修养。
3. 掌握建立演讲自信和克服演讲紧张的方式方法。

【导入案例】

在笑声中摆脱窘境

在日常生活中，常有人向我们提一些非分的请求，或是问一些我们不好回答或暂时不知道答案的问题。此时，我们如果直接表明"无可奉告"或"不知道"，往往会给彼此带来不快。如果我们想从窘境中脱身而出，不妨借用幽默的力量。

有一次，英国上院议员里德在进行演讲，听众都很认真地望着他，都在侧耳倾听着他说的每一个字，但就在演讲即将结束时，突然有一个人的椅子腿断了，那个人跌倒在地上。如果演讲的人不够机智，恐怕当时的局面会对演讲产生一种破坏性的影响。但是聪明的里德马上说："各位现在一定可以相信，我提出的理由足以压倒别人。"就这样，他立刻恢复了听众的注意力，而那个跌倒的人也在别人善意的笑声中，找到了一个新座位。幽默使双方都摆脱了尴尬。

如果我们不得不拒绝别人的非分要求，不妨运用一点幽默来达到自己的目的。

有一次，法官布洛肯布鲁请约克逊将军把军事秘密告诉他。布洛肯布鲁是将军的好友，将军不想拒绝他的请求，怕使他难堪，同时又觉得告诉他不好，于是他这样说道：

"法官大人，你能绝对保守秘密吗？"将军问。

"将军阁下，那当然，我想我是能够的。"

"那么，法官大人，我也能够。"将军答道。

法官听了这种很巧妙的拒绝，心中不但没有感到不高兴，而且觉得很有趣。许多年以后，每当他们两个回忆起这件事的时候，都觉得很有意思。

如果我们面临不好回答的问题，而又不能以"无可奉告"进行简单的说明，不妨找一个幽默笑话敷衍过去。

1972 年，在美苏最高级会谈前的一次记者招待会上，有人向基辛格提出了一个所谓的"程序性问题"："到时，你是打算点点滴滴地宣布呢，还是倾盆大雨地、成批地发表协定呢？"

基辛格沉着地回答："你们看，他要我们在倾盆大雨和点点滴滴之间任选一个，无论我们怎么办，总是坏透了。"

他略为停顿了一下，接着，一字一板地说："我们打算点点滴滴地发表成批声明。"

在一片轻松的笑声中，基辛格解答了这个棘手的问题。

资料来源：邢群麟. 99种讨人喜欢的说话方式[M]. 北京：中国言实出版社，2006.

【思考提示】 窘境中的人就像站在悬崖上，前面是深渊，后面是追兵，这时幽默语言引发的笑声，就像突然长出的翅膀，能把人带出这个进退维谷的困境。阅读后请思考，上述几个例子中的主人公表现出了何种演讲和口才的基本素养。

2.1 口语素养

听众对演讲者或说话人的接收效应，首先取决于听众是否清晰地接收到对方的话语。说话不同于书面语言，听众在现场中不可能有更多的余暇思考和猜测某些生僻的词语和隐晦的思想，更不可能像阅读书面文章那样进行多次反复。口头语言的传输和接收特点决定了演讲语言要尽量做到清楚明白、生动形象，同时又具有较强的瞬间感染力，这就要求演讲者或说话人必须具备一定的口语素养，因为好的声音不仅能准确恰当地表情达意，而且能声声入耳、娓娓动听。

2.1.1 发音要求

1. 准确清晰

准确清晰，即字音正确清楚、语气得当、节奏自然。这是对说话人声音的最基本要求，如果听众连你说的是什么都听不清，那么你作为演讲者或说话人无疑是失败的。大多数时候，演讲者都会被要求按照普通话的标准发音进行演讲，每个音的发音部位和发音方法都应准确无误，严格避免地方音和误读。如将"鞋子"说成"孩子"，将"干涸"说成"干固"等。读错、讲错字音，一方面直接影响听众对一个词、一个句子，甚至整篇内容的理解；另一方面也直接影响演讲者的声誉和威信，降低了听众对演讲者的信任感。

吐字清晰以发音准确为基础，但发音准确并不代表吐字清晰。清晰的吐字建立在一系列行之有效的发音技巧之上，而不是提高音调或加大音量所能奏效的。发音集中可提高字音的清晰度；同时，声音集中还便于话筒吸收，提高发声效率。

2. 清亮圆润

清亮圆润，即声音洪亮、响度适中、悦耳动听。演讲者在整个演讲过程中，要根据表达思想感情的需要、会场空间的大小以及听众分布等情况，随时变化声音的大小，以达到理想的效果。

演讲者的声音必须有一个合理的响度，才能让听众听真切、听清楚。而在演讲中，这只能靠演讲者自己的耳感监听，并从听众的反应中了解声音响度的效果，做到及时调控。声音太大会引起听众的反感，使人感到刺激、烦躁、易于疲劳，而且易于使演讲者造成声带损伤；而声音太小，又会让人听得吃力，也同样会造成听众的听力疲劳。说话的合理响度，应该是使坐在会场里的每一个位置上的听众,都毫不费力地听清演讲者的每一句话并且耳感舒服为原则。

在生活中,我们都喜欢听那些饱满圆润、悦耳动听的声音,而不喜欢听干瘪无力、嘶哑干涩的声音。嗓音并非完全源自天生的,我们听到的声音是由音色和发声方式、共鸣位置等多种情形决定的,除了音色,其余都是可以通过后天锻炼进行改善的。例如,除去感冒、抽烟和其他疾病引起的情况,声音嘶哑干涩可能是不适当的呼吸方式造成的。讲话的时候,由于气流作用于声带强度过大,使声带很疲劳,声音就会沙哑。对此,在平常生活中应注意吸气和呼气的正确方法,另外在讲话前不要喝刺激性的饮料,应喝些润嗓的水或茶。

3. 富于变化

富于变化,即说话时声音应区分轻重缓急,随感情的变化而变化。节奏是多种语言技巧的整体体现。意大利有一位音乐家,他非常善于发觉不同音调给听众带来的感受,在一次演奏中他生动地再现了抑扬顿挫的重要意义。这是一次没有任何音乐器具的舞台表演,他从容地、有节奏地、有变化地为场下听众数了一次数,从1到100,每一个数字在他口中都有不同的发声效果,听众们无不为之倾倒,有人洗耳聆听,有人感动得泪流满面,最后都变成了热烈的掌声。由此可见,富于变化的语调在舞台上有着特殊的效果。

在演讲中,富有节奏感的语调不但能让演讲内容朗朗上口,也更容易打动听众。做到抑扬顿挫不仅需要演讲者吐字准确清晰,还需要语调随着演讲内容的更迭而变化。可以说抑扬顿挫的语调是演讲者情感色彩的直观表现,可以让听众耳目一新。因此,在平时讲话的时候,就应该区分出重音和轻音。该轻则轻,该重则重,而不是像机器人那样,说话没有音调变化,没有色彩。

4. 流畅自如

流畅自如,即语言自然亲切、不矫揉造作,使听众听后如沐春风。字音只有进入语流才能传情达意,如果字音咬得过死,一字一板,不仅雕琢痕迹明显,听起来不自然,而且会使语流滞涩,影响语言表达的顺畅。疏密相间,错落有致,该强则强,当弱则弱。这样,语言才能像水一样流动起来,听上去也就更加悦耳了。

想要流畅自然地表达,另外一个注意事项就是赶走口头禅。很多人说话时喜欢把"这个""那个""嗯""啊"挂在嘴边,这些口头禅的反复出现破坏了语言的结构,使语言前后不通,把演讲从内容到形式切割得支离破碎,给人一种断续、离散之感,同时也会影响听众的情绪,削弱演讲的效果,简直就是"语言的肿瘤"。

2.1.2 训练方法

演讲者要想取得良好的发音效果,必须加强语音训练,并掌握一定的方式方法。

1. 朗读训练

大声朗读是训练语音最简单、最基础也最行之有效的方式之一。在平时的生活中,可以花些时间来大声朗读一段话或一些词语,注意要把嘴巴张开,使声带里发出字正腔圆的声音,尽己所能地将每一个字咬清楚,经过长时间的训练就能养成吐字清晰、口齿灵活的好习惯。

朗读练习过程中应尽可能地融入情感,并通过把握情感学习控制和把握音量的大小变化。高音具有高亢、明亮的特点,多用来表示惊疑、欢乐、赞叹等情感;中音比较丰富多彩,多用来表示舒缓的感情;低音则比较低沉、宽厚,多用来表示沉郁、压抑或悲伤的感情。在情感激荡的地方,意思重复之处,音量要大些,反之则要小些。音量大小变化要自然、流畅,需要感情的自然流露。同时,音量大小变化也要恰当、适度,不能大到声嘶力竭,也不能小得无法听清。

此外,高声而有感情地朗读,会使朗读者对朗读内容理解得更加深透,记忆得更加牢固。对其中的佳句,在演说或交谈时,也能信手拈来,运用自如。

美国总统林肯天生说话有口吃,可是他自从立志要做律师之后,深深了解了口才的重要性,他常常高声背诵拜伦、白朗宁的长诗。进入白宫后,还常常放声朗读、背诵莎士比亚的《李尔王》《哈姆雷特》等名剧中的大段对话。在看戏时,他甚至能够随口评论演员念词的正误,同时说出他本人的解释。经过千万遍的练习,林肯不仅成为一位名声斐然的律师,而且踏入政界,成为美国有史以来最为人怀念的一位总统。现在大家提到林肯,只记得他留下的那些诸如《葛底斯堡演讲》的脍炙人口的篇目,却绝少有人记得,他曾患有口吃,说话比一般人都差劲。经过不断的后天努力,林肯获得了绝佳的口才,可见朗读训练可以改变先天的劣势,语言能力并不那么抽象,更不是天生的。

2. 呼吸训练

"声乃气之源",呼吸是人体发声的动力和基础,响亮、动听的声音与科学的呼吸训练是分不开的。说话时,呼吸的速度、流量、压力的大小与声音的高低、强弱、长短以及共鸣情况都有直接关系。可以说,要控制声音,驾驭语言,就必须学会控制气息。

演讲者要善于掌握自己的发音器官,自觉地控制呼吸。在生活中,人们的本能呼吸是浅呼吸,即只做胸部呼吸。对于演讲者,使用这种本能的呼吸方法发音,时间一长,声带就会疲乏,声音就会嘶哑,建议采用胸腹联合呼吸法,平日可结合生活实际进行练习,能够为正确地吐字发声打好基础。

那么,什么是胸腹联合呼吸法呢?顾名思义,胸腹联合呼吸法就是一种使用胸腔、横膈肌、腹肌联合控制气息的方法。这种呼吸方式范围大、伸缩性强,可以操纵和支持声音的能力,为气息均衡、平稳地呼出提供了有利条件,其理想的状态是做到"吸气一大片、呼气一条线;气断情不断,声断意不断"。

练习胸腹联合呼吸法的方式很多,这里简单列出以下四种以供参考。

(1) 慢吸慢呼的训练。双腿自然站立,双目平视前方,头正,肩放松,想象自己正在花田中呼吸花香,一点点慢慢吸气,吸到感觉腰腹之间充气膨胀,但是要保持小腹收紧。保持几秒后,轻缓呼出。

(2) 快吸慢呼的训练。快速短促地吸气,并保持气息;呼气时缓缓呼出,配合声音,平稳均匀。可以选择发音响亮的音节组成的人名,比如阿毛、阿花、小兰、小安等,假设这个熟识的"阿毛"在远处,你发现了他,要喊他,迅速地抢吸一口气,然后拖长腔喊他。

(3) 慢吸快呼的训练。吸满气后不要着急往外呼,保持吸气的状态 3~5 秒,体会气息在体内充盈的感觉。此时还可以做这样一个动作:将气息提到胸腔再压入腹腔,然后再返回胸腔,这个动作的好处是,可以明显地感受到比较抽象的气息在体内的运作过程,可以更好地理解和把握气息。保持慢吸的正确状态吸气之后,用一口气尽量说又多又快的话,可以用简单重复的绕口令来练，如“吃葡萄不吐葡萄皮，不吃葡萄倒吐葡萄皮”。

(4) 快吸快呼的训练。快吸时应注意保持慢吸时“两肋打开、吸到肺底、腹壁站定”的基本状态，只是将慢慢吸气，改为在不经意间一张嘴的一瞬即吸气到位。就像突然在远处发现了你正要找的人，准备喊他的瞬间吸气。

3. 口腔训练

口腔肌肉灵活了，说话才能流利，在平时我们都有这样的体会，就是早上说话没有下午或者晚上那样顺，这是因为嘴巴休息了一晚上，肌肉自然还处在僵硬的状态。进行口腔训练的目的就是运动你的口腔，让它变得灵活起来，从而让嘴巴灵活地活动，提高声音和吐字的品质。

值得注意的是，打开口腔不等于张大嘴，张大嘴时口腔呈前大于后型，实际上是前开后不开。按照要求口腔的前后部都应打开，上腭上抬，下颏放松，呈前后型。打开口腔是通过提颧肌、打牙关、挺软腭、松下巴四个方面的配合来实现的。分述如下。

(1) 提颧肌。即抬起上腭的前部，颧肌用力向上提起时，口腔前上部有展宽感觉，鼻孔也随之有少许张大，同时使唇，尤其是上唇贴紧牙齿。唇齿相依使唇的运动有了依托，较之于松颧噘唇、唇齿分离更容易把握咬字的力度。提颧肌对提高声音的亮度和字音的清晰度都有明显作用。

(2) 打牙关。上下颌之间的关节俗称牙关，打开牙关是抬起上腭的中部动作。打牙关就是要使上下槽牙在咬字时有一定的距离，尤其双侧上后槽牙应始终保持向上提起的感觉。虽然日常口语时很少有人咬紧牙关，但这里要作为一个要领提醒大家，应特别注意打开牙关的问题。因为它不仅可以丰富口腔共鸣，还可以使咬字位置适中、力量稳健，其作用是非常明显的。

(3) 挺软腭。软腭在上腭后部，用舌尖抵硬腭向后舔会感觉到它的具体位置。不说话时，软腭松软下垂，日常口语时也很少有人有意识将它挺起。挺软腭是抬起上腭的后部动作，它可以起到两方面的作用：第一，加大口腔后部空间，改善音色；第二，缩小鼻咽入口，避免声音大量灌入鼻腔而造成鼻音。可以用夸张吸气和半打哈欠的方式来体会，一般在这种时候软腭是挺起的状态，适度保持这种状态去发音，你就可能会听到与平时不同的声音效果。此外，有些字音(如“好”)发音时可以明显感觉到口腔后部的开度较大，用它去带发其他音节也会收到较好的效果。

(4) 松下巴。有的人平时说话就表现出下巴用力、主动帮忙的问题，演讲时就更为明显，认为只有这样才能做到咬字有力，字音清晰。其实这是一种错误的认识，下巴用力反而会使舌根紧张，咽管变窄，口腔变扁，把字咬横、咬死。演说时，力量主要在口腔上半部，下巴则应处于放松、从动的状态。发音时，只有下巴自然内收才能放松。日常牙痛时说话，下巴一般是比较松弛的，不妨模仿一下。

如果你觉得上述方法不易掌握，也可以试试以下几种简单易行的口腔训练方式。

(1) 口的张和闭的练习。这个练习就好像是在打瞌睡，嘴巴闭上的时候又像是在咬一个苹果，开口和闭口的动作都要轻和慢，两个嘴角翘起来，上下两个嘴唇要自然地放松，舌头伸直，反复进行这个训练，就可以避免口腔的开度现象。

(2) 咀嚼练习。咀嚼练习的动作和我们平时吃饭类似，就是张口和闭口配合进行，让舌头处于平直的状态,咀嚼练习可以帮助我们的舌头更加灵活,避免出现抽搐等现象。

(3) 双唇练习。双唇要闭紧,唇部前后、左右、上下来回转圈,运动唇部的肌肉,以及唇部的打响练习,都对以后的发音有很好的作用。

(4) 舌头练习。对于舌头的练习,是最复杂而且最多的,舌头在口腔里有着很重要的位置,舌头也是一个重要的发音器官,舌头的练习包括舌尖顶下齿,舌面逐渐上翘,舌尖在口内左右顶口腔壁,在门牙上下转圈,舌尖伸出口外向前伸等练习,都可以使舌头变得更加灵活。

4. 普通话训练

《中华人民共和国国家通用语言文字法》规定普通话是国家通用语言。普通话是以北方话(官话)为基础方言,以典范的现代白话文著作为语法规范的现代标准汉语。普通话作为联合国工作语言之一,已成为中外文化交流的重要桥梁和外国人学习中文的首选语言,而我国是多民族、多语言、多方言的人口大国,推广普及普通话有利于增进各民族、各地区的交流,有利于维护国家统一,增强中华民族的凝聚力。

作为国家通用语言,使用普通话有利于消除语言隔阂,促进社会交往,所以教师讲课要用普通话,医生叮嘱患者要用普通话,甚至报警也要用普通话。演讲是通过说话清晰、明了地表达出自己的想法,目的是让人理解并展开行动,普通话更是首选,从而避免不同的地方语言成为彼此交流的障碍。

普通话训练不是个一蹴而就的过程,需要长期努力。先准备一本规范的普通话练习书,最好选择正版的普通话教材,里面附赠普通话音频光盘。然后按顺序练习,不能贪图快速,先要从每个字母(声母、韵母)的正确读法练起。能发音正确的字母一遍过;发音不正确的字母,做好标记,专门、细致地看该字母的发音分析,反复练习。同时应多收看中央电视台的节目,尤其是新闻联播,主持人的普通话是经过严格训练的,是我们最好的老师。

方言是文化的活化石,更是地方文化不可分割的一部分,但想要学好普通话就必须克服方言中的一些语言习惯,如湖北同胞们由于方言中鼻音和边音没有区分,长久的语言习惯和环境,导致在学习普通话时遇到了麻烦。以下是几种普通话和方言语言习惯的不同之处,供大家对照学习。

(1) b、p 不分。将“被俘”说成“佩服”,将“毕竟”说成“僻静”,将“备件”说成“配件”。应注意 b 为不送气音,p 为送气音。

可通过练习绕口令《八百标兵奔北坡》改善 b、p 不分问题。

八百标兵奔北坡,炮兵并排北边跑;
炮兵怕把标兵碰,标兵怕碰炮兵炮。
八百标兵奔北坡,北坡八百炮兵炮;
标兵怕碰炮兵炮,炮兵怕把标兵碰。

(2) f、h 不分。将“开方”说成“开荒”,将“防止”说成“黄纸”,将“复原”说成“互援”。f 音是唇齿音,发音时上齿抵在下唇内侧,而不要抵在下唇的唇面或唇的外侧,气息蓄积在成阻部位之后,气流从唇齿间的缝隙摩擦通过;发 h 音时,让气流自由逸出口腔,不受阻碍,只在通过声门时形成轻微的摩擦,舌头和嘴唇的位置随其后的元音而变化,相比 f 音,嘴唇要张开一些。

可通过练习绕口令《粉红墙上画凤凰》改善 f、h 不分的问题。

粉红墙上画凤凰，凤凰画在粉红墙。

红凤凰、粉凤凰，红粉凤凰、花凤凰。

红凤凰、黄凤凰、红粉凤凰、粉红凤凰、花粉花凤凰。

(3) n、l 不分。将“拿开”说成“拉开”，将“泥巴”说成“篱笆”，将“千年”说成“牵连”。n 和 l 就是平时所说的鼻音和边音。n 发音时舌尖抵住上齿龈，舌头两边与上腭相接处，形成闭合的弧形；舌的两侧与口腔上部闭合，封住口腔通道，气流从鼻孔出来。很多人鼻音发不好，主要原因就是舌头没有把口腔上部封好，导致部分气流从口腔里出来了，并且在弹舌时位置不对，所以声音靠前变为边音色彩。l 发音时舌尖轻轻抵住上齿龈，舌头两边留有空气；舌两侧与上颚保持适度距离，提起软腭，封住鼻腔通道，气流从口腔出来。错误的发音是软腭提起不够，没有完全封闭鼻腔通道，气流从口鼻出来，带鼻音色彩。

可通过练习绕口令《牛郎和刘娘》改善 n、l 不分的问题。

牛郎恋刘娘，刘娘念牛郎。

牛郎连连恋刘娘，刘娘连连恋牛郎。

牛郎年年念刘娘，刘娘年年念牛郎。

郎恋娘来娘恋郎，娘恋郎来郎恋娘。

(4) 平舌翘舌音不分。将“综合”说成“中和”，将“阻力”说成“主力”，将“攒钱”说成“战前”；将“擦手”说成“插手”，将“粗口”说成“出口”，将“推辞”说成“推迟”；将“私人”说成“诗人”，将“四十”说成“事实”，将“散光”说成“闪光”。舌尖前音(又叫平舌音)发音时舌尖抵住上齿背或者下齿背均可，看个人习惯和实际发音情况，发出的 z、c、s；舌尖后音(又叫翘舌音)是指舌尖翘起，接触或接近前硬腭，发出的 zh、ch、sh、r。

普通话音节是由声、韵、调构成的，但并不是所有的声母都能同所有的韵母相配合。利用声韵拼合规律可以帮助区分一些平翘舌音字。如在普通话中，声母 z、c、s 绝不和韵母 ua、uai、uang 相拼，那么对于“抓、爪、庄、装、妆、桩、壮、状、撞、幢、创、疮、窗、床、闯、双、霜”17 个字，就可以放心大胆地读翘舌音了。再如，韵母 ong 只可以跟声母 s 相拼，不能同 sh 相拼，根据这一点，“松、宋、送、诵、颂、耸、讼、怂、竦”等字就只管读平舌音好了。普通话里的 c 和 ch 是从不同的音发展而来的，发音的时候，c 是舌尖抵着上齿背面而发出来的，ch 则是舌尖抵着上颚发出来的。

可通过练习绕口令《四是四，十是十》改善平舌、翘舌音不分的问题。

四是四，十是十；

十四是十四，四十是四十。

别把四十说喜席，别把十四说席喜。

要想说好四和十，全靠舌头和牙齿。

要想说对四，舌头碰牙齿；

要想说对十，舌头别伸直。

认真学，常练习，十四、四十、四十四。

除了提到的上述训练，还有音色训练、共鸣训练等其他发声训练，但由于专业性较强，且需要亲身实践，本书就不一一赘述了。如果感兴趣，建议前往专业的培训机构进行学习并接受指导。

2.2 形象素养

演讲者的形象是演讲者的思想、道德、情操、学识及个性在外表的体现，是演讲者的仪表、举止、礼貌、表情、谈吐的综合反映。演讲者一经上场，就会把自己的形象诉诸听众的视觉，直接影响听众的评价和审美，从而影响演说的效果，这就要求演讲者或说话人必须具备一定的形象素养。

2.2.1 外在形象

行为心理学家曾做过一个实验，证明人们接触的前四分钟是形成知觉的至关重要的时间区域。这四分钟的知觉如何，会直接影响到以后交往的一个相当长的时期，甚至影响交往的全过程。这种知觉效应，心理学上叫“晕轮效应”。一个衣着整洁、彬彬有礼的演讲者，会给人留下做事细心、有条不紊的良好印象；反之，如果衣冠不整、邋邋遢遢，听众则会认为演讲者缺乏自我管理能力，也就不会信服他说的话。

在这个高度开放的信息时代，在瞬息万变的市场经济条件下，在与人交往时必须注意自己留给别人的第一印象，而外在形象作为一种潜在的重要信息，会在见面之初就不知不觉地传递给对方，这些信息无疑会或好或坏地影响第一印象，甚至会在一定程度上左右交际活动的全过程。孙中山先生也对演讲者的外在形象极为重视，他曾经深刻地指出：“身登演说台，其所具风度姿态应该是衣着整洁，举止大方，还没开口就使会场有肃穆起敬之心。”

一个人的外在形象主要包括仪容、仪表、仪态，也就是一个人的相貌、穿着打扮、举止风度。诚然，长相好看的演讲者会占有一定的先天优势，但穿着打扮、言谈举止同样非常重要。

一是要保持外在形象的干净。勤洗澡、勤洗脸，脖颈、手都应干干净净，并注意去除眼角、口角及鼻孔等处的细微残留物，做到无泪痕、无汗渍、无灰尘；勤换衣服，及时消除身体异味，有狐臭要涂抹药品或及早就医。

牙齿是口腔的门面，演讲者说话时露出发黄或发黑的牙齿，必定会使听众心生厌恶。因此，应保证口腔卫生，牙齿上不要留有牙垢或食物残渣，同时确保口气清新，避免在双方进行语言交流时受到口气的影响。可以在说话前咀嚼口香糖，并避免吃一些带有刺激性气味的食物，如葱、蒜、韭菜等。

二是要保持外在形象的整洁。整洁，即整齐洁净、清爽。应注意头发和胡须的长度，定期处理鼻毛、腿毛、汗毛，避免外露。

三是要保持外在形象的适度。演讲者应在演讲前对自己的外在形象进行修饰，但这种修饰必须适度，一味想要标新立异、吸人眼球，反而会弄巧成拙。以化妆为例，在学术会议上发表演说的人浓妆艳抹，会给人不庄重甚至不专业之感，降低演说者的公信力；而作为上百人甚至上千人参加的公司新年联欢会的主持人，如果仅仅是化一个淡妆，在灯光下就很难达到理想的舞台效果。又如服装，服装其实就是演讲者的一部分，应与其身材、肤色、年龄等条件相协调，选择适合自己的服装才能扬长避短，凸显自身的优势，反之则会让人有不协调之感。

关于演讲者的举止，将在第6章中详细分析，此处不再赘述。气质作为仪态的重要组成部分也不容忽视，毕竟保持外在形象的干净、整洁只要有心就能做到，而穿衣之道也是下功夫便可以学会的，但是人的精神却无法模仿。仪表的美丽无法掩饰精神的真实状态，良好的精神状态能使人容光焕发。例如，有的人穿着简洁但气质非凡，让人一见就如沐春风、喜不自胜，而有的人穿戴高贵华美，却总给人一种萎靡不振的感觉。我国台湾著名作家林清玄就曾在其散文中这样写过："三流的化妆是脸上的化妆，二流的化妆是精神的化妆，一流的化妆是生命的化妆。"健康的身体，乐观、自信、善良的品质，热爱生活、积极向上的态度，是对演讲者最好的修饰，是精神的化妆，生命的化妆。

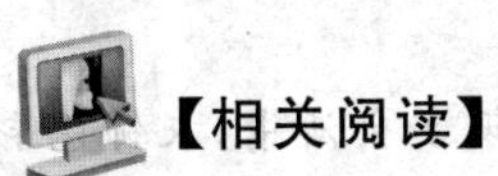

【相关阅读】

演讲时着装的技巧

做好演讲或即兴发言，主要靠好的语言功底，还要辅以美的演讲态势。态势是指仪表、姿态、神情、动作诸方面，它包括立与坐、眼神、手势身体动作、步伐移动等。讲是有声语言，给人以听觉形象；演是无声语言，给人以视觉形象。俗话说："花好还要绿叶扶。"如果说有声语言是红花，无声语言则是绿叶。光"讲"不"演"，或光"演"不"讲"，都不能称为演讲，只有动静相兼，将两者有机地融合起来，才能构成完整的演讲形式。唯声、色、姿、情，相得益彰，方能称作上乘的演说。

演讲者的风度、仪表、神态，应给观众留下最佳的第一印象。如你见到一个人衣着整齐、合体入时，表情自然，则会认为此人做事细心，有条理，进而会认为这个人一定有责任心，你必然会对他产生良好的第一印象，并且会联想到其人一定很有能力。

一次，心理学家雪莱在莫萨立斯特大学挑选了68位自愿参加实验的学生，这些应试者的外貌、口才及对事物的理解判断能力都没问题，但仪表、风度却大不相同。68人分别征求四位素不相识的过路人的意见，以期得到他们的支持。结果表明，风度翩翩者较之仪态平平的对子，自然是稳操胜券。

登台讲演时，仪容更不能不修边幅、肮脏邋遢，而要整洁、大方、有风度。服装应该同身份相称，不宜过于奇特。下面介绍一下演讲时的着装技巧。

一、着装特型

着装特型主要是指体型一般的与有较大差异的体型。比如，驼背者应避免加大渲染，最好不要在服装背后开口，可用大领子起遮掩作用；臀部过大者宜穿浅色上衣，深色裤子或裙子，以达到上下和谐的目的；臀部过小者易选择宽松的裤子和裙子，不要穿紧身衣裤。

矮胖型。总的原则是低领、宽松、深色、轻软。注意上下身衣服颜色连同鞋袜要同色。避免穿下摆印花的裙子，上衣或外套短一些。穿斯文的高跟鞋与略带深色的丝袜可以使两腿修长。要避免上身与下身的颜色反差太大。在冬天可根据演讲内容选带小型围巾且颜色应鲜艳一些。裙子不宜太长,质地要柔软轻盈。以V形领为佳,袖口宜小。男士适合穿西裤,给人以优雅、富态之感。

矮小瘦削型。不能穿太宽大和大格子的上衣,可选穿浅灰色、浅黄色、褐色等有膨胀感颜色的衣服,穿直筒型裤子遮盖略高的鞋跟。高长瘦削型的宜穿带有衬肩的大披领宽松上衣,这种类型的男士穿夹克很合适。要选择有膨胀感的色调。可穿带有细格条纹和大方格的上衣,裤子不宜过于肥大。女士不要穿窄腰或领口很深的连衣裙,面料图案不宜选直线条的。胸部瘦小者,不要穿紧身服装。

男士演讲常着西装,女士也很普遍。男士也可选穿单件西装上衣。西装一定要优质,粗劣的西装会损害演讲者的风度。深色西装要配白衬衣,黑皮鞋与黑袜子;带条纹的西装不要配方格衬衣;带方格的西装也不要配条纹衬衣;庄重的西装要配真丝或人造丝领带;带碎花的西装配各种领带都合适。

二、服装的颜色

不同的色彩能引起人们不同的联想,产生不同的心理感受。在现实生活中,衣饰色彩的选择一般是由人的性格、气质、生活经历、经济基础、兴趣爱好决定的。没必要做刻意的要求与规定。但演讲中,演讲者就要考虑到演讲的内容、演讲的环境、演讲的时空诸因素来进行衣着、饰物方面的颜色搭配。

不同颜色表达出不同的含义:白色是纯真、洁净的象征,也能给人以恐怖、神圣的感觉;黑色是严肃、悲哀的象征,也能给人以文雅、庄重的感觉;紫色是高贵、威严的象征,也能给人以神秘、轻佻的感觉;绿色是青春、生命的象征,也能给人以恬静、新鲜的感觉;红色是喜庆的象征,也能给人以焦躁、危险的感觉;蓝色是智慧、宁静的象征,也能给人以寒冷、冷淡的感觉。

演讲时不宜以单色调打扮,而是在某一基色调基础上求得变化。配色一般不超过三个颜色,并按不同比例搭配。服装配色的方法如下:一是亲近色调和法。即将颜色相似,但深浅浓淡不同的颜色组合在一起。这是一种常用的、较安全的配色方法,比如深蓝与浅蓝相配等。二是对双色调和法。即以一色衬托另一色,互相陪衬,相映成趣。如黄色配紫色等。常用的理想配色是绿色配黄色,中灰配褐色;红色配淡褐,深红配浅蓝;深蓝配灰色,土红配天蓝;棕色配橄榄色,宝蓝配鲜绿;炭灰配浅灰,粉红配亮绿;金黄配朱红,玫瑰配深红;栗色配绿色,橙色配淡紫色;黄色配棕色,浅蓝配浅紫;草绿配猩红,紫色配橙色;海蓝配朱砂,宝蓝配鲜绿;中棕配中蓝,酒红配黄红;原色组合(红、黄、蓝);黑白相间(黑、白两色被称为"救命色",几乎可与任何颜色相配)。演讲者衣物配色要考虑到演讲场地的灯光颜色,在灯光下,所有的颜色都会带上若干黄色色调,使原配色加深。所以,如果演讲是在晚间进行,选择衣物时最好是在灯光下配色。

三、饰物的选择

演讲是生活风采的体现,不是艺术表演,所以,演讲者没必要浓妆艳抹,只要保证衣着整洁,打扮大方,化生活妆就可以了。

女士不可以洒太多香水,更不要洒在衣服上,否则容易刺激得听众不舒服。薄嘴唇者口红可涂得饱满些,厚实的嘴唇不宜涂得太多。面部可略施香粉或胭脂,以保证脸部洁净、清爽、红润和有层次感。

另外，演讲时佩戴饰物要做到精而简。手上戴的手表、手镯不要太宽松。项链的佩戴男女有别，男士一般不宜戴项链；女士戴的项链不要过于小巧，以黄金为优，或根据衣服颜色、样式佩戴其他颜色，年龄较小者不宜戴项链。戒指不要太大，颜色不要太艳丽，最好不佩戴反光的戒指。女士在演讲时可佩戴胸针、胸花之类的饰物；男士除在一些社交演讲时可戴小胸花外，其他演讲特别是赛事演讲最好不要戴，严肃场合演讲可佩戴徽章。女士尽量不要戴发夹，的确需要时要固定好。演讲时最好不戴耳环，要戴也只能戴一些小型轻巧的。太大会给人一种累赘感。

四、鞋子的选择

据心理学家研究，在服装中，鞋子对情绪的影响最大。穿一双陈旧软底的鞋子会使演讲者感到精神萎靡，加深沮丧的情绪。相反会使演讲者感到信心百倍，神清气爽。选择鞋子不宜盲目追求式样的摩登新潮，要适合自己的脚型与体型，还要考虑到整体的协调与演讲内容的限制。

演讲者不论穿什么服装，最适宜穿皮鞋。穿皮鞋上场显得端庄、高雅、大方。穿的皮鞋要与衣着颜色相配，保证皮鞋的清亮。最好不要穿钉有铁掌的皮鞋，以免上场时有刺激声而影响听众的情绪。

脚型大的演讲者不宜穿白色的鞋子，白色有一种膨胀感，灯光一照更显眼。身材矮小型的女性不宜穿很高的高跟鞋，太高不利于运气发声。细高跟的凉鞋以白色为最好，白色与夏天服饰最适宜搭配。

选择鞋子时还要注意袜子的搭配。穿裙子宜穿长筒裤袜和连衣裙袜并穿皮鞋。裤袜的色泽一般选用与肤色相同或稍淡些的。

资料来源：出国留学网．演讲时着装的技巧[EB/OL]．https://www.liuxue86.com/a/1967909.html.

2.2.2 内在修养

《论语》有言："质胜文则野，文胜质则史，文质彬彬，然后君子。"这里的"质"是指内在素质，"文"是指外在表现。这句话的意思是，只注重内在素质而忽视外在表现，就会显得粗糙；只注重外在表现而忽视内在素质，就会导致浮华。只有文质兼备，即内在美与外在美，精神充实与外貌风采完美统一，才称得上君子风度。这句话也可以用来体现演讲者外在形象和内在修养的关系。要成为一名出色的、受人欢迎的、有影响力的演讲者，除了外在形象，也应当在思想、道德、品质、学识等方面达到一定的标准和水平。

1. 思想情操

演讲者担负着启迪人们的思想、陶冶人们的情操、鼓舞人们前进的使命，应是真善美的"助产婆"，是假恶丑的"掘墓人"。这就要求演讲者本身必须具备先进的、科学的思想，才能拥有远见卓识，做到高瞻远瞩，识前人所未识，讲前人所未讲。

历史上许多著名的演讲家如德摩斯梯尼、西塞罗、林肯、马克思、恩格斯，他们无一不是伟大的思想家，他们的演讲也无时不在闪烁着真理、科学、智慧的光芒。今天我们提倡的"要给别人一杯水，自己先得有一桶水"也是这个道理。尤其在科技高度发展的时代，新知识、新学科不断涌现，更需要演讲者努力学习，迅速掌握各种新思想、新科学和新方法，以更好地服务于听众，一个目光短浅、思想狭隘的人是没有资格登上演讲台的。

2. 道德品质

古人有云："其身正，不令而行；其身不正，虽令不从。"这从某个侧面说明了演讲者道德品质的重要性。在生活中，任何一种行为都会直接或间接地与他人或社会发生关系，并受到一定社会规范的限制和协调，演讲也是如此。作为演讲主体的演讲者，更应以一个具有高尚道德水准的形象出现在公众面前，带头恪守社会道德规范，并应具备以下四点。

(1) 政治道德。政治道德即应当有高度的政治觉悟、良好的政治品质、坚定的理想信念。

(2) 职业道德。演讲者必须遵守自己从事职业的道德，如医德、师德等。

(3) 社会公德。演讲者在一举手一投足间都应讲究文明礼貌，彬彬有礼。

(4) 伦理道德。演讲者必须具备高尚的伦理观、恋爱观、婚姻观，才能把正确的伦理观念传播给听众。

3. 丰富学识

丰富的学识不仅是传道、授业、解惑的需要，也是演讲成功的基本条件。古今中外的演讲家无一不是学识渊博的，他们之所以能旁征博引、妙语惊人，之所以能把生动、具体、精彩的事例自如地组织到演讲中，就因为他们博览群书，知识丰富。在当今科技发展时代，各种科学高度分化和高度综合，演讲者如果不了解新知识，跟不上现代科学文化发展的步伐，就不会使演讲内容充实、新鲜、生动。

4. 风度

演讲者的风度，直接影响演讲的效果。风度是一个人的精神状态、个性气质、品德情趣、文化素养、生活习惯等外在表现的综合反映，是演讲者外在形象和内在修养的一种融合。如果一个人相貌较好却无内在品德与气质，就仅是徒有其表，不具任何风度可言；而一个内在品德优秀、相貌不佳的人，如果稍加修饰，则会更显风度。

2.3 心理素养

对人的心理素养方面的要求贯穿了演讲的整个过程和各个环节。克服心理障碍，具备健全的心理素养，懂得心理沟通的方法，是演讲获得成功的先决条件。美国某个机构曾经做过一个调查，内容是关于一个人一生中最害怕的是什么。令人意外的是，排在第一位的既不是死亡，也不是恐怖袭击，而是当众讲话，死亡仅仅列于其后，排在第二位。可想而知，当众讲话，在大多数人心中是一件多么恐怖的事情。有些人敢于挑战极限运动，敢于前往丛林探险，可就是不敢当众讲话。

心理素养是人的整体素养的组成部分。是以自然素养为基础，在后天环境、教育、实践活动等因素的影响下逐步发生、发展起来的，换言之，心理素养是可以训练的，建立自信和克服紧张则是强化包括演讲在内的当众讲话心理素养的重要方法。

2.3.1 建立自信

自信心具有理性思维色彩，是指在任何活动中，使自己处在良好的竞技状态，这在演讲、辩论中尤为重要。具有自信心的人，往往在语言活动中神态自若、心绪镇静、记忆准确、表达流畅，兴奋保持在最佳状态。自信心的强弱会成为认识和实践活动中的一种习惯性心理，成为性格特点。在讲话中，自信心强会使自己的演讲水平得到正常的发挥甚至超水平的发挥。那么，如何能够建立演讲自信呢？

1. 自我心理疏导

演讲前，演讲者可以进行自我心理疏导，从而舒缓情绪，建立自信最简单的方法就是进行积极的自我暗示。如反复暗示自己"我很棒""我一定行""我可以讲得很好""听众一定很相信我"，切忌消极暗示自己"我很紧张""我肯定讲不好"，这样一来你在演讲时会更加不自信。

其次，演讲者在演讲前不应过多地去考虑演讲失败的后果。比如，习惯性忧虑"我演讲讲得不好怎么办""记不住词儿怎么办""听众乱起哄怎么办"，这种负面的自我暗示往往会影响演讲的效果。因此，应该努力做到放下包袱，轻装上阵。

2. 做好演讲前的准备

演讲者必须对自己的演讲题材和演讲效果充满自信，而这种自信很大程度来源于充足的准备工作。和听众相比，演讲者的主要优势是知道接下来要讲的内容，喜剧演员是优秀的作秀家，正是因为幽默的妙语会频频冒出来，才能达到良好的喜剧效果，而这一切都需要预先做好准备。一份优秀的演讲稿，一身合适的服装，数次登台预演都会为演讲者建立自信，避免因准备不充分或不适应演讲环境而引起惊慌。练习最实用的好处就是允许犯错，并且在别人发现之前将其改正，演讲者在一次又一次地发现自身错误并纠正的过程中，也将越来越自信。

有人建议在演讲前将演讲稿背得滚瓜烂熟，而有人则认为只要记住要点即可，因为如果只是机械记忆，那么不仅会耗费演讲者大量的时间，而且容易形成演讲者的心理疏忽，一旦演讲过程中发生突发事件，如听众情绪波动、设备故障等打断了演讲者的思路，那么机械式的记忆链条就会被折断，也许演讲者便会处于记忆空白状态或者思维短路，导致演讲无法进行下去。事实上，这两种方式并无优劣之分，因为如果突发事件能够打断机械式的记忆链条，只能证明你在机械记忆方面下的功夫还不够，而反复背诵演讲稿确实也费时费力。关键在于哪种方式更适合演讲者，初学者往往更适合采用机械记忆法，只要肯下苦功进行演讲前的准备，就不存在"忘词儿"这一问题，而当你发现能对自己的演讲内容倒背如流时，自信心也会自然而然地产生，下一步再细心打磨，在演讲中加入适当的表情、手势也就更加容易。

3. 建立科学的自信心

自信是建立在有自知之明之的，即建立在掌握自身情况、掌握事实、掌握时机、了解观众的基础上。当众讲话需要建立自信，但切忌盲目和过度自信。正式演讲前的预演过程中，观众大多是演讲者熟悉的朋友、亲人，给予评价时也常会以表扬、鼓励、赞美为主，如果演讲者照单全收，甚至因此扬扬自得以为胜券在握，从而不思进取，上台时难免会出现错漏，贻笑大方。

2.3.2 克服紧张情绪

心理学家罗宾生教授曾说过："恐惧皆衍生于无知与不确定。"《演讲与口才》杂志总编邵守义教授也曾指出："时间、地点、环境的变更，大庭广众的局面，自然就要使人产生一种压抑、胆怯的心理。"

在现实生活中，有的人在小范围内当众讲话并不是很困难，即使有轻微的紧张，也可以加以克服。比如，在本办公室、本部门的会议发言中，面对朝夕相处的同事和十分熟悉的环境，人们通常可以在轻松愉悦的气氛下表达自己的观点，可一旦走出那个熟悉的小范围，来到一个陌生的环境，面对更多的听众，就会紧张，说起话来磕磕绊绊，甚至前言不搭后语。为什么会出现这种状况呢？

1. 原因

紧张是人体在精神及肉体两方面对外界事物反应的加强。好的变化，如结婚、生子；坏事如离婚、待业，日久都会使人紧张。当众讲话时的紧张是极普遍的问题，许多从事职业演说的演说家都曾表示，他们几乎从未完全摆脱过紧张感，每次登台都会有害怕的感觉产生，一直持续到开口演讲前的几句话。即便是世界上最著名的表演者、歌唱家，都会有这种"怯场"的压力，多明戈的最高纪录是一场表演中暴音五次。可见，一旦成为众人注目的焦点，就会引发人的紧张反应，无论多么外向自信的人上了台，都会受到这种"怯场"情绪的影响，并非因为演讲者性格内向或者胆小。

当众讲话的紧张状态是一种普遍现象，其成因非常复杂，这里选择几个典型因素进行分析。

(1) 传统文化影响。中国人从小就受到"言多必失""沉默是金""祸从口出"一类的熏陶，因此，多数国人受传统文化的影响，缺乏当众讲话相关的锻炼，在日常行为中总是非常谨慎，不太愿意发言，怕出现状况，给自己造成不好的影响，因此一旦遇到当众讲话的场合和情况，就会对自己能否较好地驾驭这种未知的陌生局面没有把握，导致自卑心理严重，继而产生紧张情绪。

(2) 环境的改变。每个人都有自己的舒适圈，人们总是对熟悉的环境有一种舒适感，对陌生的环境有一种恐惧感，于是显得局促不安，既觉得格格不入，也无法表现真实的自我。这时演讲者需要提前到会场了解情况，做到心中有数，培养熟悉的感觉。当然，凡事总有例外，有些人反而在熟悉的环境演讲会比较紧张，这是因为他们认为听众不认识自己时演讲效果无所谓，但是在熟悉的场合，听众都了解自己的水平，反而不敢发挥了。

(3) 过度关注听众。演讲者确实应关注听众的反馈，从而适时调整演说内容和情绪，以达到最佳效果。但作为初学者，一旦过度关注听众，很可能适得其反。看到听众交头接耳，总觉得别人在对自己的演讲进行负面评价；看到听众离开座位或者走来走去，又疑心是自己表现得太差，演讲内容太无趣，所以才无法吸引听众的注意。而事实往往是，交头接耳的听众只是因为相识而打个招呼，走来走去的听众也不过是想去洗手间，而过分在乎听众的演说者却总是过于敏感，很容易就将听众的表现和自己的讲话联系起来，这在无形中不仅增加了心理负担，还很容易因分心而发生忘词儿、卡壳儿等现象，进一步影响到演讲者的发挥和自信心。

越是领导、专家一类的“高人”在场，这种情况越是容易发生，演讲者会备感压力，担心自己是在班门弄斧，或者说错话引得他们不快。实际上，演讲者应该转变想法，只有在鲁班门前弄斧，暴露自己的不足，高人才可以给予指点，自己才能更好地成长和提升；即使两人观点不同，也可以进行讨论、交流，高人的观点可能比较权威，但并不一定是真理；即使自己表现得不够好，但是领导、专家也都经历过同样的阶段，一定可以互相理解。此外，有些人向领导汇报工作时会很有压力，其实，没有人比自己更了解自己的工作，领导并不了解自己工作的细节。因此，调整好自己的心态，即使有高人在场，也可以自由发挥。

(4) 受过去失败阴影的影响。古语有云：“一朝被蛇咬，十年怕井绳。”人的心理其实非常脆弱，小时候因为家庭环境的影响，学校老师的严厉批评，父母亲严格的教导，亲戚们无故的嘲讽，同学们的讥笑，或是工作之后某一次讲话的失败，某一次领导的严厉指责，都会给我们造成心理阴影，导致每次遇到相同或相似状况时都会胆怯、紧张，以至于直接影响到演讲者当下的发挥，甚至导致恶性循环，使演讲者越来越倾向于自我封闭，越来越害怕面对公众讲话。

过去失败不代表永远失败，上一次失败不代表这一次还会失败，活在过去是没有意义的。我们应该活在当下，只要做了充分准备，就要相信结果一定会很好。如果受失败经历的影响较为严重，应当采取一对一的辅导治疗，消除过去的阴影，重新树立当众讲话的自信。

2. 解决方法

(1) 目光回避法。演讲的初学者往往害怕与听众进行眼神交流，因为一看到听众的眼神，自己就感觉很慌，而无法进行演讲。然后就出现了一些侧身、仰望、低头等影响演讲效果的不正当的姿势。因为演讲要求演讲者正视听众，这既是出于一种礼貌，又是演讲者与听众全方位交流的需要。拉近演讲者与听众的距离是演讲成功的必备条件，刚学演讲的人，不妨采用虚视的方式处理目光，将视线移到演讲场的后几排，以回避听众的目光，让自己的目光在会场上缓缓流动。

虚视，即“眼中无听众，心中有听众”，换言之就是让听众有一种感觉你在看他的错觉，但实际上你根本就没有正视他们的目光，而是去看他们的额头三角区、鼻尖、下巴，这样初上场的演讲者就能克服自己的紧张与分神的毛病，不至于使自己看到台下那火辣辣的眼神而害怕，却又起到了与听众交流的良好效果。

(2) 将自己的注意力转移到演讲上。捷克大出版商谢哈克很害怕当众演讲，因为有一次他在对自己的部下训话时，由于紧张而说错了三位员工的名字。对此，他一直耿耿于怀，导致每次当众说话都很担心出错，过去的那一幕总是不自觉地在他眼前浮现，令他头痛不已。有一次演讲，老毛病又犯了，气得他狠狠地拧了自己的腿一把，没想到腿一疼，注意力就转移到腿上，脑子里乱七八糟的念头都自然隐退，头脑因为突如其来的刺激而清醒，演讲也因此获得了成功。

这种方法不仅适用于受过去失败阴影影响的演讲者，也适用于过度关注听众的演讲者。有些人之所以会在演讲时感到紧张，是因为一心二用，只要专注于自己所说的、投入进去就会越来越放松。演讲的最高境界是忘我,不管结果的好坏,尽情地发挥,这样取得的效果更好。最好的例子是两人在街上互骂,他们能够吸引无数听众,无论是买菜的人、回家的人,还是来往办事的人都不自觉地停下脚步,听他们当众说话,他们讲得很有激情、声音很有节奏、有动作手势,表情自然到位。他们根本就不会紧张,更不在意自己讲得是否完美,不考虑准备得是否充分,不考虑有无熟人在场,这是因为他们达到了忘我的境界。他们或许没有学过专业的演讲,没有经过专门的锻炼,但是效果却很好,这说明心态是最重要的。实际上很多时候,人们紧张的原因就是把自己束缚得太多、负担太重,如果除去这些,按照真实的水平,把思路完全放到讲话的内容上,第一应该讲什么,第二应该讲什么,如何开头、如何结尾,把焦点放在讲话的结构内容上,演讲者就可以发挥得更好。

(3) 将观众的注意力转移到其他地方。听众的目光一直落在演讲者身上,一是会造成演讲者紧张;二是会产生审美疲劳。适当地转移听众的注意力,让他们把注意力转移到其他地方去,演讲者就可以及时放松一下自己,调整情绪和状态。其实有时稍微做一些调整,及时解除一个小紧张,就能够避免大的失误。

常用方式是通过道具转移听众的注意力。如果有投影仪,应尽量把演说 PPT 制作得精美丰富,演讲中,一句"各位请看投影"可以轻松而不露痕迹地转移听众的目光,让自己放松一下。其他道具,比如画板、图片、书籍、讲义、音乐等都可以转移听众的注意力。

演讲者也可以通过互动转移听众的注意力。比如提问,在演讲中,如果自己紧张,可以直接提问下面的听众,请某一位听众站起来回答问题,甚至可以上台发言,这样对方紧张了,你反而轻松了。再如,走近听众,也可以降低紧张度。甚至可以直接走下台,一句"请大家讨论两分钟"可以轻松地让自己走到后台调整情绪。

(4) 学会放松。心理上的紧张可以用生理上的放松缓解,演讲前如果感到紧张,可以通过深呼吸和肌力均衡运动的方法帮助自己放松。所谓"深呼吸",就是胸腹式呼吸联合进行,从而排出肺内残气及其他代谢产物,吸入更多的新鲜空气,以供给各脏器所需的氧分,使血液循环得以加强,对于解除疲惫,放松情绪,都是有益的,更可以帮助演讲者在演讲中更好地控制自己的声音,歌唱家和演员们都知道胸腹式呼吸在控制声音方面的重要性。肌力均衡运动是指有意识地让身体某一部分肌肉有规律地紧张和放松。比如,你可以先握紧拳头,然后松开;你也可以固定脚掌,做压腿动作,然后放松。做肌力均衡运动的目的在于让你的某部分肌肉紧张一段时间,不仅能更好地放松那部分肌肉,而且能更好地放松整个身心。

案例分析

操控紧张——即兴讲话不失风范

演讲者在即兴讲话的时候,经常会过早地感到紧张。人们在众目睽睽之下会感到不舒服,说话不自然,这是一种典型的在意外中无所适从的情况。无论地位高低还是个性好坏,都无一例外会碰到这种状况。

但对于幽默讲话者，尤其是即兴幽默者来说，紧张有时是合理的表现，有时则不是，紧张的人可能会担心自己的选题或信息不太符合观众的期望或需要；担心观众会抨击自己讲话的质量，对内容的可信度提出质疑，或提出一些我们无法回答的问题；意识到自己的陈述有错误，或遗漏了关键的信息。即使对讲话的题目了如指掌，对自己的幽默资格满怀信心，也难免会担心自己表现不佳，从而出现尴尬的局面，而只有观众才能察觉到演讲者的这种紧张和尴尬。

当然在即兴幽默中并不能完全摒弃这种紧张感，幽默讲话者如果缺乏试读的紧张感，就不能分泌出足够的肾上腺素，来帮助他调整到巅峰状态。要做一场精彩而又趣味十足的即兴讲话，窍门就在于让你的紧张情绪为你服务，这就是紧张感的反利用。想象一下，当你浑身紧绷时，分泌出的大量的肾上腺素反而会成为你完成精彩讲话的催化剂。

操控紧张，让即兴讲话在幽默的舒缓与愉快中尽显个人的风采与口才魅力。驾驭了紧张，幽默才会显得更加淡定和从容，幽默才能让一个人的智慧光芒在欢声笑语中赢得听众的共鸣与对讲话者的尊重。

爱因斯坦以《相对论》闻名于世。在一次社交聚会上，几个人拼命巴结他，当众说了一些登峰造极的吹捧话。

爱因斯坦急忙站起来说："如果我相信刚才听到的话是真的，那我一定疯了。我心里明白我没疯，所以我不相信这些话。"

还有一次，爱因斯坦虽然参与了第一颗原子弹的研制工作，但他深知原子弹会变成威胁人类和平的魔鬼，所以坚决主张废弃这一杀人武器。

有人问爱因斯坦："假如第三次世界大战打起来，将会是什么情形？"

"我实在无法知道第三次世界大战打起来的景象，"爱因斯坦回答道，"不过，我敢断定，假如第四次世界大战打起来，双方交锋必将要用石头砍杀"。

爱因斯坦是一个明智的人，是一个在公众场合敢于克服紧张情绪的人，他说的话看似信口拈来，面对吹捧，他可以用幽默的口吻巧妙回避；面对一问，他可以用机巧的假设来反衬出科技的进步并不是绝对意义的好事。如果一种技术的进步将我们的善良与对简单生活的追求扼杀，这样的技术是让世人感到悲哀的。

爱因斯坦的即兴回答，体现了他的机智幽默，与对紧张感的克服。克服即兴讲话中的紧张，能够让幽默的口才覆盖在智慧的保护伞下面，安全而不失雅趣地流畅表达。

资料来源：欣溶. 幽默和口才大全集[M]. 北京：中国华侨出版社，2012.

【问题讨论】 结合本章内容和上述案例思考，演讲者为什么会出现紧张情绪？应采用何种方法缓解紧张情绪？

习题

一、选择题

1. (　　)是多种语言技巧的整体体现。

A. 发音　　B. 声调　　C. 节奏　　D. 语气

2.（　　）是人的精神状态、个性气质、品德情趣、文化素养、生活习惯等外在表现的综合反映。

A. 容貌　　B. 服饰　　C. 举止　　D. 风度

3.（　　）是仪表美的最基本条件。

A. 大方　　B. 整洁　　C. 得体　　D. 时尚

4. 演讲的基本素质要求演讲者的发音（　　）.

A. 准确清晰　　B. 清亮圆润　　C. 富于变化　　D. 流畅自如

二、简答题

什么是“虚视”？演讲者应如何利用这种方法缓解紧张？

三、实训题

练习绕口令《四是四，十是十》，灵活运用口舌，并改善平舌音与翘舌音不分的问题。

第3章　命题演讲

【本章学习目标】

1. 掌握确立命题演讲选题的方法。
2. 掌握准备命题演讲材料的方法。
3. 掌握命题演讲稿的写作方法。
4. 掌握命题演讲正式开始前自我演练和现场演练的方法。

【导入案例】

国家主席习近平发表二〇一八年新年贺词

大家好！时光飞逝，转眼我们将迎来2018年。在这里，我向全国各族人民，向香港特别行政区同胞、澳门特别行政区同胞、台湾同胞和海外侨胞致以新年的祝福！我也祝愿世界各国各地区的朋友们万事如意！

天道酬勤，日新月异。2017年，我们召开了中国共产党第十九次全国代表大会，开启了全面建设社会主义现代化国家新征程。我国国内生产总值迈上80万亿元人民币的台阶，城乡新增就业1300多万人，社会养老保险已经覆盖9亿多人，基本医疗保险已经覆盖13.5亿人，又有1000多万农村贫困人口实现脱贫。“安得广厦千万间，大庇天下寒士俱欢颜！”340万贫困人口实现易地扶贫搬迁、有了温暖的新家，各类棚户区改造开工数提前完成600万套目标任务。各项民生事业加快发展，生态环境逐步改善，人民群众有了更多获得感、幸福感、安全感。我们朝着实现全面建成小康社会目标又迈进了一大步。

科技创新、重大工程建设捷报频传。“慧眼”卫星遨游太空，C919大型客机飞上蓝天，量子计算机研制成功，海水稻进行测产，首艘国产航母下水，“海翼”号深海滑翔机完成深海观测，首次海域可燃冰试采成功，洋山四期自动化码头正式开港，港珠澳大桥主体工程全线贯通，复兴号奔驰在祖国广袤的大地上……我为中国人民迸发出来的创造伟力喝彩！

我们在朱日和联合训练基地举行沙场点兵，纪念中国人民解放军建军90周年。香港回归祖国20周年时，我去了香港，亲眼所见，有祖国做坚强后盾，香港保持了长期繁荣稳定，明天必将更加美好。我们还举行了纪念全民族抗战爆发80周年仪式和南京大屠杀死难者国家公祭仪式，以铭记历史、祈愿和平。

我们在国内主办了几场多边外交活动，包括首届“一带一路”国际合作高峰论坛、金砖国家领导人厦门会晤、中国共产党与世界政党高层对话会等会议。我还参加了一些世界上的重要多边会议。今年年初，我出席达沃斯世界经济论坛年会，并在联合国日内瓦总部作了讲话,后来又出席了二十国集团领导人峰会、亚太经合组织领导人非正式会议等。在这些不同场合,我同有关各方深入交换意见,大家都赞成共同推动构建人类命运共同体,以造福世界各国人民。

2017年,我又收到很多群众来信,其中有西藏隆子县玉麦乡的乡亲们,有内蒙古苏尼特右旗乌兰牧骑的队员们,有西安交通大学西迁的老教授,也有南开大学新入伍的大学生,他们的故事让我深受感动。广大人民群众坚持爱国奉献,无怨无悔,让我感到千千万万普通人最伟大,同时让我感到幸福都是奋斗出来的。

2018年是全面贯彻中共十九大精神的开局之年。中共十九大描绘了我国发展今后30多年的美好蓝图。九层之台,起于累土。要把这个蓝图变为现实,必须不驰于空想、不骛于虚声,一步一个脚印,踏踏实实干好工作。

2018年,我们将迎来改革开放40周年。改革开放是当代中国发展进步的必由之路,是实现中国梦的必由之路。我们要以庆祝改革开放40周年为契机,逢山开路,遇水架桥,将改革进行到底。

到2020年我国现行标准下农村贫困人口实现脱贫,是我们的庄严承诺。一诺千金。到2020年只有3年的时间,全社会要行动起来,尽锐出战,精准施策,不断夺取新胜利。3年后如期打赢脱贫攻坚战,这在中华民族几千年历史发展上将是首次整体消除绝对贫困现象,让我们一起来完成这项对中华民族、对整个人类都具有重大意义的伟业。

当前,各方对人类和平与发展的前景既有期待,也有忧虑,期待中国表明立场和态度。天下一家。中国作为一个负责任大国,也有话要说。中国坚定维护联合国权威和地位,积极履行应尽的国际义务和责任,信守应对全球气候变化的承诺,积极推动共建"一带一路",始终做世界和平的建设者、全球发展的贡献者、国际秩序的维护者。中国人民愿同各国人民一道,共同开辟人类更加繁荣、更加安宁的美好未来。

我们伟大的发展成就由人民创造,应该由人民共享。我了解人民群众最关心的就是教育、就业、收入、社保、医疗、养老、居住、环境等方面的事情,大家有许多收获,也有不少操心事、烦心事。我们的民生工作还有不少不尽如人意的地方,这就要求我们增强使命感和责任感,把为人民造福的事情真正办好办实。各级党委、政府和干部要把老百姓的安危冷暖时刻放在心上,以造福人民为最大政绩,想群众之所想,急群众之所急,让人民生活更加幸福美满。

谢谢大家。

资料来源:中国新闻网. 国家主席习近平发表二〇一八年新年贺词[EB/OL]. (2017-12-31). http://www.chinanews.com/gn/2017/12-31/8413457.shtml.

【思考提示】 新年贺词是指在新春佳节之际对自己的亲朋好友予以美好的祝福以及关切之意的溢美言辞。许多国家的领导人都会在跨年夜发表新年贺词,总结上一年的成就并展望未来。仔细阅读《国家主席习近平发表二〇一八年新年贺词》,并说说命题演讲的特点。

3.1 确立选题

我们在第1章中提到过命题演讲的概念。命题演讲又称专题式演讲,是指提前给出一个既定的题目或一定的演讲范围,要求演讲者根据给定的题目或范围,进行准备后所做的演讲。此类演讲主题鲜明、针对性强、内容稳定,使用率也比较高,各种会议上的开幕词、报告、闭幕词,学术课堂上的专题演讲等均属于此类。

命题演讲主要包含两种形式,即全命题演讲和半命题演讲。全命题演讲事先会指定题目,只能围绕此命题组织材料,准备演讲;半命题演讲,组织者不直接确定演讲题目,只是确定演讲内容范围,即主题,具体题目由演讲者确定,便于演讲者根据自身特点和听众的具体情况,从不同角度拟定题目,从而发挥自身优势,其应用范围较全命题演讲更加广泛。无论全命题演讲还是半命题演讲,确立选题都是演讲的第一步,也是最重要的一步。

3.1.1 了解受众

演讲的最终目的是引导听众的行为,相应地,准备演讲的第一步便是了解听众的心理状态和喜好。听众的接受程度是判断演讲好坏的重要标准,一个脱离听众的演讲者即使舌灿莲花、口若悬河,也不可能获得成功。在演讲过程中,更重要的不是讲你想讲的,而是要讲听众想听的。

1. 听众的需要

听众的需要是听众认真听讲的动力,是听众活动积极性的源泉。一般来说,听众需要的强度越大,活动积极性就越高。听众对满足自己需要的说话内容采取肯定的态度,可体验到积极的情绪;反之,则会体验到消极的情绪。

从参加演讲会的目的来看,听众大致可分为以下六种类型。针对不同的听众类型,演讲者应做出不同的应对方案。

(1) 慕名而来。一般群众对各类名人都怀有一种敬仰、钦慕之心。因此,当著名政治家、科学家、演讲家、体育明星、影视明星等发表演讲时,往往有大批听众慕名前往。此类听众大多是为了一睹名人风采,他们一般不太计较演讲水平的高低。同时,潜在的崇拜,往往使名人们的演讲在听众中激起异乎寻常的热烈反响。

(2) 求知而来。为了获取新的知识和能力,听众会自觉选择那些能够满足自己求知欲的演讲。学术讲座、技术辅导、国外见闻等演讲能够吸引大批听众的原因,正是因为这些演讲满足了听众的求知欲望。此类演讲只要内容充实,条理清晰,听众一般不会过于挑剔其演讲技巧。

(3) 存疑而来。听众对自己渴望了解的演讲话题总是抱着极大的兴趣。例如,调整工资、保健问答、产品介绍等演讲,如果关系到听众的切身利益,听众会十分积极主动地参与到演讲的交流过程中。此类听众只要求演讲者把演讲内容交代清楚,他们对演讲者的身份、地位和演讲水平不会有苛刻的要求。

(4) 捧场而来。在某些演讲、特别是命题演讲比赛中,往往有一些演讲者的同学、同事和亲属前来助威和捧场。这类听众的人数虽少,但在渲染演讲会场气氛、调动其他听众情绪方面却能起到极其重要的作用。演讲比赛和体育比赛一样,东道主往往因"地利人和"而占据优势地位,其主要原因是拥有自己的捧场者。

(5) 娱乐而来。青年人喜欢演讲比赛,是因为演讲场上充满了激烈的竞争和热烈的气氛,具有一定的娱乐性。仅仅"看热闹"这一条理由就已经能够吸引许多热心的听众。不过,在为娱乐而来的听众中,还有一些听众隐藏着他们对高水平演讲者的崇拜和学习演讲的欲望,这是一批优秀的听众。

(6) 不得不来。工作报告、经验交流、各种庆典的会场上,有相当一部分听众是由于纪律约束或出于礼貌而不得不来的。这类听众对演讲内容不甚关心,演讲过程中心不在焉,态度冷漠。要征服这类听众,演讲者必须具有高超的演讲技巧。

2. 其他信息

以上仅仅分析了听众的需求,即参加演讲会的目的。在演讲实践中,演讲者还可以从其他角度了解听众的成分构成并采取不同的演讲方案。如人数多寡、男女比例、职业差别、文化水平的高低等,都会影响到演讲方案的制订,如身份地位、年龄大小、男女比例、文化背景、文化水平、经济收入等。

关于身份地位,比如说针对政府官员演讲,那么演讲风格就要力求稳重,切勿太过张扬;如果是针对企业界的人演讲,那么演讲风格就可以张扬一些,有激情一些。关于年龄大小,如果是针对年龄大的人演讲,语速要尽量慢一些;如果是针对年轻人演讲,语速就可以稍微快一些。关于男女比例,比如说如果会场上女士很多,那么就要准备一些与女士相关的案例或故事,这样就不会让她们觉得被忽视。关于文化背景,比如有些民族的人是不吃肉或不吃鱼的,有些地方的人是忌讳别人说某些话的。那么在演讲的时候就要避免谈这些,等等。关于文化水平,针对文化水平低的听众,语言尽量通俗一点;针对文化水平高的听众,要讲得概括一些。关于经济收入,如果针对下岗职工,讲你在什么地方消费特别显档次,那么他们就会很反感。

从多个方面着手去了解听众,更有利于设计能够与听众产生共鸣的内容和表达方式。

3. 听众的心理特点

成功的演讲者既要使演讲成为听众的一部分,也要使听众成为他的演讲的一部分,而其中首要的,便是要了解和掌握听众的心理特点。总的来说,听众的心理主要有以下四个特点。

(1) 听众对信息的接受具有选择性。听众听演讲是用听觉、视觉器官及大脑进行认识的一种综合心理活动,这种活动是在已有经验、知识和心理期待的基础上进行的,因而具有极强的主观色彩和选择性。首先是选择性注意,即只注意那些他们已知、有兴趣、有关系或渴望了解的部分;其次是选择性记忆,即容易记住那些自己愿意记住的信息,忘记那些自己不喜欢的信息;再次是选择性接受,即愿意接受那些与自己一致的观点。

(2) 听众对演讲的态度受自身的影响。对同一演讲者的同一内容,听众由于受自身态度的影响采取不同的态度。同样是学术演讲,专业人士大多听得认真入迷,而"门外汉"却如听天书,毫无兴趣。

(3) 听众都有特殊的心理需要。每个听众听演讲的心理需要都与切身利益相关。有人希望能增长知识,有人希望能开阔眼界,也有人希望通过听演讲解决自身的实际问题。

(4) 听众心理是独立意识与从众心理的矛盾统一。即听众既有独立思考的意识,又有受其他听众影响改变自己看法的一面。因此,演讲中往往会出现几个人笑带动所有人笑,几个人鼓掌带动所有人鼓掌,几个人打哈欠带动所有人打哈欠的现象。高明的演讲者善于调节群众情绪,以主动出击等方式控制甚至消除消极情绪的产生和蔓延。

4. 把握听众心理的技巧

(1) 首因效应和近因效应

首因效应也叫首次效应、优先效应或第一印象效应,是指交往双方形成的第一次印象对今后交往关系的影响,也即是"先入为主"带来的效果。虽然这些第一印象并非总是正确的,但却是最鲜明、最牢固的,并且决定着以后双方交往的进程。

首因效应本质上是一种优先效应,当不同的信息结合在一起的时候,人们总是倾向于重视前面的信息。即使人们同样重视了后面的信息,也会认为后面的信息是非本质的、偶然的,人们习惯于按照前面的信息解释后面的信息,即使后面的信息与前面的信息不一致,也会屈从于前面的信息,以形成整体一致的印象。

与首因效应相反,近因效应是指当人们识记一系列事物时对末尾部分项目的记忆效果优于中间部分项目的现象。这种现象是由于近因效应的作用。信息前后间隔时间越长,近因效应越明显。原因在于前面的信息在记忆中逐渐模糊,从而使近期信息在短时记忆中更清晰。多年不见的朋友,在自己的脑海中的印象最深的,其实就是临别时的情景;一个朋友总是让你生气,可是谈起生气的原因,大概只能说上两三条,这也是一种近因效应的表现。

首因效应和近因效应两种心理现象移入演讲过程中,就是听众对演讲的开头和结尾格外关注,记忆也较为深刻,这就要求演讲者以有力而精辟的话语开始,再以有力而精辟的话语结束。说话其实就如同写文章,两者有异曲同工之妙。写文章有"文似看山不喜平""首尾呼应""龙头凤尾"之说,说话的艺术也在于此。好的开头能够立刻吸引听众。而好的结尾则让人记忆深刻、回味无穷。在整个讲话的过程中,开头与结尾的效果可以说占据了整个演讲的一大半。

(2) 建立演讲者的威信

演讲者的威信是指演讲者在听众中享有的声望与信誉。社会心理学研究表明,人们对于来自权威方面的信息,一般都易不加分析地加以接受。因为演讲者的威信,听众往往会认为他的话都是权威、可信的,也会因为喜爱演讲者的人格而喜爱演讲内容,有时即使演讲内容他们并不熟悉或有无兴趣,也易受威信效应的影响报以热情合作的态度。演讲者可以从以下几方面做起,树立自己在听众中的威信。

首先要摆正和听众的关系。牢记演讲者和听众在地位、人格上是平等的,没有高低贵贱之分,只是暂时的社会分工、社会义务不同。应以平等、谦和的姿态,而不是以高高在上的姿态去演讲,做到既向听众宣传,又向听众学习。

其次要发挥"名片效应"和"自己人效应"。所谓"名片效应",是指在交际过程中,如果想要让对方尽快接受你的观点、态度,就要把对方与自己视为一体,首先向交际对方传播一些他们所能接受的和熟悉并喜欢的观点或思想,然后再悄悄地将自己的观点与思想渗透和组织进去,使对方产生一种印象,似乎我们的思想观点与他们已认可的思想观点是相近的。引入演讲过程中,就是演讲者先申述一种与听众观点相同的观点,然后再说出演讲者想说的观点,这样很容易被听众接受。它可以淡化甚至消除听众在认同一种观点的喜悦中自动解除精神防线。

里根迎合选民的手法变化多端，富有吸引力。在向一群意大利血统的美国人讲话时，他说："每当我想到意大利人的家庭时，我总是想起温暖的厨房，以及更为温暖的爱。有这么一家住在一套稍嫌狭小的公寓房间里，但已决定迁到乡下的一座大房子里。一位朋友问这家一个 12 岁的儿子托尼：'喜欢你的新居吗？'孩子回答说：'我们喜欢，我有了自己的房间。我的兄弟也有了他自己的房间。我的姐妹们都有了自己的房间。只是可怜的妈妈，她还是和爸爸住一个房间。'"这个笑话明显地拉近了他与当地选民的心理距离，有效地推销了他的形象。他所使用的，就是"名片效应"。

"自己人效应"则比"名片效应"更进了一层，毕竟对"自己人"所说的话更信赖、更容易接受，即演讲者与听众不仅在观点上一致，而且有某种意义的相似性，如性别、年龄、籍贯、职业、地位、经历、兴趣等，都会使听众产生信任感、亲近感，视演讲者为"自己人"。比如，为矫正中学生早恋倾向，有位教师在一次讲座的开场白是这样的："记得我年轻时，班上有一位女生，不知怎么搞的，我老是会想到她，在上课时也会禁不住看她一眼。"然后，这位教师指出这是青春期性萌动的正常反应，再接着谈自己对早恋的看法。这样的效果就比较好，中学生们会觉得亲切可信，从而对这位教师的建议愿意听取。

3.1.2　确立选题

"好的开始等于成功的一半"，演讲稿选题的好坏直接关系到演讲的成败和价值的大小。选题的确立决定着演讲构思的取舍，也决定着演讲的价值。新颖、独特、充满真知灼见的题目，能使演讲的价值倍增；陈旧、俗套的题目则会使演讲黯然无光。因此，演讲者撰稿前，应特别注重选题的确立。

1. 选题应适合听众

选题要适应听众的心理和认识能力。要处理好听众心理与选题内容的关系。演讲者发表自己的思想见解，就是对事物做出自己的评判。这种评判听众能否接受，将受到听众价值心理的影响。诸如政治价值、经济价值、人生价值、知识价值、审美价值、伦理价值等，都将影响听众对演讲的心理需要。因此，选题一定要有针对性，要适合听众的需求。演讲内容，必须是听众愿听的；演讲所分析的，正是听众不理解而想理解的；演讲阐述的，正是听众想知道，或应该知道，或必须知道的。只有从听众的实际需求出发，有针对性地选择听众所需的演讲题目，才能给听众以深刻的影响，才能有较大的感染力，才能唤起听众听演讲的热情和兴趣，也才能收到事半功倍的效果。

要处理好听众认识能力与选题内容的关系。听众认识能力和选题内容的关系可以分为三个层次，即听众认识能力低于选题内容；听众认识能力高于选题内容；听众认识能力适合选题内容。当听众的认识能力低于选题内容或高于选题内容，选题都是不合适的。对即将毕业的大学生讲就业心得，对即将高考的高中生讲高考心得，同物理学家讲相对论，同数学家讲哥德巴赫猜想都是比较恰当的；如果对即将毕业的大学生讲高考心得，对即将高考的高中生讲就业心得，同物理学家讲哥德巴赫猜想，同数学家讲相对论，就选错了听众对象。

2. 选题应具有积极意义

选题要有积极的意义，给听众以光明和希望。一方面，应选择那些能向听众指明行动方向、引导听众行动的手段和方法、给予听众以信心和希望的材料，和那些光明的、美好的、富有建设性意义的题目；另一方面，要选择符合听众心理和要求的材料，要使这些材料和听众的切身利益结合起来，才能引起听众的兴趣和关注，给听众一种积极向上的力量和希望。只有这样，才能使听众为之激动，为之鼓舞，为之奋发向上。

如听众听了《世上无难事，只要肯攀登》这个题目，就会产生一种积极态度，从而在鼓励中丢掉失败后的颓丧，以十足的信心继续在生活、学习和工作中奋发图强。不要选择那些无力的、隐晦的、消极的、破坏性的题目，如《成功并非易事》，虽说这种选题并没有错误，却容易使人听后产生灰心丧气之感。

3. 选题应具有时代特征

所谓时代特征，就是要选择现实需要亟待回答的论题。一个有责任感的演讲者，总是能从提高人们对客观世界的认识能力和改造能力出发，选择那些"政治上重要的、为大众所注意的、涉及最迫切问题的主题"，从而解决人们普遍关心、急于得到回答的问题；而一场优秀的当众演讲，应当在一定程度上帮助听众弄清社会现实中的复杂现象，并有助于解决迫在眉睫的社会问题。紧追时代步伐的演讲才更容易引起听众的共鸣，而那种不痛不痒的、毫无现实意义的"空对空"的说教，是永远得不到听众欢迎的。所以，准备演讲时应当从客观实际出发，要认真考虑一下自己所选择的论题是否符合现实需要，是否属于听众所亟待得到解答而又有意义的问题。如果论题本身毫无价值，客观上又不需要，就不要选；有的论题虽有一定价值，但客观现实并不迫切需要，也不要选。

4. 选题应适合演讲者自身

选择适合自己的题目，就是选择自己比较熟悉并能胜任的演讲主题。所谓自己熟悉的题目，就是自己在某一个领域某一个问题上经历了一番辛勤劳动，进行过研究、探讨和亲自实践的，并通过收集和整理有关资料，用心进行周密的思考，获得了独到的体会或真知灼见，可以和听众分享，从而增加演讲的意义和价值。如果演讲者对自己的题目根本不熟悉，或者对演讲题目所涉及的基本常识一知半解，似懂非懂，那么写出的演讲稿内容一定贫乏，所表明的观点、做出的结论，就必然缺乏坚实可靠的论据。

小学生演讲时谈论国际政治，总是令人难以信服，原因就是这一年龄段的演讲者不太可能在国际政治方面进行过深入研究和思考。同理，一名军人谈论军事令人信服，而谈论音乐就会降低听众的可信度。可见演讲的选题要与演讲者的年龄、身份相称，要能够体现演讲者的个性特点和风格，不能选择那些与自己身份根本不相称的题目作为自己的演讲选题。

此外，一定要选择跟自己的理念相吻合的题目。如果强迫自己去谈一个没有感觉，甚至是自己持负面评价的题目，"硬搬"一些理由和资料，这样的演讲连自己都无法说服，更不用说去说服别人了。

3.2 准备材料

准备命题演讲的第二步就是准备材料。这一步需要演讲者完成资料收集和提纲编列的工作,至于应当先收集资料还是先编列提纲并没有一定之规。有人喜欢先收集资料,然后根据手头的资料编列提纲,确定自己的中心论点和分论点;也有人习惯先编列提纲,搭好演讲稿的骨架,再根据已经确定的中心论点和分论点着手收集资料。只要材料丰富,贴合主题,层次分明,那么准备演讲材料这一步就没有走偏。

3.2.1 资料收集

1. 资料收集的途径

收集演讲资料的途径有很多,概括起来,主要有直接获取和间接获取两种。

(1) 获取直接材料。所谓直接材料,是指通过演讲者自己的经验和思想获取的材料,这就要求我们平时做有心人,"家事、国事、天下事,事事关心",广泛地阅读,注意收集、积累材料,古今中外的人文科学、自然科学都要学习,同时加强自我的思想、道德、情感等各方面的修养,处处用心观察,认真体验,便能获得许多材料。

(2) 获取间接材料。所谓间接材料,主要是指从书籍、报纸、文献中所获得的材料。多收集历史资料,对那些重要的历史事件、人物的有关情况要熟记,并分门别类地进行整理;多收集现实资料,对当今国内外发生的重大的政治、经济、文化、科技等各个领域的事件、人物的有关情况要了如指掌,进行思考。收集的材料可以记纲要、大意,也可摘录;一般记在笔记本上或卡片上,使用灵活。

不管是获取直接材料还是间接材料,都要做到广泛采撷,精于筛选,并进行归档整理,使之条理化、系统化,并利用对收集的材料进行归纳、研究、分析、发掘的契机生发新意,进一步提出自己的观点和见解。

2. 资料收集的原则

在这个高度开放的信息时代,资料浩如烟海,想要收集资料并不难,难的是收集到可用的资料。收集演讲资料不能盲目,应掌握以下七个原则。

(1) 定向。时间和精力不容我们有见必记、有闻必录,因此收集材料要把准方向,有计划、有针对性地收集,防止盲目性和随意性。所谓把准方向就是围绕演讲题目,根据题目划定的区域范围,按计划、有重点地收集资料。范围应大小适中,不宜太窄,也不宜过宽。太窄,往往会漏掉与之相关的材料,使用时没有回旋余地;太宽,往往难抓住主线和重点,造成内容芜杂臃肿,削弱和冲淡主题。

(2) 充分。演讲要求大量地、详尽地收集和占有材料,既要纵向了解事物发生、发展的经过,又要横向了解事物各方面的联系;不仅了解事物的正面材料,而且要了解事物的反面材料,以便多方位、多角度进行分析、比较,这样可以避免认识上的主观性和片面性。越充分,思路就越开阔,论据就越充分,就越能正确有力地阐明观点,产生令人信服的力量。特别是学术演讲和法庭演讲,更要求论据充足,旁征博引。材料不足往往难以言之成理,很难达到预定的目标。

(3) 真实。材料要真实就是指材料的客观性,即所选材料是客观世界确实存在的、符合历史实际的。只有真实的材料才最有说服力,才最有利于人们形成坚定的信念。任意臆造和虚构材料,势必与事实发生冲突,最终被揭穿。为了保证材料的准确性和可靠性,必须交代材料的出处。

(4) 新鲜。材料的新鲜一是表现在时间上;二是表现在使用度上。如 2017 年做的演讲使用的却是 2007 年的实例。时过境迁,许多人和事都随着年代不同而有所改变,这样过时的材料完全不具有说服力,非但不能为演讲添彩,还会降低听众对演讲者的评价。

重复使用别人用滥的材料,就会令人感到乏味,甚至反感,一提到献身精神就是舍身炸碉堡的董存瑞,一提到探索精神就是麦哲伦航海。因此,要尽量防止和避免材料的雷同。要让人产生新鲜感,一方面要留心收集现实生活中新近发生的事情;另一方面要善于收集那些过去早已发生但并不为人所知的事例。此外,还要善于观察分析,抓住现实中看似一般的材料,从中挖掘出新意。

当然,旧材料运用得当也能出彩。鲁迅先生在这方面为我们树立了很好的榜样。他常借古讽今,十分生动,如《由中国女人的脚,推定中国人之非中庸,又由此推定孔夫子有胃病》的演讲,就运用了大量历史材料和现实材料,古今结合,使人感到异常新鲜、有趣。

(5) 典型。演讲的目的在于说服人、鼓动人,而典型材料则由于其能深刻揭示事物本质,而具有代表性,有较强的说服力。要认真审慎地收集那些最能说明主旨、最具代表性的事实材料和事理材料,防止和避免材料的平淡化。

(6) 具体。虽然撰写演讲稿时应做到详略得当,但在收集资料时应尽量将资料具体化,不然使用材料时就可能会有"不解渴""不够味"之感。切忌泛泛而谈,没有揭示所记事情的深刻意义,浮光掠影,成为空洞的说教和时髦的口号。

(7) 感人。林语堂先生曾说过:"对中国人来说,一个观点在逻辑上正确还远远不够,它同时必须合乎人情。"其实何止是中国人,这句话放之四海皆准。人是有感情的动物,感情在认知活动中的作用有时是很大的,它可以敞开理性的大门,从积极的方向来理解演讲内容,也可以关闭理性的大门,或者抗拒性地、消极地对待演讲内容。演讲过程中,听众的注意力、理解和记忆的选择性,很大程度上是由感情因素决定的。所以,选取能提高听众兴趣和打动听众感情的材料,在开始撰写演讲稿时就更易写出吸引人的作品。

3.2.2 提纲编列

所谓"提纲",就是不把全文的所有内容都写出来,只写那些主要内容;所谓"编列",就是按照一定次序进行排列。"提纲编列"就是将演讲内容按照一定次序,提纲挈领式地列出,从而将有关材料串联起来,简单地说,就是为演讲搭架子,进一步激发演讲者思考,并协助理顺思路的过程。

提纲编列是演讲前准备的重要一环,有些人甚至推崇提纲式的演讲,也就是演讲时无须演讲稿,而是按照提纲进行演讲。演讲现场可根据提纲的脉络,进行现场发挥,能够最大限度地发挥演讲者的创造性,完全使用口语演讲,没有背诵的痕迹,与台下听众的交流比较自如。提纲编列对演讲的重要性可见一斑。

1. 提纲编列对演讲的重要意义

提纲编列可以帮助演讲者更加充分地考虑所要表达的内容。提纲编列的过程,就是对演讲内容具体构思的过程。一个较为具体、详细的演讲提纲,不仅包括演讲题目、结构层次、论述要点、典型事例、引文材料以及有关资料等,同时还会显示出整个演讲的基本内容和论证过程。在这一过程中,演讲者一直处于积极思维的紧张状态,要仔细推敲诸如演讲宗旨是否正确、演讲材料是否真实、演讲层次是否清楚、演讲的前后段落是否均衡等问题。这就促使演讲者必须全面分析有关问题,从而有利于思维的条理化和科学化,有利于培养和提高演讲者的观察能力、分析能力和解决问题的能力。

提纲编列可以帮助演讲者及时调整,避免大返工。如上面说到的,提纲编列的过程中,演讲者的思维活动是非常活跃的,一些不起眼的材料,从表面看来不相关的材料,经过熟悉和深思,常常会产生新的联想或新的观点,如果不认真编写提纲,动笔撰写演讲稿时就会被这种现象所干扰,不得不停下笔来重新思考,甚至推翻已写的从头开始,不仅增加工作量,也会极大地影响工作情绪。多花时间在提纲编列上,就能形成一个层次清楚、逻辑严密的演说框架,从而避免许多不必要的返工。

提纲编列可以避免命题演讲偏题。命题演讲必须围绕一个主题进行演讲,但有时由于演讲者思维太过发散,或材料太丰富而难以取舍,可能出现偏题的现象,这对于演讲而言是致命的。有一个提纲,可以帮助演讲者树立全局观念,从整体出发,从演讲的命题和中心论点出发,检验每一个部分所占的地位、所起的作用,相互间是否有逻辑联系,每部分所占的篇幅与其在全局中的地位和作用是否相称,各个部分之间的比例是否恰当和谐,成为整体的有机组成部分,都能为展开论题服务。经过这样的考虑和编写,演讲的结构才能统一而完整,不至于偏题。

2. 如何进行提纲编列

提纲编列的方法多种多样,并无固定格式,经验丰富的演讲者甚至可以只打“腹稿”而不付诸笔端。但对于初学者,认认真真做好提纲编列还是很有必要的。

(1) 标题。常言道:“看书先看皮,看报先看题。”标题的好坏对于决定演讲成败的作用不容小觑。标题是使听众了解到演讲的主要内容和主旨的最鲜明的手段,也是演讲的中心点,必须率先确定。确定演讲标题很简单,而要起一个好的标题却并不简单,这并不是只靠理论学习就能取得长足进步的,还必须有大量的实践经验。这里介绍几种常见的演讲标题类型,旨在开拓大家的思路。

一是提要型标题。即标题概括了演讲的基本内容,把演讲内容的核心简明地提示出来。如毛泽东的《反对党八股》《为人民服务》等,又如《人总是要点精神的》《青春激荡　弘扬美德》《没有金钱并非“万万不能”》等演讲题目,这种类型的标题有利于集中表达演讲者的思想,使听众一听便知道演讲的中心问题,在思想上打下重重的烙印,有利于听众快速领会、吸收。

二是象征型标题。即运用比喻或象征等修辞手法,把抽象的哲理或某种特殊意义具体化、形象化,从而深入浅出地揭示主题。如《扬起全民健身的风帆》《托起新世纪的彩虹》等,以“风帆”“彩虹”一类具象事物使原本抽象的概念具体化、形象化。这种类型的标题,一般具有强烈的感情色彩，容易引起听众感情上的共鸣，强化演讲效果。

三是警醒型标题。即运用哲言与镌语，立片言以居要，提醒、劝谏、鼓励听众，以激发听众的警觉，使之猛醒，如《有志者事竟成》《天下兴亡　匹夫有责》《忧劳可以兴国　逸豫可以亡身》等。

四是设问型标题。即通过设问，提示演讲所涉及的内容，同时引发听众对演讲者所设疑问的思考，而演讲内容则是对标题设问的回答，如《什么是人生的价值》《我们应该怎样教育孩子》等。

五是抒情型标题。即抒发情感，以情感人，具有浓烈的感情色彩，如《生活万岁》《自豪吧！光明的使者》等。

(2) 编列演讲的中心论点、分论点。演讲通常有一个中心论点和若干个分论点，从中心论点出发，确定分论点并安排好它们的顺序和主次。哪些内容应该在前，哪些内容应该在后，这里有个内在的逻辑问题，不能随便颠倒。防止出现杂乱无章、轻重倒置、前后倒置或残缺不全等现象。如果有余力，还可以设想一些点题的时机及具体的方式、方法，并考虑好分论点之间该如何衔接过渡，哪些内容需要照应，如何照应，也简单标注一下。

(3) 罗列材料。决定材料取舍的唯一标准，在于是否与中心论点相关。把与主题无关或关系不大的材料毫不可惜地舍弃，尽管这些材料是煞费苦心费了不少时间搜集来的。有所失，才能有所得。一块毛料寸寸宝贵，舍不得剪裁，也就缝制不成合身的衣服。为了成衣，必须剪裁不需要的部分。所以必须时刻牢记材料只是为形成演讲的中心论点来服务的，离开了这一点，无论多少好的材料都必须舍得抛弃。

3.3　完成演讲稿

演讲稿也叫演说辞或演讲词，是在较为隆重的仪式上和某些公众场所发表的讲话文稿。演讲稿是进行演讲的依据，是对演讲内容和形式的规范和提示，它体现着演讲的目的和手段。

3.3.1　演讲稿的特点

写演讲稿不等于写作文，作文是作者通过文章向读者单方面地输出信息，演讲则是演讲者在现场与听众双向交流信息。严格地讲，演讲是演讲者与听众、听众与听众的三角信息交流，演讲者不能以传达自己的思想和情感、情绪为满足，而是必须能控制住自己与听众、听众与听众情绪的应和与交流，可见，演讲稿具有自身特点。

1. 针对性

演讲稿的听众是明确、特定的，它受演讲场地的限制和举办单位的限制。比如，某单位在某场合举办的演讲，其听众大都是属于某一阶层的。有了明确的听众对象，就可以做到有针对性地确定选题，包括题材、题旨、题目。听众对象越明确，对他们的心理、爱好、思想、情感，他们看问题的方法、角度、能力以及追求、理想、希望等了解得越清楚，选题的针对性就越强。撰写演讲词，要考虑听众的需要，讲话的题目应与现实紧密结合，所提出的问题应是听众所关注的事情，所讲内容的深浅也应符合听众的接受水平。同时，演讲又要注意环境气氛，既要注意当时的时代气氛，又要了解演讲的具体场合。是庄严的会议或重大集会，还是同事之间的座谈和讨论；是欢迎国宾，还是一般的友人聚会。不同的场合，演讲有不同的内容、不同的讲法。

中国共产党早期青年运动领导人恽代英的演讲《耶稣、孔子与革命青年——在岭南大学演说辞》，由于听众对象十分明确，是洋人办的教会学校的学生和少数教员，演讲的主题和题材都有很强的针对性，教会学校里的学生很容易受耶稣影响，要消除这种影响就不能不批判耶稣，而单单批判耶稣容易引起反感，便拉出孔子作"陪绑"，这就针对"和平忍让"等思想进行有理有力的批判，效果自然很好。

2. 可讲性

演讲稿是根据口头发表的需要而写出的文稿，是现场演讲的依据，是由"心声"变有声语言的中介，如果说有些文章和作品主要通过阅读欣赏，领略其中的意义和情味，那么，演讲稿的要求则是"上口入耳"。为了发挥演讲稿声传的特点，撰写演讲稿要做到"上口"和"入耳"。所谓"上口"，是指词句适合口语表达，讲得顺口，自然流畅，具有平时交谈时"讲"的特征；所谓"入耳"，是指听起来明白易懂，没有什么障碍。演讲稿只有做到了上口和入耳，经得起说和听的考验，才能达到声传的目的，起到交流思想情感的作用；否则，忽视了任何一面，都会有损于感情和信息的交流。

3. 鼓动性

演讲是一门艺术。好的演讲自有一种激发听众情绪、赢得好感的鼓动性。要做到这一点，首先要依靠演讲稿思想内容的丰富、深刻，见解精辟，有独到之处，发人深思，语言表达要形象、生动，富有感染力。如果演讲稿写得平淡无味、毫无新意，即使在现场"演"得再卖力，效果也不会好，甚至相反。

4. 口语性

口语性是演讲稿区别于其他书面表达文章和会议文书的重要方面。演讲既然是一种口语表达形式，就一定是人们日常生活中普遍的、通俗而平易的语言。写演讲稿不同于一般的书面文章，要使用口语化、个性化、规范化的语言。口语具有丰富多变的特点。它不仅有声有意，而且有语音的轻重、语调的高低、语气的变化、停顿的长短、速度的快慢等特点，这些因素的结合，才能起到有效传递信息的作用，讲起来上口，听起来入耳、易记。写演讲稿时，建议把长句改成适听的短句，把倒装句改为常规句，把单音节词换成双音节词，把生僻的词换成常用的词。恩格斯说："言简意赅的句子，一经了解就能常常记住，变成口语，而这是冗长的论述做不到的。"正是这个道理。

此外，演讲者是用自己的语言，讲出自己的思想，也应体现出自己的个性和风格。个性化的语言是一个人思想、学识、阅历、才华、性格、气质以及语言修养的表现，只有运用个性化的、特定风格的语言，演讲才能精彩感人。

5. 临场性

演讲活动是演讲者与听众面对面的一种交流和沟通。听众会对演讲内容及时做出反应，或表示赞同，或表示反对，或饶有兴趣，或无动于衷，这些都是演讲者难以提前知晓的。

因此，演讲稿不仅要考虑内容的针对性，还要具有临场应变性，也就是说，在保持内容完整的前提下，要适当注意内容的伸缩性。如储备几个能说明问题的例子或生动幽默的趣闻逸事，以便在必要而恰当的时间插入。总之，要充分考虑到演讲时可能出现的种种问题，以及应付各种情况的对策。

6. 整体性

演讲稿是准备用于演讲的文字稿，在没有演讲之前是没有完成的不定之稿，是整个演讲活动的一个组成部分。经过认真准备，它可能形成了讲稿自身的完整体系，但还没有和演讲的时境相结合，还不能形成与环境结合的整体性。所以，写完演讲稿并不意味着写作过程的结束。演讲者一接触具体的时境，马上会感到原来的开头也许不合适，在讲正文时也会出现类似的情况。这就需要一边讲，一边根据反馈的信息进行调整和修改，以适应听众的要求，这就是演讲稿写作的延伸。这个过程是演讲者与听众共同创造完成的演讲稿写作过程。

【相关阅读】

耶稣、孔子与革命青年——恽代英在岭南大学演说辞

今天承岭南大学欢迎之便，使我与岭南大学各位教员先生与各位同学有一个谈话的机会，这是很荣幸的事情。我对于岭南大学虽然以前并不知道学校中间一切详细情形，但是我可以说我实在很久便有了一个很好的印象。我并不知道史坚如烈士便是岭南大学的学生，我脑筋中有一个岭南大学是从五卅运动时候起。亦许有人疑惑岭南大学是与其他教会学校一样有帝国主义关系的，但我却很注意岭南大学，我相信在这个学校的教员和学生中间，一定有很多反帝国主义的同志。因为在五卅运动中，就我所知道的，在这个学校不但有一个教员、一个同学为反抗帝国主义在沙基牺牲了性命，并且有许多外国教员先生为了与我们打抱不平，在我国香港受了英国帝国主义者的许多恶劣待遇，这表明岭南大学与其他教会学校绝对不同。不但一般中国的教员和学生与其他教会学校的中国教员和学生不同，便是外国教员先生亦是与其他教会学校不同的。在中国中部北方一般教会学校中做事的人，怕我们如怕蛇蝎一样，他们要用种种手段妨害我们，使我们进不了他们的学校，永远没有和他们学校中的同学相互谈话的机会。但岭南大学因为与他们绝对不同，所以不但不怕我们，并且欢迎我们，给我们这样一个宣传的机会。我今天能在这样一个表同情于反帝国主义的岭南大学讲话，自然是再高兴没有的事情了。

人们彼此没有见过面而谈过话，彼此之间常常不免有一些隔阂或误解。譬如我们来到岭南大学的时候，我未曾听见岭南大学教职员先生们为我解释学校内部情形，我终有许多不懂的地方，我总怀疑岭南大学仍旧不免有许多普通教会学校的弊病。但自从我听见他们为我们解释的话，我便更明白你们学校的真正情形了。我们亦是常常被人误解的人，譬如人家知道我是反对基督教的，他们便以为我是如何不尊敬耶稣，不尊敬基督教徒与他们所办的教育慈善事业。其实这许多是误会。我并没有这个意思。我今天难得有这样一个机会，不妨把我的真正态度说与诸位听听，以免除大家的误会，并且可以提出我的意见，请诸位加一个批评。

我的意见，决不轻看耶稣的为人，我相信耶稣是古犹太的一个"圣人"，像孔子是我们中国的一个"圣人"一样，而且我相信耶稣实在有许多超过孔子的地方。至于教会中人，我确亲眼看见有些好人，而且我要承认我自己实在受了教会中好人的若干影响。教会所办教育慈善事业，我相信有很多都出于外国先生们个人的好意思。

为什么说耶稣是超过于孔子的圣人呢？我对于孔子的道德学问，向来便很佩服他，我相信他真是满心仁慈，要想救世界人类的圣人。他生在春秋的时候，看见各国诸侯不讲道理压制人民，各国之间又时常发生战争，伤害许多性命，扰乱得全世界都不安宁。他因为学了一些古先圣王的道理，知道天下之乱都由于为人君的不存仁心，不行仁政之所致，于是他便奔走列国，向那些人君宣传，今天见齐景公，明天见卫灵公，一个地方没有将席坐暖，便又爬起来跑到另一个地方，可怜他一直跑到胡子头发白的时候，除了每到一个地方混得几餐饮食，临行时混得几个盘费以外，都没有什么结果。于是他老人家又跑了回来，删诗订礼，还希望在他未死以前，做几部好书，以便后之人君或有能采取其学说以行仁政于天下的。像孔子这样诚恳勤劳，为人类做事的人，我们如何能够不推尊他为圣人呢？不过孔子有一种很大的缺点，便是他看见这些不仁之君，不知道到人民中间去宣传组织人民，只知道去找那些人君，须知那些人君没有民众的势力在背后监督督促，专想靠讲什么道理以劝化他们，是不会有什么功效的。孔子不懂得这个道理，所以一生只是钻烟囱。不过他老人家精神很好，刚刚从这一个烟囱里钻了出来，又钻进别个烟囱里面去，周游列国，钻遍了列国的烟囱，到了七十岁左右跑回鲁国仍旧删订了许多书，要后世他的门徒续他的钻烟囱的事业。这一点是他的愚笨可怜的地方，然而亦是他的精神不可及的地方。到了后世他的门徒便更糟糕了。他的门徒读了他所删订的书，却比他聪明狡猾，知道像他那样钻烟囱，是划算不来的事情；同时他的门徒多半亦没有他的名望资格，可以随便到各国谒访人君，因此他们学了孔子的书，完全不去钻烟囱，只知道拿那书中的话做文章考秀才举人为他们进身之阶，同时又拿去说与农夫工人听，表示他们的博学多闻，于是帮助一般君主压迫这些农夫工人，这些农夫工人还认为这是孔圣人的道理，不敢反对他们。所以孔子还只是钻烟囱，他的门徒却成为一般人君的走狗了。

耶稣的仁慈想救世界人类，与孔子没有什么两样。但他却不像孔子那样钻烟囱。孔子对于压迫人民的人只知讲劝化，所以他总是跑去见那些国君，常时与他们讲话；耶稣则不然，他并不跑去见什么人君，他有些像我们现在的革命党一样，好接近宣传民众。他对于压迫人的人，不只是用劝化的方法，他并且骂他们。照《圣经》所说，他到神庙中间去的时候，看见有些商人在庙中做生意，他便骂他们，将他们摆的摊子丢到庙门外面去了。在《圣经》中又常常看见他骂那些犹太的祭司与收税吏，这都是直接压迫犹太人民的人。在这些地方，可以看得出来耶稣很有些革命精神。他这种勇敢的行为，所以使他后来遭杀身之祸。然而这便是孔子所万万不能及他的地方了。不过耶稣亦是与孔子一样，他们讲了许多道理，两三千年收了许多门徒，但是他们通通没有能够救世界。耶稣仍旧与孔子一般，不能够救世界，为什么我说耶稣是超过孔子的"圣人"呢？这中间有两个原因。一个原因便是因为耶稣自身仍旧有一种缺点，他虽能够骂那些压迫人的人，然而那些压迫人的人是不会因为怕他骂便改悔过来的，你越是骂他们，他们越是恨你，想谋害你，我们对付这些压迫人的人，只有一个法子，便是将一切被压迫的人团结起来，来打倒他们。换一句话说，要对付这些压迫人的人，孔子的“劝”的法子是不中用的，耶稣的“骂”的法子亦是不中用的，对于这种人只有用我们革命党“打”的法子。我们革命党天天喊打倒帝国主义，打倒军阀，我们天天干打倒这些东西的工作，我们与孔子、耶稣不同的地方，便是不靠“劝”亦不靠“骂”，对于这些反动的势力直截了当地打倒他。孔子、耶稣虽然都是“圣人”，但是“圣人”的法子都是失败了的，所以这便是他们都不如革命党的地方。还有一个原因，便是耶稣的门徒亦与孔子的门徒犯一样的弊病。他们看见耶稣爱骂人以后遭了杀身之祸，所以他们便不肯随便骂人了。他们学了耶稣的道理，既不去劝化那些压迫人的人，亦不敢骂那些压迫人的人，他们亦学孔子的门徒一样，只知拿这些道理去对一般农夫工人讲，去愚弄恐骇这些可怜的人。譬如现在基督教徒对于帝国主义军阀乃至一般土豪劣绅，谁能有耶稣那样勇敢的精神，当大众骂他们呢？岂但不敢骂他们，并且无论什么事情还要请肖耀南、孙傅芳等贼酋提倡捐助，以为荣耀。耶稣的道理遇着这种门徒，自然亦便糟糕了。

我见到基督教徒中虽然确实有若干好人，然而这些好人对于中国做不出什么切实的事情。教会里正在布道祈祷的时间，帝国主义与军阀同时在拘捕杀戮，或者在压迫苛待中国平民。这些教会中的好人，既不能劝止帝国主义军阀的残暴行为，他们又怕得罪帝国主义军阀，不敢提倡而且不愿赞助中国平民反抗帝国主义军阀的革命行动。他们明明看见中国平民被帝国主义军阀踏在脚下，但他们老守着和平忍让的教训，向践踏在帝国主义军阀脚下的中国平民宣传和平忍让的道理。这样子下去，中国平民倘若完全相信了他们的宣传，不要永远被帝国主义军阀践踏一世，没有出头的日子了吗？我为不忍见我们中国同胞这样被人践踏，所以反对基督教。但是我要申明，我并不是说基督教徒中间没有许多好人，不过这些好人因为相信了基督教，自己不革命而且亦劝人家不要闹革命的事情，天天教人家礼拜祷告，引诱许多人脱离了打倒帝国主义打倒军阀的革命路线。这是我觉得可惜，亦是我所以不得不反对基督教的缘故。

外国先生在中国办学校，有的人要说这是帝国主义的文化侵略，这些办学校的人是帝国主义的走狗。我之所以主张取缔外人设立学校的理由很简单。只是因为外国先生是爱他们本国的，他们为中国人办学校，一方固要为我们中国人谋幸福，然而一方亦决不愿他们所教育的中国学生反对他们的本国。所以英国人办学校，一定鼓吹中英亲善；美国人办的学校，一定鼓吹中美亲善。这绝不是外国先生主观上对于我们有什么恶意，故意欺骗我们。而且他们所鼓吹的国际亲善，亦不能说是不应当的道理。为什么中国民众与英国民众或美国民众，不应当亲善呢？不过有一层，我们要注意的：便是我们对于英国民众美国民众虽绝对应当讲亲善，然而对于英国美国的帝国主义者的政府，他们在政治经济上加于我们的压迫，我们却必须要毫不迟疑地打倒他。外国先生劝我们中英亲善、中美亲善，是很对的。不过可惜在他们劝我们讲亲善的时候，他们本国的帝国主义的政府者同时却正在侵略压迫我们。这些外国先生因为爱国，不愿反对自己国里的人，所以亦不反对自己国里的帝国主义者的政府；并且他们亦知道若反对了自己国里的帝国主义者的政府，不但似乎非爱国之道，并且恐将来自己回不了本国去，至少以后再不容易在本国那般大人先生们面前募捐盖造学校教会。因为这些外国先生爱国，因为他们还想有回国的一天，因为他们还想募捐盖造学校教会，于是他们不但要我们对他们的民众亲善，而且要我们对他们的帝国主义者的政府亲善,而且不愿我们对他们的帝国主义者的政府不亲善。他们在中国办了学校,在学校内对于学生,只讲他们的帝国主义者的政府对于我们怎样"好",把他们的帝国主义者的政府如何黑暗残酷压迫我们的行为隐瞒到一字不提。若是学生在别的地方知道了他们的帝国主义者的罪恶,要起来反抗,他们还要靠着他们的帝国主义者的政府来压迫我们的学生,或是开除,或是解散学校。我以为在我们中国办学校的外国先生虽然根本并不是坏人,然而我们中国青年多一个人进英国人所办的学校,便少了一个人反对英国帝国主义,多一个人进美国人所办的学校,便少了一个人反对美国帝国主义。外国人办的学校越发达,便会使反对帝国主义的人越少,便会使我们中国人的民族精神,越受损失。有人说外国先生在他们国,捐来了许多钱,盖造了许多洋房子,亦有许多难得之处。这些话自然是很对的。不过这些钱从外国送到中国来得越多,我们中国民族精神消磨了的亦便越多,帝国主义的捐款,好比是购买我们中国民族精神的代价。我并不是说在中国办学校的外国先生都不是好人,无论他的本意是怎样的好,这种学校对于中国青年的民族精神总是有绝大妨害的。

今天很难得有一个机会,在岭南大学发表了我这一篇意见。我对于岭南大学,只是还有几个希望:第一个希望,便是还要在学校内提高反帝国主义的精神。办理岭南大学的虽然亦有几位美国先生,我就沙基惨案时的事实看来,我相信这几位美国先生一定是我们反帝国主义的同志。至于中国先生与全体同学,自然更是反帝国主义的同志,无待言了。我愿意勉励岭南大学中国外国先生与一般同学的,便是,我们应当有更高的反帝国主义的热度。我们不但要预备反对英国帝国主义,或反对日本帝国主义,而且亦应当预备反对美国帝国主义,我们相信美国的人民确实是我们的好朋友,犹如日本的人民是我们的好朋友一样;但是美国的帝国主义者用政治军事经济等方面各种手段压迫我们,亦正与英国帝国主义日本帝国主义没有什么两样。岭南大学一定要与别的外国人所办的学校不同。无论什么帝国主义者,一定都要反对。我们虽然受了美国先生的教育,然而对于美国帝国主义者仍旧必须加以极严厉的反对,这并不是对不住美国先生,只有能够这样,方可以证明美国先生来办校,完全是为我们中国人,并不是为要欺骗中国人,使大家不反对美国帝国主义的。而且我要说,不但受美国先生教育的同学应当反对美国帝国主义,我并且诚心诚意欢迎美国先生们,下一个勇敢的决心,把耶稣痛恶恶人的精神拿出来,与我们一块来反对美国帝国主义。只有这样才可以令我们中国人放心,知道外国先生来办学校,亦有些人并不一定是帮助他们本国的帝国主义者的。

还有一层,便是希望岭南大学能够把圣经礼拜等功课完全取消了,不要拿这些神话迷信扰乱我们青年的脑筋,虚耗我们青年的光阴精神。我们今天在帝国主义军阀压迫之下,需要努力宣传组织民众、进行革命运动。天天叫他们去听那些把两条鱼五个麦包散给几千人的传语,而且要他们闭着眼睛祷告上帝,这有什么用处呢?基督教徒祷告了两千多年,不看见将世界祷告好了;反祷告出这多帝国主义军阀出来。今天要我们青年祷告,再祷告三年五年,帝国主义军阀就不压迫我们,老虎就不吃人了吗?对于老虎只有"打"之一法,祷告上帝,上帝哪有什么别的办法呢?我们做反对基督教的宣传之时,有些基督教徒就说,信教自由,不能干涉的。不错,我们并不干涉人家的信教自由。但是既然说信教自由,为什么在学校里要强迫人家研究圣经、祷告礼拜呢?我们中国今天的青年,要去革命,要学习革命的知识技术，要学习革命的生活，所以我很痛心有许多与外国先生有关系的学校，强迫许多不愿意的青年，要他们做那些他们自己根本不相信的事情。所以这一个问题，我亦希望岭南大学的先生们想一想。

话说得太长了！总结起来，我只有一个意思。我们很感谢岭南大学今天的欢迎会，我们希望岭南大学的中国外国先生与一般同学，要永远做我们的反帝国主义的好朋友！

资料来源：恽代英．恽代英文集[M]．北京：人民出版社，1984．

3.3.2 演讲稿的写法

在此前提纲编列的过程中，我们已经做完了创作演讲稿所需的部分工作，下面重点讲讲如何完成演讲稿的开场、主体和结尾。

1．开场

演讲的开场是演讲者与听众的一座桥梁，是演讲者与听众建立初步友谊的纽带，在整个演讲过程中起着不可低估的作用。演讲稿的开头写得好，就能沟通演讲者与听众的感情，集中听众的注意力，唤起听众的兴趣，从而使听众对演讲内容产生一种强烈的渴望感。如果在演讲的开始听众对你的话就不感兴趣，注意力一旦被分散了，那么后面再精彩的言论也将黯然失色。因此只有匠心独运的开场白，以其新颖、奇趣、敏慧之美，才能给听众留下深刻印象，才能立即控制场上的气氛，在瞬间集中听众的注意力，从而为接下来的演讲内容顺利地搭梯架桥。

(1) 开场要为听众说明演讲目的。在大多数情况下，演讲的开头应揭示出演讲的目的。如果做不到这一点，那么听众要么会对演讲失去兴趣，要么会误解演讲的目的，甚至会怀疑演讲者的动机。如《在欢迎民主柬埔寨代表团宴会上李先念主席的讲话》的开头："在我国举国上下、万众欢腾、热烈庆祝中华人民共和国诞生三十五周年的日子里，以西哈努克亲王为团长，宋双和乔森潘阁下为副团长的民主柬埔寨代表团特地来参加我国的庆祝活动，并进行正式友好访问，我们感到格外高兴。我代表中国政府和人民，对你们的光临表示热烈的欢迎和衷心的感谢。"这个开头，说明了这次演讲的背景、起因，使听众了解这篇讲话是在怎样的一种情况下讲的。

(2) 开场要能吸引听众的注意。演讲开头成败的关键在于能否吸引并集中听众的注意力。演讲时吸引听众注意力的方式随题材、听众和场景的不同而改变，一般可以运用事例、逸闻、经历、反诘、引言、幽默等手段达此目的。中国核潜艇之父黄旭华在《开讲啦》第200期中这样开场："我们国家自行研制核潜艇是在一穷二白的基础上，为了突破帝国主义、资本主义国家对我们的包围、封锁，为了早日掌握好核潜艇的研制技术，我们国家曾经寄希望于苏联老大哥的技术援助。1959年国庆10周年，苏联部长会议主席赫鲁晓夫来到中国，我们国家政府再一次地向他提出研制核潜艇的技术问题。赫鲁晓夫在他的回忆录上有这样几句话：中国要研制核潜艇简直是异想天开。他傲慢地拒绝了中国的要求，说核潜艇技术复杂、要求高、花钱多，你们中国没有水平，也没有能力来研制核潜艇。毛泽东主席一听非常气愤。赫鲁晓夫在他的回忆录上提到，毛泽东主席愤怒地站了起来，挥动着巨大的手掌，说：'你们不援助算了，我们自己干！'"身为一个中国人，想必所有听了这些话的人都迫切地想知道，当时一穷二白的中国究竟是怎样在种种不利的情况下掌握了核潜艇的研制技术，自然也会认认真真地听下去。

(3) 开场要能激发听众的兴趣。从本质上说，听众只有感到能从演讲中有所收获时才专心去听演讲。演讲的开头应当回答听众心中的“我为什么要听”这一问题。如某大学举办的《青年与祖国》的演讲比赛，当时由于种种原因，会场十分嘈杂，这时有位同学上台，他刚开始讲，就立刻扭转了混乱的局面，紧紧抓住了观众的心。他说：“我想提个问题。”台下听众立即被他这种新奇的开头形式所吸引。他停顿了一下，继续说：“谁能用一个字来概括青年和祖国的关系呢?”台下听众议论纷纷，情绪活跃。他立即引导说：“可以用‘根’字来概括这种关系。”“我们青年有一个共同的姓，就是‘中华’；有一个共同的名，就是‘根’。‘中华根’应该是中国青年最自豪、最光荣的名字!”话音刚落，全场顿时掌声雷动。上述提问式的开头，新颖别致，出人意料，让听众耳目一新，激起大家的浓厚兴趣，演讲也就成功了一半。

(4) 开场要能争取到听众的信任。有时候，听众可能会对演讲者的动机产生疑问，或是与演讲者持相反的观点。在诸如此类的场合——特别是想改变听众的观点或行为时——要使演讲成功，就需要建立或是提高听众对演讲者的信任感。如相关阅读《耶稣、孔子与革命青年——恽代英在岭南大学演说辞》中，恽代英在演讲的开场就明确表示，自己认为“岭南大学与其他教会学校绝对不同”，是表示“同情于反帝国主义”的大学，并对自己能够来到这样一所大学进行演讲而表示荣幸。这样一段开场立时就拉近了演讲者和听众之间的距离，也是对我们上文讲到的“名片效应”和“自己人效应”的灵活运用。

(5) 开场要简短地为听众阐述演讲结构。演讲时，应当利用开头部分对演讲内容加以概述，让听众了解演讲的中心思想和结构。特别是当演讲的主题很复杂，或是专业性较强，或是需要论证几个观点时，这样做就能使演讲显得清楚而易于理解。

例如，汉诺威信托制造公司的主席及总裁约翰·F.麦克基里卡迪在一次演讲的开头中就很明了地陈述了他演讲的结构及范围：“女士们，先生们，晚上好。我很荣幸应科里曼主任的邀请来参加这个在我国很有权威的商业论坛——在见解上它可以与底特律和纽约的经济俱乐部相提并论。首先，我将对最近的国内经济形势加以展望。我认为它并非人们有时所想象的那样严峻。其次，谈谈近期欧佩克的经济增长对国家的经济增长的影响——对包括我们自己在内的许多国家来说是件痛苦的事，但又是完全有办法应付的。再次，对总统的能源建议作几点评论，我认为它既令人鼓舞，又令人失望。最后，我将就演讲逐渐成为一种时尚和必要的现象以及美国的现状谈一点个人看法。”

2. 主体

虽然说演讲稿的开场和结尾非常重要，但主体部分也不容忽视，不然一篇演讲稿就会逊色不少，进而影响整篇演讲稿的实际水准。撰写演讲稿的主体部分，主要应注意层次、节奏和过渡三个方面。

(1) 层次。演讲稿的主体，要层层展开，步步推向高潮。所谓高潮，即演讲中最精彩、最激动人心的段落。在主体部分的行文上，要在理论上一步步说服听众，在内容上一步步吸引听众，在感情上一步步感染听众。要精心安排结构层次，层层深入，环环相扣，水到渠成地推向高潮。

层次是演讲稿思想内容的表现次序，反映了演讲者对客观事物的认识过程，其展开的方式可以大致分为三种。一是并列式，即围绕演讲稿的中心论点。从不同角度、不同侧面进行表现，其结构形态呈放射状四面展开，宛若车轮之轴与其辐条，而每一侧面都直接面向中心论点，证明中心论点。二是递进式，即从表面、浅层入手，采取步步深入、层层推进的方法，最终揭示深刻的主题，犹如层层剥笋。用这种方法来安排演讲稿的结构层次，能使事物得到由表及里的深入阐述和证明。三是并列递进结合式，这种结构，或是在并列中包含递进，或是在递进中包含并列，一些纵横捭阖、气势雄伟的演讲稿常采用这种方式。

(2) 节奏。节奏是指演讲内容在结构安排上表现出的张弛起伏。演讲稿结构的节奏，主要是通过演讲内容的变换来实现的。演讲内容的变换，是在一个主题思想所统领的内容中，适当地插入幽默、诗文、逸事等内容，以便听众的注意力既保持高度集中而又不因为高度集中而产生兴奋性抑制。优秀的演说家几乎没有一个不长于使用这种方法。演讲稿结构的节奏既要鲜明，又要适度。平铺直叙，呆板沉滞，固然会使听众紧张疲劳，而内容变换过于频繁，也会造成听众注意力分散。所以，插入的内容应该为实现演讲意图服务，而节奏的频率也应该根据听众的心理特征来确定。

(3) 过渡。所谓过渡，是指演讲稿内容的前后衔接，由前一种意思自然地引出后一种意思，把演讲中的各个内容层次联结起来，使之具有浑然一体的整体感。由于演讲的节奏需要适时地变换演讲内容，因而也就容易使演讲稿的结构显得零散。过渡是对结构松紧、疏密的一种弥补，它使各个内容层次的变换更为巧妙和自然，使演讲稿富有整体感，有助于演讲主题的深入人心。过渡常常用在从一层意思转入另一层意思的转折处；由总到分、由分到总的衔接处；由议入叙、由叙入议的变换处；倒叙、插叙、分叙的起讫处。当然，过渡不仅仅用于演讲的主体部分，也经常用于开头、中间部分、结尾的转换处。

过渡的方法很多，最常用的是利用逻辑进行过渡。如利用时间逻辑，从过去讲到现在再讲到未来，本章开篇的导入案例《国家主席习近平发表二〇一八年新年贺词》，从回顾2017 年，展望 2018 年和 2020 年，就是一个非常通顺的时间逻辑的过渡。

3. 结尾

“编筐编篓，重在收口”，上文提到的“近因效应”也表明听众对演讲结尾的记忆效果优于中间的主体部分。作为演讲的“收口”，演讲的成败在相当程度上取决于演讲的结尾。好的结尾能揭示题旨，加深认识，给听众留下完整深刻的印象；能收拢全篇，使通篇浑然一体；能鼓动激情，促人深思，令人觉醒；能让听众在反复回味中受到教育和启发。因此，演讲的结尾要比开头和主体部分要求更高，内容要更有深度，语言要更有力度，方法要更巧妙，效果要更耐人寻味。这里介绍几种常见的演讲结尾方法，旨在开拓大家的思路，深入思考究竟怎样的结尾方式才会起到良好的效果。

(1) 抒情式结尾。以抒情怀、发感慨的方式结尾。演讲本身是一种思想和激情的燃烧，用抒情怀、发感慨的诗情画意的语言结尾，最易激起听众心中感情的浪花。如演讲稿《奉献之歌》的结尾：“奉献，这支朴实的歌，这支壮烈的歌，这支深远的歌，这支永远属于母亲——我们的祖国的歌，让我们每一个中华儿女都来唱这支歌吧！”

(2) 感召式结尾。感召式结尾多以提希望或发号召的方式结尾。这种结尾是演讲者以慷慨激昂、扣人心弦的语言，对听众的理智和情感进行呼唤，或提出希望，或发出号召，或展示未来，以激起听众感情的波涛，使听众产生一种蓬勃向上的力量。如本书第1章导入案例《我有一个梦想》的结尾："当我们让自由之声响起，让自由之声从每一个大小村庄、每一个州和每一个城市响起来时，我们将能够加速这一天的到来，那时，上帝的所有儿女，黑人和白人，犹太教徒和非犹太教徒，耶稣教徒和天主教徒，都将手携手，合唱一首古老的黑人灵歌：'自由啦！自由啦！感谢全能上帝，我们终于自由啦！'"美国黑人民权运动领袖马丁·路德·金为听众描绘了一个平等、自由的未来蓝图，引人深思。

(3) 总结式结尾。即以总结归纳的方式结尾。这种结尾用极其精练的语言，对演讲内容和思想观点作一个高度概括性的总结，以起到突出中心，强化主题，首尾呼应，画龙点睛的作用，对于议论性较强的演讲而言非常实用。如《耶稣、孔子与革命青年——恽代英在岭南大学演说辞》中，恽代英在演讲的结尾处说道："话说得太长了！总结起来，我只有一个意思。我们很感谢岭南大学今天的欢迎会，我们希望岭南大学的中国外国先生与一般同学，要永远做我们的反帝国主义的好朋友！"

(4) 引申式结尾。这种结尾讲究的是语尽而意不尽，意留在语外，像撞钟一样，余音袅袅，回味无穷，让听众陷入对演讲的思考和回味中。如演讲稿《人生的价值何在》的结尾："我们的雷锋，在他短暂平凡的人生中，创造出了巨大的人生价值，给我们留下了无与伦比的精神财富，那么，亲爱的朋友们，在漫长而又短暂的人生道路上，我们将做些什么？创造些什么？留下些什么呢？"这个结尾采取对比和提问的手法，听后令人深思，发人深省，叫人不得不扪心自问，三省吾身，给听众留下了哲理性的思索和回味。

(5) 幽默式结尾。即用幽默、风趣的语言结尾。除了某些较为庄重的演讲场合外，利用幽默结束演讲可为演讲添加欢声笑语，使演讲更富有趣味，令人在笑声中深思，并给听者留下一个愉快的印象。如鲁迅先生《在上海中华艺术大学的讲演》的结尾："以上是我近年来对于美术界观察所得的几点意见。今天我带来一幅中国五千年文化的结晶。请大家欣赏欣赏。"(说时一手伸进长袍，把一卷纸徐徐从衣襟上方伸出，打开看时，原来是一幅病态十足的月份牌，引得哄堂大笑。在笑声和掌声中结束了他的演讲。)

这个别出心裁极具喜剧性的结尾，不仅进一步深化了主题，使听众对那种拙劣的美术创作加深了认识，同时也给听众留下了许多演说者没有讲出来而又令人深思的空白，并让听众在美的享受和回味中，带着愉快的心情离开会场。值得注意的是，演讲者利用幽默结束演讲时，要做到自然、真实，使幽默的动作或语言符合演讲的内容和自己的个性，绝不要矫揉造作、装腔作势，否则会引起听众的反感。

(6) 名言式结尾。也可以称为警言式结尾，即用哲理名言、警句作结尾。这种结尾方式，是通过引用名言、警句、谚语、格言、诗句等作为结尾，这样不仅使语言表达得精练、生动，富有节奏和韵律，而且可以使演讲的内容丰富充实，具有启发性和感染力，同时还可以给人一种生动活泼、别开生面之感。

无论何种类型的结尾，都应简洁而有力。结尾是演讲内容的自然收束，言简意赅、余音绕梁的结尾才能使听众精神振奋，并促使听众不断地思考和回味；而松散疲沓、枯燥无味的结尾则只能使听众感到厌倦，并随着时过境迁而被遗忘。

3.4 认真演练

演讲是一门综合艺术，而非单纯的照本宣科。真正的演讲一定是与环境相融合的，与听众的思想情绪相融合的，所以演讲者在正式开讲之前必须反复进行演练。

3.4.1 自我演练

自我演练即独自一人进行演讲练习，这种演练方法简单灵活，无须舞台和观众，是演讲者们在现场演练前必须完成的演练。这种演练主要是为了纠正语音、锻炼遣词造句的能力、训练形体语言等。

自我演练主要有两种具体形式。一是“虚练”，即将整个演讲过程在脑海中默想一遍，就像“过电影”；二是“实练”，即有声有形地进行如实的演练，这种形式便于查错补漏，可就演讲内容、手势、表情等进行单项练习。

自我演练需要达到以下三个目的。

1. 熟悉演讲稿

多数演讲者并不能做到在场上即兴发挥、挥洒自如，所以熟悉演讲稿非常重要。如果演讲者对自己的稿子不熟悉或不满意，正式演讲时紧张感就会激增。而想要脱稿演讲，使口语表达达到最佳效果，必须对演讲稿反复熟记，并反复演练，基本的过程为朗读——背诵——讲述。

(1) 朗读主要是熟悉演讲稿的内容，体会声音和内容结合后的节奏、语调的变化，是一个将演讲稿书面语言转化为演讲者自身口语的过程。这一过程中，演讲者可以按照自己的语言习惯修改演讲稿，使之更具个性。

(2) 背诵就是把演讲内容熟练地背诵下来。这种背诵并不是像小学生背课文那样要求一字不落、一字不差。对于具体事例、情景描述等内容可以进行自我发挥；而对于演讲的主要观点、总体脉络、重要论点、基本数字以及人名地名等硬性内容，必须认认真真地死记硬背，达到滚瓜烂熟的程度。

演讲稿的背诵，要抓住其本身的特征以及感情表达方式，把握逻辑构成的基本型和变化型，眼口心综合记忆，就会相对简单。下面介绍两种基本的记忆方法，以供大家背诵演讲稿时参考使用。

一是结构记忆法。演讲虽从语言体裁上看具有叙述格调和色彩，但从演讲稿上看属于议论文范畴，也就离不开提出问题、分析问题、解决问题这三个部分。又如在讲述事例时，通常都离不开事件发生的时间、地点、原因、结果、个人认识等要素。因此，牢牢把握演讲稿的章法结构，记忆时提纲挈领地抓住要素，就可以有效帮助记忆。

二是情感记忆法。类似于演员背台词，让自己在记忆讲稿时进入“角色”。心理学家认为：情感主要是和大脑两半球的活动联系着的，引起各种情感的条件刺激既有现实的第一信号，又有现实的第二信号，即以词为条件的刺激物。可见，言语是有表情性的。演讲稿中，有些内容具有深厚的感情色彩，能够引起演讲者的喜怒哀乐、好恶爱憎，使演讲时语气、音量、语速和态度都不同于一般,同时帮助深刻记忆。

(3) 讲述就是完全脱稿,这是一个将演讲稿书面语完全转化为自身一部分的过程。演讲者应摆脱背诵的痕迹,将语言、表情、动作等有机结合在一起,准确而生动地将演讲稿中的内容"演"和"讲"出来,达到自如讲述的程度。

2. 设计语气语调和体态动作

所谓"台上一分钟,台下十年功",平日我们看到台上的那些演讲者挥洒自如,表情真挚,语气恳切,肢体语言丰富多样,事实上大半都是排练时提前确定好的。演讲者在吃透演讲稿的基础上,结合个人声音、习惯等多方面的特点,对稿件中需要强调的、表现情感变化的、特殊的内容进行实现设计,加入适当的手势,变化语气语调,从而使之更加符合听众的心理和听觉审美要求。

对于设计的语气语调和体态动作,可以在演讲稿上进行标注,有助于在试讲时更好地把握声音变化和情感表达。

3. 查缺补漏

演练的过程永远都是查缺补漏的过程,演讲者每在演练中找到自己的一个错误,在正式登台时就会少犯一个错误。如果有条件,可以将自己练习演讲的过程录下来(录像或录音),通过反复观看录像或听录音查找自己的不足,从而进一步提升练习效果。

3.4.2 现场排练

现场排练是演讲者按照已经设计好的程序进行预演的操练过程,演讲者应当抱着完全按照正式登台演讲演练的心理进行现场排练,而不仅仅是"走过场"。

1. 熟悉场地

所谓"现场排练",就一定要前往自己即将进行演讲的场地进行排练,其目的就是熟悉你要发表演讲的环境。一是陌生感是恐惧之源,身处完全陌生的地方会加剧演讲者的紧张情绪,影响演讲效果;二是提早熟悉并练习使用麦克风和其他辅助视觉设施,可以避免正式演讲过程中因设备问题而产生的不愉快。尤其是活动规模较大,时间安排比较紧密,并且还需要动用大量设备和人员的时候,应提前将自己的演讲稿打印好带给相关人员,这会使他们对你的演讲内容有一定的印象,配合起来也能更加默契。如果演讲者需要幻灯片、音乐等辅助内容,最好再附上一份播放顺序表。

2. 控制时间

演讲者除了做无聊演讲之外的另一个大忌就是超时演讲。演讲超时是对听众的无礼,毕竟每个人都有其他的事情要做,在你之后可能还会有别的演讲者即将登台。听众不会因为你延长了演讲时间而感谢你,主办方也不会,而且其他的演讲者肯定也希望你马上结束演讲。

现场演练时,演讲者应注意计算自己的演讲时间,最好能将演讲稿进行拆分,将时间分割得更加细致,通过对每部分的时长进行调整,从而把握整体的演讲时长。最终应达到每次演讲花费的时间大致相等的程度。

3. 借助观众

演讲的内容取决于演讲人与听众的双向互动，那么演讲的准备工作也要借助于他人的力量。面对空空如也的观众席演讲，效果一定比不上面对听众演讲。现场演练时可以邀请自己熟悉的朋友、同事充当观众，并试着和他们进行互动，演讲结束后询问他们的意见和建议，进一步改进自己的演讲。

案例分析

要么胜利 要么死亡

士兵们：

你们在考虑自己的命运时，如果能记住前不久在看到被我们征服的人溃败时的心情，那就好了，因为那不仅是一种壮观的场面，还可以说是你们的处境的某种写照。我不知道命运是否已给你们戴上了更沉重的锁链，使你们处于更紧迫的形势。你们的左面和右面都被大海封锁着，可用于逃遁的船只连一艘都没有。环绕着你们的是波河，它比罗讷河更宽，水流更急；后面包围着你们的则有阿尔卑斯山，那是你们在未经战斗消耗、精力充沛时，历经艰辛才翻越过来的。

士兵们，你们已在这里同敌人初次交锋，你们必须战胜，否则便是死亡；命运使你们不得不投身战斗，它现在又站在你们面前。如果你们战胜，你们就能得到即使从永生的众神那儿也不敢指望得到的最大报酬。我们只要依靠勇敢去收复敌人从我们先辈手里强夺去的西西里和萨迪尼亚，我们就会得到足够的补偿；罗马人通过多次胜利的战斗所取得和积聚起来的财富，连同这些财富的主人，都将属于你们。在众神的庇护下，赶快拿起武器去赢得这笔丰厚的报酬吧。

你们在荒凉的卢西塔尼亚和塞尔蒂韦里亚群山中追逐敌人为时已久，历经如许艰辛危难却一无所获；你们跋山涉水，转战数国，长途劳顿，现在是打响夺取丰富收获的战役，为你们的劳苦取得巨大报酬的时候了。这里命运允许你们结束辛苦的努力，这里她将赐予与你们的贡献相称的报酬。你们不要按照这场战争表面上的巨大规模，而担心难以取胜。敌对双方受藐视的一方往往坚持浴血抗争，而一些著名的国家和国王却常被人并不费力地征服。

因为，撇开罗马徒有其表的显赫名声，它还有什么可与你们相比的？默默地回顾你们20年来以勇敢和成功而著称的战绩吧，你们从赫拉克勒斯支柱，从大洋和世界最遥远的角落来到这里，一路上征服了高卢和西班牙的许多最凶悍的民族；如今你们将同一支缺乏经验的军队作战，它就在今年夏天曾被高卢人击败、征服和包围过，至今它的统帅还不熟悉他的军队，而军队也不知道它的统帅。要把我同他作一比较吗？我的父亲是最杰出的指挥官，我在他的营帐中出生、长大，我荡平了西班牙和高卢，我不仅征服了阿尔卑斯山诸国，还征服了阿尔卑斯山本身；而那个就任仅6个月的统帅是他的军队里的逃兵。如果把迦太基人和罗马人的军旗拿掉，我敢肯定他不知道自己是哪一支军队的指挥官。

你们中每一个人都看到了我的累累战功；同样地，我作为你们英雄气概的目击者，能列举每一个人勇敢作战的具体时间和地点。士兵们，我认为这一点很重要。我在成为你们的指挥官以前是你们大家的学生，我将率领曾千百次地受过我表彰和犒赏的士兵，阵容威武地阔步迎击那支官兵互不熟悉的军队。

不论我把眼光转向何处，我看到的都是斗志旺盛、精神饱满的士兵，一支由各个最英勇的民族组成的久经沙场的步兵和骑兵；——你们，我们最可靠、最勇敢的盟军；你们，迦太基人，即将为你们的国家并出于最正义的愤恨而出征。我们是战争中的攻击者，高举仇恨的旗帜进入意大利，将以远远超出敌方的胆量和勇气发起进攻，因为攻击者的信心和骁勇总是大于防卫者。此外，我们所受的痛苦、损伤和侮辱燃烧着我们的心：它们首先要求我——你们的领袖，其次要求曾围攻过萨贡塔姆的你们大家去惩罚敌人；如果我们畏缩怯战，它们将使我们受到最严厉的折磨。

那个最为残暴、狂妄的民族认为，一切都应归它所有，听它摆布；应当由它决定我们该同谁交战、同谁媾和；它划定界限，以我们不得逾越的山脉河流把我们封锁起来，而它却不遵守自己规定的界限。它还说，不得越过伊比利亚半岛，不得干预萨贡廷人；萨贡塔姆在伊比利亚半岛，你们不得朝任何方向跨出一步！拿走我们最古老的省份——西西里和萨迪尼亚是件小事吗？你们还要拿走西班牙吗？让我从那里撤走，以便你们横渡大海进入阿非利加吗？

我说他们要横渡大海，是不是？他们已经派出本年度的两位执政官，一个派往阿非利加，一个派往西班牙。除了我们用武器保住的地方外，他们什么地方都没有给我们留下。有后路的人可能成为懦夫，他们可以通过安全的道路逃跑，回到自己的国土家园请求收容，但你们必须勇敢无畏。你们在胜利和覆灭之间绝无回旋余地，或者战胜，或者死亡。如果命运未卜，与其死于逃亡，毋宁死于沙场。如果这就是你们大家确定不变的决心，我再说一遍，你们就已经战胜了；这是永生的众神在人们夺取胜利时所赐予的最有力的鼓励。

资料来源：胡瑜芩，鲁小俊. 世界百篇经典演讲辞[M]. 武汉：长江文艺出版社，2004.

【问题讨论】 汉尼拔(公元前247—前183年)，北非迦太基统帅和国务活动家，杰出的军事家。公元前218年，汉尼拔率领军队从西班牙远征意大利，越过阿尔卑斯山脉。本篇是汉尼拔率军横越阿尔卑斯山后，公元前218年准备向意大利进攻时的战前鼓动演说。这次演说并没有题目，后世常称为《告众士兵》，后有人为之加上了《要么胜利　要么死亡》这一题目，因为贴合演说主题，同时又颇具睥睨敌人的无畏气概和必胜信心，所以被经常采用。

结合本章内容和上述案例，说说这篇优秀的演讲稿在标题、开篇、主体和结尾有哪些值得借鉴的地方。

习题

一、选择题

1. 命题演讲有两种形式，分别为(　　)。

A. 全命题演讲　　B. 半命题演讲

C. 内容命题　　D. 针对命题

2.（　　）能够帮助树立演讲者的威信。

A.“名片效应” B.“自己人效应”

C. 炫耀 D. 讨好

3. 下列不符合演讲选题的要求的一项为（　　）。

A. 主题要鲜明深刻 B. 适合听众需求

C. 切合演讲者自身实际 D. 只根据演讲者自己的好恶选择

4. 演讲稿一般是由开头、主体、结尾三部分构成。在开头部分，演讲者一般是（　　）问题。

A. 分析 B. 提出

C. 解决 D. 讨论

5. 演讲者通过引用成语、谚语、格言警句、名人名言或诗词等作为演讲的结束。这种结尾方式是（　　）结尾。

A. 感召式 B. 总结式

C. 幽默式 D. 警言式

二、简答题

1. 什么是“近因效应”？“近因效应”对我们的演讲活动有怎样的启示？

2. 为什么演讲的选题须具有时代特征？

第 4 章　即 兴 演 讲

【本章学习目标】

1. 掌握即兴演讲的特点。
2. 了解即兴演讲前所应做的准备。
3. 掌握即兴演讲的技巧。
4. 掌握主持人演讲的基本要求和实用技巧。

【导入案例】

历史将宣判我无罪

诸位法官先生：

从来没有任何一个辩护律师需要在这样困难的条件下进行工作，也从来没有任何一个被告遭到过这么多的严重的非法待遇。在本案中，辩护律师和被告是同一个人。我作为辩护律师，连看一下起诉书也没有可能；作为被告，我被关闭在完全与外界隔绝的单人牢房已经有 76 天，这是违反一切人道的和法律的规定的。

讲话人绝对厌恶幼稚的自负，没有心情，而且生性也不善于夸夸其谈和作什么耸人听闻的事情。我不得不在这个法庭上自己担任自己的辩护人，是由于两个原因。第一，是因为实际上完全剥夺了我的受辩护权；第二，是因为只有感受至深的人，眼见祖国受到那样深重的灾难，正义遭到那样践踏的人，才能在这样的场合呕心沥血地讲出凝结着真理的话来。

并非没有慷慨的朋友愿意为我辩护。哈瓦那律师公会为我指定了一位有才干有勇气的律师——豪尔赫·帕格列里博士，他是本城律师公会的主席。但是他却不能运行他的使命。他每次想来探望我，都被拒于监狱门外。只是经过一个半月之后，由于法庭的干预，才允许他当着军事情报局的一个军曹的面会见我十分钟。按常理说，一个律师是应该和他的当事人单独会话的，这是在世界任何地方都受到尊重的权利，只有这里是例外，在这里一个当了战俘的古巴人落到了铁石心肠的当局手中，他们是不讲什么法律人情的。帕格列里博士和我都不能容忍对于我们准备在出庭时用的辩护策略进行这种卑污的刺探。难道他们想预先知道我们用什么方法揭露他们所揭力掩盖的可怕真相吗？于是，当时我们就决定由我运用我的律师资格，自作辩护。

军事情报局的军曹听到了这个决定，报告了他的上级，这引起了异常的恐惧，就好像是哪个调皮捣蛋的妖怪捉弄他们，使他们感到他们的一切计划都要破产了。诸位法官先生，他们为了把被告自我辩护这样一个在古巴有着悠久常规的神圣权利也给我剥夺掉，而施加了多少压力，你们是最清楚不过了。法庭不能向这种企图让步，因为这等于陷被告于毫无保障的境地。被告现在行使这项权利，该说的就说，绝不因任何理由而有所保留。我认为道德有必要说明对我被告野蛮的隔离的理由是什么，不让我讲话的意图是什么；为什么，如法庭所知，要阴谋杀害我；有哪些严重的事件他们不想让人民知道；在本案中发生的一切奇奇怪怪的事情其奥妙何在。这就是我准备清楚地表白的一切。

诸位法官先生，这里所发生的现象是非常罕见的：一个政府害怕将一个被告带到法庭上来，一个恐怖和血腥的政权惧怕一个无力自卫、手无寸铁、遭到隔离和诬蔑的人的道义信念。这样，在剥夺了我的一切之后，又剥夺了我作为一名主要被告出庭的权利。请注意，所有这些都发生在停止一切保证、严格地运行公共秩序法以及对广播、报刊进行检查的时候。现政权该是犯下了何等骇人的罪行，才会这样惧怕一个被告的声音啊！

我应该强调指出那些军事首脑们一向对你们所持的傲慢不逊的态度。法庭一再下令停止施加于我的非人的隔离，一再下令尊重我的最起码的权利，一再要求将我交付审判，然而无人遵从，所有这些命令一个一个地都遭到抗拒。更恶劣的是，在第一次和第二次开庭时，就在法庭上，在我身旁布下了一道卫队防线，阻止我同任何人讲话——哪怕是在短短的休息的时候，这表明他们不仅在监狱里，而且即使是在法庭上，在你们各位面前，也丝毫不理会你们的规定。当时，我原打算在下次出庭时把它作为一个法院的起码的荣誉问题提出来，但是，……我再也没有机会出庭了。他们做出了那些傲慢不逊的事之后，终于把我们带到这儿来，为的是要你们以法律的名义——而恰恰是他们，也仅仅是他们从3月10日以来一直在践踏法律——把我们送进监狱，他们要强加给你们的角色实在是极其可悲的。"愿武器顺从袍服"这句拉丁谚语在这里一次也没有实现过。我要求你们多多注意这种情况。

但是，所有这些手段到头来都是完全徒劳的，因为我的勇敢的伙伴们以空前的爱国精神，出色地履行了他们的职责。

不错，我们是为古巴的自由而战斗，我们决不为此而反悔。当他们挨个被传去讯问的时候，大家都这样说，并且跟着就以令人感动的勇气向法庭揭露在我们的弟兄们的身上犯下的可怕的罪行。虽然我不在场，但是由于博尼亚托监狱的难友们的帮助，我能够足不出牢房而了解审判的全部详情，难友们不顾任何严厉惩罚的威胁，运用各种机智的方法将剪报和各种情报传到我的手中。他们就这样地报复监狱长塔沃亚达和副监狱官罗萨瓦尔的胡作非为，这两个人让他们一天到晚地劳动，修建私人别墅，贪污他们的生活费，让他们挨饿。

随着审判的进展，双方扮演的角色颠倒了过来；原告结果成了被告，而被告却变成了原告。在那里受审的不是革命者，而是一位叫作巴蒂斯塔的先生……杀人魔王！……如果明天这个独裁者和他的凶残的走狗们会遭到人民的判决，那么这些勇敢而高尚的青年人现在受到判决又算得了什么呢。他们被送往皮诺斯岛，在那里的环形牢房里，卡斯特尔斯的幽灵还在徘徊，无数受害者的呼声还萦绕在人们耳中。他们被带到那里，离乡背井，被放逐到祖国之外，隔绝在社会之外，在苦狱中磨灭他们对自由的热爱。难道你们不认为，正像我所说的，这样的情况对本律师履行他的使命来说是不愉快的和困难的吗？

经过这些卑污和非法的阴谋以后，根据发号施令者的意志，也由于审判者的软弱，我被押送到了市立医院这个小房间里，在这里悄悄地对我进行审判，让别人听不到我的讲话，压住我的声音,使任何人都无法知道我将要说的话。那么,庄严的司法大厦又作什么用呢?毫无疑问,法官先生们在那里要感到舒适得多。我提醒你们注意一点:在这样一个由带着锋利的刺刀的哨兵包围着的医院里设立法庭是不合适的,因为人民可能认为我们的司法制度病了……被监禁了……

我请你们回忆一下,你们的诉讼法规定,审判应当"公开进行,允许旁听";然而这次开庭却绝对不许人民出庭旁听。只有两名律师和六名记者获准出庭,而新闻检查却不许记者在报纸上发表片言只语。我看到,在这个房间里和走廊上,我所仅有的听众是百来名士兵和军官。这样亲切地认真关怀我,太叫我感谢了!但愿整个军队都到我面前来!我知道,总有那么一天,他们会急切地希望洗净一小撮没有灵魂的人为实现自己的野心而在他们的军服上溅上的耻辱和血的可怕的污点。到那一天,那些今天逍遥自在地骑在高尚的士兵背上的人们可够瞧的了!……当然这是假定人民没有早就把他们打倒。

我应该说,我在狱中不能拿到任何论述刑法的著作。我手头只有一部薄薄的法典,这是一位律师 ——为我的同志们辩护的英勇的包迪利奥·卡斯特利亚诺斯博士刚刚借给我的。同样,他们也不会让马蒂的著作到我手中;看来,监狱的检查当局也许认为这些著作太富于颠覆性了吧。也许是因为我说过马蒂是 7 月 26 日事件的主谋的缘故吧。

此外还不会让我携带有关任何其他问题的参考书出庭。这一点也没关系!导师的学说我铭刻在心,一切曾保卫各国人民自由的人们的崇高理想,全都保留在我的脑海中。

我对法庭只有一个要求:为了补偿被告在得不到任何法律保护的情况下所遭受的这么多无法无天的虐待,我希望法庭应允我这一要求,即尊重我完全自由地表达我的意见的权利。不这样的话,就连一点纯粹表面的公正也没有了,那么这次审判的最后这一段将是空前的耻辱和卑怯。

我承认,我感到有点失望。我原来以为,检察官先生会提出一个严重的控告,会充分说明,根据什么论点和什么理由来以法律和正义的名义(什么法律,什么正义?!)应该判处我 26 年徒刑。然而没有这样。他仅仅是宣读了《社会保安法》第 148 条,根据这条以及加重处分的规定,要求判处我 26 年徒刑。我认为,要求把一个人送到不见天日的地方关上四分之一世纪以上的时间,只花两分钟提出要求和陈述理由,那是太少了。也许检察官先生对法庭感到不满意吧?因为,据我看到,他在本案上三言两语了事的态度,同法官先生们颇有点儿矜持地宣布这是一场重要审讯的庄严口吻对照起来,简直是开玩笑。因为,我曾经看到过,检察官先生在一件小小的贩毒案上作十倍长的滔滔发言,而只不过要求判某个公民六个月徒刑。检察官先生没有就他的主张讲一句话。我是公道的,……我明白,一个检察官既然曾经宣誓忠诚于共和国宪法,要他到这里来代表一个不合宪法的、虽有法规为依据但是没有任何法律和道义基础的事实上的政府,要求把一个古巴青年,一个像他一样的律师,一个……也许像他一样正直的人判处 26 年徒刑,那是很为难的。然而检察官先生是一位有才能的人,我曾看到许多才能比他差得远的人写下长篇累牍的东西,为这种局面辩护。那么,怎能认为他是缺乏为此辩护的理由,怎能认为——不论任何正直的人对此是感到如何厌恶——他哪怕是谈一刻钟也不成呢?毫无疑问,这一切隐藏着幕后的大阴谋。

诸位法官先生,为什么他们这么想让我沉默呢?为什么甚至中止任何申述,不让我可以有一个驳斥的目标呢?难道完全缺乏任何法律、道义和政治的根据,竟不能就这个问题提出一个严肃的论点吗？难道是这样害怕真理吗？难道是希望我也只讲两分钟，而不涉及那些自7月26日以来就使某些人夜不成眠的问题吗？检察官的起诉只限于念一念社会保安法的一条五行字的条文，难道他们以为，我也只纠缠在这一点上，像一个奴隶围着一扇石磨那样，只围绕着这几行字打转吗？但是，我绝不接受这种约束，因为在这次审判中，所争论的不仅仅是某一个人的自由的问题，而是讨论根本的原则问题，是人的自由权利遭到审讯的问题，讨论我们作为文明的民主国家存在的基础本身的问题。我不希望，当这次审判退出时，我会因为不曾维护原则、不曾说出真理、不曾谴责罪行而感到内疚。

检察官先生这篇拙劣的大作不值得花一分钟来反驳。我现在只限于在法律上对它作一番小小的批驳，因为我打算先把战场上七零八碎的东西扫除干净，以便随后对一切诺言、虚伪、伪善、因循苟且和道德上的极端卑怯大加讨伐，这一切就是3月10日以来，甚至在3月10日以前就已开始的在古巴称为司法的粗制滥造的滑稽剧的基础。

我认为我已充分地论证了我的观点，我的理由要比检察官先生用来要求判我26年徒刑的理由要多。所有这些理由都有助于为人民的自由和幸福而斗争的人们，没有一个理由是有利于无情地压迫、践踏和掠夺人民的人。因此我不得不讲出许多理由，而他一个也讲不出。巴蒂斯塔是违反人民的意志、用叛变和暴力破坏了共和国的法律而上台的。怎样能使他的当权合法化呢？怎样能把一个压迫人民的、沾满血迹和耻辱的政权叫作合法的呢？怎样能把一个充斥着社会上最守旧的人、最落后的思想和最落后的官僚制度的政府叫作革命的呢？又怎样能认为，肩负着保卫我国宪法的使命的法院最大的不忠诚的行为，在法律上是有效的呢？凭什么权利把为了祖国的荣誉而贡献出自己的鲜血和生命的公民送进监狱呢？这在全国人民看来，是骇人听闻的事；照真正的正义原则说来，都是骇人听闻的事。

但是我们还有一个理由比其他一切理由都更为有力：我们是古巴人，作为古巴人就有一个义务，不履行这个义务就是犯罪，就是背叛。我们为祖国的历史而骄傲；我们在小学校里就学习了祖国历史，在我们成长的过程中，不断听人们谈论着自由、正义和权利，我们的长辈教导我们从小敬仰我们的英雄和烈士的光荣榜样。塞斯佩德斯、阿格拉蒙特、马塞奥、戈麦斯和马蒂都是我们自幼就熟悉的名字。我们敬聆过泰坦的话：自由不能祈求，只能靠利剑来争取。我们知道，我们的先驱者为了教育自由祖国的公民，在他的《黄金书》中说："凡是甘心服从不正确的法律并允许什么人践踏他的祖国的，凡是这样辜负祖国的，都不是正直的人……在世界上必然有一定数量的荣誉，正像必然有一定数量的光明一样。只要有小人，就一定有另外一些肩负众人的荣誉的君子。就是这些人奋起用暴力反对那些夺取人民的自由，也就是夺取人们的荣誉的人。这些人代表成千上万的人，代表全民族，代表人类的尊严。"……人们教导我们，10月10日和2月24日是光荣的、举国欢腾的日子，因为这是古巴人奋起打碎臭名昭著的暴政的桎梏的日子；人们教导我们热爱和保护美丽的独星旗并且每天晚上唱国歌，这个曲子告诉我们，生活在枷锁下等于在羞辱中生活，为祖国而死就是永生。我们学会了这一切并且永不会忘记，尽管今天，在我们祖国的人们，由于要实践从摇篮中起就教导给他们的思想而遭到杀戮和监禁。我们出生在我们的先辈传给我们的自由国家。我们不会同意做任何人的奴隶，除非我们的国土沉入海底。在我们的先驱者百年诞辰的今年对他的崇敬好像要消逝了，对他的怀念好像要永远磨灭了，多么可耻！但是他还活着，没有死去，他的人民是富于反抗精神的，他的人民是高尚的，他的人民忠于对他的怀念！有些古巴人为保卫他的主张倒下去了；有些青年为了让他继续活在祖国的心中，甘心情愿地死在他的墓旁，贡献出他们的鲜血和生命。古巴啊！假使你背叛了你的先驱者，你会落得什么样的下场啊！

我要结束我的辩护词了，但是我不像通用律师通常所做的那样，要求给被告以自由。当我的同伴们已经在松树岛遭受可恶的监禁时，我不能要求自由。你们让我去和他们一起共命运吧！在一个罪犯和强盗当总统的共和国里，正直的人们被杀害和坐牢是可以理解的。

我衷心感谢诸位法官先生允许我自由讲话而不曾卑鄙地打断我，我对你们不怀仇怨，我承认在某些方面你们是人道的，我也知道本法庭庭长这个一生清白的人，他可能迫于现状只能做出不公正的判决，但他对这种现状的厌恶是不能掩饰的。法庭还有一个更严重的问题有待处理，这就是谋害70个人的案件——我们所知道的最大的屠杀案。凶手到现在还手执武器逍遥法外，这是对公民们的生命的经常威胁。如果由于怯懦、由于受到阻碍而不对他们施以法律制裁，同时法官们也不全体辞职，我为你们的荣誉感到惋惜，也为玷污司法制度的空前的污点感到痛心。

至于我自己，我知道我在狱中将同任何人一样备受折磨，狱中的生活充满着卑怯的威胁和残暴的拷打，但是我不怕，就像我不怕夺去了我70个兄弟的生命的可鄙的暴君的狂怒一样。

判决我吧！没有关系。历史将宣判我无罪。

资料来源：胡瑜岑，鲁小俊. 世界百篇经典演讲辞[M]. 武汉：长江文艺出版社，2004.

【思考提示】《历史将宣判我无罪》是古巴前领导人菲德尔·卡斯特罗于1953年10月在古巴蒙卡达附近一所医院里的审判法庭上发表的自我辩护词。庭审中，卡斯特罗以律师身份担任自己的辩护律师，该辩护词被公认为人类历史上最杰出的即兴演讲之一。仔细阅读《历史将宣判我无罪》，试着说说即兴演讲具有哪些特点。

4.1 即兴演讲的特点

无论在会场上、竞聘场上还是在其他各种场合，即兴演讲都用途广泛并且发挥着重要作用。所谓即兴演讲，就是在特定的情境和主体的诱发下，自发或被要求立即进行的当众说话，是一种不凭借文稿来表情达意的口语交际活动。演讲者必须快速展开思维，并以最快的速度组织恰当的语言来表达自己的思维，随想随说，有感而发，这显然比能够提前充分准备和反复演练的命题演讲要难上很多。

想要做好即兴演讲，首先要掌握即兴演讲的特点。

1. 话题明确，针对性强

即兴演讲一般是对近期或眼前情况的“有感而发”，这就使话题的内容限制在一定的范围内，显示出其鲜明的针对性。所以即兴演讲时选题宜小，内容应尽量集中，议论求准、求精。

2. 形式自然，灵活多变

即兴演讲有时没有明确的中心，只是自然而然地任意表述着各种话题；有时有中心，但由于受时间、地点和交谈对象的变化，不得不改变话题，改变表达方式。即兴演讲多半是现场有感而发，灵感常常来自听众、观众席上。交谈中，必须使自己的话与对方的话相呼应，否则会驴唇不对马嘴，导致交谈的失败。

3. 情感激发，诱导联想

即兴演讲注重临场发挥，但临场发挥并不是信口开河，要力求说在点子上，没有情感激发，就不存在成功的即兴说话，有时虽然是受命而谈，也需要一个情感酝酿过程。情感一形成，必定唤起表达者的情绪记忆，诱导丰富的联想，推进思维过程，从而捕捉话题，调用储备信息，引导思维信息加工，进行即兴表达。

4. 短小精悍，达意为上

即兴演讲是在有限的时间内对现实话题所做的迅速的反应，所以演讲者一般都会直截了当地表明自己的观点，否则繁杂啰唆，节外生枝，语言拖沓，难以出彩。从听众角度分析，需要即兴发言的场合，听众多是未经过组织的，根本没有听长篇大论的时间，也没有做好相应的心理准备，演讲时间过长，会造成听众听力疲劳甚至反感。

因此，即兴演讲应以简明扼要显其力度，并以亲切生动的表述给听众留下深刻的印象。但短小并不是空洞无物，恰恰相反，应言之有物。信息密度大，应当体现思想性、知识性和趣味性的统一，显示出“磁性”。当然，一如导入案例《历史将宣判我无罪》那样篇幅较长但又发人深省的即兴演讲也并非不存在，但不太适用于我们的日常生活，毕竟对于初学者和普通人而言难度太大。

4.2 即兴演讲前的准备

有人认为，即兴演讲的最大特点就是事前没有任何准备，这种观点并不完全正确。虽然演讲者确实有可能在毫无思想准备、心理准备的情况下被突然“点将”，但很多即兴演讲都是可以被提前预见的。比如争夺冠军的决赛，无论最终是否能够夺冠，参赛者都应提前准备获奖感言，因为一旦幸运夺冠，就会被主持人要求当场进行即兴演讲。

正如卡耐基所说的：“无准备的演讲不是即兴演讲，那是信口开河、漫谈聊天。”即便是即兴演讲，提前做一些预测性准备也是很有必要的。

1. 心理准备

在参加会议或活动前，可以先设想一下自己是否有可能需要进行即兴演讲，如果需要，那么可能被要求讲什么，又应当怎么讲，在心理上做好准备。有了这种心理准备，可避免突然被“点将”后的那种吃惊、慌乱、尴尬或恐惧心理，能够迅速实现由配角转向主角、由听者转向讲者的角色转换，从而快速进入演讲状态。

2. 材料准备

如果事先已经知道会议或活动的内容和主题，可以简单地翻阅一下相关资料，临时扩大知识储备量以充实大脑。这样，在被突然“点将”，要求即兴发言时，你就能对某一问题旁征博引，讲得头头是道，从而使听众对你刮目相看。

3. 酝酿腹稿

如果时间和情况都允许，演讲者还可以先酝酿一下腹稿，形成一个大体框架。如迅速概括演讲的主题，组织演讲结构等，明白自己要讲一个什么问题，如何讲清楚，先讲什么，后讲什么，如何结尾，把要讲的内容有条理、有层次地组织起来。这一过程中，大脑所显现出的信息材料，大多是与话题有关的独立的、零乱的、散碎的、互不联系的材料，这些互不联系的、似乎无关却又有关的事物，比如一两个表述观点的核心词语、一两句能概括观点的格言警句、一两个小典故等，称为腹稿内容的“点”，而演讲者要做的就是对这些互不联系的、独立的、零乱的、散碎的“点”的材料，迅速地略加筛选后，选择出自己所要采用的部分，作为组成演讲词腹稿的内容的“点”。然后围绕主题，并考虑到各“点”之间的联系，合理布局，快速组合，最后连贯成文，即所谓的连“线”。连线的任务，就是把所布的各点，根据一定的逻辑关系放在恰如其分的位置上，使之成为一个有机的系统，从而理脉成文。

值得注意的是，这个腹稿并不是一成不变的，随着演讲内容的逐步深入和与听众的互动，在演讲过程中随时可能改变或打乱原先的设计。

4.3 即兴演讲的技巧

即兴演讲的最大难题就是在短时间内准备好演讲内容。准备的时间短促，这往往导致演讲者心里紧张，即使平时才思敏捷的人，这时也容易发生思维短路的情况，而掌握相应的技巧并运用得当，则有助于演讲者理顺思路、减少压力，快速完成谋篇布局，进而取得事半功倍的效果。

4.3.1 开场的技巧

美国著名口才大师洛克伍德曾经说过：“在整个讲话过程中做到轻松、巧妙地和大家交流思想是困难的。然而，做到这一点的关键是讲话开头的用字表达。”在即兴演讲中，如果演讲者能够开个好头，不仅有利于余下部分顺畅地展开，更能为自己建立初步的自信，下面介绍几种即兴演讲的开头方式，供大家借鉴。

1. 从主题入手

即兴演讲都会有一个题目，不管是一个字或是一句话，它都会代表着某个你发挥的主题。拿到题目后可以先照着题目的字面意思进行解释、发散，比如这是什么意思，它是怎么来的，历史渊源，现在是什么状况等，以三句话左右为宜。解释了主题后，再根据给出的题目和自己刚刚做出的解释，提出在这个主题上引申的观点，并用一句话对观点稍作解释。注意观点不能和题目相差太远，必须切合题目，同时不能过于偏激。

如 1924 年 5 月，印度大诗人泰戈尔访问中国并在北京度过了他六十四岁的寿辰，当时北京学术界为他举行了隆重的祝寿仪式，中国近代著名思想家梁启超登台即兴演讲。因泰戈尔想让梁启超为他起一个中国名字，所以，梁启超便从印度称中国为“震旦”，讲到从天竺(印度)来的都姓竺，并将两个国名连起来，赠给泰戈尔一个新名叫“竺震旦”，整篇演讲词生动活泼、情趣盎然、寓意深刻，堪称即兴演讲的典范。

2. 引用名言谚语

吕元礼在《祖国——母亲》的开篇中说道：“人们常说，第一次把美人比作花的是天才；第二次把美人比作花的是庸才；第三次把美人比作花的是蠢材。不错，如果人云亦云，鹦鹉学舌，那么，就是再美妙的比喻也会失去光彩。但是在生活中却有这样一个比喻，即使你用它一百次、一千次、一万次，也同样具有强大的感染力。同志们或许会问，这是个什么样的比喻呢？那就是，当你怀着赤子之心，想到我们祖国的时候，你一定会把祖国比作母亲。”

吕元礼的演讲引用了一个讽刺的谚语，说明了对重复比喻的厌烦，然后话锋一转，强调另一种比喻可以不厌其烦地运用，引出了演讲的主题《祖国——母亲》。这样的开头方式，既由于谚语铺垫显得水到渠成，又由于谚语的使用而显得贴近生活。可见，即兴演讲的开篇可以考虑以古代某位哲人的一句话或者一个小历史故事入手，通过对这句话的解释或者这个历史故事阐述来印证和呼应演讲者提出的观点。

3. 问题引路

蔡畅在《一个女人能干什么》的开篇中说道：“今天，我讲一个问题，一个女人能干什么？一个女人能干什么呢？我的回答是：能干，什么也能干；不干，什么也不能干。能干又不能干，不能干又能干。为什么这样说呢？要确定女人能干不能干，有两个条件，一个是要看环境，另一个是要看个人的努力。如果环境好，自己不去努力，只靠人家，那就什么也不能干，如果自己努力干下去，就可以得到好的结果。如果努力干，就是从那些小的具体工作到管理国家大事都能够干。如果不干，就会变成社会的寄生虫。”

蔡畅通过提问来引发听众的兴趣，再经自问自答的形式来阐发自己的观点，这样会给听众留下清晰的印象。同时，演讲者也可以按照自己开头提出的一个个问题组织接下来的演讲主题部分，这也是开拓思路的方式之一。

4. 故事引路

一场婚礼上，新郎的朋友突然被点名要他说说对爱情的看法，他站起来，不慌不忙地用这样一个小故事开了头：“最近我从报上看到这样一则新闻，一个男青年和一个女青年正在热恋中，女青年突然患病瘫痪，然而男青年没有离开她，而是全力地帮她治病，下班后守在她身边为她喂饭吃药。他顶着社会和家人的压力，一守就是五个年头！就在女青年要做大手术的前一天，男青年找来了一辆平板车，拉着女青年到民政局领取了结婚证，并叮嘱她，放心做手术，不管结果如何，我都是你的丈夫……”

人天生都喜欢听故事，即兴演讲时以故事开头能够引发听众的兴趣，快速集中大家的注意力。但是，这对于演讲者自身的要求也比较高，需要平时做个有心人，积累一定的素材，否则很难在短时间内灵光一现，找到与演讲中心论题密切相关的故事。此外，开头的故事不能过长，力求简明扼要，短小精悍，不可啰唆拖沓，而故事本身也要耐人寻味，平平常常的故事讲来还不如不讲。

5. 就事论事

著名诗人学者、民主同盟党中央委员闻一多的《最后一次演讲》中说道："这几天，大家晓得，在昆明出现了历史上最无耻的事情！李先生究竟犯了什么罪，竟遭如此毒手？他只不过是用笔写写文章，用嘴说说话。而他所写的、所说的，都无非是一个没有失掉良心的中国人的话！大家都有一支笔，有一张嘴，有什么理由拿出来讲啊！为什么要打要杀，而且不敢光明正大地来打来杀，而是偷偷摸摸地来暗杀，这成什么话？"

《最后一次演讲》的开头语，闻一多几乎没有做任何铺垫，一开始就用一连串激昂的感叹句把演讲直接引入正题，给听众一种畅快淋漓的印象。如过多地引用间接材料，往往失掉即兴演讲的现实感和针对性，起不了应有的作用，只有多联系现场中的人和事，才能紧紧抓住听众的注意力。

6. 幽默风趣

幽默的开头在任何时候都受人喜爱和青睐。美国影星瑞恩·高斯林和瑞恩·雷诺兹总是被人弄混，前者获得金球奖时，登台的第一句话就是"我已经不是第一回被误认为是瑞恩·雷诺兹，但现在事情已经失控了"，此话一出立即引发听众善意的笑声。

4.3.2 演讲中的技巧

材料的快速组合是体现即兴演讲能力的主要因素之一。它要求演讲者在极短的时间内解决好"说什么"和"怎样说"这两个问题。即兴演讲中材料的组合有平行并列式、正反对比式、层层递进式、联想式等多种形式，这些形式既可以单独使用，也可以交叉使用，从而使即兴演讲的形式更加丰富。

1. 平行并列式

平行并列式即按照平行并列的思路来组合即兴演讲的材料，这种组材法的特点是将总题分解成若干个分题，而分题之间的关系是平行并列的关系。比如一些即兴演讲话题，如果立足理论角度难以展开，可多用事例来说明，所举的例子可以任意排列组合，它们之间都是平行并列关系，先讲哪个后讲哪个无关紧要，主要是在举完例子后要总结归纳，上升到理性高度。如"早恋的危害"一题，就可以先举一个早恋危害的例子，再举一两个早恋危害的例子，最后总结，指出早恋的危害。这种组材法最简单，能达到快速组材的目的。

2. 正反对比式

正反对比式即按照正反对比的思路来快速组材，这种快速组材法中材料间的关系是正反对比的关系。具体做法是，围绕题目要求，先选用一到两个正面事例来演讲说明，然后再选一至两个反面事例来演讲说明，最后做出总结，这样正反对比，可以让听众印象深刻，增强演讲的说服力，也能较好地实现快速组材。如"诚信"一题，就可以先举一两个因诚信而成就事业、实现人生成功的例子，再举一两个因不诚信而导致身败名裂的事例，最后指出诚信这种品德对一个人来说是多么重要。正反对比，效果明显突出，引人深思，也可以增强演讲的说服力，同时也达到了快速组材的目的。

3. 层层递进式

层层递进式即围绕题目按照层层递进的思路来快速组材，用表递进关系的关联词把材料组织起来，材料与材料之间是层层递进的关系，这种方法也能实现快速组材。如“当代中学生的使命”一题，就可以采用如下思路组材：当代中学生不仅要担负怎样的使命，而且要担负怎样的使命，还要担负怎样的使命，更应该担负怎样的使命。这样可以使材料聚而不散，并达到快速组材的目的。又如“在失败面前挺起胸膛”一题，围绕中心谈了两个问题：一是自己为什么能在失败中崛起；二是自己怎么样从失败中崛起。先说明“为什么”，继而谈“怎么样”，也是一种思路。

4. 联想式

联想式即从即兴演讲的话题开始而展开联想，并由此而不断联想下去，采用由此及彼的思路来快速组材。如“桥”一题，就可以由“桥”联想到现实中的各种桥（如卢沟桥、廊桥、泸定桥、赵州桥、南京长江大桥），然后再由这些桥联想到与它们相关的历史事件（如卢沟桥事变）、影视作品（如《廊桥遗梦》）、革命战争（如飞夺泸定桥）等，还可以由这些历史事件、影视作品、革命战争再联想引申下去。所以“桥”这个题目，我们就可以按照以下思路来组材：桥—卢沟桥—卢沟桥事变—抗日战争—民族耻辱—实现中华民族的伟大复兴。当然，这种快速组材法要求演讲者有较高的联想能力和选材能力，难度较上面的几种方法更大。

4.3.3 收尾的技巧

无论是即兴演讲还是其他演讲，结尾要达到的效果基本都是总结和升华，毕竟前面演讲者已经对题目进行了阐释，提出自己的观点并进行举例等论证。即兴演讲的时间大多都不长，留给演讲者结尾的时间相对较少，所以应以简明有力为主，无须太过花哨。

1. 总结观点

演讲者在演讲结束前用极其精练的语言，简明扼要地对自己阐述的思想和观点作一个高度概括性的总结，以起到突出中心、强化主题、首尾呼应、画龙点睛的作用。如导入案例中古巴前领导人菲德尔·卡斯特罗所做的《历史将宣判我无罪》即兴演讲，结尾只有一句话：“判决我吧！没有关系。历史将宣判我无罪。”短促有力，发人深省，也很好地总结和升华了整篇演讲的主题。

2. 简洁而真诚的赞扬或感谢

俗话说“良言一句三冬暖”，在演讲结尾进行诚挚的赞扬或感谢，无形中就充满了情感和力量，极易拨响听众的感情之弦，引起听众的认可和共鸣。如李安凭借电影《少年派的奇幻漂流》荣获奥斯卡最佳导演时的获奖词如下：“我真心感谢大家愿意相信这个故事，并和我一起展开这段奇妙的旅程……我要感谢中国的台湾地区，我们在那里进行拍摄，不然我们也拍不出这部电影。我想感谢那里帮助过我们的所有人……我还要感谢我的妻子，今年夏天就是我们结婚30周年了，我爱你。”

3. 号召式结尾

即兴演讲者在结尾时如果能以充满激情、热情奔放、扣人心弦的语言来表达自己的思想主张，赢得听众感情上的共鸣，对听众的理智和感情进行呼唤，提出任务，指明前途，表达希望，发出号召，鼓舞听众振奋精神，付诸行动，那么演讲就能取得非同凡响的效果。

4.3.4 补救的技巧

即兴演讲是一种完全没有准备或少有准备的演讲，所以言语出错可谓常见现象。遇上这种情况应当怎么办呢？

1. 将错就错

即兴演讲是在某种特定的现实场景中进行的，它的现场效果，要受演讲者和听众两个方面的制约。无论是主观因素还是客观条件，一旦发生干扰，就可能造成演讲者无法预料的语言差错，而使自己陷入尴尬的境地。倘若出现这种情况，演讲者不妨将错就错，来一番即兴发挥，就会消除窘困，获得意想不到的现场效果。

某中学举行建校七十周年校庆活动，一位外校的校长作为特邀嘉宾，在庆祝大会上代表来宾即兴演讲。他走上讲台，一开口就这样说道："今天是贵校建校七十周年校庆的大喜日子，我代表学校……"话音未落，他就意识到自己讲错了，于是道歉道："对不起，我说错了，在这个讲台上，我只能代表来宾说几句话。倘若代表学校，岂不是反客为主了吗？是啊，我是校长，经常在会议上代表学校讲话，代表成习惯了，所以刚才就代表错了。看来，一个人无论在什么样的场合讲话，都不要忘记自己的身份和角色，否则，就会像我一样闹出笑话。我由此而想到，习惯性的思维定式真是害人不浅啊！突破定式，勇于创新，不正是贵校一直坚持的办学思路吗？"将错就错，运用这种幽默风趣的表达方式，既轻松地补救了之前的失误，又活跃了演讲的现场气氛。

2. 以正改错

在即兴演讲中，演讲者有时会因为过于紧张或过于激动而造成一时的口误，在这种情况下，演讲者既不可为了面子而置之不理，也不能因为自尊而掩饰错误，最好的办法就是把错误改正过来。倘若能够根据现场的实际情况，有针对性地将正误对照起来巧作辨析，给听众的印象反而会更加深刻。

如一位师范学校的班主任在新生入学后的第一次班会上即兴演讲，他说："同学们，大家好。你们从四面八方来到这所师范学校，开始了新的学习生活，我相信同学们一定会刻苦学习，不断进步。将来希望每一位同学都能成为合格的小学教师。不，应当这样说——希望将来每一位同学都能成为合格的小学教师。因为这希望是现实的，它表达的是我此刻的真实心情，而你们将来才会真正走上讲台，开始从事太阳底下最光辉的职业……" 这位教师在即兴演讲中凭敏锐的语感发觉了一句话的语序错误，并在迅速改正过来之后，进行了巧妙的辨析。这样，既表明了语言的毛病，又解释了改正的原因。不仅没有造成语言失误的尴尬，反而强化了表达的效果，实在是一种高明的补救方法。

3. 反问补错

当演讲者讲错一句话并马上意识到错误的时候，紧接着用一个反问句进行否定，从而不露痕迹地达到补救目的。如一名员工在公司举行的演讲比赛中，根据规定即兴发表了题为《员工不是扑克牌》的演讲。在演讲过程中，当"员工是可以由老板任意掌控和摆弄的扑克牌"这句话一出口，他马上意识到自己漏讲了"是"字前面的"不"字。要知道，一字之差，意思截然相反。该如何补救呢？他急中生智，赶紧纠正道："这难道不是许多公司老板的错误看法吗?”一个反问句,就这样顺理成章地补救了自己的口误,让在场的听众丝毫都没有觉察出来。

4. 自圆其说

在即兴演讲中,演讲者一旦觉察自己的语言错误,往往会因为心理紧张而产生思维障碍,以致无法继续讲下去。倘若出现这种情况,演讲者应当先镇定下来,再针对错话,巧妙地进行一番辨析。只要能够自圆其说,不仅可以使听众谅解这一失误,而且能够让大家感受到演讲者的机智和灵敏。

某市演讲与口才协会举办为期三个月的演讲培训课程。培训过程中,老师要求学员围绕“如何提高口语表达能力”这一话题发表即兴演讲。一位学员上台发表了一番演讲,其结尾部分有这样一句话:“同学们,还有一个月我们就要结业了……”一听这句话,全体学员都笑了起来。他马上意识到自己把时间讲错了,赶紧不慌不忙地解释道:“我知道还有两个月才结业。我之所以说成一个月,是希望同学们和我一道,把两个月的学习时间当作一个月来珍惜。这样,我们心中就时刻会有一种紧迫感,大家更会抓紧时间,努力学习,提高口语表达能力。大家说,是吗?”学员们高声回答:“是!”随即一起鼓起掌来。这位演讲者的一番辨析,妙就妙在他在时间的长短上巧做文章,即兴发挥,居然把出现口误的尴尬转化成了听众赞同的掌声。

又如在一次婚礼上,主持人热情地邀请来宾讲话,一位职业中学的教师上台即兴致辞,他说:“今天,是职业中学的夏明和经贸公司的叶丽喜结良缘的好日子……也许有人以为我说错了,夏明和叶丽不是同在一个公司上班吗?是的,夏明从商了,但一个月前,他还是我们职中的一名优秀青年教师。而在我的心目中,他永远是我们的好同事。我愿借此机会,代表职中全体教职工,向一对新人表示最真挚的祝福!”

显然,这位来宾由于一时激动,把新郎现在供职的单位介绍错了。也许他从听众异样的表情上觉察了自己的口误,于是,稍稍停顿之后,巧妙地进行了阐释。听了此番入情入理的言辞,谁还会责怪他语言上的差错呢?演讲者这一化错为正的表白,不仅可以自圆其说,而且增强了抒情的真切感,产生了独特的现场表达效果。

4.3.5 注意事项

1. 保持情绪稳定

演讲本来就很能考验演讲者的心理素质,即兴演讲的时候没有充分的准备,如果是面对数以千计的听众或者面对高层的上司,又或者突然被叫到讲话,未免很紧张。如果太紧张,思维会被打乱,在台上讲话就会出现语无伦次、词不达意的现象。所以,相较命题演讲,演讲者做即兴演讲更应当注意稳定自己的情绪,给观众呈现自信、大方的形象。即使出现口误也不能慌,不要紧张,要稳定情绪化解尴尬的局面。

2. 紧扣主题

即兴演讲最重要的就是紧扣主题,不管有没有准备,讲话都要紧紧围绕演讲主题。离题万里、海阔天空的演讲会降低演讲效果,而且一不小心会引起听众的反感,得不偿失。

3. 结合自身经验

自身经验无论什么时候都是最贴切、最有说服力的,毕竟耳听为虚,眼见为实。只有自己经历的才是最能引发深思和与听众产生共鸣的，所以在阐述观点时不妨结合自身经验或经历，而且自己经历的很容易娓娓道来，显得真实而可信。

4. 情感充沛

要感染听众，演讲者自己首先要有激情。演讲者动了真情，才能喜怒哀乐分明，语言绘声绘色，从而感染听众，达到交流情感的目的。即兴演讲更加注重现场效果和与听众的情感共鸣。

5. 短小精悍

即兴演讲多是在一种激动的场合下进行的，没有人乐意听长篇讲话，因此必须短小精悍。短小是指篇幅而言；精悍是指内容而言。即兴演讲不能像命题演讲那样讲究布局谋篇，但也要结构合理，详略得当，要有快节奏风格和一气呵成的气势，切忌颠三倒四，离题万里，拖泥带水，重复拖沓。如在颁奖或领奖时的演说，大忌之一就是冗长。

4.4 主持人演讲

无论是小型会议还是大型晚会，主持人都是其中的灵魂人物，也是不可缺少的引导者和协调者，或许提前会有演讲稿件，但现场的许多情况都要求主持人即兴进行口语表达，而非单纯的照本宣科，有些甚至完全没有台本，要求主持人在了解整个节目的主题及思路的情况下，完全进行现场即兴主持，这种主持方式的难度较大，对于主持人来讲要求也相当高。

4.4.1 主持人演讲的基本要求

1. 流畅得体的语言表达

主持人普通话纯正，声音悦耳，表达准确、生动、有个性，这是基本要求。同时，还要讲究表达技巧，语言是主持人与听众进行沟通的最重要的工具，一个现场主持人良好的语言素养具有很强的感染力和吸引力，能带动和掌控现场的气氛及节奏，为节目增添光彩；反之，会使听众产生抗拒。

主持人在主持时还应注意口语化。所谓口语化，并不是照搬日常口语的自然形态，而是把自己日常口语中不准确、不规范、不通顺、不精练的杂质去掉，避免随感性，锤炼出适合在听众面前呈现的，准确、鲜明、生动的，富于生活活力的语言。

语言不仅可以实现交流的目的，表现出个人对于客体世界以及对于主体世界的认识，同时，又可以通过不同特色的语言，呈现出自身的个性与认识世界的方式。也就是说，即兴口语可以体现出一个人的修养和认知，必须得体。某歌唱类节目海选中，一位主持人点评参赛选手时竟然说“听了你的歌，我晚上会做噩梦”，直接导致选手大哭离场，现场的气氛一度陷入尴尬，事后网民对这位主持人也是一片声讨。

2. 控场能力和应变能力

在现场，各种情况都随时可能发生。这时，主持人应围绕主题控制现场，使其朝着设定的方向顺利发展。如有的人不善于表达思想，这时需要主持人耐心启发、提示；而有的人则过于想要表达，一开口就滔滔不绝，越说越离题万里，这时就需要主持人寻找恰当的时机巧妙地打断他的谈话，控制会场的节奏。又如《星光大道》中，选手进行才艺比拼，某位选手表演后让主持人也来表演一下，主持人四两拨千斤："不用我亲自出手，我的徒弟和你过招。"他本意是想让嘉宾和这位选手比试，嘉宾却再三推辞不愿上场，主持人会意，立刻说："实在抱歉，我的徒弟今天身体欠佳，改日再切磋，好吧！"主持人这句恰到好处的即兴评述，让现场不会陷入尴尬，展示了他强大的思维能力和即兴口语表达能力。

3. 处乱不惊的心理素质

对即兴演讲者而言，处乱不惊的心理素质是必需的，而这一点对于主持人尤甚。处乱不惊的心理素质能够让主持人一直处于冷静中，从而表现出不急不火的状态，无形中掌握场上的主动权和引导权，即使出现意外或者突发事件也能沉着地处理，不至于思维僵化。杨澜曾在广州担任一场文艺晚会的主持人，在上台的时候她一不小心踩空，滚落到舞台下面。现场观众顿时哗然，有的观众吹着口哨喝起了倒彩，而杨澜镇定自若，起来后重新上台自我解嘲："真是人有失足，马有失蹄啊……"

主持人因意外而摔倒，破坏了晚会的演出气氛，还带给观众一种滑稽的感觉，更有损主持人的公众形象。但是杨澜采用自我解嘲、风趣幽默的即兴口语表达出了自己的机智与冷静，巧妙地摆脱了困境，没有一点慌乱，也没有一丝的尴尬，良好的心理素质让她能够从容地应付突发的局面，把一出场就处于劣势的自己重新树立起来，从而为后面很好地驾驭整个节目做了良好的铺垫，并且赢得了观众的好评。

4. 亲和力

亲和力是一种能让他人感到亲切和放松的气质与魅力。主持人作为观众的朋友，要与观众"一对一""面对面"地近距离交谈，如此可在无形中缩短与观众之间的距离，增加亲切感。主持人与观众要有一种亲切友好的感情，态度要诚恳，体贴入微，坦率热情，久而久之，主持人同观众之间形成了直接的密切和比较固定的联系，这就在心理上、感情上逐渐加强了对主持人的信任感，主持人在观众心目中的位置也越来越重要，甚至会形成一定的"权威性"。

比如中央电视台的《对话》栏目在现场录制时总是能形成一种热烈的参与气氛，主持人既与嘉宾积极对话，又与现场观众直接对话，而且充分调动现场的气氛，形成观众的主动参与，使观众与嘉宾也形成直接的积极交流。这一切，使电视机前不曾进入现场的观众同样体会到现场的参与气氛，与节目中的现场参与者共同思考、共同对话，形成一种主动的交流关系。主持人在这种平等互动的良性状态形成过程中起了很重要的作用。

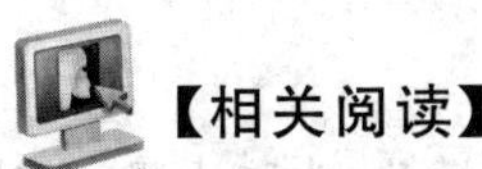

【相关阅读】

董卿最有才华的四次救场

舞台上风云变幻、"危机"迭生，电视主持人需要很强的心理素质，头脑灵活、反应机敏，能及时化解意外情况进行补场、救场、圆场是基本素质。这对主持人来说既是考验，也是必修之课。

作为一名优秀的主持人,董卿也曾遇到不少突发状况,但是每次她都能够临危不乱、淡定自如地化解危机。今天,一起欣赏董卿那些令人惊艳的救场时刻吧!

最富才华的救场

主持人经常面对的意外就是嘉宾或者活动不准时造成的主持程序混乱,这就需要主持人临时调整议程巧妙应对。

2006 年上海浦东的某个活动现场,眼看会议流程已到了嘉宾萧蔷出场的时刻,却始终不见其踪影。在长达 20 多分钟的等候时间内董卿多次半开玩笑地说:“她怎么还不来,到底是不是住这个酒店?还是在来的路上?”迟迟未见萧蔷的身影,观众显然有些不耐烦,甚至要求现场主持人董卿唱歌。

一听这话,董卿立刻机智回应:“不行的,主持人是说得比唱得要好听。如果今天我唱了,明天各大报纸会说董卿说不好,只能现场卖唱了。那这样,我给大家出一道脑筋急转弯,答对了我就唱。”无奈之下,董卿只得现场出题,笑问大家“林黛玉是怎么死的?”“摔死的”,台下数人异口同声,眼看已经没法推托,董卿只能清唱了一首《但愿人长久》。清雅的歌声让在座的观众连连鼓掌欢呼,有了董卿的救场,萧蔷的迟到风波才得以平息。

董卿还在现场调侃说,是萧蔷给了她唱歌的机会。如此机智又富有才华的救场,怎不令人啧啧称赞?

最具哲理的救场

在节目进程中经常会出现意想不到的情况,需要主持人头脑灵活、机智应对。

在 2009 年春晚的首次彩排中,青年美声歌手王莉在上场的时候不慎摔倒。面对这一突发状况,董卿临场发挥,说了这样一段话:“刚才歌手王莉不小心摔倒,好在没影响到她的演出。其实春晚就是这样一个舞台,能站在这里的都是最优秀的演员,大家都是摔倒了又爬起来才走到这里的!”巧妙化解尴尬气氛,这段话既落落大方,又饱含哲理,展示了董卿深厚的主持功底。

最风趣幽默的圆场

在主持节目中,主持人自己也有很多意外情况发生,面对意外主持人也要学会给自己圆场。

2006 年,董卿在云南大理录制《欢乐中国行》时,不小心在石阶上踩空,从高处滚下,腿部多处受伤。当时,节目录制被迫中断,董卿也被送到医院进行紧急治疗。虽然没有生命危险,但是董卿却有多处皮外伤,腿部也是严重摔伤。好强的董卿在进行简单治疗后,让医生给自己的腿打了封闭针,坚持录完了这期节目。她还开玩笑为自己的摔跤圆场:“我真的是为大理的景色所‘倾倒’,倒在了三塔寺下啊。”如此的敬业精神和幽默的话语一下子就化解了此前的意外,也得到了观众的理解与称赞。

最经典的救场

主持人还需要在直播节目中有很强的心理素质,面对时间调整不慌乱,头脑清醒,应对自如。

每个主持人都有自己职业生涯的黄金时刻,董卿当然也不例外。经典的主持案例——“金色三分钟”就是出自董卿之手。

在 2007 年《欢乐中国行》元旦特别节目中,当接近零点时,现场时间突然出现了两分半钟的空档，导演马上安排董卿救场发挥。

当董卿开始大方自如地自由发挥时，耳麦里突然传出导播的误判：“不是两分半钟，只有一分半钟了。”董卿连忙调整语序，准备结束语，而此时耳麦里再度传来更正：“不是一分半钟，还是两分半钟！”董卿临危不乱，走到舞台两头给观众深深鞠了两躬，用“欢乐的笑”“感动的泪”“奔波的苦”等诸多排比句即兴制造了一个又一个赏心悦目的“感谢”。这样一个小小的肢体停顿，让她在紧急中控制住了节奏，从容的态度，加上流畅的语言表达，成为主持学上一个完美的案例。

人生的很多时刻也像即兴发挥，没有时间打草稿，看完这四幕令人惊艳的救场示例，你是否感受到了央视主持人过硬的心理素质和淡定从容的态度呢？

资料来源：搜狐教育. 董卿最有才华的四次救场，惊艳！[EB/OL].（2016-12-07）. http://www.sohu.com/a/120920768_508588.

4.4.2 主持人演讲的实用技巧

1. 懂得让别人开口说话

主持人在台上唱独角戏既辛苦又容易脱离听众，所以要想方设法把现场观众的情绪调动起来，让他们开口替你说话。某婚礼高薪请来了一位主持人，而主持人除了在宣布婚礼开始时出来亮了相，就一直站在台边，用极为深厚的语言功底，将整个现场客人的注意力吸引到两位新人身上，语言也极其煽情、温馨，将客人以及新郎、新娘带入这种温馨浪漫的情景之中，使新人深情讲述他们之间的爱情故事，双方父母也禁不住登台讲话，令在场的不少客人感动到落泪。到婚礼高潮时，大家几乎已经忘却了婚礼主持，而这场婚礼，真正体现了新郎、新娘的主角地位，也大获成功。

2. 掌控场上节奏

主持人可能不是台上的主角，但绝对是台上的掌控者，不能放任自流、不闻不问，采取“事不关己高高挂起”的态度。如作为会议主持一要掌控人员状态，是在认真听会还是在开小差，一旦发现就要及时提醒和警示，确保参会人员把心思集中在会议上，而不是玩手机、交头接耳上；二要掌控会议时间和会议节奏，做到突出重点内容和关键环节，特别是当发言人员较多的时候，要事先告知发言时间，确保不超时或匆匆忙忙；三要掌控会议内容，注重引导与会人员始终围绕会议主题来开好会议，不能漫无目的、毫无限制地任意发挥、东拉西扯，导致时间浪费。

主持人在临场录制节目中，经常会发生因受到各种因素的干扰而被打断的现象。这一现象的出现，很容易使主持人失去对节目节奏的基本掌握，它应该在整个程序段提前准备，在主持的过程中，要清楚掌握时机，主持人如果突然意识到已经失去了整个程序的节奏把握，有必要及时停止，调整自己的表达方式，以语言、面部表情或手势来加强自己的节奏感，从而使其自然顺畅。

3. 充分利用辅助语言

与书面语言创作不同，主持人的即兴演讲离不开辅助语言。即兴演讲的语言内容会因为具体内容而产生相应停连重音、语气节奏，会由强度力度、快慢缓急等辅助语言的变化而产生不同的潜台词，进而在细微之处产生很大的不同，主持人也应通过恰当的表情、姿态、手势等态势语言的细节变化，增强即兴演讲的感染力。第6章我们会具体讲到演讲中各种体态语言的运用。

案例分析

亚历山大对马其顿士兵的演说

马其顿同胞们：

现在我想对你们说的，并不是要阻挡你们回家的愿望。就我个人说，你们愿意上哪儿去都可以。但是，你们应当想想，假如你们就这样走掉，那你们究竟算是怎样对待寡人的呢？而寡人又是怎样对待你们的呢？因此，我打算先从我父亲腓力说起，这是应该的，也是适当的。腓力起初看到你们的时候，你们不过是些走投无路的流浪汉，大多数人只穿着一张老羊皮，在小山坡上放几只羊。为了这几只羊，还常常和边界上的伊利瑞亚人、特利巴利人和色雷斯人打个不休，而且往往吃败仗。后来，是腓力叫你们脱下老羊皮，给你们穿上大衣，把你们从山里带到平原上，把你们训练成能够对付边界敌寇的勇猛的战士。因此，你们才不再相信你们那些小山村的天然防卫能力，而相信了你们自己的勇气。不仅如此，他还把你们变成城市的居民，用好的法律和风俗把你们变成文明的人。腓力使你们当上了原先那些欺压你们、抢劫你们财物和亲人的部落的主子，再也不当他们的奴隶和顺民。他把色雷斯大部并入了马其顿版图，夺取了交通便利的沿海城镇，给你们的家乡带来了商业，使你们能安全地开发自己的宝藏。然后，他又叫你们当上了多年来叫你们怕得要死的色雷斯人的老太爷。他还制伏了福西亚人。由你们家乡通到希腊的道路原来既窄又难走，后来他把它开成又宽又好走的大路。过去，雅典和底比斯一直在伺机毁灭马其顿，但他后来降服了他们。我们马其顿不再向雅典和底比斯交纳贡赋，相反，他们现在必须争取到我们的允许才能生存。现在，我们大家正在分享我父亲腓力这些功业的成果。后来他又进入伯罗奔尼撒，把那个地方也搞得服服帖帖。然后，他被宣布为全希腊的最高统帅远征波斯。他赢得这么高的威望，并不只是为他自己，主要还是为了马其顿。

我父亲为你们大家完成的这些崇高的事业，就其本身而言，确实是很伟大的，但跟寡人的成就相比，不免显得渺小。我从我父亲手里继承下来的，只有几只金杯银碗，还有不到60塔仑的财宝。可是他欠的债务却多达500塔仑。在这个数字之外，后来我自己又借了800塔仑。当时我们的国家不可能叫大家过舒适的生活。就是从这样一个国家里，我带领你们出发，开始远征。虽然当时波斯人是海上霸主，但寡人还是一举打通了赫勒斯滂海峡。然后，又用我的骑兵打垮了大流士的许多督办，于是就在你们的帝国的版图上加上了爱奥尼亚和伊欧利亚全部，上下福瑞吉亚和利地亚；米莱塔斯是在寡人围攻之下夺到手的；其余各地都是投降的。这些胜利果实我都交给你们分享。埃及和西瑞尼，我不费一枪一箭就拿到手，那里的东西都归了你们。叙利亚盆地、巴勒斯坦和美索不达米亚现在也为你们所有。巴比伦、巴克特利亚和苏萨也属于你们。利地亚的财富、波斯的珍宝、印度的好东西，还有外边的大洋，通通归你们所有。你们有的当了督办，有的当了近卫军官，有的当了队长。在经历这么多的艰难困苦之后，留给我自己的，除了王位和这顶王冠之外，还有什么呢？除了你们已经占有的和我为你们保存的以外，谁也指不出我还有什么财产。我并未为我个人需要保留什么东西。因为我跟你们吃一样的饭，睡一样的觉——不，在你们当中有些人，我很难说我跟他们吃的一样，他们吃的可讲究呢。我还知道，我每天比你们早起，为的是让你们安安静静地在床上多睡一会儿。

可是，你们也许认为当你们忍受劳累和痛苦的时候，我自己则是轻闲自在地坐享其成。但我要问，你们当中有谁真正感到他为我受的苦和累比我为他受的还多呢？或者，你们当中那些负了伤的，不论是谁，谁把衣服脱下来叫大家看看，我也脱下来叫大家看看。我的全身，至少是前面，没有一个地方没有伤疤，这是事实。在肉搏中我挨过敌人的刀，还不知道挨过敌人多少箭，还受过弹弓子弹的打击，棒打石击更是数不胜数。这一切都是为了你们，为了你们的荣誉，为了你们的财富。我带着你们以胜利者的姿态走遍陆地、海洋、河流、山脉和平原。我结婚，你们也结婚。你们许多人的孩子将和我的孩子结为血肉相连的亲戚。还有，对你们当中欠了债的人，我不是好管闲事的人，都是未加追究，而你们的薪饷确也已够高，每当攻下一个城镇时，你们还都分了那么多战利品。我实在不明白你们怎么会欠下公家的债。但我不管这些，把你们欠下的债务通通一笔勾销。而且，你们大多数都得到了金冠。这是你们英勇功勋的纪念，也是我对你们关怀爱护的象征，是永远磨灭不了的纪念品。不论谁牺牲了，他的死都是光荣的，葬礼也都是隆重的。多数还在家乡立了铜像。父母受到尊敬，还豁免一切捐税和劳役。因为自从我率领你们远征以来，还没有一个人是在溃逃中死掉的。

现在，我本来打算把你们当中那些不能再参加战斗的人送回家乡，成为乡亲们羡慕的人。但是既然你们都想回家，那你们通通都走吧。到家之后，告诉乡亲们，就说你们的国王亚历山大打败了波斯、米地亚、巴克特利亚、萨卡亚，征服了攸克西亚、阿拉科提亚和德兰吉亚，当了帕西亚、科拉斯米亚直至里海的赫卡尼亚的主人；他曾越过了里海关口的高加索山，渡过了奥克苏斯河和塔内河，对了，还有除了狄俄尼索斯之外谁都未曾渡过的印度河，还有希达斯皮斯河、阿塞西尼斯河、布德拉偶提斯河，如果不是因为你们退缩，他还会渡过希发西斯河；他还曾由印度河的两个河口闯入印度洋，还越过了前人从未带着部队越过的伽德罗西亚大沙漠；在行军中，还占领了卡曼尼亚和欧瑞坦地区；当他的舰队由印度驶回波斯海时，他又把你们带回苏萨。我再说一遍，你们回家之后，告诉乡亲们，就说你们自己总算回了家，但把国王扔下了，把他扔给你们曾经征服过的那些野蛮部族去照顾。当你们当众宣布这件事的时候，毫无疑问，这在人世间一定算得上是无上的光荣；在老天看来，也一定够得上是虔诚无比。你们走吧！

资料来源：胡瑜苓，鲁小俊. 世界百篇经典演讲辞[M]. 武汉：长江文艺出版社，2004.

【问题讨论】 亚历山大大帝（公元前 356—前 323 年），马其顿帝国国王，亚历山大帝国皇帝，世界古代史上著名的军事家和政治家，欧洲历史上最伟大的四大军事统帅之首。以其雄才大略，先后统一希腊全境，进而横扫中东地区，不费一兵一卒而占领埃及全境，荡平波斯帝国，大军开到印度河流域，征服全境约 500 万平方千米。

公元前 327 年，亚历山大东征事业如日中天，但长期征战已使部属们厌倦，于是就在他雄心勃勃地准备继续东进时军队哗变，士兵们拒绝前进，要求回家。面对这一情形，亚历山大当机立断,下令斩杀扰乱军心者,并当众发表了这篇演讲,最终稳住了军心。

结合本章内容和上述案例,说说这篇优秀的即兴演讲有哪些值得借鉴的地方。

习题

一、选择题

1. 即兴演讲的特点是(　　)。

A. 写好讲稿　　B. 有感而发　　C. 篇幅短小　　D. 长篇大论

2. 即兴演讲的要求是(　　)。

A. 抓住由头　　B. 形式自然　　C. 迅速组合　　D. 针对性强

3. 即兴演讲的成功取决于演讲者平时知识、经验的积累以及对生活的观察和体验,特别是(　　)的能力。

A. 学习　　B. 表演　　C. 理解沟通　　D. 驾驭语言

二、简答题

1. 说说即兴演讲的特点。

2. 至少举出两种即兴演讲中快速组合材料的方式。

第 5 章　演讲中的有声语言

【本章学习目标】

1. 掌握演讲的主要表达方式。
2. 掌握演讲的实用技巧。
3. 掌握演讲的修辞艺术。
4. 掌握演讲的控场艺术。

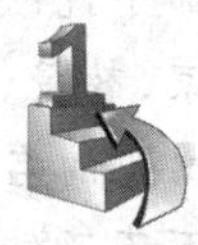

【导入案例】

人们一思索　上帝就发笑

以色列将其最重要的奖项保留给世界文学，绝非偶然，而是传统使然。那些伟大的犹太先人，长期流亡在外，他们所着眼的欧洲也因而是超越国界的。对他们而言，欧洲的意义不在于疆域，而在于文化。尽管欧洲的凶蛮暴行曾叫犹太人伤心绝望，但是他们对欧洲文化的信念始终如一。所以我说，以色列这块小小的土地，这个失而复得的家园，才是欧洲真正的心脏。这是个奇异的心脏，长在母体之外。

今天我来领这个以耶路撒冷命名、以伟大犹太精神为依归的奖项，心中充满了异样的激动。我是以小说家的身份来领奖的，而不是作家。法国文豪福楼拜曾经说过，小说家的任务就是力求从作品后面消失：他不能当公众人物。然而，在我们这个大众传播极为发达的时代，往往相反——作品消失在小说家的形象背后了。固然，今天无人能够彻底避免曝光，福楼拜的警告仍不啻是适时的警告：如果一个小说家想成为公众人物，受害的终归是他的作品。这些小说，人们充其量只能当是他的行动、宣言、政见的附庸。

小说家不是代言人。严格说来，他甚至不应为自己的信念说话。当托尔斯泰构思《安娜·卡列尼娜》的初稿时，他心中的安娜是个极不可爱的女人，她的凄惨下场似乎是罪有应得。这当然跟我们看到的定稿大相径庭。这当中并非托氏的道德观念有所改变，而是他听到了道德以外的一种声音——我姑且称之为小说的智慧。所有真正的小说家都聆听这超自然的声音。因此，伟大的小说里蕴藏的智慧总比它的创作者多。认为自己比其作品更有洞察力的作家不如索性改行。

可是，这小说的智慧究竟从何而来？所谓小说又是怎么回事？我很喜欢一句犹太谚语：人们一思索，上帝就发笑。这句谚语带给我灵感。我常想象拉伯雷（Francois Rabelais）有一天突然听到上帝的笑声，欧洲第一部伟大的小说就呱呱坠地了。小说艺术就是上帝笑声的回响。

为什么人们一思索，上帝就发笑呢？因为人们越思索，真理离他越远。人们越思索，人与人之间的思想距离就越远。因为人从来就跟他想象中的自己不一样。当人们从中世纪迈入现代社会的门槛，他终于看到自己的真面目：堂吉诃德左思右想，他的仆役桑丘也左思右想——他们不但未曾看透世界，连自身都无法看清。欧洲最早期的小说家却看到了人类的新处境，从而建立起一种新的艺术，那就是小说艺术。

16世纪法国修士、医师兼小说家拉伯雷替法语创造了不少新词汇，一直沿用至今。可惜有一字被人们遗忘了，这就是源出希腊文的Agelaste，意指那些不懂得笑、毫无幽默感的人。拉伯雷对这些人既厌恶又惧怕，他们的迫害，几乎使他放弃写作。小说家跟这群不懂得笑的家伙毫无妥协余地。因为他们从未听过上帝的笑声，自认掌握了绝对真理、根正苗壮，又认为人人都得统一思想。然而，个人之所以有别于人人，正因为他窥破了绝对真理和千年一面的神话。小说是个人发挥想象的乐园，那里没有人拥有真理，但人人有被了解的权利。在过去四百年间，西欧个性主义的诞生和发展，就是以小说艺术为先导的。

巴汝奇是欧洲第一位伟大小说的主人翁，他是拉伯雷《巨人传》的主角。在这部小说的第三卷里，巴汝奇最大的困扰是：到底要不要结婚？他四出云游，遍寻良医、预言家、教授、诗人、哲人，这些专家们又引用希波克拉底、亚里士多德、荷马、赫拉克利特和柏拉图的名言。可惜尽管皓首穷经，到头来巴汝奇还是决定不了是否结婚。我们这些读者也下不了结论。当然到最后，我们已经从所有不同的角度，衡量过主人翁这个既滑稽又严肃的处境了。

拉伯雷这一番旁征博引，与笛卡儿式的论证虽然同样伟大，性质却不尽相同。小说的母体即使穷理尽性，也还是幽默。

欧洲历史最大的失败之一就是它对于小说艺术的精神，其所提示的新知识及其独立发展的传统一无所知。小说艺术其实正代表了欧洲的艺术精神。这门受上帝笑声启发而诞生的艺术，并不负有宣传、推理的使命，恰恰相反——它像佩内洛碧(Penelope)那样，每晚都把神学家、哲学家精心纺织的花毯拆骨扬线。

近年来，指责18世纪已经成为一种时尚。我们常常听到这类老生常谈：俄国极权主义的恶果是西欧种植的，尤其是启蒙运动的无神论理性主义，及理性万能的信念。我不够资格指责伏尔泰为苏联集中营的负责人争辩，但是我完全有资格说：18世纪不仅仅是属于卢梭、伏尔泰、费尔巴哈的，它也属于(甚至可能是全部)费尔丁、斯特恩、歌德和勒卢的。

18世纪的小说之中，我最喜欢劳伦斯·斯特恩的作品《项迪传》，这是一部奇特的小说。斯特恩在小说的开端，描述主人翁开始在母体里骚动那一夜。走笔之际，斯特恩突来灵感，使他想起另外一个故事。随后上百篇幅里，小说的主角居然被遗忘了。这种写作技巧看起来好像是在耍花枪，而作为一种艺术，技巧绝不仅仅在于耍花枪。无论有意还是无意，每一部小说都要回答这个问题：

“人的存在究竟是什么？其真意何在？”

斯特恩同时代的费尔丁认为答案在于行动和大结局。斯特恩的小说答案却完全不同：答案不在行动和大结局，而是行动的阻滞中断。

因此，也许可以说，小说跟哲学有过间接但重要的对话。18世纪的理性主义就奠定于莱布尼兹的名言：凡存在即合理。

当时的科学界基于这样的理念，积极去寻求每样事物存在的理由。他们认为：凡物都可计算和解释；人要生存得有价值，就得弃绝一切没有理性的行为。所有的传记都是这么写的：生活总是充满了起因和后果、成功与失败。人类焦虑地看着这连锁反应急剧地奔向死亡的终点。

斯特恩的小说矫正了这种连锁反应的方程式。他并不从行为因果着眼，而是从行为的终点着手。在因果之间的桥梁断裂时，他优哉游哉地云游寻找。看斯特恩的小说，人的存在及其真意何在要到离题万里的枝节上去寻找，这些东西都是无法计算的，毫无道理可言；跟莱布尼兹大异其趣。

评价一个时代精神不能光从思想和理论概念着手，必须考虑到那个时代的艺术，特别是小说艺术。19世纪蒸汽机问世时，黑格尔坚信他已经掌握了世界历史的精神；但是福楼拜却在大谈人类的愚昧——我认为那是19世纪思想界最伟大的创见。

当然，早在福楼拜之前，人们就知道愚昧。但是由于知识贫乏和教育不足，这里是有差别的。在福楼拜的小说里，愚昧是人类与生俱来的。可怜的爱玛，无论是热恋还是死亡，都跟愚昧结了不解之缘。爱玛死后，郝麦跟布尔尼贤的对话真是愚不可及，好像那场丧礼上的演说。最使人惊讶的是福楼拜自己对愚昧的看法。他认为科技昌明、社会进步并没有消灭愚昧，愚昧反而跟随社会进步一起成长！

福楼拜着意收集一些流行用语——一般人常用来炫耀自己的醒目和跟得上潮流。他把这些流行用语编成一本辞典。我们可以从这本辞典里领悟到：现代化的愚蠢并不是无知，而是对各种思潮生吞活剥。福楼拜的独到之见对未来世界的影响，比弗洛伊德的学说还要深远。我们可以想象，这个世界可以没有弗洛伊德的心理分析学说，但是不能没有抗拒各种泛滥思潮的能力。这些洪水般的思潮输入计算机，借助于大众传播媒介，恐怕会凝聚成一股粉碎独立思想和个人创见的势力——这股势力足以窒息欧洲文明。

在福楼拜塑造了包法利夫人80年之后，也就是我们这个世纪的30年代，另一位伟大的小说家，维也纳人布洛克(Hermann Broch)写下了这句至理名言：现代小说英勇地与媚俗的潮流抗争，最终被淹没了。

Kitsch这个字源于20世纪中之德国，它描述不择手段去讨好大多数人的心态和做法。既然想要讨好，当然得确认大家喜欢听什么，然后再把自己放到这个既定的模式思潮之中。Kitsch就是把这种有既定模式的愚昧，用美丽的语言和感情把它乔装打扮，甚至连自己都会为这种平庸的思想和感情洒泪。

今天，时光又流逝了50年，布洛克的名言日见其辉。为了讨好大众，引人注目，大众传播的美学必然要跟Kitsch同流。在大众传媒无所不在的影响下，我们的美感和道德观慢慢也Kitsch起来了。现代主义在近代的含义是不墨守成规、反对既定思维模式、绝不媚俗取宠。今日之现代主义(通俗的用法称为新潮)已经融汇于大众传媒的洪流之中。所谓新潮就得有意图地赶时髦，比任何人更卖力地迎合既定的思维模式。现代主义套上了媚俗的外衣，这件外衣就叫Kitsch。

那些不懂得笑，毫无幽默感的人，不但墨守成规，而且媚俗取宠。他们是艺术的大敌。正如我强调过的，小说的艺术是上帝笑声的回响。在这个艺术领域里没有人掌握绝对真理，人人都有被了解的权利。这个自由想象的王国是跟现代欧洲文明一起诞生的。当然，这是非常理想化的欧洲，或者说是我们梦想中的欧洲。我们常常背叛这个梦想，可也正是靠它把我们凝聚在一起。这股凝聚力已经超越欧洲地域的界限。我们都知道,这个宽宏的领域(无论是小说的想象,还是欧洲的实体)是极其脆弱的、极易夭折的。那些既不会笑又毫无幽默感的家伙老是虎视眈眈地盯着我们。

在这个饱受战火蹂躏的城市里,我一再重申小说艺术。我想,诸位大概已经明白我的苦心。我并不是回避谈论大家都认为重要的问题。我觉得今天欧洲文明内外交困。欧洲文明的珍贵遗产——独立思想、个人创见和神圣的隐私生活都受到了威胁。对我来说,个人主义这个欧洲文明的精髓,只能珍藏在小说历史的宝盒里。我想把这篇答谢辞归功于小说的智慧。我不应再饶舌了——我似乎忘记了,上帝看见我在这儿煞有介事地思索演讲,他正在一边发笑。

资料来源:胡瑜苓,鲁小俊. 世界百篇经典演讲辞[M]. 武汉:长江文艺出版社,2004.

【思考提示】《人们一思索 上帝就发笑》是捷克著名小说家米兰·昆德拉1985年荣获耶路撒冷文学奖时,在颁奖典礼上用法语做的一篇演讲。阅读后请思考,米兰·昆德拉在演讲中具体运用了哪些表达方式。

5.1 表达方式

演讲时所使用的特定的语言方法、手段,就是演讲的表达方式。表达方式的多种多样构成了演讲方式的丰富多彩,常见的演讲的表达方式包括叙述、描述、说理和抒情。

5.1.1 叙述

叙述是演讲中最基本、最常见的一种表达方式,它是演讲者对人物的经历和事件的发展变化过程以及场景、空间的转换所做的叙说和交代,从而表达演讲者的思想感情,反映社会生活的本质和规律。

在写作过程中,我们经常通过叙述的先后顺序对叙述方式进行分类,将之分为顺叙、倒叙、插叙、补叙、平叙等,但由于口语的特点,演讲中并不经常使用倒叙、插叙一类较为复杂的不易于听众记忆的叙述方式,所以我们将演讲中常用的叙述方式划分为概括叙述、详细叙述和夹叙夹议三种。

1. 概括叙述

概括叙述就是用简略的语言,对事件、人物、事物做粗略的叙述,主要着眼于全貌,省略局部和细节,一般用于叙述时间和空间跨度比较大的内容。例如,我国香港特区第一任行政长官董建华在其就职仪式上发表的演说的开场:"这是一个崇高而庄严的时刻,1997年7月1日。我国香港经历了156年的漫漫长路,终于重新跨进祖国温暖的家门。我们在这里用自己的语言向全世界宣告:我国香港进入历史的新纪元。"

概括叙事,一般不会出现一件事单独运用的情况——绝大多数都是并列叙述几件事。有时几件事表现同一个主题;有时每件事表现一个主题,多件事表现人物形象的多个侧面。例如,《国家主席习近平发表二〇一八年新年贺词》当中的一段:"'慧眼'卫星遨游太空,C919大型客机飞上蓝天,量子计算机研制成功,海水稻进行测产,首艘国产航母下水,'海翼'号深海滑翔机完成深海观测，首次海域可燃冰试采成功，洋山四期自动化码头正式开港，港珠澳大桥主体工程全线贯通，复兴号奔驰在祖国广袤的大地上……我为中国人民迸发出来的创造伟力喝彩！"通过选取 2017 年颇具影响力的科技创新、重大工程建设成就，赞扬了全体中国人民的创造力。

2. 详细叙述

详细叙述比概括叙述具体生动，但又不及描述细腻感人，仍然只是着眼于人物或事态的整体勾勒。这种叙述方式既能把人物或事态说清楚，又能把某些局部或细节说得具体、真切，在对重要任务、时间、场景等进行较为细致的介绍或述说时，详细叙述可以把听众带入特定的清静中，给人以深刻印象和身临其境的感觉。例如，《国家主席习近平发表二〇一八年新年贺词》当中的一段："2017 年，我又收到很多群众来信，其中有西藏隆子县玉麦乡的乡亲们，有内蒙古苏尼特右旗乌兰牧骑的队员们，有西安交通大学西迁的老教授，也有南开大学新入伍的大学生，他们的故事让我深受感动。"

3. 夹叙夹议

夹叙夹议是在叙述过程的同时，表明叙说者对人物、事态的立场、观点、态度，边叙说边议论，好处是笔法灵活多变，生动活泼，还可以起到总起、提示、过渡和总结等作用，可谓是一种事、理、情的高度结合，比起前面两种叙述方式更具有感染力和穿透力。如马丁·路德·金《我有一个梦想》演讲的开头："100 年前，一位伟大的美国人——今天我们就站在他的雕像前——签署了《解放黑奴宣言》。这项重要法令的颁布，对于千百万灼烤于非正义残焰中的黑奴，犹如带来希望之光的硕大灯塔，恰似结束漫漫长夜禁锢的欢畅黎明。"

夹叙夹议要求一面叙述某一件事，一面又对这件事进行分析、评论，叙、议两者的关系是："叙"是"议"的基础，"议"是"叙"的深化，是作者表达的一种认识。换一种说法，叙是铺陈，议是点染。一般来说，议的文字不宜太长，用语应精辟、凝练，富于哲理，富有激情。

5.1.2 描述

描写是一种用形象生动的语言，把人物、事件或环境等绘声绘色地描绘出来的表达方式，其过程中可以运用各种修辞手法对事物进行形象化的阐述，如比喻、拟人、夸张、双关、排比等。描述可以使人物形象丰满逼真，使事情生动有趣，使景物优美壮丽，使晦涩难懂的道理深入浅出，并唤起听众的想象。如《我有一个梦想》演讲的结尾处，就使用了排比的描述方式：

"如果美国要成为一个伟大的国家，这个梦想必须实现！

让自由之声从新罕布什尔州的巍峨的崇山峻岭响起来！

让自由之声从纽约州的崇山峻岭响起来！

让自由之声从宾夕法尼亚州的阿勒格尼山响起来！

让自由之声从科罗拉多州冰雪覆盖的落基山响起来！

让自由之声从加利福尼亚州蜿蜒的群峰响起来！

不仅如此，还要让自由之声从佐治亚州的石岭响起来！

让自由之声从田纳西州的瞭望山响起来！

让自由之声从密西西比的每一座丘陵响起来！

让自由之声从每一片山坡响起来！”

演讲中的描述应服务于主题，切忌繁杂冗长，所以必须明确描述和描写的区别。描述是对人物的活动经历和事件的发展变化作准确的介绍、交代、说明，语言风格简练、朴实，以清楚为特点；而描写则是对人物和事物的特点作描绘、摹写、刻画，语言风格生动、形象，以鲜明为特点。前者能够推进故事情节的发展，而后者一般无法推进情节的发展。只能把人物、事物写得更加生动、形象，更加感人。如鲁迅小说《孔乙己》中针对孔乙己外貌进行的描写：“青白脸色，皱纹间时常夹些伤痕；一部乱蓬蓬的花白的胡子。穿的虽然是长衫，可是又脏又破，似乎十多年没有补，也没有洗。”

5.1.3 说理

说理即讲明道理，是演讲的主要表达方式之一，毕竟演讲的目的即在于让听众接受所讲道理。一篇精彩的演讲词总离不开成功的说理，可干巴巴地讲道理又会被听众诟病是说教，因此高明的演讲者便要调动各种手段，以期在引发听众兴趣的同时，又使所讲道理更为牢靠、形象而不空洞。

1. 事理结合

现任阿里巴巴集团董事局主席马云在员工大会上做过一次演讲，其中包含这样一段内容：“很久很久以前，有一个部落，无论从智力还是体力上，都超过了他们周围的部落。可是不知什么原因，这个部落的人突然在一个漆黑的夜晚全部失踪了。周围的部落感到非常奇怪。直到几千年之后，这个部落失踪之谜才被解开。原来，这个部落里的人最早发明了用兽皮做出的衣服，取暖保温，遮风挡寒，日子比过去强多了。为了不被其他赤身裸体的部落知道这个秘密，全部落的人悄悄迁往一处无人居住的深山老林。当科学工作者发现了他们的时候，这个部落里的人由于长期与世隔绝，仍旧过着刀耕火种、身穿兽皮的原始生活。现在我们确实站在时代的前沿，但是如果我们故步自封，就很可能马上变得与世隔绝，被时代淘汰。”

面对员工，马云并没有直接阐述与时俱进的道理，而是以一个部落变迁的故事进行说明。这个部落最初远远超越别的部落，但是故步自封，最终被时代抛弃。这个引人深思的寓言，对比鲜明，把与时俱进的道理深刻地揭示出来，让听众恍然大悟。演讲中，有时候直接讲道理，可能无法引起听众共鸣，借助寓言说理，就能让听众感同身受，从而避免说理的生涩难懂。

2. 情理交融

以情感人和以理服人不仅不冲突，更需相互结合。在演讲的全过程中，演讲者表达观点、阐述道理时，都应倾注自身的真挚情感。针对社会的腐败与道德的沦丧，大声疾呼，发出匡正时弊的呐喊，可谓振聋发聩；劝勉青年人改变观念、端正学风时，态度严肃、教诲谆谆、语重心长。浓郁的情感和说理交融，更易引起听众的强烈共鸣。

柴静的《认识的人，了解的事》在“首都女记协演讲大赛”中获特等奖，其中最后一段是这样的：“一个国家是由一个个具体的人构成的，它由这些人创造并且决定。只有一个国家能够拥有那些追求真理的人，能够独立思考的人，能够记录真实的人，能够不计利害为这片土地付出的人，能够捍卫自己宪法权利的人，能够知道世界并不完美但仍然不言乏力、不言放弃的人；只有一个国家拥有这样的头脑和灵魂，我们才能说我们为祖国骄傲。只有一个国家能够尊重这样的头脑和灵魂，我们才能说，我们有信心让明天更好。”情理交融，发人深省，感人至深。

3. 针对现状

所谓“文章合为时而著，歌诗合为事而作”，说理也应针对现实状况，只有针砭时弊才更容易引起听众的共鸣。如蔡元培在《就任北京大学校长之演说》中，开门见山，有针对性地提出了三点要求：抱定宗旨、砥砺德行、敬爱师友。这三点可以说每一点都事关北京大学乃至国家的前途和命运，也是青年学子们普遍关心的。这样，演讲词说理的内容首先就抓住了听众的心理和兴奋点，引起听众的兴趣与注意力。

4. 思路清晰

说理必须讲求一定的内在逻辑，脉络混乱、没有中心的说理只会令听众摸不着头脑，进而心生厌恶。反之，思路清晰严谨的说理则会抓住人们的思维，从而使听者跟随演讲者的思考模式前进。如本章开篇的导入案例米兰·昆德拉的演讲《人们一思索 上帝就发笑》，以“人们一思索，上帝就发笑”这句犹太名言为核心，以时间顺序为轴，分别叙述了16世纪、18世纪和19世纪的小说艺术和时代精神，最后以一句幽默点题并收尾：“我似乎忘记了，上帝看见我在这儿煞有介事地思索演讲，他正在一边发笑。”整篇演讲都在讲道理，但却用演讲的内在逻辑紧紧抓住了听众。

5.1.4 抒情

抒情是指以形式化的话语组织，象征性地表现个人内心情感的一类文学活动，它与叙事相对，具有主观性、个性化和诗意化等特征。在文学中，抒情方式具体又可分为借景抒情、触景生情、咏物寓情、咏物言志、直抒胸臆、融情于事和融情于理等，但在演讲中，主要使用的抒情方式是后三种，即直抒胸臆、融情于事和融情于理，其中融情于理即情理交融，这种抒情方式在上一部分已经详述，这里就不再赘述了。

1. 直抒胸臆

直抒胸臆就是作者或作品中的人物，不借助于任何别的手段，直接地表白和倾吐自己的思想感情，以感染读者，引起共鸣。直抒胸臆的特点是不要任何“附着物”，而是思想感情直截了当地宣泄；不讲究含蓄委婉，而是思想感情毫无遮掩地袒露。这种直陈肺腑的抒情方式，往往显得坦率真挚，质朴诚恳，很能打动人心。

如闻一多在《最后一次演讲》的一开头就大声疾呼：“这几天，大家晓得，在昆明出现了历史上最卑劣最无耻的事情！李先生究竟犯了什么罪，竟遭此毒手？他只不过用笔写写文章，用嘴说说话，而他所写的，所说的，都无非是一个没有失掉良心的中国人的话！大家都有一支笔，有一张嘴，有什么理由拿出来讲啊！有事实拿出来说啊！为什么要打要杀，而且又不敢光明正大地来打来杀，而偷偷摸摸地来暗杀！这成什么话？”立即就将所有在场听众都带入悲愤的情绪中。

2. 融情于事

融情于事是指通过讲述某一事件来抒发感情,让感情从具体事件的叙述中自然地流露出来,感染听众。如朱自清在1947年作的著名演讲《论气节》中说道:“向来论气节的,大概总从东汉末年的党祸起头。那是所谓处士横议的时代。在野的士人纷纷地批评和攻击宦官们的贪污政治,中心似乎在太学。这些在野的士人虽然没有严密的组织,却已经在联合起来,并且博得了人民的同情。宦官们害怕了,于是乎逮捕拘禁那些领导人。这就是所谓‘党锢’或‘钩党’,‘钩’是‘勾连’的意思。从这两个名称上可以见出这是一种群众的力量。那时逃亡的党人,家家愿意收容着,所谓‘望门投止’,也可以体现出人民的态度,这种党人,大家尊为气节之士。气是敢作敢为,节是有所不为——有所不为也就是不合作。这敢作敢为是以集体的力量为基础的,跟孟子的‘浩然之气’与世俗所谓的‘义气’只注重领导者的个人不一样。后来宋朝几千太学生请愿罢免奸臣,以及明朝东林党的攻击宦官,都是集体运动,也都是气节的表现。”通过讲述东汉末年党祸时“望门投止”的事件,既说明“气节”以集体的力量为基础这一道理,更抒发了自己对敢作敢为、有所不为的气节之士的崇敬,以及对集体力量的推崇。

5.2 实用技巧

无论何种学科总会有特定的技巧,虽说勤学苦练,用较长的时间打好基本功是必需的,但在演讲中使用一定的技巧也不失为一条“捷径”。

5.2.1 幽默

美国演讲学家哈斯灵曾经说过:“幽默是演讲者与听众建立友好关系的最有效的手段之一。”幽默是一种极其重要的演讲技巧,有人也认为是最重要的演讲技巧,它可以在为听众带来欢笑与快乐的同时,牢牢吸引听众的注意力,消除某些突发的尴尬场面,松弛演讲者的紧张情绪,毕竟听众的笑声是给予演讲者最好的正向反馈之一。

有的人天生具备幽默感,只要他们一站在台上,或者是一张口,你就会被他的体态和语调吸引,并且不能自拔,禁不住跟着他们微笑,但大部分演讲者并不具备这种优势,所以想要展现自身幽默就需要运用语言上的技巧,下面仅介绍其中的六种技巧,以供借鉴。

1. 自我嘲讽

演讲幽默中最常用、最保险的方法就是自嘲。把自己当作消遣的对象,非但不会被听众看轻,反而会给人一种雍容大度之感,使演讲者与听众成功建立关系的同时,也能起到很好的暖场效果,稳定演讲者的紧张情绪。

美国黑人领袖约翰·罗克在面对白人听众作关于解放黑人奴隶的演讲时曾这样开头:“女士们,先生们,我来到这里,与其说是发表讲话,还不如说是给这一场合增深了一点‘颜色’。”这是一个自嘲式的开场白,引起听众的哄堂大笑,笑声冲淡了由于种族差异而造成的心理隔阂,也使原本沉重的话题变得轻松起来。

又如中国著名思想家、文学家胡适在一次演讲时的开头:“我今天不是来向诸君做报告的,我是来‘胡说’的,因为我姓胡。”话音刚落,听众大笑。这个开场白既巧妙地介绍了自己,又体现了演讲者谦逊的修养,而且活跃了场上气氛,沟通了演讲者与听众的心理,一石三鸟,堪称一绝。

2. 有意夸张

夸张是运用丰富的想象力,在客观现实的基础上有目的地放大或缩小事物的形象特征,以增强表达效果的修辞手法,旨在启发听众的想象力和加强演讲者所说的话的力量,也是构成幽默的常用手法。

里根曾经在竞选演讲中使用夸张的幽默方式,批评前任治理不善带来的物价上涨状况:“女士们,你们都知道,最近,当你们站在超级市场卖芦笋的柜台前,你们就会感到,吃钞票比吃芦笋还要便宜一些。这是为什么呢?因为现任总统安德鲁的执政使我们的国家又一次进入了经济大萧条时期。”里根通过“吃钞票比吃芦笋还要便宜”这一夸张的幽默,成功激起了选民对当政者的不满。

3. 一语双关

双关是幽默最常用的一种修辞格,具有“言在此而意在彼”的效果。双关分两种:一种是意义双关,即利用词的同义,有意使语句具有双重意义,使表面上的意思和实际上的意思造成交叉;另一种是谐音双关,即利用词的同音,有意使语句具有双重意义。

在延安的一次演讲会上,当演讲快结束时,毛泽东掏出一盒香烟,用手指在里面慢慢地摸索,但掏了半天也不见掏出一支烟来,警卫员十分着急。毛泽东一边讲,一边继续摸着烟盒,好一会儿,他笑嘻嘻地掏出仅有的一支烟,夹在手指上举起来,对着大家说:“最后一条!”

这个“最后一条”,不但指的是毛泽东的话是最后一个问题,也是最后一支烟,可谓是一种意义双关,在妙趣横生之间,引得全场大笑,听众的那一点疲劳和倦意也在笑声中一扫而光。

至于谐音双关,有这样一个故事:传说唐伯虎有一天出门去田埂上赏景,见到一个农夫挑着担泥迎面走来,由于田埂窄,只有一人让开路,另一人才能通过。那么谁来让路呢?农夫就对唐伯虎说,你要是能对出我的上联,我就给你让路,不然你就给我让路。上联是“一担重泥拦子路”,意思极为明白,我担了一担泥拦住了您的去路,然而“重泥”谐音“仲尼”,即孔子,子路是孔子的学生。因子路性情鲁莽,孔子经常提点敲打他,可见上联中还暗含这一层意思。唐伯虎一时对不上,只好让路。后来唐伯虎外出访友,遇见一群纤夫说说笑笑回家,突发灵感,遂对出下联“两岸夫子笑颜回”。仍用谐音双关,夫子可指纤夫,因此表面说纤夫们笑逐颜开回家,但夫子也可指孔子,颜回也是孔子弟子,孔子对颜回多有称赞,下联还隐含这一意思。

一副对联中,既有同音同形谐音的“子路”“颜回”“夫子”,也有同音(或近音)异形谐音的“重泥”,含义双关,颇有乐趣。

4. 出人意料

我国著名作家老舍先生好幽默。他在某市的一次演讲中,开头即说“我今天给大家谈六个问题”，接着，他第一、第二、第三、第四、第五，井井有条地谈了下去。谈完第五个问题时，他发现离散会的时间不多了，于是他提高嗓门，一本正经地说：“第六，散会。”听众起初一愣，不久就欢快地鼓起掌来。

老舍在这里运用的就是一种“平地起波澜”的造势艺术，打破了正常的演讲内容，从而出乎听众的意料，收到了幽默的效果。

5. 逻辑反差

当我们在讲述一件事情的时候，为了避免过于平淡，我们可以使用前后两句话反差十分明显的表达。这样听众原来的逻辑轨迹就会急速扭转，这一前一后的逻辑反差就能形成一种幽默的效果。

关于周恩来总理的幽默，有这样一个小故事。一位西方记者问周总理：“请问总理先生，现在的中国有没有妓女？”不少人纳闷：怎么提这种问题？大家都关注周总理怎样回答。周总理肯定地说：“有！”全场哗然，议论纷纷。周总理看出了大家的疑惑，补充说了一句：“中国的妓女在我国台湾省。”顿时掌声雷动。这位记者的提问是非常阴毒的，他设计了一个圈套给周总理钻。1949 年以后封闭了内地所有的妓院，原来的妓女经过改造都已经成为自食其力的劳动者。这位记者打好了如意算盘，问“中国有没有妓女”这个问题，你周恩来一定会说“没有”。一旦你真的这样回答了，就中了他的圈套，他会紧接着说“台湾有妓女”，这个时候你总不能说“台湾不是中国的领土”。这个提问的阴毒就在这里。当然，周总理一眼就看穿了他的伎俩，这样回答既识破了分裂中国领土的险恶用心，也反衬出大陆良好的社会风气。

又问：“中国人民银行有多少资金？”周恩来委婉地说：“中国人民银行的货币资金嘛，有 18 元 8 角 8 分。”当他看到众人不解的样子，又解释说：“中国人民银行发行的面额为 10 元、5 元、2 元、1 元、5 角、2 角、1 角、5 分、2 分、1 分的 10 种主辅人民币，合计为 18 元 8 角 8 分……”周总理举行记者招待会，介绍我国建设成就，这位记者提出这样的问题，有两种可能性，一个是嘲笑中国穷，实力差，国库空虚；另一个是想刺探中国的经济情报。周总理在高级外交场合，同样显示出机智过人的幽默风度，让人折服。

6. 使用道具

有一次，陶行知先生在武汉大学演讲，他走上讲台，不慌不忙地从箱子里拿出一只公鸡。台下的听众全愣住了。陶先生从容不迫地又掏出一把米放在桌上，然后按住公鸡的头，强迫它吃米，可是大公鸡只叫不吃。他又掰开鸡的嘴，把米硬往鸡嘴里塞。大公鸡拼命挣扎，还是不肯吃。最后陶先生轻轻地松开手，把鸡放在桌子上，自己向后退了几步，大公鸡自己就吃起米来了。

这时，陶先生开始了他的演讲：“我认为，教育就跟喂鸡一样。先生强迫学生去学习，把知识硬灌给他，他是不情愿学的。即使学也食而不化，过不了多久，他还是会把知识还给先生的。但是如果让他自由地学习，充分发挥他的主观能动性，那效果一定会好得多！”台下一时间欢声雷动，为陶先生幽默而形象的演讲开场白叫好。

又如，当劳伦斯的小说《查泰莱夫人的情人》出版后，贝特就在一次演说中把它打开，里面有两页纸立刻燃烧起来。这是贝特从魔术师那儿学来的方法。然后他又把它合拢，说：

“大家已经看到，这本书的热情太高了，差点引起火灾。”视觉幽默能将景象和声音融合在一个幽默中，因此往往需要使用一些出人意料并富于机智的道具。

幽默虽然是一种常用的演讲技巧，但使用时必须掌握好“度”。

一是幽默但不随意。幽默并非随时随地都可以运用，如在一个非常正式的会议上，当别人发言时，你突然冒出一两句逗人的话，也许大家因你的幽默哈哈一笑，但发言者肯定认为你不尊重他，对他的发言不感兴趣，甚至恶意打岔。

二是幽默而又高雅。幽默是有区别的，有些高雅，有些暗射用意；有些高尚，有些低级。生活中，有不少人在开玩笑时不懂得把握分寸，而低级的幽默往往形同讥笑，只一句就会使人当场丢脸，结果弄得大家不欢而散，影响了彼此的感情。如果你的幽默暗含恶意攻击，挖苦别人的丑事、私事，那么这些所谓的“幽默”还是不用为妙。

三是幽默但不勉强。如果条件并不具备，演讲者却非要勉力表现出幽默，其结果必定不佳，有时还会令彼此陷入更尴尬的境地，得不偿失。

5.2.2 悬念

爱看电影或爱读书的人都知道，一个好的故事一定是情节跌宕起伏。同样一个好的能让听众屏住呼吸的演讲也一定会有精彩的悬念，让听众不时自问“接下来会发生什么”。

人们总是更容易对被掩盖、被限制、被约束的东西感兴趣，这也就是心理学上一个重要现象的实际应用——禁果效应，也称为逆反效应，意即越是禁止的东西，人们就对它越是好奇，越是想了解，应用在演讲中时，具体方法就是改变常规的上台就按部就班地演讲的方式，将重要的信息隐藏起来，或者只说一小部分，充分调动起人们的好奇心，进而使其产生了解的欲望。

悬念时常应用于演讲的开篇，如毕淑敏在演讲《别给人生留下遗憾》的开头这样说道：“我想跟大家说的第一件事，就是在我年轻的时候，真是有一件万分遗憾的事情，那件事情如果发生了，我今天根本就不可能站在这里和大家做这样的一番分享。”听众听后必然会产生悬念：究竟是一个什么样的故事，如果发生了，毕淑敏就不可能站在这里呢？而这件事又为什么会让毕淑敏感到万分遗憾呢？

上述这种悬念设置比较简单，是单层的，如果演讲者设置的悬念是多层的，就像竹笋那样，必然能增强听众探寻最终答案的欲望。第二次世界大战后，有一位记者问爱尔兰剧作家萧伯纳：“当今世界上您最崇敬的是什么人？”

萧伯纳答道：“我们刚从大战中解脱出来，世界文明之所以免遭法西斯蹂躏和毁灭，实应归功于苏联红军打败了德国法西斯，而它的统帅是斯大林元帅。要说我所崇敬的第一个人，首先应推斯大林，是他拯救了世界文明。”

记者一想，便知萧伯纳话中之意，就继续问：“阁下说到第一个人，那么第二个人呢？”

萧伯纳回答：“我所崇敬的第二个人是爱因斯坦先生。因为他发现了相对论，把科学推向一个新的境界，为我们的将来开辟了无限广阔的前景，他对人类的贡献是无可估量的。”

记者又问：“世界上是不是有阁下崇敬的第三个人呢？”

萧伯纳微笑着回答：“至于第三个人嘛，为了谦虚起见，请恕我不直接说出他的名字。”

言外之意，这"第三个人"就是他自己。

萧伯纳以悬念引诱记者主动发问，激发他的好奇心，就像剥开一层层竹笋那样，最后巧妙地"推销"了自己。

5.2.3 迂回

演讲时一般采用直接、正面的表达方式，但并不是所有听众都和演讲者抱持相同的观点，有些人处在观望中，而有些人则和你的观点相反。然而，改变一个人的观点是相当困难的，它们要么是经过多年的学习与经验积累形成的，要么是拥有根深蒂固的情感根基。如果你在演讲时直截了当地攻击一个人珍视的观点，他的反应只能是反感，不但不会放弃自己的观点，反而会更加坚守立场，这样一来，演讲者就无法达到指导听众行动的目的了。

既然直接、正面的表达方式并不奏效，那么我们就有必要尝试迂回的途径，而有时候用这种"四两拨千斤"的方式也确实能够收获奇效。

莉莲·卡特是美国前总统吉米·卡特的母亲。一次，一位令人讨厌的女记者来采访她。尽管莉莲·卡特对此人很反感，但出于礼貌，还是打招呼说："见到您，我非常高兴。"采访中，女记者问道："您的儿子到各地演讲，并告诉人们，如果他曾经对他们撒谎，就不要选他。您能不能诚实地告诉我，您的儿子到底说过谎没有？"莉莲·卡特当然不想承认自己儿子撒谎，但她欲擒故纵，笑着说道："说过，但那都是善意的。"女记者又问道："那什么是善意的谎言呢？您能不能给我举个例子呢？"卡特母亲说："比方说，您刚才进门的时候，我曾说过'见到您，我非常高兴'。"女记者听了脸一红，连忙起身告辞了。老夫人谈笑风生，借此言彼，使女记者一步步陷入了一个难堪的境地。

我们可以通过迂回的方式，在不得罪人的前提下，打发掉那些我们反感的人，也可以通过迂回的方式避免尴尬。1945 年，有人同时宴请了张大千和梅兰芳两位大师。宴会开始前，有人请张大千坐首座，也有人请梅兰芳坐首座，场面有些尴尬。张大千说："梅先生是君子，我是小人，我怎么能坐首座呢？"梅兰芳和众人都不解其意，对他的话充满了疑问。张大千解释说："不是有句话说'君子动口，小人动手'吗？梅先生唱戏是动口，我作画是动手，所以理所当然该请梅君坐首座。"满堂来宾为之大笑，并请他俩并排坐首座。张大千妙用疑问式迂回谈话法，既表现了他的豁达胸怀，又制造了宽松和谐的交谈氛围。

5.2.4 引用

所谓"运用之妙，存乎一心"，演讲者在演讲时适当地运用"引用"，能使演讲更显生动、形象，富有文采，让听众如饮佳酿，回味无穷，展现演讲者的魅力。

1. 引用名人名言

在演讲中适当引用名言，可以起到增强说服力的效果；同时，名言大多具有精粹凝练、寓意深刻的特点，运用在演讲中，往往有画龙点睛的功能。1929 年，胡适为中国公学即将毕业的同学做了题为《不要抛弃学问》的演讲，在演讲末尾，胡适引用道："易卜生说，'你的最大责任是把你这块材料铸造成器。'学问便是铸器的工具，抛弃了学问便是毁了你自己。再会了！你们的母校要眼睁睁地看你们十年之后能成什么器。"

胡适引用的这句名言可谓恰到好处。名言一出，听者为之一振，胡适也就顺理成章地谈出自己的结论了。试想，连胡适这样的人物，都需要借助名言来增加演讲效果，一般人的演讲就更需要了。

2. 引用故事

《畅达的写作艺术》一书中有这样一句话："只有故事才能真正地畅达可读。"演讲和写作的道理是相通的，在演讲中插入与演讲主题相关的故事，能够使演讲者具有驾驭听众注意力的力量。

著名企业家罗伯特在做关于"创新"的演讲时，曾引用过一个经典故事：在19世纪末20世纪初，德国有一位著名的化学家名叫拜耳。一天早上，拜耳走进实验室，发现他的助手搭建了一个很有创意的由水力涡轮带动的机械设备。拜耳马上被这个复杂的机器吸引了，他甚至把他的妻子从隔壁的房间叫过来，与他一同欣赏。他妻子来后，静静地看了机器很久，然后佩服地说："用它来做蛋黄酱可是太妙了！"

这里有一个基本的区别需要说明：拜耳的助手是发明者，而拜耳的妻子却是创新者。

"创新"一词很多人都听过，但解释起来却相当困难。而借助了拜耳的故事后，演讲者虽然依旧没有从正面下定义，但听众却对"创新"一词有了更加清楚而形象的了解，同时也使这次演讲意趣盎然。语言交流专家卢卡谢夫斯基说，一张图片可能相当于一千个单词，但是一个好的故事却抵得上一万张图片，真是一点儿不错。

3. 引用古诗文

古诗词是中国传统文化中的瑰宝，其含义之深、意蕴之美、辞藻之雅为人们所推崇和喜爱。在演讲中引用古诗文，不仅可以使演讲显得古色古香，展现演讲者的文化底蕴，更能使演讲气势磅礴，富有感召力。

我国历任领导人在演讲中都乐于引用古诗词。2003年年末，温家宝总理在哈佛大学做了题为《把目光投向中国》的演讲。在强调中华民族传统文化的博大精深时，温总理说："从孔夫子到孙中山，中华民族传统文化有它的许多珍品，许多人民性和民主性的好东西。比如，强调仁爱，强调群体，强调和而不同，强调天下为公。特别是'天下兴亡，匹夫有责'的爱国情操，'民为邦本''民贵君轻'的民本思想，'己所不欲，勿施于人'的待人之道，吃苦耐劳、勤俭持家、尊师重教的传统美德，世代相传。"

上文中，温家宝总理援引了"天下兴亡，匹夫有责"等古诗文来阐述中国传统中的爱国、民本等思想。其中"天下""民""邦""君"等词可谓字字铿锵有力，富有凝聚力，既体现了中华民族丰厚的文化底蕴，更增强了演讲的气势。

【相关阅读】

习近平英国议会演讲引用莎士比亚名句

【据新华社电】 当地时间20日，国家主席习近平在英国议会发表讲话，强调中英要加强交流互鉴，增进两国人民相互理解、支持和友谊，推动两国合作再上新台阶。

中英立法机构可加强交流互鉴

下午4时许，习近平和夫人彭丽媛抵达议会大厦，受到上院议长迪苏莎和下院议长伯科热情迎接。下院议长伯科代表英国议会致欢迎辞，欢迎习近平访问英国并来到议会。在热烈的掌声中，习近平发表讲话。

习近平指出，在我对英国进行国事访问的第一天，我深切感受到中英关系的蓬勃朝气，体会到两国人民的深厚情谊，使我对通过这次访问推动中英友好关系迈上新台阶充满期待。

习近平指出，英国是最先开始探索代议制的国家。在中国，民本和法制思想自古有之，几千年前就有"民为邦本，本固邦宁"的说法。现在，中国人民正在全面推进依法治国，既吸收中华法制的优良传统，也借鉴世界各国法治的有益做法，目标就是坚持法律面前人人平等，加快建设中国特色社会主义法治体系，不断推进科学立法、严格执法、公正司法、全民守法进程。在这方面，中英两国立法机关可以加强交流互鉴。

首相王室代表等500多人出席

习近平强调，中英虽然地处亚欧两端，却长期彼此吸引。新中国成立以来，两国关系创下了多项"第一"。英国是第一个承认新中国的西方大国，也是率先同中国建立全面战略伙伴关系的欧盟国家；是除香港外最大人民币境外交易中心，也是吸引中国留学生、开办孔子学院最多的欧盟国家。英国还是首个发行人民币国债的西方国家、最早申请加入亚洲基础设施投资银行的西方大国。中英越来越成为你中有我、我中有你的利益共同体。

习近平指出，莎士比亚说："凡是过去，皆为序章。"英国议会在增进两国社会各界交流、促进双边关系发展上发挥着越来越重要的作用。希望各位议员登高望远，继续做中英关系的积极推动者、中英友好的贡献者、中英合作的支持者，为中英关系更广阔、更光明的未来铺设理解之路、架起合作之桥。

英国首相卡梅伦、议会上下两院议员、王室代表以及政府内阁成员、政府官员和议会官员等500多人出席。

习近平两次引用英国作家名言

20日，习近平主席在英国议会大厦发表演讲时，两次引用英国作家名言。一句为莎士比亚的"凡是过去，皆为序章。"；一句为培根的"智者创造机会，而不是等待机会。"

"凡是过去，皆为序章。"

出处：莎士比亚《暴风雨》

释义：以往的一切都只是个开场的引子，以后的正文该由我们来干一番。

"智者创造机会，而不是等待机会。"

出处：培根《随笔集》

释义：智者创造的机会比他得到的机会要多。

四个故事证中英关系之源

习近平主席20日在英国议会大厦发表演讲时一连讲了四个故事，以此例证两国关系发展之源。

- 第二次世界大战期间，24名中国海军学员参加了诺曼底登陆战役，他们不畏艰险，英勇善战，受到丘吉尔首相嘉奖。

- 已故英国议会上院议员林迈可勋爵积极参加中国人民抗日战争，在极为艰苦的环境下，帮助中国改进无线电通信设备，他还冒着生命危险，为中国军队运送药品、通信器材等奇缺物资。
- 今年年初，英国护士克罗斯在非洲从事志愿服务时不幸感染埃博拉病毒，中方应英方请求迅速做出特殊安排，将最新研制的药剂紧急送到英方手中，克罗斯因此战胜病毒。
- 最近，英国议会上院议员贝茨勋爵在中国开展了为期两个多月的慈善徒步行走，他顶着烈日步行约1700千米，将募捐来的善款投入中国慈善事业，并呼吁人们珍爱和平。

回　　访

——英国议员阿夫里耶现场聆听习近平演讲，接受《新京报》记者专访，望中国能投资建设英海上空港

当地时间20日，习近平主席首次在英国议会大厦发表演讲。有"英版奥巴马"之称的保守党政治新星、黑人议员亚当·阿夫里耶在现场聆听了习近平的演讲。阿夫里耶对《新京报》记者表示，习近平主席在英国议会大厦的讲话正是自己所期待的，演讲强调了中英两国的历史纽带，以及两国在世界贸易和发展中存在的机遇。

阿夫里耶说，"习近平主席来访象征着中英两国在贸易关系上的历史延续性，这也会增强两国的外交关系，同时也强调了英国是一个开放的全球性贸易国家"。

阿夫里耶曾在影子内阁中负责科技与创新事务，对于中英合作机遇，阿夫里耶指出，中英都意识到科技和科研带来的益处，他呼吁中国在英国寻找互利双赢的投资机会，英国政府对这种提升两国贸易等级的合作会很开放。"如果英国决定去建设海上空港，我会呼吁中国政府不要错过这个投资机会……希望习近平主席能够对此投资，这样两国就可以共享全球交通相连带来的益处。"阿夫里耶表示。

对于习近平主席此次访问英国能够带来哪些益处，阿夫里耶表示，这是中英关系的重要时刻，两国在经贸、外交领域日益密切的合作会为两国人民在收入、就业、生活水准、社会进步方面带来很多益处。(《新京报》记者 王晓枫)

【解读】 讲英国普通人故事更接地气

中国国际问题研究院欧洲研究所所长崔洪健对《新京报》记者表示，习近平的讲话虽然不长，但涵盖很多内容。面对代表英国民意的议员们，习近平提及中英关系中的普通人、普通事，指出除了政府合作之外，两国人民也是推动中英关系的力量来源。

习近平在讲话中陈述了中国全面推进依法治国的发展道路。崔洪健表示，"英国议会主要有立法和监督政府两个作用，中国也在进行法治建设，两国可以互学互鉴共同推动"。

习近平还强调中英关系发展中创下多项第一。"习近平主席总结了英国在西方国家与中国关系中起到的带头作用，告诉议员们要对中英关系发展有信心，不仅有历史，还有现实合作机遇。"崔洪健指出。

崔洪健举例说，英国是除香港外最大的人民币境外交易中心，这是最能体现中英互补性、互利共赢的优势项目。在这个问题上，其他国家不具备英国这样的条件。人民币国际

地位逐渐上升，英国通过参与获得很多利益，中国也学到了国际先进的金融管理经验，有助于国际金融市场改革。

习近平还引用莎士比亚名言赞扬议会在两国关系发展中起到的重要作用，并期待议会为两国关系铺设理解之路、架起合作之桥。崔洪健强调："议会是精英荟萃之地，英国主要党派都有一席之地，中英合作不仅是与现在执政党的事情，英国政治会有政党轮替，我们希望目前中英政府的合作共识能成为所有政党的共识，可以为长期发展打下基础。"(《新京报》记者 王晓枫)

资料来源：搜狐新闻. 习近平英国议会演讲引用莎士比亚名句[EB/OL]. http://news.sohu.com/20151022/n423842622.shtml.

5.2.5 个性化

有一些演讲者喜爱使用一些时髦词，或是套话，或是从报纸、书籍上摘抄下来的，生硬地拼凑在一起形成演讲稿。这样的语言听起来挺新鲜，究其实却内容干瘪，缺乏生活的真实。用自己的话进行演讲，可能看起来很朴素、很普通，但却更真实自如，也更富有吸引力。

还有一些演讲者喜爱模仿，一遍遍观看乔布斯、马云等名人的演讲视频，从语调到手势，从着装到眼神，模仿得分毫不差，觉得这样就能攻克演讲。但事实上，演讲是一门个性化的艺术，每个人都有自己的特点，只有充分挖掘并善用这些特点，才能给人以值得信任的感觉。一个演员或许可以在各种角色中任意穿梭，但对于政商领导，若想通过演讲留下好印象，赢得别人的信任，保持相对稳定的个人形象则非常必要。

当然，演讲的个性化是建立在大众化的基础上，想要拥有自己的特质，打造与众不同的效果，必须经过长时间的训练，并不能一蹴而就。

5.3 修辞艺术

"修辞"是指在使用语言的过程中，利用多种语言手段以收到尽可能好的表达效果的一种语言活动。西方传统观点则认为，修辞就是演讲者的艺术，亚里士多德将修辞定义为一种能力，一种"可以领会可行的劝说手段的能力"。可见，通过修辞手法能够增加演讲的可信度和说服力。

5.3.1 比喻

比喻是最基本、最重要、最古老的一种修辞格，也是人类各种语言中普遍存在的修辞格。比喻就是平常说的打比方，是用本质不同但具有相似点的另一事物说明或描绘事物的修辞，简单来说，就是用跟甲事物有相似之点的乙事物来描写或说明甲事物。用比喻来对某某事物的特征进行描绘和渲染，可以使事物生动形象、具体可感，以此引发听者的联想和想象，给人以鲜明深刻的印象，还可以使深刻的、抽象的道理浅显、具体地表达出来，帮助人们深入地理解，很好地揭示事物的本质。

米兰·昆德拉在演讲《人们一思索 上帝就发笑》的开篇这样说道："所以我说，以色列这块小小的土地，这个失而复得的家园，才是欧洲真正的心脏。这是个奇异的心脏，长在母体之外。”他将以色列比喻成心脏，将欧洲比喻成母体，用“长在母体之外的心脏”这一比喻，生动形象地说明了以色列对于欧洲的超越国界的重要意义，鲜明地表达了演讲者对以色列的赞美之情。

虽然比喻可以让我们的演讲生动形象，但是在使用的过程中，需要注意以下两点。

一是爱尔兰作家王尔德曾说过，第一个把花儿比作姑娘的是天才，第二个把花儿比作姑娘的是庸才，第三个把花儿比作姑娘的是蠢材。运用比喻来描绘事物或说明道理时，所用之“比”应该新鲜生动，才能使你的演讲别开生面，不同凡响，不能总是举一些陈词滥调的东西。当然，所用之“比”也不能是太偏太难懂的，要考虑到听众的文化知识水平，毕竟再精妙的比喻听众没有听懂也是枉然。

二是要充分考虑到民族、文化、情感等的差异，即注重语境性。例如，在中国，狗多为贬义，而西方则是褒义，那么中国人在面对西方人演讲时就不能够将狗做贬义使用。

5.3.2 排比

排比是利用意义相关或相近，结构相同或相似和语气相同的词组（主、谓、动、宾）或句子并排（三句或三句以上），段落并排（两段即可），从而达到一种加强语势的效果。用排比来说理，可以收到条理分明的效果；用排比来抒情，节奏和谐，显得感情洋溢；用排比来叙事，能使层次清楚、描写细腻、形象生动。总之，将排比运用在演讲过程中，不但能增强演讲的表达效果和气势，深化中心，加强说服力，感染听众，还能使演讲产生朗朗上口的节奏感和韵律感。

美国黑人民权运动领袖马丁·路德·金在《我有一个梦想》中大声疾呼：“当我们行动时，我们必须保证向前进。我们不能倒退。现在有人问热心民权运动的人，‘你们什么时候才能满足？’只要黑人仍然遭受警察难以形容的野蛮迫害，我们就绝不会满足。只要我们在外奔波而疲乏的身躯不能在公路旁的汽车旅馆和城里的旅馆找到住宿之所，我们就绝不会满足。只要黑人的基本活动范围只是从少数民族聚居的小贫民区转移到大贫民区，我们就绝不会满足。只要我们的孩子被‘仅限白人’的标语剥夺自我和尊严，我们就绝不会满足。只要密西西比州仍然有一个黑人不能参加选举，只要纽约有一个黑人认为他投票无济于事，我们就绝不会满足。”

通过这六个“只要”，仿佛让我们亲眼看见黑人在美国遭遇的不公，并感同身受，其气势如江海之波涛，汹涌澎湃，滚滚而来，令人热血沸腾。

在使用排比时同样要注意两方面问题。

一是运用排比要首先考虑主题和内容的需要，不能为了排比而排比，如果只是为了追求形式堆砌辞藻而用排比，就会显得牵强附会。

二是使用排比的时候要注意它的内在逻辑顺序，不能想当然的使用，如莫洛托夫在悼念高尔基的演讲中说，高尔基是天才的语言艺术家，是劳动人民的忠实朋友，是劳动人民为共产主义而斗争的鼓舞者，这就是按从语言文学家—人民的儿子—伟大的共产主义者的逐级递进顺序来的。

5.3.3 反复

反复是根据表达需要，有意让一个句子或词语重复出现的修辞方法。如鲁迅在《纪念刘和珍君》中那句著名的"沉默呵，沉默呵！不在沉默中爆发，就在沉默中灭亡"就是通过反复使用"沉默"一词，表达自己对段祺瑞政府的愤怒和对民众觉醒的期盼之情。

反复和排比两种修辞手法都含有相同的词语，形式上相似，容易混淆，两者的区别关键在于其表达的侧重点不同。反复是为了强调某个意思或突出某种情感而重复使用某些词语或句子，所要表达的侧重点在于重复的词语或句子上；排比则是把结构相同或相似、内容相关、语气一致的三个或三个以上的短语或句子排列起来使用，侧重点不在相同的词语上。

如丘吉尔在《关于希特勒入侵苏联的广播演说》中大声疾呼："我们只有一个目标，一个唯一的、不可变更的目标。我们决心要消灭希特勒，肃清纳粹制度的一切痕迹。什么也不能使我们改变这个决心。什么也不能！我们决不谈判；我们决不同希特勒或他的任何党羽进行谈判。"这段话中多次采用了反复的修辞手法，强调英国只有一个不可变更的目标，那就是消灭希特勒。

使用反复的修辞方法时，应注意不能过于啰唆。"朋友，刚才我所说的就是事实，活生生的事实，什么是事实呢？刚才我所说的就是事实。"这种反复没有任何意义，与其说是一种修辞，不如说是没话找话。

5.3.4 设问

设问常用于表示强调作用。为了强调某部分内容，故意先提出问题，明知故问，自问自答。正确地运用设问，能引人注意，启发思考；有助于层次分明，结构紧凑；突出某些内容，使文章起波澜，有变化。

在演讲中所使用的设问分为四种，即标题设问、开头设问、文中设问和结尾设问。

1. 标题设问

标题设问就是在标题中抛出问题，如列宁的《我们共产党人为什么而奋斗》，陈云的《怎样使我们的认识更正确》，威尔逊的《变化意味着什么》都是在标题中设问，这样的设问方式，既能够引起听众的思考和兴趣，也是演讲者对所要讲述内容的总体概括。

2. 开头设问

闻一多在《最后一次演讲》的开头说道："这几天，大家晓得，在昆明出现了历史上最卑劣最无耻的事情！李先生究竟犯了什么罪，竟遭此毒手？他只不过用笔写写文章，用嘴说说话，而他所写的，所说的，都无非是一个没有失掉良心的中国人的话！大家都有一支笔，有一张嘴，有什么理由拿出来讲啊！有事实拿出来说啊！为什么要打要杀，而且又不敢光明正大地来打来杀，而偷偷摸摸地来暗杀！这成什么话？"

这是典型的开头设问，这样的设问有开门见山、单刀直入主题的作用，演讲者将自己的观点以提问的方式表现出来，以引起听众的兴趣和情感共鸣。

3. 文中设问

文中设问就是在文中提出问题，这样的设问，可以使演讲过渡自然，衔接紧密，起承转合，也可以造成一种情感回旋起伏激荡，加强文章的气势。闻一多在《最后一次演讲》中大声疾呼："反动派暗杀李先生的消息传出以后，大家听了都悲愤痛恨。我心里想，这些无耻的东西，不知他们是怎么想法，他们的心理是什么状态，他们的心怎样长的！（捶击桌子）其实简单，他们这样疯狂地来制造恐怖，正是他们自己在慌啊！在害怕啊！所以他们制造恐怖，其实是他们自己在恐怖啊！特务们，你们想想，你们还有几天？你们完了，快完了！你们以为打伤几个、杀死几个就可以了事，就可以把人民吓倒了吗？其实广大的人民是打不尽的，杀不完的！要是这样可以的话，世界上早没有人了。"

4. 结尾设问

结尾设问就是在演讲的最后提出问题，这种设问可以给听众留下足够的思考，回味无穷。罗荣桓在《入关作战紧急动员》的最后说道："全国胜利的时候已经到来了，这是对自己斗争历史做总结的时候了，你为什么在这做总结的时候当孬种呢？要在干部群众中把这个问题讲清楚，要大家鼓起这把劲儿。"

这里最后的设问，就是告诉所有的战士们不要在最后关头退缩，以问句的方式让战士们思考，自己到底该怎么做。

在使用设问时同样要注意两方面问题。

一是设问是自问自答，所以要求问句和答句要贴切，不能答非所问。

二是设问句要用在节骨眼上，不需要强调时，就不要问，否则会太牵强。

5.4 控场艺术

所谓控场技巧，就是演讲者对演讲场面进行有效控制的技能和方法。演讲者在演讲的过程中，由于各种各样的原因，听众的情绪、注意力及场上气氛、秩序常有变化的可能。演讲者要有效地调动听众的情绪，集中听众的注意力，驾驭场上气氛及秩序，使之朝有利的方向发展，如此就必须借助于控场艺术。

5.4.1 权威性

1. 形象得体

演讲者气度不凡、开场白铿锵有力自然能够对听众起到震慑作用。演讲者可利用第一印象进行控场，在走向讲台的时候步伐应大方平稳，先展现落落大方的笑容并扫视一番台下的听众，等听众的目光都齐聚到讲台上，这时便可开始讲话了。

2. 脱稿演讲

在听众的心目中，脱稿演讲几乎是与"用心说话"画等号的。一些演讲者在何种场合都按照稿子念，老话、空话、套话十分多，没有肢体语言和现场互动，使听众感到枯燥乏味、不痛不痒，导致出现场上讲话、场下打瞌睡的现象，演讲的效果可想而知。脱稿演讲则是演讲者对自身能力的展现，能体现出其鲜明的个性和独特的风格，一开口就能提升演讲者在公众心目中的形象，增强威望。

此外，脱稿演讲比较能够令演讲内容和演讲者感情相统一，从而增强演讲的气势。如闻一多的《最后一次演讲》句子简短有力，时而斥责，时而诘问，并运用多种修辞手法，使文势急促，语气逼人，表达酣畅，充分表现了作者对国民党特务的愤激之情。如果他拿着稿子登台，效果绝对要大打折扣了。

5.4.2 吸引力

1. 善用身体语言

(1) 目光控场。演讲者的目光到哪里，吸引力和影响力就会跟随到哪里。即便演讲者讲得再好，都难免会有人交头接耳，这时如果置之不理，这些“溜号”的听众就可能会影响到其他人倾听演讲的效果，这就需要演讲者将目光移至他们身上，面带微笑地对着他们，他们很快就会感到不好意思，继而安静下来。

(2) 声音控场。为了使演讲产生好的效果，演讲者要调整语音、语调、语速、节奏等。尤其是面对大场面或者混乱的场面就要声如巨雷，震慑全场。例如，演讲者声音突然提高一个八度，很可能会让开小差的、打瞌睡的人突然惊醒，然后认真听讲；或者突然降低音量，现场会慢慢安静下来，交头接耳的人也会停止讲话。开国大典上毛主席在天安门城楼宣布：“中华人民共和国、中央人民政府今天成立了！”这就是高声控场，高得全场都听得见，激扬得全国人民为之感动。

(3) 动作控场。演讲中用动作控场主要体现在大的动作、肢体语言的影响。开始演讲前，用双手示意场上安静；当你在台上演讲的时候，讲着讲着忽然挥手示意，让听众活跃，这一系列的动作都是控制场面的方式。大的动作可以快速重新集中听众的注意力。肢体语言一般可以用于提醒开小差、打瞌睡的听众，如轻拍肩膀等，既不得罪人，又可以对现场进行很好的控制。在歌星的演唱会上，歌手大幅度夸张的动作特别多，比如向听众献飞吻，将献花抛给听众等这样的动作让现场的气氛不断掀起高潮。

2. 设置悬念

精心选择既能扣住演讲主题，又不为听众所共知的东西设置悬念，可以有效地激发听众的兴趣，调动听众的情绪，促使听众尽快进入演讲者的主题框架，同时又要在听众听兴正浓时戛然而止，使悬念最大限度地发挥作用。

毕淑敏在《每一只小狗，都有一个目标》的开头讲了一个故事：“有一对夫妇，有两个孩子，一个叫莎拉，一个叫克里斯蒂。当孩子还小的时候，父母决定为他们养一只小狗。小狗抱回来以后，他们就请朋友帮忙训练它。在第一次训练前，女驯狗师问：‘小狗的目标是什么？’夫妻俩面面相觑，很是意外，嘟囔着说：‘一只小狗的目标？当然就是当一只狗了。’他们实在想不出狗还有什么目标。”

听到这里，听众们也会心存疑虑，一只小狗还要什么目标啊？毕淑敏又继续说：“女驯狗师极为严肃地摇了摇头说：‘每只小狗都得有一个目标。’夫妇俩商量之后，为小狗确立了一个目标：白天和孩子们一道玩，夜里看家。后来，小狗被成功地训练成了孩子的好朋友和家的守护神。这对夫妇就是美国的前任副总统阿尔·戈尔和他的妻子迪帕。他们牢牢地记住了这句话——做一只狗要有目标，更何况是做一个人。”听到这里，听众们会恍然大悟，继而认真倾听演讲者接下来的叙述。

3. 调整内容

演讲者要随时根据场上的情况调整个人的演讲内容。内容是一场演讲的核心,如果内容不对听众的口味,演讲自然就缺乏吸引力。有一位演讲者去一个县级城市作演讲,在演讲中多次提到并且称赞管他们的地级市,本以为这样会使听众高兴,可是他却发现,听众的反应正好相反,每当他提到那个地级市的时候听众都有些许不悦。演讲者感觉不对,迅速调整了讲话的内容。后来在演讲之后才了解到,这个县级市的经济发展等各方面都好于管他们的地级市,但却经常因级别原因影响进一步发展,为此,两级市的关系就变得特别微妙。如果他不注意听众的反应,不及时改变话题,场上的听众就会越来越少,越来越沉寂。

5.4.3 互动交流

1. 提问

演讲时提出问题既可以控场,也可以形成互动。提出问题就是将疑问抛给听众,让他们思考。可能不是所有人都直接进行了回答,但是多数人都会认真思考。听众思考过的和演讲者直接讲出的效果是完全不同的,前者能给听众留下更深刻的印象。

复旦大学曾经举办过一次以《青年与祖国》为主题的演讲比赛,一位同学在演讲中就是以提问的形式开场的:“同学们,我问大家一个问题,对于青年与祖国的关系,如何以一个字来概括?”台下的同学有的沉思冥想,有的抓耳挠腮,有的抬首望天,有的说出了自己的答案。过了片刻,演讲者回答了自己的问题:“我的回答是‘根’! 我们青年,以及所有的炎黄子孙都有一个共同的‘母亲’,那就是中华民族;我们都是中华民族的子孙,都是她的根!”话音方落,全场就响起了一片热烈的掌声。一句很简洁的话语,精辟地概括出了青年与祖国水乳交融的关系,演讲以设疑的形式十分巧妙地吸引了听众们的注意,给人留下非常深刻的印象。

2. 巧妙引导创造互动

每个人都有表达自己的愿望,演讲者要善于给听众提供这样的机会。如演讲者说:“很多人演讲口才不太好,都是受中国传统文化的影响比较深。中国的传统文化教育大家,言多(沉默),枪打(沉默)。”沉默的部分不用演讲者自己说,听众会直接说出来,这就让听众很好地参与进来,进行了良好的互动。需要注意的是,引导时要选择一些大都耳熟能详的语句,否则没有人能接下去,也就没有办法进行互动,甚至会出现尴尬的场面。

3. 重复加深印象

演讲中,重复一些内容可以加深听众的印象,也可以形成良好的互动。如“跟着我来读一遍”“大家跟着我一起回顾一下”。

4. 调侃听众

如果现场出现冷场,演讲者可以调侃一下听众,让听众从严肃、无精打采的状态中脱离出来。如演讲者说:“大家表情这么严肃,好像不是来参加我的演讲,而是来参加我的追悼会似的。”听众听后哄堂而笑,就可以使演讲进入良性循环的过程。

案例分析

关于希特勒入侵苏联的广播演说

今晚，我要借此机会向大家发表演说，因为我们已经来到了战争的关键时刻。

今天凌晨4时，希特勒已进攻并入侵俄国。既没有宣战，也没有最后通牒，但德国炸弹却突然在俄国城市上空像雨点般地落下，德国军队大举侵犯俄国边界。一小时后，德国大使拜见俄国外交部部长，称两国已处于战争状态。但正是这位大使，昨夜却喋喋不休地向俄国人保证，德国是朋友，而且几乎是盟友。

希特勒是个十恶不赦、杀人如麻、欲望难填的魔鬼，而纳粹制度除了贪得无厌和种族统治外，别无主旨和原则。它横暴凶悍，野蛮侵略，为人类一切形式的卑劣行径所不及。

它的残酷行为和凶暴侵略所造成的恶果超过了各式各样的人类罪行……过去的一切，连同它的罪恶，它的愚蠢和悲剧，都一闪而逝了。我看见俄国士兵站在祖国的大门口，守卫着他们的祖先自远古以来劳作的土地。我看见他们守卫着自己的家园，他们的母亲和妻子在祈祷——呵，是的，有时人人都要祈祷，祝愿亲人平安，祝愿他们的赡养者、战斗者和保护者回归。

我看到俄国上万的村庄，那里穿衣吃饭都依靠土地，生活虽然十分艰辛，那儿依然有着人类的基本乐趣，少女在欢笑，儿童在玩耍。我看见纳粹的战争机器向他们碾压过去，穷凶极恶地展开了屠杀。我看见全副戎装，佩剑、马刀和鞋钉叮当作响的普鲁士军官，以及刚刚威吓、压制过十多个国家的、奸诈无比的特工高手。我还看见大批愚笨迟钝、受过训练、唯命是从、凶残暴戾的德国士兵，像一大群爬行的蝗虫正在蹒跚行进。我看见德国轰炸机和战斗机在天空盘旋，它们依然因英国人的多次鞭挞而心有余悸，却在为找到一个自以为唾手可得的猎物而得意忘形。在这番嚣张气焰的背后，在这场突然袭击的背后，我看到了那一小撮策划、组织并向人类发动这场恐怖战争的恶棍。

于是，我的思绪回到了若干年前。那时，俄国的军队是我们抗击同一不共戴天的敌人的盟军，他们坚韧不拔，英勇善战，帮助我们赢得了胜利，但是后来，他们却完全同这一切隔绝开了——虽然这并非我们的过错。

我亲身经历了所有这一切，如果我直抒胸臆，感怀旧事，你们是会原谅我的。但我必须宣布国王陛下政府的决定，我确信伟大的自治领地在适当的时候会一致同意这项决定。然而我们必须，必须立即宣布这项决定，一天也不能耽搁。我必须发表这项声明，我相信，你们绝不会怀疑我们将要采取的政策。

我们只有一个目标，一个唯一的、不可变更的目标，我们决心要消灭希特勒，肃清纳粹制度的一切痕迹。什么也不能使我们改变这个决心。什么也不能！我们决不谈判，我们决不同希特勒或他的任何党羽进行谈判。我们将在陆地上同他作战，我们将在海洋上同他作战，我们将在天空中同他作战，直至借上帝之力，在地球上肃清他的阴影，并把地球上的人民从他的枷锁下解放出来。

任何一个同纳粹主义做斗争的人或国家，都将得到我们的援助。任何一个与希特勒同流合污的人或国家，都是我们的敌人。这一点不仅适用于国家，而且适用于所有那些卑劣的、吉斯林之流的代表人物，他们充当了纳粹制度的工具和代理人，反对自己的同胞，反对自己的故土。这些吉斯林们，就像纳粹头目自身一样，如果没有被自己的同胞干掉(干掉就会省下很多麻烦)，就将在胜利的翌日被我们送交同盟国法庭审判。这就是我们的政策，这就是我们的声明。

因此，我们将尽力给俄国和俄国人民提供一切援助。我们将呼吁世界各地的朋友和盟友采取同样的方针，并且同我们一样，忠诚不渝地推行到底。

我们已经向苏俄政府提供了力所能及的、可能对他们有用的技术援助和经济援助。我们将夜以继日地、越来越大规模地轰炸德国，月复一月地向它大量投掷炸弹，使它每一个月都尝到并吞下比它倾洒给人类的更加深重的苦难。

值得指出的是，仅仅在昨天，皇家空军曾深入法国腹地，以极小损失击落了28架侵犯、玷污并扬言要控制法兰西领空的德国战斗机。

然而，这仅仅是一个开端。我国空军的扩充将加速进行。在今后6个月，我们从美国那儿得到的援助，包括各种战争物资，尤其是重型轰炸机，将开始展示出重要意义。这不是阶级战争，这是一场整个大英帝国和英联邦，不分种族，不分信仰，不分党派，全都投入进去的战争。

希特勒侵略俄国仅仅是蓄谋侵略不列颠诸岛的前奏。毫无疑问，他指望在冬季到来之前结束这一切，并在美国海军和空军进行干涉之前击溃英国。他指望更大规模地重演故技，各个击破。他一直是凭借这种伎俩得逞的。那时，他就可以为最后行动清除障碍了，也就是说，他就要迫使西半球屈服于他的意志和他的制度了，而如果做不到这一点，他的一切征服都将落空。

因此，俄国的危险就是我国的危险，就是美国的危险；俄国人民为保卫家园而战的事业就是世界各地自由人民和自由民族的事业。

让我们从如此残酷的经验中吸取教训吧！在这生命尚存，力量还在之际，让我们加倍努力，团结一心打击敌人吧！

资料来源：胡瑜芩，鲁小俊. 世界百篇经典演讲辞[M]. 武汉：长江文艺出版社，2004.

【问题讨论】 1941年6月22日，德国军队大举入侵苏联。当晚英国首相丘吉尔就对民众发表了这篇著名的广播演说，表明了英国将援助苏联抗击德国法西斯的决心，指出了苏联与英美之间休戚与共的战略关系，并号召全世界团结起来共同对抗敌人。请思考，丘吉尔的《关于希特勒入侵苏联的广播演说》运用了哪些演讲常用的修辞手法。

习题

一、选择题

1. (　　)是着眼于全貌，对人物、事态做粗略的叙说。

A. 详细叙述　　B. 概括叙述　　C. 夹叙夹议　　D. 简单叙述

2. (　　)既把人物或事态说清楚,又把某些局部或细节说得具体、真切。

A. 详细叙述　　B. 概括叙述　　C. 夹叙夹议　　D. 简单叙述

3. (　　)在叙述的过程中,同时表明叙述者对人物、事态的立场、观点、态度,边叙说边议论,是一种事、理、情的高度结合。

A. 详细叙述　　B. 概括叙述　　C. 夹叙夹议　　D. 简单叙述

4. "我们只有一个目标,一个唯一的、不可变更的目标。我们决心要消灭希特勒,肃清纳粹制度的一切痕迹。什么也不能使我们改变这个决心。"这段话运用了(　　)的修辞技巧。

A. 比喻　　B. 排比　　C. 反复　　D. 设问

二、简答题

1. 试着说说演讲者要如何利用声音控场。

2. "'慧眼'卫星遨游太空,C919 大型客机飞上蓝天,量子计算机研制成功,海水稻进行测产,首艘国产航母下水,'海翼'号深海滑翔机完成深海观测,首次海域可燃冰试采成功,洋山四期自动化码头正式开港,港珠澳大桥主体工程全线贯通,复兴号奔驰在祖国广袤的大地上……我为中国人民迸发出来的创造伟力喝彩!"这段演讲词运用了何种表达方式?又运用了何种修辞手法?

第 6 章　演讲中的体态语言

【本章学习目标】

1. 掌握演讲和交流中所需的面部语言。
2. 掌握演讲和交流中所需的手势语言。
3. 掌握演讲和交流中所需的躯体语言。
4. 掌握演讲和交流中所需的空间语言。

【导入案例】

外媒解读特朗普国会演讲中的那些着装和肢体语言

摘要：关于特朗普的国会“首秀”，除了他的首次演讲被高度关注外，“第一家庭”的穿衣风格、现场民主党女议员的一色白衣以及两党议员在总统演讲时的肢体语言反差都无一逃过媒体的眼睛。

特朗普着装获点赞

不管特朗普首次国会演说如何，他的着装倒是引起外界侧目，被罕见地一致点赞。设计师表示，特朗普这次的穿着打扮看上去总算找到一点总统的感觉。

因为不修边幅、大大咧咧的衣着风格，特朗普总被媒体吐槽。《华盛顿邮报》说他总爱穿宽松肥大、丝毫不合身的西装。女性时尚博客 Jezebel 称，尽管特朗普热衷于从一些著名的时装商那里购买西装，但是他从来没能优雅地脱下西装。《商业内幕》把特朗普的领带长度视为“悲剧性的错误”，因为特朗普的领带每次都拖得很长，垂在腰间的皮带上，显得毫无时尚感。

不过，这一次特朗普的着装风格却让人眼前一亮。据彭博社报道，在首次国会演讲中，特朗普挑选了几近黑色的深蓝色西装，这是最正式的正装颜色之一，比特朗普过去的西装颜色要合适得多。而且特朗普抛弃了过去那种硕大无比的西装，而代之以更摩登的修身式样，更能体现身形的匀称感。

与此同时，他还搭配了一条印有条纹的更具时尚感的深蓝色领带，显得更庄重严肃。此前，他多年来都对那种耀眼的、如消防车一样的红色领带情有独钟。在就职演说、首次总统记者会等大多数重要演讲中，红色领带几乎成为特朗普的标配。而在设计师阿布德看来，红色领带早已过时，那是 20 世纪 80 年代曼哈顿土豪的打扮。

在纽扣细节上，特朗普这次也可谓一丝不苟。特朗普过去很少扣西装纽扣，总是敞开着，表现出一种很随意的气氛，好像马上就要落座的意思。但是这次，他在演讲时扣上了西装纽扣，给人感觉更清爽利落，也让西装显得更有量身定制的味道。

即便是他的头发，这次看上去也似乎黄得不那么离谱。

阿布德点评道："这是特朗普在着装上向正确方向迈出的一步，希望我们的总统看上去有总统范儿。对比之前的18个月，至少在昨晚，他看上去更像一位总统了。"

"亮片装""露肩裙"被吐槽

虽然特朗普的穿着获得破天荒的认可，但是"第一夫人"和"第一女儿"却没那么好运气，她们的着装受到网友无情的指责。

在丈夫的国会首秀上，梅拉尼娅穿了一套闪着黑色珠片的套装，搭配一条宽宽的黑色腰带。这件套装是时尚品牌迈克·柯尔的今年春季新款。《商业内幕》称，和前几任"第一夫人"在类似场合选择的服装相比，梅拉尼娅的着装花费高得多。在迈克·柯尔官网上，这套衣服的标价是上衣4995美元，裙子4595美元，总价9590美元，而且不含税。

据英国《独立报》报道，"第一夫人"的这套服装引起不小争议，虽然大多数人认为"第一夫人"非常时尚，但是许多人却觉得"亮片装"不适合国会场合。

许多网友在推特上吐槽："这是一件漂亮的衣服，但是穿错了地方。""梅拉尼娅，你不该在联席会议上穿这套裙装。这不是过新年。""谁会在国会上穿亮闪闪的黑色珠片裙装呢，难道你在演讲结束后要去夜店吗。"

"第一女儿"伊凡卡选择的设计师罗兰·穆雷的粉色露肩裙装也没逃过吃瓜群众雪亮的眼睛。这套价值2995美元的裙装被指过于"露肉"，有失庄重典雅，不适合国会的场合。唯一庆幸的是，在批评声如潮的当下，伊凡卡总算很聪明地没有穿自己品牌的服装，否则会招来更大的麻烦。

女议员的"白色"抗议

在周二的国会演讲现场，"第一家庭"的着装固然吸引眼球，而场下66名民主党女议员的清一色白衣也成为一道独特的风景线。女议员表示要借此表达对特朗普歧视女性的不满。

据美国有线电视新闻网(CNN)报道，这66名女议员是众议院民主党女性工作小组的成员。在20世纪初，这一小组就以"女权之白"(suffragette white)的说法向女权运动表示尊重。这也鼓舞了支持者们通过穿白色服装来象征女权运动的纯洁。

众议院议长佩洛西当天发推文说，"今晚，我们民主党'女人穿白衣'是捍卫女性权利"。

在一份声明中，来自佛罗里达州的众议员路易斯·弗兰克尔也表示，"我们一身白衣是为抗议特朗普政府在维护女性权益方面的倒退。我们将继续支持女性运动的发展"。

声明还称，加入白衣队伍的成员都赞同计划生育、可承受的医疗保障、生育权、收入平等、带薪假期以及"远离恐惧和暴力的生活"等女性权益。

CNN(Cable News Network，美国有线电视新闻网)称，在历史上的多个时刻，白色已经成为庆祝女性在参政上取得进步的某种标志色彩。在2016年的大选日上，曾举行过"穿白衣投票"运动，致敬女权运动。在2015年民主党全国大会上，希拉里被确认为民主党总统候选人，当时她也同样穿了一身白色的套装。

肢体语言意味深

特朗普的国会首秀除了各种"时装秀"外，现场听众们的肢体语言也是一大看点。《华盛顿邮报》诠释了特朗普演讲6个关键时刻中场下两党议员的肢体动作的意味。

在演讲开场介绍"演讲者是美国总统"时,就能从现场画面中看到两党之间一道泾渭分明的分界线。在特朗普右手边聚集着共和党人,大多数人都穿黑色西装,冲上前来和总统打招呼。而在特朗普左手边远远站着的是民主党人,还有穿着白色衣服的民主党女议员。他们许多人两手交叠放在身前,根本不想被拍到与特朗普握手,在他们看来,那样就出大洋相了。而从传统来说,两党议员至少都应该和总统握手,但这次是例外。

当特朗普说到"我们已经开始排干政府腐败的积水"并表示准备发布新的游说禁令时,人们可以从电视上看到民主党人在哄堂大笑。而此时许多共和党人立刻起身热烈鼓掌,但鼓掌的民主党人却寥寥无几。一瞬间,共和党人的掌声就淹没了民主党人的嘲笑声。

《华盛顿邮报》表示,从现场座位的选择上也可看出两党分歧。在这类演讲现场,席位并没有被预先安排,没有规定必须坐在哪里。但现实情况是,民主党很自然地选择左边的座位,共和党则喜欢靠右坐。

也许再没有比奥巴马医改案更能凸显两党的裂痕。当特朗普说到"我将呼吁国会所有民主党人和共和党人和我们一起努力,把美国人民从奥巴马医改灾难中拯救出来"时,共和党那边就爆发出雷鸣般的掌声,而在民主党这边,议员们纷纷倒竖大拇指。

如果特朗普还有什么可以赢得他的最激烈的批评者的欢心,那么可能只有增加军费开支的承诺。当他表示"我将向国会提交一份重建军力的预算,不再削减国防开支"时,可以看到,一向对特朗普疾言厉色的共和党参议员麦凯恩在那个时刻却站起来鼓掌。

在整个演讲过程中,唯一让民主共和两党显示空前团结的时刻是在特朗普表彰为反恐而英勇牺牲的美军士兵瑞恩·欧文斯时。那时,两党扫除彼此壁垒森严的尴尬,所有人都望着瑞恩的妻子,向她致敬。

在第六个时刻,也就是特朗普快要结束演讲、在呼喊"上帝保佑美国"时,民主党表现出最大限度的鄙夷不屑。甚至在特朗普还没讲完最后一句话时,民主党那边的座位几乎已经空无一人,很多人迫不及待地冲向出口,连最后几秒钟都不愿再忍了。

资料来源:上观新闻. 外媒解读特朗普国会演讲中的那些着装和肢体语言[EB/OL]. http://www.jfdaily.com/news/detail?id=46172.

【思考提示】 在演讲中,着装和身体语言都至关重要。结合外媒对特朗普国会演讲中肢体语言的解读,说说我们在演讲时应当如何控制自己的身体语言。

6.1 头部语言

法国作家、社会活动家罗曼·罗兰曾说过:"面部表情是多少世纪培养成功的语言,比嘴里讲得更复杂到千倍的语言。"无论是演讲还是日常的人际沟通都绝不仅限于语言,头部动作作为重要的非语言形式也是沟通的重要途径,其主要由丰富、敏感的面部肌肉以及眼神、眉毛、嘴唇、颈部活动组成,这些组成部分的每一个细微变化都无不在表达演讲者的思想和内心变化,如喜怒哀乐、忧虑、期待、疑惑、满意、敬佩等,可见人的情绪信息是主要通过头部动作来传递的。

6.1.1 目光

美国前总统里根出身演员，拥有高超的表演技巧，每次演讲他都能充分运用“目光语”。有时像聚光灯，把目光聚集到全场的某一点上；有时则像探照灯，目光扫遍全场——有人评价他的“目光语”是一台“征服一切的戏”。

俗话说，“眼睛是心灵的窗口”，眼睛可以反映人的情绪、态度和情感变化，眼神则是透过窗户传递出的内心世界的本质，人际沟通中如果缺少目光交流的支持，将会使人际沟通过程变得不愉快，而且很困难，演讲也是如此。那么，究竟如何才能在演讲中发挥眼神的作用呢？

1. 注视

学会用眼睛说话，把自己真实的感情流露在眼睛里，随时运用眼神与听众交流感情，这对演讲者是很有帮助的。运用眼神来注视现场的方法主要有以下五种。

(1) 前视法。即视线平直向前流动的方法，要求演讲者视线平直向前而弧形流转，立足听众席的中心线，以此为中心弧形兼顾两边，视线推进时不要匀速，要按语句有节奏地进行，要顾及坐在偏僻角落的听众。一般情况下，整个演讲过程中应以前视为主，从而统摄全场，使更多听众认为演讲者正在对自己讲话。

一般来说，前视法视线的落点应放在全场中间部位观众的脸上，同时，又适当变换视线，照顾到全场观众，并用弧形的视线在全场流转，不可忘掉任何一个角落的观众。这样，既有利于演讲者保持良好端正的姿态，随时注意及调节现场气氛和听众情绪，又可使每个听众都感到演讲者在关注自己，从而提高注意力及兴趣。

(2) 环视法。即用眼睛环视观众的方法，具体来说，就是有节奏或周期地把视线从听众的左方扫到右方、从右方扫到左方，或从前排到后排、从后排到前排，视线每走一步都是弧形，弧形又构成一个整体的环形。将前视法与环视法结合起来，可以有效观察听众的心理变化，检验演讲效果，控制全场的情绪。

据心理学研究，目光接触能补偿空间距离形成的沟通障碍，而环视法正是要求演讲者的视线从现场的左右前后迅速来回扫动，不断地观察全场，与全体听众保持眼光接触，进而增强双方的情感交流。

值得注意的是，使用环视法必须注意衔接，避免因视线的跨度大而产生为视线而视线之嫌，而环视的频率过高又难免会给人一种演讲者心虚心慌甚至油滑的不良印象。

(3) 点视法。点视法也叫专注法，即把视线集中到某一点或某一方面的方法。这种方法要求演讲者的视线有重点地观察个别观众或现场的某个角落，并与之进行目光接触，同观众个别交流感情。在很特殊的情感处理与观众的不良反应出现时，可大胆运用此法，一般情况下，不安静处或不注意听讲的听众发现了演讲者的目光汇聚在自己身上，就会触目知错，从而停止骚动、私语。

心理学认为，目光接触有两种相互矛盾的含义，即友谊和威胁。因此点视法不能过多使用，以避免凝视给听众带来压力。点视法和下面我们将说到的虚视法相结合，才能既不失礼貌，又使听众感到轻松自然，而演讲者也不会因为视线太集中而分散对演讲内容本身的注意力。

(4) 虚视法。即“眼中无听众,心中有听众”,通常把视线散在听众的中部和后部,是一种似看非看的方法。这种方法在演讲中使用频率很高,尤其是初上场的演讲者可以用它来克服自己紧张与分神的毛病,还可以用来表示演讲时的愤怒、悲伤、怀疑、思考等感情,把观众带入想象的境界。这种方法我们在前文已有所提及,这里就不再赘述了。

(5) 闭目法。人的眨眼一般是每分钟 5～8 次,如果眨眼时间超过一秒钟就成了闭眼。闭目法有其特定的意义和作用,如当演讲的内容使演讲者和听众的情绪极度高涨,情感难以控制时,或讲到某位杰出人物激起人们极大的敬佩时,可运用此法进行烘托。

2. 交流

需要注意的是,眼睛除了用来注视之外,还用来交流,精彩而又逻辑紧密的语言加上能够互动交流的眼神,一定会使演讲者和听众之间碰撞出激烈的火花。

(1) 注意用眼神的变化来表达自己内在的丰富情感。眼睛处于笑眯眯的半闭状态是含情的表现,双眼大张发愣的是惊讶的表情,目瞪欲裂表示愤怒,眼神温柔是深情的表现。演讲者的思想感情总是随着内容而起伏变化的。说到高兴处,应睁大双眼,让它散发出兴奋的光芒;说到哀伤处,可让眼神下垂,或让眼睛呆滞一会儿,使感情显露出来;说到愤怒时,可瞪大眼,固定眼珠,让眼睛射出逼人的光芒;说到愉快处,可松开眉眼,让眼神充满令人喜悦的光彩;如果希望得到观众的认同、重视,你可无声地、冷静地用期待的目光注视着听众。演讲者眼神中的情感配合肢体语言和有声语言,就能很好地引导听众的情绪,使之与自己同步。

(2) 在演讲中难免会有人对自己的演讲不感兴趣或者对自己的演讲观点持不同意见,相应的也会表现出渼视、鄙视甚至不耐烦的表情。当演讲者遇到这样的眼神时也会很大程度上影响自己的心情甚至会打击演讲者的信心,所以演讲者应该多和肯定、赞赏、敬佩的目光交流来增强自己的信心。

3. 注意事项

随着演讲者的思想感情的千变万化,眼神的变化必定是多种多样的,有待于演讲者细心体察和匠心处理,不好机械地做出事前规定,但以下几点值得注意。

(1) 眼神的变化要有一定目的。眼睛本身就带有一定的思想感情色彩,如果演讲者不能有意识地使用它,或者失去自我感觉地乱用一通,势必引起听众的误解。要力戒那种故弄玄虚、神秘莫测的眼神,因为这种眼神会造成听众的迷惑。

(2) 眼神不但要和脸部的表情协调一致,而且要同有声语言及演讲者的思想感情变化密切配合,这样一来,眼睛的活动才能收到更大的交流效果,因为协调一致才容易为听众所理解,也才能有效地把眼睛的神色变化烘托出来,思想感情表达完毕,相应的眼神也要恢复正常。

(3) 要和有声语言形式、手势、身姿等密切配合,协同动作,以求收到更大的效果。孤立的眼神会显得单调无力,不能充分实现传神达意的作用。

(4) 不能有过多的凝视,这样会对听众形成压力。要避免凝视的副作用,可以时时采取虚视。这样既不失礼貌,也可使双方感到自然,而演讲者也不会因为视线过分集中而分散对演讲本身的注意。

【相关阅读】

用肢体语言和眼神来"说话"

车尔尼雪夫斯基曾说:"富有表情的眼睛是最美的。"眼睛是心灵的窗户,当丰富的内心世界无法用语言表现时,当心情因为激动而起伏变化时,眼神一瞬间就能把说不完道不尽的情感表露出来。

巴西电视连续剧《女奴》中有这样一个镜头:伊佐拉在离开农庄回城之前,去向她的情人多比亚斯道别,并询问情人对于她的爱,得到的答复是:"你看看我的眼睛。"于是,两人对视了一会儿,仅仅一会儿,伊佐拉便高兴地跳了起来。因为从多比亚斯的眼睛中,她看到了他爱自己的真诚和坚定。

说话者应以明亮有神、热情友善、充满智慧、自信且坦荡、敏锐的目光,去告诉对方你是怎样的人,积极呈现自己的坦诚、自信以及内在的修养。

澳大利亚前总理霍克曾在电视上公开承认,他对妻子有不忠的行为。他说的时候声泪俱下,目光中大有忏悔之意。不料,第二天,悉尼《每日电讯》报指责这是经过精心设计的竞选招数,带有欺骗性,其目的是塑造改过自新的形象,博取女性选民的好感,结果霍克的支持率急剧下降。

卡耐基认为,只有在目光接触的情况下,才能建立真正的沟通基础。与别人谈话时,有些人令我们感觉自在,有些人却不然,似乎不值得我们信赖,这主要和他们说话时注视我们或正视我们视线的时间长短有关。某人不诚实或有所隐瞒时,其视线和你的视线相接的时间少于1/3。当某人注视你的时间超过2/3时,原因之一,他或她发现你很有趣或很吸引人而瞳孔扩张;原因之二,他或她心怀敌意,发出无言的挑战而瞳孔收缩。研究证明,当A喜欢B时,会经常凝望B,让B知道A喜欢B,期盼B因而喜欢A。换句话说,为了建立和谐的人际关系,和别人谈话时,你的视线应该和对方的视线相接60%~70%的时间。紧张胆怯的人,他正视你眼睛的时间低于1/3,因此令人无法信赖。谈判时,应避免戴深色眼镜,因为这会使对方感到你在瞪他们。

和大部分肢体语言一样,凝视谈话对象的时间长短也是由不同地区的文化背景决定的。南欧人的凝视时间较长,因而显得具有侵略性;日本人谈话时,则注意对方的颈部而非脸部。因此,在下结论时,务必考虑文化背景。

视线相接的时间长短值得注意,你所注视的范围也很重要,因为这也影响到沟通效果。这些信号透过无言的传递和接收,对方很可能会自行加以解释。大约需要30天有意识的练习才能熟练应用下列眼部动作,增进你的沟通技巧。

商业会谈中,请你想象对方的额头和双眼之间有一块正三角形区域。你的视线直视这个区域,会产生一种严肃的气氛,对方会感到你在正经地谈生意。假如你的视线不下降到对方眼睛以下的位置,你就能够继续控制彼此的互动关系。

视线下降到对方的眼睛以下时,社交气氛便会产生。试验显示,在社交场合中,一般人会注视对方双眼和嘴巴之间形成的倒三角形区域。

亲密视线越过双眼往下经过下巴到对方身体的其他部位。近距离接触时，在双眼和胸部之间形成三角形；距离遥远时，则由双眼到下腹部之间。男人和女人使用亲密视线表示对异性有兴趣，而被注视的异性若也对对方感兴趣，则会立即回报亲密的眼神。

斜眼看人表示兴趣或敌意。和挑高的眉毛或微笑一起出现时，表示感兴趣，常被作为求爱信号使用；和下垂的眉毛、皱眉头、下垂的嘴角一起出现时，则表示怀疑、敌意或批评。

说话者在说话时，他的思想感情总是随着话语内容起伏变化的，有时深沉，有时哀伤，有时激昂高亢，有时又可能像涓涓细流那样不胜缠绵。然而，不管是什么样的感情，说话者都应尽可能让目光产生相应的变化，以便加强对方对其所说话语的理解，对其所传达感情的体验。例如说到兴奋处，你可以让眼睛发出兴奋的光芒；说到哀伤处，让眼睛呆滞一会儿，使这种情感显露出来。目光和说话内容密切配合，传情达意的效果就更加明显。

目光的使用颇有讲究。使用扫视全场的环视法，可以迅速了解到听众对你说的话所持的态度以及兴趣点所在，以便你就有关内容进行调整或即兴发挥，做到与听众合拍。有时可以使用点视法，即重点观察某一局部听众，保证他们及时理解你所表达的意思。对那些面有疑云的听众，若投以启发引导性的目光，可使其渐趋安定；对那些欲言又止者投以赞许性的眼神，往往会使询问者壮起胆子，提出问题；而对于交头接耳、窃窃私语者，说话暂时停顿一下，投以制止性的目光，他们就能触目知错，知趣地停止小动作。

卡耐基认为，与人说话时，切忌死死盯住对方的眼睛，否则会令对方浑身不安，甚至造成误解。

日本学者斋木深在《心理学的趣味实验》中讲过这样一件事。有一次，两个朋友乘车外出，其中一个很自信地说："我不用说话，也不需要有什么行动，就可以使坐在对面的这位女士让座位给我。"说完，他便开始专心致志地凝视对面那位年轻女士的眼睛。开始，她回头看了一眼那位朋友，好像没在意，那位朋友还是一直盯着她的眼睛。不久之后，那位女士果然站了起来走向后面，把位子让给了他。这就是眼睛所凝聚的意志和精神产生了作用。

在与不同国家和民族的人沟通时一定要注意风俗习惯。因为不同国家、民族的人，在使用目光的方式上存在着很大的区别。这时说话就不能墨守成规，而应入境随俗。例如，与阿拉伯人说话时，一定要看着对方，否则就是不礼貌的行为；与瑞典人交谈时，习惯于频送秋波，而不会被认为带有邪念；在日本，如果直瞪瞪地瞧着对方的脸，那是失礼的表现。

资料来源：雅正. 跟任何人都能聊得来[M]. 长春：北方妇女儿童出版社，2014.

6.1.2 表情

据说曾有人问过古希腊著名演说家德摩斯梯尼一个问题："对于一个演讲家，最重要的才能是什么？"德摩斯梯尼毫不犹豫地回答说："是表情。"那人接着又问："其次呢？""是表情。""再其次呢？""还是表情。"而美国著名的教育家戴尔·卡耐基在说到罗斯福总统演讲时，称他全身好像一架表现感情的机器，满脸都是动人的感情，这样使他的演讲更有力、更活跃。以上两个例子都说明了面部表情在演讲中的重要作用。

面部借助数十块肌肉的运动来准确传达不同的心态和情感。任何一种面部表情都是由面部肌肉整体功能所致，但面部某些特定部位的肌肉对于表达某些特殊情感的作用更明显。嘴、颊、眉、额是表现愉悦的关键部位；鼻、颊、嘴表现厌恶；眉、额、眼睛、眼睑表现哀伤；眼睛和眼睑表现恐惧。可见，想要在演讲的过程中控制自己的面部表情并非易事。有些演讲者不善于运用自己的面部表情，不管感情如何波澜起伏，不管内容如何曲折变化，自始至终都是同一副表情，这不仅会给听众一种呆滞、麻木之感，而且有损于思想感情的表达和有效传递。

1. 微笑

微笑是人际交往成功的催化剂。在人与人之间，微笑是代表了愉悦、欢乐、幸福或乐趣的表情符号，它是国际通用的，不分文化、种族或宗教，每个人都能理解。演讲中，微笑是面部表情的核心之一，无论是上台还是退场都需要演讲者向观众报以微笑，象征性格开朗与温和，表达出喜悦、亲切、肯定、满意、赞扬的态度，同时与听众建立融洽的氛围，消除听众的抵触情绪，激发感情，缓解矛盾。

嘴角微上翘，就可以展现出微笑的面容，但对听众展现出一个完美的微笑并非易事。现实生活中，有些人一笑起来，嘴巴总是歪向一边，有些人则会习惯性地露出太多牙齿，看起来甚至会有些“狰狞”。而作为演讲者，如果有时间和条件，就应进行一定的微笑训练，寻找自己最美的笑容并将之固定下来，让自己的笑容达到最佳。下面就简要介绍一下训练微笑的方法。

(1) 放松肌肉。放松嘴唇周围的肌肉是微笑练习的第一阶段，又名“哆来咪练习”的嘴唇肌肉放松运动，是从低音哆开始，到高音哆，大声地、清楚地每个音说三次，注意不是连着发音，而是一个音节一个音节地发音，并注意嘴形，保证发音正确。

(2) 给嘴唇肌肉增加弹性。形成笑容时最重要的部位是嘴角。如果锻炼嘴唇周围的肌肉，能使嘴角的移动变得更干练好看，整体表情就给人有弹性的感觉。可以尝试张大嘴使嘴周围的肌肉最大限度地伸张，并保持这种状态 10 秒，这一过程能够感觉到颚骨受刺激的程度；接着闭上张开的嘴，拉紧两侧的嘴角，使嘴唇在水平上紧张起来，并保持 10 秒；在嘴角紧张的状态下，慢慢地聚拢嘴唇。出现圆圆的卷起来的嘴唇聚拢在一起的感觉时，保持 10 秒。

(3) 形成微笑。这是在放松的状态下，根据大小练习笑容的过程，练习的关键是使嘴角上升的程度一致。如果嘴角歪斜，表情就不会太好看。通过练习各种笑容，演讲者就能发现最适合自己的微笑。

小微笑，把嘴角两端一齐往上提，稍微露出 2 颗门牙，保持 10 秒之后，恢复原来的状态并放松；普通微笑，慢慢使肌肉紧张起来，把嘴角两端一齐往上提，露出上门牙 6 颗左右，保持 10 秒之后，恢复原来的状态并放松；大微笑，一边拉紧肌肉，使之强烈地紧张起来，一边把嘴角两端一齐往上提，露出 10 个左右的上门牙，保持 10 秒之后，恢复原来的状态并放松。

(4) 找到满意的微笑后，就要进行至少维持那个表情 30 秒的训练。尤其是演讲时不能自然微笑的人，如果重点进行这一阶段的练习，就可以获得很大的效果，微笑应发自内心，训练时想着快乐的事情，或者配上优美的乐曲，效果更佳。

(5) 修正微笑。虽然认真地进行了训练，但如果笑容还是不那么完美，就要寻找其他部分是否有问题。如嘴角上升时会歪斜，这时利用木制筷子进行训练很有效；又如笑时露出牙龈，这样的人往往笑的时候没有自信，不是遮嘴，就是腼腆地笑，露出牙龈时，通过嘴唇肌肉的训练弥补弱点。

微笑是一种良性的脸部表情，演讲中，要博得别人微笑，自己首先要微笑，但演讲者既要注意用微笑去表达内容，感染听众，也要保证微笑的价值，该笑则笑，不该笑则止，如在表达悲痛、思考、痛苦、愤怒、失望、讨厌、懊悔、批评、争论等负面情绪时露出微笑，不但有悖于演讲内容，还可能引起听众的反感。

2. 平和

五颜六色的油彩只有涂抹在白色的纸张上才能引人入胜，同样，丰富的面部表情只有在平和的衬托下才能发挥作用。如果演讲的整个过程，演讲者都是眉飞色舞，没有一刻消停，那么就不能赢得听众的尊重和关注。

平和是演讲面部表情的核心之一。鲁迅先生的演讲，使听众如饮醇醪，如服清凉散，面部表情像他的心灵一样质朴自然，极富吸引力，他坚定地站在那里，两眼平和地看向观众，和蔼而严肃庄严的风采，曾经征服过许多人。

平和不等于麻木，不要让演讲带来的紧张压力把你的脸变成一张面无表情的僵脸，而是应随着演讲内容和演讲者的情绪发展而变化，既顺乎自然，又富于变化，一笑一颦，都能够和演讲的内容合拍，把听众引入演讲者所希望达到的形象、情感、理性的各种境界中，或者把听众的情绪由低调引向高潮，使听众产生强烈的共鸣。

3. 注意事项

（1）面部表情要灵敏。面部表情要迅速、敏捷地反映演讲者的内心情感，也就是说要确保脸部表情能与正在说的话联系起来。如果演讲者开头说的是“见到你们很高兴”，但听众看不到演讲者脸上有任何高兴的表情，那么在最初的 7 秒时间里，演讲者就已经将自己置于一个不被人信任的境地。一般来说，脸上的表情应当和有声语言所表达的情感同时产生，并同时结束，过长或过短，稍前或稍后，都不好。

（2）面部表情要鲜明。演讲者脸上所表达的情感不仅要准确，而且要明朗，即每一点微小的变化都能让听众觉察到，喜就是喜，愁就是愁，怒就是怒。一定要克服那种似是而非、太过复杂的表情，如高兴时应喜笑颜开，担忧时要愁眉苦脸，激动时要面红耳赤，否则不但无法让观众理解，有时还会产生不必要的误会。

（3）面部表情要有真实感。脸部表情运用时要适时、适事、适情、适度，演讲者一定要使听众通过自己的面部表情，感觉到这是心灵深处真实的东西，切忌情不由衷、矫揉造作。如果让听众认为演讲者所做的都是在哗众取宠、华而不实，那么你的面部表情做得再好也是失败的。

（4）面部表情要有分寸。我们之前说到演讲时面部表情要鲜明，也要真实，这就需要演讲者把握一定的“度”，做到不温不火，适可而止。过火，显得矫揉造作；不及，显得平淡无奇。以“笑”为例，说话时可以根据情感变化的缓急，有时可表现为“开怀大笑”，有时只是“莞尔一笑”，有时可表现为抿嘴一笑，有时则只需让人们体察到脸上挂着笑意。运用之微妙，全在于演讲者自己潜心琢磨。

（5）面部表情要有艺术感。演员演到情真意切处放声大哭，此情此景确实真实感人，可如果哭得一把鼻涕一把泪，非但不能让观众心有戚戚，反而会引发反感。演讲者也应注意自身面部表情的艺术性，既有生活的真实，也带有一定的审美；既使听众受到情感的陶冶，又使他们获得美的享受。

6.1.3 颈部活动

颈部的功能是决定表情的正与负。头部上昂，表示兴奋和自信；头部下垂，表示苦恼、忧郁、消极或精力不支。一般情况下，点头表示赞同、欣喜或有兴趣；摇头表示否定、不可理解等。可见颈部活动是头部语言的重要一环，演讲者不可忽视。下面就简单说说几种颈部活动代表的含义。

1. 颈部上扬

(1) 表示中立。当人持中立态度时，往往会做出颈部上扬，也就是抬头的动作。所以演讲者在演讲中的大部分时间应当保持颈部微微上扬以增加可信度。

(2) 表示傲慢。颈部微微上扬代表中立态度，但如果高高扬起，同时下巴向外突出，那就在显示强势、无畏或者傲慢的态度，人们通常这个姿势刻意暴露出喉结，并且让自己的视线处于更高位置，以示可以强势俯视他人，所以演讲中应谨慎使用这一姿势，以免引起观众的反感和敌意。

2. 颈部倾斜

(1) 表示顺从。颈部向一侧倾斜通常表示顺从。这个姿势不仅会暴露人们的喉咙和脖颈，还会让人显得更加弱小和缺乏攻击性。

(2) 表示感兴趣。和不少动物一样，人类在对某件事情感兴趣时，也会将颈部歪向一侧。演讲者在对听众设问时，可以同时使用这一动作进行引导，使听众下意识地对自己的问题更感兴趣。

3. 颈部低垂

颈部低垂的动作意味着否定、审慎或者不自信。演讲者应尽量少垂头，否则会给观众丧气之感，而且若视线不能与听众接触，就难以吸引观众的注意。

6.2 手势语言

手势通常又称手臂姿势，它是人类最早使用的、至今仍被广泛运用的一种交际工具，是指人类用语言中枢建立起来的一套用手掌和手指位置、形状构成的特定语言系统。在长期的社会实践过程中，手势被赋予了种种特定的含义，具有丰富的表现力，加上手有指、腕、肘、肩等关节，活动幅度大，具有高度的灵活性，手势便成了人类表情达意的最有力的手段，在体态语言中占有极其重要的地位。

苏联早期马克思主义宣传家叶米雅罗斯拉夫斯基曾说过：“演讲者的手势自然是用来补充说明演讲者的思想、情感与感受的。”演讲时手势的合理运用，可以让演讲更丰富、更具活力和个性魅力。自然而安稳的手势，可以帮助演讲者平静地说明问题；急剧而有力的手势,可以帮助演讲者升华感情;稳妥而含蓄的手势,可以帮助演讲者表明心迹。而赫思登在回忆林肯辩论时曾说,林肯表现欢乐情绪时把两臂高举成50°角,手掌向上;痛斥奴隶制时,在痛心处则紧握双拳,在空中用力地挥动,把自己的观点、情感直接而强烈地表达出来,使听众深受感染。由此可见,手势可以把演讲者的思想、意志、感情表达得更充分,从而给听众留下更深刻、更鲜明的印象和记忆。

按表达功能特点分类,演讲过程中的手势语言可以分为指示手势、模拟手势、抒情手势和个性化手势四类。

6.2.1 指示手势

所谓指示手势,就是用来指明具体对象的手势,有显示观众视觉可及范围内的事物和方向的作用,也有把观众看不见的事物具象化的作用,如"我"或"你们","这里"或"那里","上面"或"下面"等,目的主要是增强演讲者所表达内容的明确性和真实感。这种手势的特点是动作简单,表达专一,一般不带感情色彩,因此比较容易操作,又可以分为"实指"和"虚指"两类。

1. 实指

实指是演讲者手势确指在场的人、事或方向,且均在观众的视线范围之内。

马丁·路德·金在说"历史将会记录,在这个社会转型期,最大的悲哀不是坏人的嚣张,而是好人的过度沉默"这句话时,伸出双手的食指直直指向台下观众,这一实指手势正是在提醒观众不要做过度沉默的好人,以至于成为最大的悲哀。

又如,一位演讲者登台后做了这样一个开场白:"亲爱的朋友,俄国伟大的作家托尔斯泰曾经说过三句话。第一句话是,这世界上最重要的人是谁?各位朋友,是谁?——就是现在在我眼前的人!(双手张开,伸向观众)。第二句话,这世界上最重要的事是什么?——就是现在我要做的事(右手掌抚胸)。第三句话,这世界上最重要的时间是什么?——就是此时此刻(右手食指向下,指点地面)。所以,各位朋友,此时此刻,你们就是我最重要的人!参加好课程,就是我们最重要的事!"

在这段开场白中,演讲者统共做了三个手势,第一个指向观众,第二个指向自己,第三个指向地面,这三个手势中,前两个都是实指,最后一个既可以理解为实指,也可以理解为虚指,因为"此地"是可见的实指,而"此刻"则是不可见的虚指。

2. 虚指

虚指是指演讲者和观众不能看到的,包括时间、精神等只可意会、无法眼见的事物,如上面提到的"此时",也包括因距离太远观众不能眼见的事物,如遥远的地方等。

一位演讲者在演讲的末尾这样说道:"时间就像一条慢慢长河,左岸(伸出左手)是不堪回首的过去,右岸(伸出右手)是拥有无限可能的未来,而中间(左右手合在一起,向正前方一推)则是飞快逝去的现在。"

在这段结尾中,演讲者也做了三个手势,都是虚指,因为"时间"是看不见摸不着的,而时间这条长河的两岸和中央也是不可见的,演讲者却巧妙地通过简单的手势配合语言,引导观众去想象。

6.2.2 模拟手势

所谓模拟手势，又称象形手势，是用来描述形状物的手势，其特点便是“求神似，不求形似”，也就是说，通过此类手势传达演讲者的一种内心的想法和情感，比如演讲到“袖珍电子计算机只有这么大”的同时，用手比画一下，听众就具体知道它的大小了。由于演讲者所说的事物一般是没有在现场的，所以，模拟手势的目的是给予观众具体、明确的印象。模拟手势信息含量大，能够升华演讲者的感情基调，经常会具有一定的夸张色彩。

模拟手势也可以分为“实模”和“虚模”两类。

1. 实模

实模是指演讲者通过手势模拟现实世界存在的具体东西。

一位演讲者在讲到汶川地震期间人们为灾区捐款捐物的事迹时，特别提到一位年仅四岁的小女孩，将一个鸭梨送到社区设置的“爱心站”。这位演讲者在模拟这个鸭梨时，双手合抱，模拟出一个大大的鸭梨。这个世界上当然不会有这么大的鸭梨，演讲者正是通过夸张的实模手势，突出小女孩的一片爱心，赢得了现场的阵阵掌声。

2. 虚模

虚模是指演讲者用手势来模拟现实世界中没有的东西，如精神、境界等。

刘伯承有一次讲述“个人利益服从整体利益”这个抽象的道理时，这样形象地描画说：“有人刚参加革命时，脑子里有两个一般大的圈圈，一个是个人主义，一个是整体利益。”一边说一边用两只手的拇指和食指做成两个大小相同的圆，并排对在一起，然后向大家讲这两个圆圈的摆法。他用左手的大圆把右手的小圆套住说：“还要用整体利益的大圈把个人主义的小圈套进去，这就叫个人利益服从整体利益。”

刘伯承“用整体利益的大圈把个人主义的小圈套进去”这一形象的比喻把抽象的概念“个人利益服从整体利益”具体化、形象化了，他运用的正是模拟性手势中的“虚模”。

当然，模拟手势有时也会虚实结合。为了鼓励青少年从细节入手主动观察和思考，美国前任总统奥巴马在一次对青少年的演讲中，谈到了牛顿发现万有引力的故事。当讲到苹果从树上掉下来的时候，他用这样的手势来模拟苹果——食指弯曲，指尖与大拇指的指关节接触。难道苹果只有这么小吗？当然不是，这只是一种模拟来强调他所要讲的苹果之小的这种感情；另一方面，此手势也代表小细节，从细节出发，发掘问题。“苹果”为实模，而“细节”则为虚模。

6.2.3 抒情手势

所谓抒情手势，是指使用手势直接表达演讲者的情感，目的是使抽象的情感具体化、形象化，让观众易于领会演讲者的思想情感，如兴奋时拍手称快，恼怒时挥舞拳头，急躁时双手相错，果断时猛力砍下，痛苦时两手抱头。

1946 年，闻一多在昆明作了著名的《最后一次演讲》，当讲到“反动派暗杀李先生的消息传出后，大家听了都万分痛恨。这些无耻的东西！他们的心是怎么长的”这一句时，闻一多“砰”的一掌拍在了讲台上，把混在台下的特务吓得紧缩着脑袋不敢吱声。这一拍桌子的手势正表达了闻一多悲愤交加的心情。

演讲中的抒情手势很多,也很常见,下面简单介绍一些常用的抒情手势。

(1) 拇指式。竖起大拇指,其余四指弯曲,表示强大、肯定、赞美、第一等意思。

(2) 小指式。竖起小指,其余四指弯曲合拢,表示精细、微不足道或蔑视对方。这一手势演讲中用得不多。

(3) 五指并用式。如果是五指并伸且分开,表示五、五十、五百……指尖并拢并向上,掌心向外推出,表示“向前”“希望”等含义,显示出坚定与力量,又叫手推式。

(4) 仰手式。掌心向上,拇指自然张开,其余弯曲,这个手势表达意思的包容量很大。手部抬高表示“赞美”“欢欣”“希望”之意;平放则表示“乞求”“请施舍”之意;手部放低则表示无可奈何。

(5) 俯手式。掌心向下,其余弯曲。表示审慎提醒,抑制听众的情绪,进而达到控场的目的,同时表示反对、否定之意;有时表示安慰、许可之意;有时也可用以指示方向。

(6) 手剪式。五指并拢,手掌挺直,掌心向下,左右两手同时运用,随着有声语言左右分开,表示强烈拒绝。

(7) 手切式。手剪式的一种变式。五指并拢,手掌挺直,像一把斧子用力劈下,表示果断坚决或愤怒气恼之意。

(8) 抚身式。五指自然并拢,抚摩自己身体的某一部分。抚胸表示沉思、谦逊、反躬自问;抚头表示懊恼、回忆等。

(9) 挥手式。手举过头挥动,表示兴奋、致意;双手同时挥动表示热情致意。

(10) 举拳式。单手或双手握拳,平举胸前,表示示威、报复;高举过肩或挥动或直锤或斜击,表示愤怒、呐喊等。这种手势有较大的排他性,演讲中不宜多用。

(11) 拍肩式。用手指拍肩击膀,表示担负工作、责任和使命的意思。

(12) 拍头式。以手掌拍头,表示猛醒、省悟、恍然大悟等。

(13) 捶胸式。以拳捶胸,辅之以顿足,表示愤恨、哀戚、伤悲。演讲中不太常用。

6.2.4 个性化手势

每一位演讲者都有一些只有他自己才有而别人没有的个性化手势,如毛泽东在演讲中时常有一个叉腰的手势,孙中山演讲时常常拄着手杖,斯大林在演讲时习惯拿着烟斗,边讲边摇,这些手势都成为他们独特的风格。一个好的演讲者往往会通过使用手势来增加演讲效果,且手势的含义不明确、不固定,随着演讲内容的不同而体现不同的含义。

除了按表达功能特点分类,演讲中的手势语言还有其他分类方式。

1. 按活动的区域分类

按活动的区域分类,可以分为上区手势、中区手势和下区手势。

(1) 肩部以上,称为上区手势。手势在这一区域活动,一般表示理想、希望、喜悦、祝贺等;手势向内、向上,手心也向上,其动作幅度较大,大多用来表示积极肯定的、激昂慷慨的内容和感情。

(2) 肩部至腰部,称为中区手势。手势在这一区域活动,多表示叙述事物、说明事理和较为平静的情绪,一般不带有浓厚的感情色彩。其动作要领是单手或双手自然地向前或两侧平伸,手心可以向上、向下,也可以和地面垂直,动作幅度适中。

(3) 腰部以下,称为下区手势。手势在这一区域活动,一般表示憎恶、鄙视、反对、批判、失望等。其基本动作是手心向下,手势向前或向两侧往下压,动作幅度较小。

2. 按使用单、双手分类

按使用单、双手分类,可以分为单式手势和复式手势。单手做的手势叫单式手势;用双手做的手势叫复式手势,在运用时要注意以下三点。

(1) 感情的强弱。一般来说,讲到批评或表扬、肯定或否定、赞同或反对时,其情感特别强烈时,则可用复式手势。在一般情况下,用单式手势较为合适。

(2) 听众的多少。一般来说,会场较大,听众较多的场面,为了强化手势的辅助作用,激发听众的情感,可以用复式手势。反之,用单式手势较为合适。

(3) 内容的需要。形式是为内容服务的,这是决定用单式手势或复式手势的最根本的依据。如果离开了内容的需要,即使会场再大,听众再多,也不宜用复式手势。同样,根据内容的需要,应该用复式手势时,如果使用单式手势,则显得单薄无力。

6.2.5 注意事项

演讲时,可以根据自己想要取得的演讲效果,结合使用不同的演讲手势。演讲者在演讲时确立一个正确的手势形象时,要注意以下一些规则。

1. 使用手势要准确、适度

所谓准确,是指手势与语言内容要一致,不能让人费解和产生误解,虽然相同单位手势在不同的民族、国家会表达不同的意思,但手势又有一定的规定性和更大的一致性。如果演讲者"言行不一",就会搞得听众丈二和尚摸不着头脑。手势应当适时地与你的语言信息相配合,当你说到有三点时,你的动作应当在你说到"三"的时候同时做出,如果你说完之后又停顿了一两秒才竖起三根手指,那就糟糕了。

所谓适度,是指演讲时手势的频率和幅度。先说频率,演讲者在演讲中自始至终没有任何手的动作,固然显得生硬呆板,但动作太多,又会喧宾夺主,使听众根本没有注意到他所讲的内容。手势的幅度要视听众的多少和会场的大小而定。在许多正式的演讲场合,特别是向一大群听众演讲时,更大胆、更大幅度、更戏剧性的手势比较合适,而非正式情境下小范围内的听众则适合较为不正式的手势。

2. 使用手势要简练

简练,就是每一个手势都力求简单、精练、清楚、明了,要做得干净利落,不拖泥带水,个别的演讲者出于哗众取宠的心理,经常在自己的手势上加一点花样,结果反倒使听众茫然不解,其实,手势越简练越有表现力。

3. 使用手势要自然

自然是指手势不要太机械,不要太僵硬。演讲者的手势贵在自然,自然才是感情的真实流露,自然才能表达情意,才能给人以美感。呆板的手势会使听众感到不舒服,甚至反感。

演讲者的手势从来都不是单独进行的,他的一招一式,总是和声音、姿态、表情等密切配合进行的,只有将一切表演手段都调动起来,共同为总目标服务才能产生感染力,就如身边的同学,有好多人包括作者自己有时候话说完了,可手势却还在做,这就会使听众感到滑稽可笑。

再者,要使用那些最有效的适合你的手势,不要试图让自己成为另外一个人。耶西·杰克逊的风格或许会对你有用,但你毕竟不是耶西·杰克逊。你的手势应与你的性格相配,即便不做任何手势,也要比做笨拙、令人分心的手势或模仿别人的手势好得多。

4. 使用手势要谨慎

每个人所特有的具有表现力的手势动作是有限的,不谨慎使用就会与所有人一样,失去特性,其演讲也就失去了光彩。因此,演讲时不要滥用手势。手势不应该太引人注目,听众关注的并不是你的手势是否美观或合适,而是你的信息。你的目的是向听众传递信息,而不是让你的表演获得更多的关注。

6.3 躯体语言

人与人之间的微妙关系有时就在躯体语言中得到体现。躯体语言包括胸、腹、腰、背、肩、腿、脚的动作。相对来说,身躯各部位的动作受到了生理方面的限制,但身躯部位一旦与手的动作相配合,其表达的信息就丰富多彩了。

6.3.1 上肢语言

人类的上肢与下肢相比,骨骼轻巧,关节囊薄而松弛,侧副韧带少,肌肉多,肌形较小而细长,故运动灵活。在躯体语言中,上肢语言也要比下肢语言更为丰富,包括胸、腰腹、肩、背的动作语言。

1. 胸部

(1) 挺胸。当一个人挺起胸脯时,有扩大身体范围之意,是在表现自信,从而显示自己的优越地位或精神优势;而人在面对来自他人的威胁或挑衅时,往往也会用挺胸的动作去侵犯他人的身体空间作为强势回应,同时,将人体脆弱的心脏部位暴露给对手,也是在暗示"来吧,我无所畏惧,你不能把我如何"。对于矮个子演讲者而言,挺胸抬头是一个非常实用的表示自信的动作,可以借助挺胸来树立精神上的优势,比如列宁和拿破仑。挺胸直背还能给人自信、精神饱满、严于律己的感觉,而且外形也能给人以美感,可谓一举多得。

(2) 抱胸。双手抱于胸前则是典型的防御姿势,原因也是因为心脏等是脆弱部位。冷兵器时代武士需要穿上厚实的护心镜,日常生活中,保护的意识就演变成了用手护住心脏。在公共关系学中,此种姿势是较为忌讳的,会给人以不信任、拒人千里之外的感觉。但女性的自我拥抱动作往往另有含义,一个女性常做自我拥抱的姿势,往往意味着她内心希望得到别人的拥抱和关怀。

(3) 以手按胸。某些地域的人用右手按在心脏部位的动作,或者双手揖于胸前,有献出自己心脏之意,借以表示自己的忠诚、诚实和可靠;很多人特别是女性在受到突然惊吓时,会本能地用双手保护胸部,这是人类自我防卫动作的一种遗传。

2. 腰腹部

腰腹是人体重要器官聚集之处,也是人体最脆弱的一部分,因此相当敏感。当我们遇到喜欢的人或事时,我们会倾向于将腰腹部转向它;反之,当我们感到事情不妙,比如遇到了棘手或者讨厌的话题,则倾向于用侧腹甚至背部朝向对话者。

腰腹也与人的精神状态有关。通常情况下,如果有人采取缩腹卷曲的姿态,可以反映其内心处于不安或消沉萎靡状态。专家发现一个有意思的现象,如果在一次商业会议上,当讨论者开始脱掉外套时,便可判断出,他们所讨论的议题,有达成的可能性。反之,当人们觉得没有达成共识的可能性之前,是不会脱掉外套的。与人交往时,对方脱掉外衣或解开外衣纽扣,那是一种表示坦率友好的含义。穿着西装,人们在表示严肃态度的时候,鲜有解开纽扣的。人们在需要振作的时候,会有重新束紧皮带的动作,就如同比武之前,人们会勒紧腰带,大喝一声,这是典型的自我暗示加油的动作。腹部肌肉的紧张与松弛的程度,可以反映这个人的积极或消极状态。还有些人,在感觉愤怒或紧张时,会抚摩腹部,感到忧虑和害怕时会将枕头抱在身前,就像抓住"救命稻草"一样。

古人说"摧眉折腰",我们现在说"点头哈腰",弯腰意味着奉承、尊敬或者受到表扬时的谦逊,可以理解为一种示弱的表现。在日本这种弯腰幅度就跟地位高低有关联。如果只是朋友介绍,弯腰 30°即可;而如果是位置较高的人,弯腰幅度可达 70°。在藏传佛教中,甚至人要五体投地。

3. 肩部

从生理学的角度来看,肩膀主要起着连接作用,为保证手臂既能够运动自如又具有一定力量,肩膀必须在韧性与力量间寻求一个平衡;从肢体语言的角度来看,肩膀则可以起扩大或缩小身体范围的作用,同时也可以表达威严、惊恐、依赖、攻击、胆怯、失落等诸多含义。

美国的肢体语言专家劳温分析说,当一个人满腔愤怒时,会将双肩往后耸;使劲张开双臂的肩膀代表着有强烈的责任感,有时也有振作精神、准备做某项事的含义;而当自感负担太重时,人往往会无意识地将双肩向前挺出,似乎在暗示肩部不堪重负。所谓"铁肩担道义,妙手著文章",肩部是责任与尊严的象征。因此,盔甲、军服、西装等服饰,都特意垫高肩部以体现一种权力和威严,对于有功的军人,还可在肩上斜披绶带。某些男性将上衣搭在肩上走路,其实是下意识里扩大肩的势力圈的表现。

肩部收缩说明人正处于消极状态中,缺乏自信,而且感到不自在。这一动作的焦点是双肩缓缓上升,人们做这种动作的目的就是想缩回自己的头部。老师在学生面前讲话时,特别是在批评一些违规行为时,经常可以看到一些学生做这样的动作,表现差的学生的肩膀不断上升,仿佛要把他们的头藏起来。

耸肩这一动作蕴含着丰富的含义,分为局部耸肩和双肩耸动。当老师问学生:"你考试作弊了吗?"学生可能会回答:"没有。"如果他只是微微地耸动肩膀,那么有可能没有说实话;如果他的双肩敏锐地、积极向上地耸动,且幅度较大,那么这种背离重力的行为就表示他对自己的话确信无疑,这时可以判断他有很大概率说的是真话。

4. 背部

背部所发出的体态语言有三种表达方式:一是从形态上来表示;二是从转身的方向和

角度来表示；三是从接触方式来表示。

(1) 从背部的形态来看，挺胸抬头，挺直脊背的人，往往被认为律己甚严，信心十足；而驼背的人往往比较慎重，性格内敛，甚至有点孤僻，会给人不自信的印象，如果在人前不但弓着背，而且低着头，闭起眼，则表示畏惧对方，在精神上完全处于劣势。因此，当两个人谈话，一个人挺着胸，一个人弓着背，两者尊卑关系不言自明。

(2) 从转身的方向和角度来看，背过身可能意味着讨厌和拒绝，也可能意味着守密。比如情侣产生纠纷，女方转过背去，对于男性来说，这意味着拒绝；但女性的意思往往是双重的：一是我很生气；二是你过来劝我吧，这样我就不生气了，这就是所谓暧昧的相互作用。又如打电话时转过背去，一般意味着通话人的通话内容可能涉及秘密，因此不愿被身边的人听到。

(3) 从接触方式来看，背部也常用来表达亲密关系。"勾肩搭背"能显示出亲密的伙伴关系；抚摩别人背部，有关心安抚的意思；拍别人的背部则有鼓励嘉许之意；背靠背而坐，则是情侣热恋时常见的姿势。

6.3.2 下肢语言

1. 腿和脚

脚总是能够如实地表达一个人的感觉和意图。自古以来，脚和腿一直就是保障人类生存、帮助人类逃离危险、用踢打的方式自卫的重要工具，在人类进化过程中，腿部动作主要服务于两种目的：一是向前走以获得食物；二是遇到危险时逃跑。由于人类大脑直接关联着这两种基本目的，走向自己想要的东西和远离自己讨厌的东西，所以脚总是能够如实表达一个人的感觉和意图。在解读肢体语言时，我们大多数时候都习惯由上至下，但面部表情是较容易伪装的，反倒是腿和脚的语言难以作假。

(1) 走路的姿势。谈腿和脚时就必须提一提人们走路时的样子，它们可以反映一个人的情绪或态度。当一个快乐、亲切的人突然听到她爱的人受伤的消息时，他或她的走路姿势会马上发生变化。坏消息或噩耗能驱使一个人夺门而出，不顾一切地跑向需要帮助的人，也能导致这个人步伐沉重，仿佛整个世界的重量都压在他一个人的身上。

走路姿势的改变是非常重要的非语言行为，因为它们会警告我们什么地方出了差错，或是有什么问题潜伏着，或是周围的环境可能会发生变化，总而言之一定是有事情要发生了。如果我们找出了这个人步态突变的原因，就有助于我们更有效地应对这个人接下来的行为。

(2) 快乐脚。快乐脚是指高兴时腿脚一同不自觉地摆动或颤动的姿态。当听到或看到某些意义重大，认为有想象不到的收获或得到重要利益、价值的事情时，快乐脚就会突然出现，比如一个紧张等候考试成绩的学生正在打电话，如果她的脚最初平放在地板上，但通话过程中却突然开始颤动，那么虽然她什么也没有告诉你，但她的脚已经说明了一个可能性：她通过电话得知自己考试通过了。又如打牌时，你的对手突然开始抖脚，那很可能是他拿到了一手好牌，这时你就要多加小心了。

脚步的动作比较难以探查，想要寻找快乐脚无须钻到桌子下面，只要看看一个人的衬衫或肩膀就可以了。因为一个人的脚在摆动、打拍子或颤动,他的衬衫和肩膀就会随之摇摆或上下震动。虽然这些动作非常细微,但是只要多用心,还是能够察觉到。

(3) 轻摇腿脚。每个人肯定在学校或者办公室都做过这样的动作:躯干保持静止,但是腿和脚趾动来动去。这样的动作代表什么?与刚刚说到的"快乐脚"不同,上身保持不动的人轻摇腿脚是在表现一种不悦,可能有些不耐烦或是希望尽快将事情的进度向前推进。一旦腿和脚的轻摇变成了"踢"的动作,那就代表当事人对于周围发生事物的回应可能是消极的,恨不得一脚踢开他。

(4) 转向脚。当对方一只脚或者两只脚的脚尖调整到远离你的位置上,是很强烈的暗示,说明他想要离开。当你和你的朋友聊天聊得很投机,却发现他将腿拐到了与他身体成直角的位置,这只脚好像要自己离开一样,那就说明他有事想要离开一会儿,或者是接电话,或者是突然想起别的什么情况。

(5) 叉开的双腿。我们的社会经济地位和等级越高,对领地的占有欲就越强烈,而岔开的双腿是最明显、最容易被认出的"捍卫领地"式的行为,这样不仅会让我们站得更稳,而且能占到更多的地盘,可以代表"这是我的地盘,我谁都不怕"或者"在这儿我说了算"的意思。有时候使用叉腿动作是有利的,特别是当你想要树立权威时。而如果你面前的人从双腿并在一起变成叉开,那么有可能这个人的情绪在变糟,态度也在变得强硬。

(6) 高度舒适感。对腿和脚的细心观察能帮助你提高人际交往中的舒适度,反之亦然。双腿交叉尤其能反映出我们社交时的舒适感。因为,如果交往中感到不舒服,我们是不会做出这样的动作的。另外,我们在别人面前感到自信时也会将双腿交叉。

一个独自站在电梯里的人很可能会将双腿交叉,因为一个人是很自在的。但是,当有人走进来时,他(或她)会很快站回正常的姿势,让双脚紧紧地站立在地板上。当我看到两个交谈中的人都将双腿交叉时,我便知道他们都感到很轻松。首先,这是两个人之间行为的映射(即我们所知的趋同行为,这是一种舒适的信号)。其次,因为双腿交叉是高度舒适感的体现,这种身体语言可以运用到人际交往中,它会让别人知道,你们之间的关系很好,彼此可以完全放松下来。可见,双腿交叉是一种交流积极情感的重要方式。

人坐着时交叉的双腿同样能给我们启示。当两个人并肩坐在一起时,他们双腿交叉的方向是很有意义的。如果他们关系很好,压在上面的一条腿应该指向另一个人的方向。如果其中一个人不喜欢他的同伴,他会将双腿换个方向。这样一来,大腿就成了一道壁垒,这种阻断行为是边缘大脑保护我们的另一种方式。

2. 臀部

臀部的肢体语言,主要反映在人的坐姿方面。手脚伸开懒洋洋地坐在椅子上(深坐),说明此人相当自信,对谈话对象稍有些瞧不起;骑在椅子上,说明对方抱有敌意,或在采取一种寻衅斗殴的自卫立场;习惯坐在椅子边上(浅坐),说明对方不自信,还有几分胆怯,在做随时站起来和中断话题的准备;使劲趴着桌子坐着,说明此人对话题很感兴趣,也表现出几分不拘小节;而如果一个人表现出"坐立不安",那就说明他精神上有压力,如果人们听报告或上课,觉得枯燥乏味,会有此种动作;屁股前移至椅子的前端,说明这个人要准备向对方让步、合作或要征服对方；如果坐姿端正，“坐如钟”，可以表达不卑不亢的态度。

6.4 空间语言

从心理学的角度讲，一个人对空间需求的欲望是有限的。当一个人的个人空间大于他所需要的空间时，他就会感到孤独；当一个人的空间小于他所需要的空间时，或当他的空间范围受到侵犯时，他就会感到烦躁不安。可见，人际交往中，双方之间距离发生的动态变化，是很值得注意的一种语言，这种空间语言能够表示出人际交往的关系变化，并无声地传达出某种信息。

1963年，美国人类学家霍尔对人类交往的空间距离问题所进行的研究很有名，他在《近体行为的符号体系》一文中提出了“近体学”或“人类空间统计学”的概念，认为在人们沟通时互动双方的空间由近及远可以分为四个区域，即亲密距离、个人距离、社交距离和公共距离，这一学说直至今日依旧被人们普遍采用。

1. 亲密距离

亲密距离是人际交往中的最小间隔或几无间隔，也就是我们经常说的“亲密无间”，其近范围在6英寸(约15厘米)之内，彼此间可能肌肤相触，耳鬓厮磨，以至相互能感受到对方的体温、气味和气息。其远范围是15～44厘米，身体上的接触可能表现为挽臂执手，或促膝谈心，仍体现出亲密友好的人际关系。一般是亲人、很熟的朋友、情侣和夫妻才会出现这种情况。

就交往情境而言，亲密距离属于私下情境，只限于在情感上联系高度密切的人之间使用，在社交场合，大庭广众之下，两个人(尤其是异性)如此贴近就不太雅观。在同性别的人之间，往往只限于贴心朋友，彼此十分熟识而随和，可以不拘小节，无话不谈。在异性之间，只限于夫妻和恋人之间。因此，在人际交往中，一个不属于这个亲密距离圈子内的人随意闯入这一空间，不管他的用心如何，都是不礼貌的，会引起对方的反感，也会自讨没趣。当无权进入亲密距离的人闯入这个范围时，会令人不安。

在拥挤的公共汽车、地铁和电梯上，由于人员的拥挤，亲密距离常常遭到侵犯。于是，人们尽可能地在心理上保护自己的空间距离。在西方，当你在电梯或者公共交通工具里碰到拥挤的局面时，有一些不成文的规则是必须遵守的：你不能同任何人说话，即使是你认识的人；你的眼神必须始终避免同他人眼神的接触；面部不能有任何表情；人越拥挤，你的身体越不能随意动弹；在电梯里，你必须看着头上的楼层号码等。

2. 个人距离

个人距离是45～120厘米，就像伸手碰到对方那样，虽然认识，但是没有特别的关系。这是在进行非正式的个人交谈时最经常保持的距离。和人谈话时，不可站得太近，一般保持在50厘米以外为宜。这是人际间隔上稍有分寸感的距离，较少有直接的身体接触。个人距离的近范围为46～76厘米，正好能相互亲切握手，友好交谈。这是与熟人交往的空间。陌生人进入这个距离会构成对别人的侵犯。

个人距离的远范围是76～122厘米。任何朋友和熟人都可以自由地进入这个空间，不过，在通常情况下，较为融洽的熟人之间交往时保持的距离更靠近远范围的近距离(76厘米)一端，而陌生人之间谈话则更靠近远范围的远距离(122厘米)一端。

人际交往中，亲密距离与个人距离通常都是在非正式社交情境中使用，所以做演讲时并不常用。

3. 社交距离

社交距离是120～370厘米，就像隔一张办公桌那样。一般工作场合人们多采用这种距离交谈，在小型招待会上，与没有过多交往的人打招呼可采用此距离，是体现出一种社交性或礼节上的较正式关系。其近范围为1.2～2.1米，一般在工作环境和社交聚会上，人们都保持这种程度的距离。一次，一个外交会谈座位的安排出现了疏忽，在两个并列的单人沙发中间没有放增加距离的茶几。结果，客人自始至终都尽量靠到沙发外侧扶手上，且身体也不得不常常后仰。可见，不同的情境、不同的关系需要有不同的人际距离。距离与情境和关系不相对应，会明显导致人出现心理不适感。

社交距离的远范围为2.1～3.7米，表现为一种更加正式的交往关系。公司的经理们常用一个大而宽阔的办公桌，并将来访者的座位放在离桌子一段距离的地方，这样与来访者谈话时就能保持一定的距离。如企业或国家领导人之间的谈判，工作招聘时的面谈，教授和大学生的论文答辩等，往往都要隔一张桌子或保持一定距离，这样就增加了一种庄重的气氛。在社交距离范围内，已经没有直接的身体接触，说话时，也要适当提高声音，需要更充分的目光接触。如果谈话者得不到对方目光的支持，他(或她)会有强烈的被忽视、被拒绝的感受。这时，相互间的目光接触已是交谈中不可缺少的感情交流形式了。

4. 公共距离

公共距离的近范围为3.7～7.6米，远范围在7.6米之外，一般适用于演讲者与听众、彼此极为生硬的交谈及非正式的场合。在商务活动中，根据其活动的对象和目的，选择和保持合适的距离是极为重要的。这是一个几乎能容纳一切人的"门户开放"的空间，人们完全可以对处于空间的其他人"视而不见"，不予交往，因为相互之间未必发生一定的联系。因此，这个空间的交往，大多是当众演讲之类，当演讲者试图与一个特定的听众谈话时，他必须走下讲台，使两个人的距离缩短为个人距离或社交距离，才能够实现有效沟通。

人际交往的空间距离并非一成不变，而是具有一定的伸缩性，这依赖于具体情境、交谈双方的关系、社会地位、文化背景、性格特征、心境等。

社会地位不同，交往的自我空间距离也有差异。一般来说，有权力、有地位的人对于个人空间的需求相应会大一些。此外，人们对自我空间需要也会随具体情境的变化而变化。例如，在拥挤的公共汽车上，人们无法考虑自我空间。若在较为空旷的公共场合，人们的空间距离就会扩大，如公园休息亭和较空的餐馆，别人毫无理由地挨着自己坐下，就会引起怀疑和不自然的感觉。

我们了解了交往中人们所需的自我空间及适当的交往距离，就能有意识地选择与人交往的最佳距离，而且，通过空间距离的信息，还可以很好地了解一个人的实际社会地位、性格以及人们之间的相互关系，更好地进行人际交往。

案例分析

用肢体语言塑造你自己
——哈佛商学院副教授 Amy Cuddy 在 TED 的演讲稿

首先，我想要提供给你们一个免费的、非科技的人生窍门。你只需这样做，改变你的姿势两分钟时间，但在我把它告诉你们之前，我想请你们，就你们的身体和你们身体的行为做一下自我审查。

你们之中有多少人正蜷缩着自己？或许你现在弓着背，还跷着二郎腿，或者双臂交叉。有时候我们像这样抱住自己，有时候展开双臂，我看到你了。

现在请大家专心在自己的身上，我们等一下就会回溯刚刚的事，希望你们可以稍微改变一下，这会让你的生活变得很不一样。

所以，我们很执着于肢体语言，特别是对别人的肢体语言感兴趣。你看，我们对尴尬的互动，或一个微笑，或轻蔑的一瞥，或奇怪的眨眼，甚至是握手之类的事情感兴趣。

所以一个握手，或没有握手，我们都可以大聊特聊一番，即使 BBC 和《纽约时报》也不例外。

说到肢体行为或肢体语言时，我们将之归纳为社会科学，它就是一种语言。

所以我们会想到沟通；当我们想到沟通，我们就想到互动，所以你现在的身体语言正在告诉我什么？

我的身体又是在向你传达什么？

有很多理由让我们相信这些是有效的，社会科学家花了很多时间，求证肢体语言的效果，或其他人的身体语言在判断方面的效应，而我们环视身体语言中的信息做决定和推论。

这些结论可以预测生活中很有意义的结果，像是我们雇用谁或给谁升职，邀请谁出去约会。举例而言，Tufts（塔夫斯）大学的研究员 Nalini Ambady 表示，让人们观赏一部医生和患者互动的 30 秒无声影片，他们对该医生的和善观感，可用来预测该医生是否会被告上法庭，跟这个医生能否胜任工作没有太大关系，重点是我们喜不喜欢他，和他们是如何与人互动的。

进一步来说，普林斯顿的 Alex Todorov 表示，我们对政治人物脸部的喜好判断，大概可用来对美国参议院和美国州长的竞选结果做 70%的预测，甚至就网络上在线聊天时使用的表情符号，可以帮助你从交谈中得到更多的信息。

所以你千万别弄巧成拙，对吧？

当我们提起肢体语言，我们就想到我们如何论断别人，别人如何论断我们以及后果会是什么。我们往往忘记这点，受到肢体动作所影响的那群观众就是我们自己。

我们也往往受自己的肢体动作、想法、感觉和心理所影响，所以究竟我说的是怎样的非语言？

我是一位社会心理学家，我研究偏见，我在一所极具竞争力的商业学院上课，因此无可避免地对权力动力学感到着迷，特别是在非语言表达对权力和支配的领域，权力和支配的非语言表达究竟是什么？

让我细细道来，在动物王国里，它们和扩张有关，所以你尽可能地让自己变大，你向外伸展占满空间，基本上就是展开。

关于展开，我说真的，透视动物世界，这不仅局限于灵长类，人类也干同样的事，不论是他们长期掌权或是在某个时间点感到权力高涨，他们都这么做，特别有趣的原因是，它让我们明白权力的展现从来是如此的一致，不管古今世界。

这种展现，被认为是一种荣耀。Jessica Tracy 研究表示，视力良好无碍和先天视力有障碍的人，在赢得比赛时都做了同样的事，当他们跨过终点线赢得比赛之际，无论能否看得见，他们都做这样的动作，双臂朝上呈 V 字形，下巴微微抬起。

那我们感到无助的时候呢？

我们的行为正相反，我们会封闭起来，我们把自己蜷起来让自己变得小一点，最好别碰到别人。这再一次证明，人类和动物都做同样的事，这就是当你有力量和没力量时的行为，所以当力量来临时，我们会迎合别人的非语言；若有人相对权重大于我们时，我们倾向把自己变得较小，不会模仿他们，我们做和他们正相反的事情。

当我在课堂上观察这种现象时，你猜我发现了什么？

我发现 MBA 的学生真的很会充分利用肢体语言，你会看到有些人像是统治者，走进房间，课程开始之前一屁股坐在正中间，好像他们真的很想占据整个教室似的。当他们坐下的时候，身体会展开，像这样举手。

有些人则不然，他们一走进来，从他们的脸和身体上你会发现，他们坐在椅子上的时候把自己变得很萎靡，然后举手的时候是这种姿势。

我观察到很多事情，其中一件不令人惊讶，就是跟性别差异有关，女人比男人更容易出现这种状况，女人一般比较容易比男人感到无力，这并不太令人意外。

然而我发现的另一件事是，这似乎也跟学生参与的程度高低有关，就 MBA 的课来说这真的非常重要，因为课堂参与程度要占成绩的一半。

所以商学院一直以来都为此伤脑筋，入学的时候男生女生是不分上下的，可是成绩出来却有性别差异，而看起来有一部分原因和参与度有关。所以我开始思索，好吧，这群人一开始进来是这样，他们参与其中，那有没有可能让大家来假装，让他们更多地参与进来？

我在加州大学伯克利分校的主要合作研究伙伴 Dana Carney，和我都很想知道，你能假装成功吗？譬如，只做一下，然后就体验到一个让你感到更加充满力量的结果。

所以得知非语言如何掌控他人，对我们的想法和感受有很多证据可以证明。但我们的问题是，我们非语言的部分，是否真能掌控我们自己的想法和感受？

这里确实有些证据可以表明，举例来说，当我们高兴的时候我们会笑，但同样地，当我们含着一支笔练习笑容的时候，我们也会感到开心，这说明这是相互的。说到力量的时候亦是如此。所以当我们感到充满力量的时候，你更加可能会这样做，但你也可能假装自己很有力量，然后会真的感到力量强大。

第二个问题就是，我们知道心理状态会影响身体，那么身体是否能影响心理呢？

这里所说的心理充满力量，究竟指的是什么？

我指的是想法和感觉和可以组成我们想法和感受的实际事物。这个充满力量和没有力量的心智是什么样的呢？毫不令人意外，心理坚强的人往往比较果断、自信且乐观，就连在赌注里也觉得他们会赢。

他们也倾向于能够抽象地思考，所以这其中有很大区别。他们更敢于冒险。

这里跟大家分享一个小故事。

在我19岁的时候，发生了一场很严重的车祸，我整个人飞出车外，滚了好几圈。我是被弹出车外的，之后在休息室醒来以后发现头部受重伤。我从大学里休学，别人告知我智商下降了2个标准差，情况非常糟糕。

我知道自己的智商应该是多少，因为我以前被人家认为是很聪明的那种人，小时候大家都觉得我很有才华。当我离开大学时，我试着回去，他们都告诉我说，"你没有办法毕业的，你知道，你还可以做很多其他的事啊，别往死胡同里钻了"。

我死命挣扎，我必须承认，当你的认同感被剥夺的时候，就我而言是我的智力被夺走了，再没有比这个更加无助的时候了，我感到完全的无助，我拼命地、疯狂地努力，幸运眷顾，最终我从学校毕业了，我比其他同学多花了四年的时间，然后说服我的恩师 Susan Fiske 让我进入了普林斯顿。

我当时觉得，我不应该在这里，我是个骗子。在我第一年演讲的那个晚上，普林斯顿第一年的演讲，大约是对20个人做20分钟的演讲。

我当时十分害怕隔天被拆穿，所以我打电话给我的恩师说："我不干了。"她说："你不可以不干，因为我赌在你身上了，你得留下。"

你被要求每个演讲都得照办，你得一直讲一直讲，即使你十分恐惧，脚瘫了，灵魂出窍了，直到你发现你在说："噢，我的天啊，我正在做这件事，我已经成为它的一部分了，我正在做它。"

这就是我所做的。我后来去了哈佛。在哈佛，我没有再想到以前的恐惧，但之前有很长一段时间，我都在想这件事，即"不应该在这里，不应该在这里"。

所以哈佛第一年结束，我对整个学期在课堂上都没有说过话的一个学生说：你得参与进去，否则你不会过这一科的，来我的办公室吧！其实我压根儿就不认识她。她很挫败地进来了，她说"我不应该在这里"。

就在此刻，两件事发生了，我突然明白，天啊！我再也没有这种感觉了。你知道吗？我再也不会有那种感觉，但她有，我能体会到她的感受。

第二个想法是，她应该在这里，她可以假装，一直到她成功为止。所以我跟她说，"你当然应该，你应该在这里"。

明天起你就假装，你要让自己充满力量，你要知道你将会——"你要走进教室，你会发表最棒的评论"。她就真的发表了最成功的评论。

几个月后她来找我，我才明白，她不仅只是假装到她成功为止，她已经融会贯通，整个人脱胎换骨。我想对大家说，不要仅为了成功而假装，要把它融入你骨子里去。知道吗？持续地做，直到这种自信内化到你骨髓里。

资料来源：豆丁网. 肢体语言塑造你自己[EB/OL].（2017-01-16）. http://www.docin.com/p-1835286537.html.

【问题讨论】 结合本章内容和上述案例，说说体态语言的重要性，以及我们如何在演讲和实际生活交流中用肢体语言塑造自己。

习题

一、选择题

1. 演讲离不开有声语言和（　　）。

A. 手势动作　　B. 体态语言　　C. 眼神交流　　D. 头部动作

2. （　　）是演讲面部表情的核心。

A. 微笑　　B. 平和　　C. 热烈　　D. 悲伤

3. 演讲过程中的手势语言可以分为（　　）。

A. 指示手势　　B. 模拟手势　　C. 抒情手势　　D. 个性化手势

4. 人际交往的空间距离可分为（　　）。

A. 亲密距离　　B. 个人距离　　C. 社交距离　　D. 公共距离

5. 下面属于态势语言中眼神的运用方法的是（　　）。

A. 虚视法　　B. 环视法　　C. 点视法　　D. 前视法

二、简答题

1. 什么是“前视法”？演讲者应如何利用这种方法？

2. 说说演讲中使用手势的注意事项。

第 7 章　倾 听 能 力

【本章学习目标】

1. 了解倾听和倾听能力的基本概念。
2. 了解倾听的重要意义、三个级别和四种风格。
3. 掌握倾听的障碍(主观因素和客观因素)。
4. 掌握倾听的实用技巧。

【导入案例】

论商务沟通中的有效倾听

商务沟通是指在商业活动中,沟通者之间运用一定的沟通方式相互传递信息、交流思想、表达情感的一个过程。在这个过程中,需要交流的双方真诚相待、友善交流、彼此信任、协商合作、相互支持,才会实现商务沟通。在商务沟通中,人们主要是通过语言交流实现沟通的。所以,一提到沟通,人们往往想到的是要有良好的语言表达技巧,却忽视了倾听。事实上,在实现沟通的过程中,我们不可能总是处于"说"的位置,而是需要学会很好地倾听。斯蒂尔博士的研究表明:人们每天花在与人沟通的时间中,9%用于写东西,16%阅读,30%说话,45%倾听。"听"是"说"的基础,是有效沟通的前提。一些专家认为,沟通并没有什么特别的秘诀,最重要的就是倾听对方的说话,这比任何阿谀奉承都更为有效。学会倾听,才能集思广益,明辨是非,实现有效的双向交流沟通。也就是说,既要会说,说得恰到好处,切中要害;还要会听,听得仔细,理解正确。而现实是人们比较重视说,而忽略了听,所以,常常导致商务沟通的失败。

1. 商务沟通中倾听的作用

在商务沟通中,倾听是商务沟通的一个重要组成部分和一项技能,是实现有效沟通的一个手段。作为商务工作者,要会听、善听,有效地倾听。倾听在商务沟通中的作用如下。

(1) 倾听能给客户留下好印象。善于倾听,能认真、耐心地倾听客户谈话,就会让对方感到你是一个值得信任的人,是一个值得交往的对象,继而形成良好的印象,打消戒备心理,愿意与你交谈并接受你的产品或服务。

(2) 倾听可获取客户的重要信息。倾听在沟通中是一种鼓励方式,能让对方感到被尊重,愿意表露真情。只有认真地倾听对方的陈述,鼓励对方讲出实情,观察对方的语气、语调,捕捉对方的情绪变化,才能及时获得更多的信息。

(3) 倾听才能发现说服对方的关键。在商务沟通中,只有认真地倾听,理解了对方的真正意图,才能找到解决问题的关键,促使商务沟通的实现。

(4) 可掩盖自身弱点。在商务沟通中,当遇到对方很强势时,不要急于表白。先询问对方,耐心倾听,了解对方,掩盖自身的弱点和不足,变被动为主动。特别是遇到投诉、自己违约等,要先耐心倾听,了解对方的意见和态度,再做决定。

(5) 倾听有助于合作的成功。倾听是有效沟通的关键要素,是更好地推动商务活动成功的重要技巧。只有认真、用心地倾听,才能了解客户,找到商机。

2. 商务沟通中倾听存在的问题

在商务活动中,由于双方都是为了争取自己的利益最大化,所以容易发生争执,产生分歧,使商务沟通不能实现,究其原因,很多是因为倾听中的失误造成的。

(1) 听不进对方的谈话。许多商务工作人士在与客户交流时,不能接受对方的意见。当客户讲述时,看起来是在倾听,而实际上是在找反驳的理由,时刻准备反击对方,听不出客户的真正意图所在,失去商机。

(2) 急于发表言论。在商务场合,有些人为了争取主动,占上风不吃亏,急于发表个人言论,常让客户失去信任,不利于与客户的沟通。

(3) 排斥异议。很多商务工作者,在与客户的接触交流中,容不得对方提出异议,总是认为自己是做商务工作的,掌握信息多,了解具体情况,比较内行,因此,容不得不同意见。

(4) 歧视对方。商务工作人员常犯的一个错误就是以貌取人,从外表判断对方,印象好,就愿意交谈接待;印象差,就比较冷漠,不愿意与之打交道,也常常失去客户。

(5) 不愿意与客户交谈。很多商务工作者,缺乏耐心,不愿与客户进行沟通,等着客户上门主动成交,因而失去了耐心倾听的机会,不了解客户的真正需求。

(6) 预先下结论。在没弄清对方要表达的意思之前,就先入为主,凭主观想象下结论,使双方产生矛盾或纠纷,致使商务沟通无法实现。

(7) 理解能力不足。由于个人文化素养和专业基础知识以及文化习俗等原因、对客户所表达的意思理解不到位,听不明白或听不懂而造成了许多误会。

(8) 选择性地听。只关心自己关注的问题,不能站在对方的角度认真倾听,经常是没有听全面,而使沟通失败。

(9) 过分依赖笔记。在听对方讲话时,只重视记笔记,而没有真正听明白对方讲什么。不能完整地领会对方所要表达的意思。

3. 商务沟通中倾听的原则

(1) 专心。在商务沟通过程中,要始终保持积极的心态,认真专心地去倾听客户所传达的信息。

(2) 移情。在与客户进行沟通时,要站在对方的角度,设身处地地去替客户着想,理解对方的意图,能够专心地倾听。

(3) 客观。与客户的沟通,要站在客观的角度,考虑双方的利益,坚持互惠互利,自愿买卖,公平交易,客观公正地使双方都能最大限度地获利。

(4) 完整。倾听一定要听完整,听出对方的弦外之音,听明白隐含的意思。商务场合,经常遇到对方并不直接表露真正意图的情况,所以,有效的倾听是要用心、用脑、用眼去听。

4. 商务沟通中有效倾听的主要环节

倾听是一门需要不断修炼的艺术。在商务活动中,有效倾听所发挥的作用绝不亚于陈述和提问,良好的倾听技巧可以帮助商务人员解决与客户沟通过程中的许多分歧。倾听如此重要,但大多数商务工作者的倾听能力都不尽如人意,常因没有很好地倾听,而产生矛盾和纠纷。在商务沟通中,要把握好以下环节。

(1) 准备倾听。要想了解客户,就要让客户讲话;要想实现与客户良好的沟通,就必须重视客户,保持良好的精神状态,做好积极倾听的准备。如心理准备、身体准备、态度准备及情绪准备等。在交谈前,要停止手中的工作,关掉手机,表情放松,注视对方,用平和的心态专注地倾听对方讲话。恐慌的心理、疲惫的身体、黯然的神态及消极的情绪等都可能使倾听归于失败。

(2) 发出倾听信号。在对方讲话前,要目光专注地注视着对方,表现出对客户的谈话感兴趣,并主动让对方谈谈他的想法。当对方讲话时,要表情放松,注视对方,保持目光接触,专注地倾听。在倾听中,对对方的谈话不时地赞许性地点头,表示你能接受对方,并让对方继续他的谈话。倾听中要做到充分接收信息,正确倾听"弦外之音"。

(3) 积极配合对方。在倾听中,要用眼神和对方有交流,并不时地点头表示在倾听。让对方完整地把话说完。不要中间插话打断对方的讲话,必要时,可以礼貌地打断,请对方再一次表明意思,再请对方继续谈话。有问题待对方讲完后再提出。在倾听时,不能表现出不耐烦,左顾右盼、东摇西晃、发出响声、频繁接打电话等举动都会影响对方的谈话。还要避免似听非听,假装附和,而实际却思想游离,并未真正注意倾听。

(4) 充分接收信息。商务沟通中,达到有效性的关键取决于能否在双方之间充分地表达和接收信息。倾听就是为了很好地接收信息。商务工作人员在倾听过程中,要站在对方的角度,理解对方,听完整、听明白对方的话,特别是有分歧的问题,不要急于争辩,先冷静分析、思考。

(5) 理解对方的主要信息。在倾听过程中,要明确与对方沟通的目的,维护大局,边听边分析,进行思维重组,将对方的谈话内容梳理、归纳、转换为自己理解的意思,同时要仔细分辨对方谈话的语气、语速、语调及表情的变化,理解对方的真正意图。

(6) 检查你的理解力。倾听中,要总结归纳对方主要阐明的观点,分析其用意,梳理要提出的关键问题。在表明自己的观点前,可以复述对方的谈话,讲清自己对对方谈话的理解,求得对方确认正误,避免自己的理解发生偏差。

(7) 适时、适度地提问。沟通的实现就是要双方相互交流。听完对方的讲话,要做出一些反应。可以提出问题、建议、意见或看法。但一定要适时、适度地提问。适时,就是要等对方讲完;适度就是不要一下提出太多的问题,或一个问题反复纠缠不清,还要注意提问的语气,尽量保持平和的心态,一般情况下,不能把提问变成质问。特别是当看法和认识出现分歧时,要学会控制自己的情绪,放松心情,尽量抑制冲动,避免矛盾冲突。

(8) 及时反馈。当双方都表明自己的观点后,要把自己的意思向对方表明。有异议要及时提出,双方共同协商解决。

资料来源:李晓霞. 论商务沟通中的有效倾听[J]. 现代商贸工业,2013(12).

【思考提示】 在商务沟通中,“听”是“说”的基础,是有效沟通的前提,其他沟通中情形也是如此。阅读导入案例并思考,倾听能力有怎样的重要意义,我们在平时与人的沟通和交流中应当怎样注意倾听。

7.1 什么是倾听能力

著名的“沟通漏斗”理论(见图7-1)指出了沟通过程中效率下降的一种现象:如果一个人想要表达的是100%的东西,当他在众人面前、在开会的场合用语言等方式表达时,这些东西已经漏掉20%,说出来的只剩下80%;当这80%的东西进入别人的耳朵时,由于人与人之间文化水平、知识背景等方面的差异,有效的仅为60%;而实际上,真正被别人理解、消化的东西大概只有40%;等到这些人遵照领悟的40%具体展开行动时,已经变成20%;三个月后信息衰减得有可能只剩下5%。

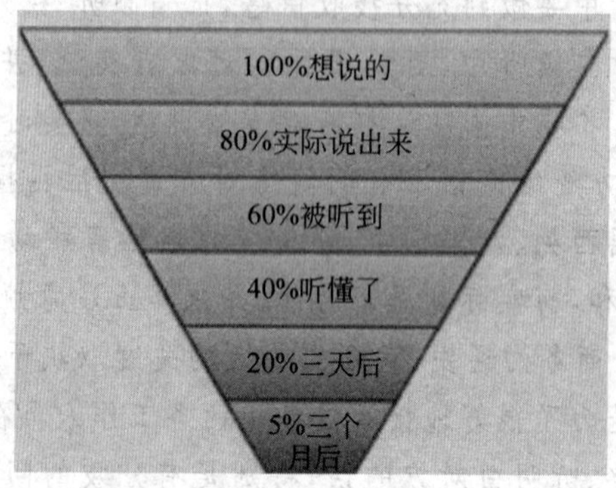

图7-1 “沟通漏斗”理论示意图

“成名的捷径就是把你的耳朵而不是舌头借给所有的人。”可见,在沟通过程中,“听”和“讲”同样重要,因为只有听懂对方的意思,才能回答准对方的问题。一个善于沟通的人,必是倾听能力强的人。

7.1.1 倾听和倾听能力

倾听属于有效沟通的必要部分,以求双方思想达成一致和感情交流的通畅。狭义的倾听是指凭助听觉器官接收言语信息,进而通过思维活动达到认知、理解的全过程;广义的倾听包括文字交流等方式。其主体者是听者,而倾诉的主体者是诉说者,两者一唱一和,有排解矛盾或者宣泄感情等优点。倾听是一门艺术,不仅仅是要用耳朵来听说话者的言辞,还需要一个人全身心地去感受对方的谈话过程中表达的言语信息和非言语信息。

倾听能力是指听者将言者口语表达的信息在脑中转换成意义的能力,其构成要素有以下几点:专注的倾听习惯,倾听过程中的注意分配能力,对倾听内容的辨析能力,排除干扰的能力。

7.1.2 倾听的重要意义

1. 提高沟通效率

卡耐基说："一对敏感而善解人意的耳朵，比一双会说话的眼睛更讨人喜欢。"倾听则是有效沟通环节中的一项重要技巧，善于倾听可以使沟通更为高效。人的记忆力非常有限，统计表明，一个人即使认真听讲，在讲话结束后能够记住的内容也仅仅是20%～50%，这是一个可怕的数字，它意味着两点，一是每次你和老板、同事或客户谈话，或是站在台上演讲时，你的听众连一半都没有听进去；二是你在听别人讲话的时候，如果错过了重点，很可能就意味着一无所获。倾听能够在一定程度上防止主观偏见和其他干扰因素对沟通造成的负面影响，因而从传递信息的角度来讲，没有倾听就没有高效的沟通。

A大学召开了一个学术研讨会，刚开始总体气氛还比较融洽，多位专家各抒己见，讨论热烈，但这一切都被一名不懂得倾听的专家给搅乱了。这位专家在探讨到自己涉及的领域时显得十分激动，滔滔不绝，其他与会者发表意见时常常遭到他的打断，整个会场只有他一人口若悬河地发表意见，引起了大家的不满，研讨会在很尴尬的气氛中草草结束。

2. 建立良好的人际关系

倾听是对说话者一种最佳的赞美。心理学研究表明，人在内心深处，都有一种渴望得到别人尊重的愿望。人们喜欢善听者甚于善说者，实际表明，人们都非常喜欢发表自己的意见。所以，如果有人愿意给他们一个机会，让他们尽情地说出自己想说的话，他们会从内心深处产生一种愉悦感与满足感，并会把这种心理上的满足感归因于与听者的谈话，从而产生对乐于倾听者的好感。

戴尔·卡耐基曾去纽约参加一场重要的晚宴，在这场晚宴上，他碰到了一位世界知名的植物学家。戴尔·卡耐基自始至终都没有与植物学家说上几句话，只是全神贯注地听着，听这位知名的植物学家介绍有关外来植物和交配新品种的许多实验。

然而等到晚宴结束以后，这位植物学家向主人极力称赞戴尔·卡耐基，说他是这场晚宴中"能鼓舞人"的一个人，更是一个"有趣的谈话高手"。其实戴尔·卡耐基几乎没怎么说话，只是让自己细心聆听，却博得了这位知名植物学家的好感。

3. 增进相互了解

每一个人由于文化知识和学历的不同，生长的环境以及性别、爱好等的差异，心里都有自己的观点，很难接受别人的观点，尤其是不同的观点。如果意见相左，还可能会产生抵触情绪——反感、不信任，并产生不正确的假设。

倾听是一种非常重要的沟通方式，只有能让人愿意并且快乐地说出自己的观点与特点，才能更好地赢得别人的信任。倾听让你了解别人，让你了解你的合作者的性格与特长，从而做到各尽其才；倾听更是让管理者了解员工的才能，从而做到善用其才。因此，倾听能够让人与人之间形成良好的沟通习惯，增进相互了解。如果每个人都学会倾听，那么就能够使领导与下属之间或同事之间避免一些不必要的纠纷，这不仅节约了时间和费用，更重要的是提高了团队的凝聚力和战斗力。

美国著名主持人林克莱特一天访问一名小朋友，问他："你长大了想当什么呀？"小朋友天真地回答："我要当飞机驾驶员！"林克莱特接着问："如果有一天，你的飞机飞到太平洋上空，所有引擎都熄火了，你会怎么办？"小朋友想了想说："我先告诉飞机上的人绑好安全带，然后我挂上降落伞，先跳下去。"当现场的观众笑得东倒西歪时，林克莱特继续注视着这个孩子，没想到，接着孩子的两行热泪夺眶而出，这才使林克莱特发觉这个孩子的悲悯之情远非笔墨所能形容。于是林克莱特问他："为什么要这么做？"他的回答透露出一个孩子的真挚想法："我要去拿燃料，我还要回来！我还要回来！"

成年人的阅历以及思维模式和孩子并不相同，观众笑得东倒西歪，显然在用成人的经验和意识思考，没能理解孩子的"一片苦心"，而主持人与众不同之处，在于他能够让孩子把话说完，并且在现场的观众笑得东倒西歪时，仍保持着倾听者应有的一份亲切、一份平和、一份耐心，"为什么要这么做？"一句简单的反问，让孩子有机会道出了心中那份善良而真挚的感情。

4. 有助于促成双方合作

著名的销售大师乔·吉拉德曾向一位顾客推销汽车，整个交易过程十分顺利，可当客户正要掏钱付款时，另一位推销员跟吉拉德谈起昨天的篮球赛，吉拉德一边跟同伴津津有味地说笑，一边伸手去接车款，不料顾客却突然掉头而走，连车也不买了。

吉拉德冥思苦想了一天，始终弄不明白客户为什么突然放弃了本已经挑选好的汽车。夜里11点，他终于忍不住给客户打了一个电话，询问顾客突然改变主意的理由。客户不高兴地在电话中告诉他："今天下午付款时，我同你谈到了我的小儿子，他刚考上密歇根大学，是我们家的骄傲，可是你一点也没有听见，只顾跟你的同伴谈篮球赛。"

吉拉德这才恍然大悟，这次交易失败的原因正是他没有认真倾听客户的每一句话。

关注自我是人的本性，当沟通一方感到自身尊严并未得到尊重甚至遭到挑战，心理上会自然而然地产生抵抗，从而启动自我防卫机制，以获得心理上的平衡，这主要体现为曲解信息、贬损对方和全部拒绝。上述例子中，吉拉德的"溜号"使客户觉得没有受到应有的尊重，因而心理上产生了抵触情绪，表现在行为上则是拒绝本已达成的合作。

7.1.3 倾听的三个级别

怎样倾听才算是有效倾听呢？每次提出这样的问题，我们通常都能够听到采取主动倾听法的建议，主动倾听的确是提高倾听效果的理想方法，但怎样衡量主动倾听的效果呢？实际上倾听有三个级别的内容，真正成功的倾听者不仅要听到事实性的信息，还要听到情感性信息以及信息背后的真实意图。

1. 内容与事实

在这一级别中，倾听者所关注的是讲话者所传递信息的实质性内容，着重说话者所表达的实际思想，从而理解信息内容和事实。

2. 方式与情感

在这一级别中，倾听者除关注内容外，还关注讲话者的情感特征，着重于说话者讲话时自身的真实感受，从而理解讲话者的方式和情感。

3. 影响

在这一级别中，倾听者关注讲话者讲话时的真正意图或者讲话内容背后的故事，着重于这次说话所能带来的影响，从而理解讲话者的意图和原因。

在实际工作中，我们应该关注的是第三个级别，明白每次谈话所能带来的影响，这些影响往往会导致某些具体的行动，例如对项目的实际方向的修正等。我们可以将这三个级别作为每次谈话的检查项，检查自己每次谈话时究竟获得了哪些内容。

在《红楼梦》的第五十二回中，有一段王熙凤与贾母的对话。王熙凤对贾母说道："这话老祖宗说差了，是人都说太伶俐聪明，怕活不长。是人都说得，人人都信，独老祖宗不当说，不当信。老祖宗只有聪明伶俐过我十倍的，怎么如今这样福寿双全的？只怕我明儿还胜老祖宗一倍呢！我活一千岁后，等老祖宗归了西，我才死呢。"贾母回应王熙凤道："众人都死了，单剩下咱们两个老妖精有什么意思。"说得众人都笑了。

要怎么听才能将王熙凤这番话听得完整深入呢？下面我们就从倾听三个级别的内容进行分析。从内容与事实来看，王熙凤是在说两个方面，一是推翻贾母所说的聪明伶俐不是一件好事这个观点，二是夸赞贾母既聪明伶俐又福寿双全。

从方式与情感来看，王熙凤并没有直接推翻贾母的观点，在她的话语中，认为贾母说的话是很有道理的，然后她又说出了自己的观点，这样的反驳就会更加委婉，更能够被贾母所接受。另一方面，王熙凤提出自己的观点的真正用意并不是为了反对贾母的观点，而更多的是称赞贾母聪明伶俐和福禄两全。所以到最后，贾母并没有生气，反而同意了王熙凤的说法。

从影响来看，王熙凤从侧面称赞贾母是聪明伶俐、福寿两全之人，而老人最喜欢的也就是谈论福寿的内容，贾母同样也希望自己能够长命百岁，所以王熙凤抓住了贾母的心理，采取了一个很巧妙的表述方法，讨得了贾母的欢心，而在贾家，讨得处在权力核心的贾母的欢心，就等于稳固了自身的地位。

7.1.4 倾听的四种风格

沟通领域的专家沃森和韦弗曾发表过一篇名为《倾听风格简介》的论文，文章中将个人倾听风格分为四种：人物导向型、内容导向型、行动导向型和时间导向型。不同风格的倾听者关注于谈话内容的不同方面，了解自身和交谈对象的倾听风格能够有效提高沟通的效率，同时也可能发现自身倾听技巧上的不足，实现有效地改进。

1. 人物导向型

办公室休息时，几位同事正在闲谈，主要内容围绕子女教育问题展开。当B兴奋地说起自己的女儿刚刚拿到北京大学的录取通知书时，一旁的C笑着回了一句"真羡慕你"，这让B忽然想到去年C的儿子高考落榜的事，为了不勾起对方的伤心事，立即将话题从子女教育上引开。

以人物导向型的倾听者"发自内心地"关注谈话中的人以及人的感受，他们能够从对方的行为中洞悉对方的情感状态。他们热衷于人际关系的建立，易受人际关系因素的影响而减少必要的判断。"这类倾听者会提供清晰的口头的或非口头的反馈，这些反馈会帮助对方迅速地做出安排或决定。”他们在交往过程中往往过于关心他人的感觉或过于注重关系的建立而忽视正常的判断。

2. 内容导向型

内容导向型的倾听者关心事实和证据，他们喜爱“复杂并具有挑战性的信息”，偏好于仔细求证他们听到的内容，有人甚至说他们是在用显微镜分析所有接收到的信息。内容导向型的倾听者喜爱听到“可信的证据”，能够并擅长“看到问题的方方面面”。这种类型的倾听者往往询问对方“有针对性的”问题并可能过度强调问题的细节，而使对方感到挫折。

3. 行动导向型

公司准备在新一季向市场投放全新的广告，广告策划部接到这一任务后立即进行了分工，并阶段性召开会议整合成果。小 A 负责撰写广告词，在会议过程中只关注和自己任务相关的成果汇报，对关于上一季广告投放成效的冗长报告全无兴趣，时不时还会皱起眉头。

小 A 这类的倾听者被称为“行动导向型”倾听者。他们善于发现信息中的不一致或者错误的地方，他们关注于交谈信息中对自己期望的内容，例如对自己的要求及期望，或者关注于内容中和自己手头工作相关的部分。具有这种风格的人通常要求对方条理清晰，简洁明了，对冗长的交谈缺乏耐心，对谈话内容可能过于挑剔。在交谈的过程中，他们易发怒并时不时地问一些没有礼貌的问题，这类倾听者很难长时间倾听对方的讲话，因此这种风格的倾听者更适合于非正式的谈话。

4. 时间导向型

部门召开周例会，领导要求每个工作组负责人发言时间不得超过 5 分钟，每当有人超时就会提醒对方去除不必要的信息以确保在时限之内完成发言。当所有人发言完毕，领导最后看了一眼时间，用三两句话对本次会议进行了快速总结并布置了任务后，就宣布散会。

上述范例中，这位领导显然对时间非常重视，是一种“时间导向型”的倾听者。这种类型的倾听者总尝试着“让对方知道他会倾听多长时间，交谈可能会延续多长时间”。具有这种风格的人往往比较直接，对没有时间观念的人缺乏耐心，虽然他们通常会有较高的生产效率和较佳的时间管理能力，但近乎偏执的时间限制会扼杀他们的创造力。时间导向型的人还有可能打断他人甚至冲撞讲话者，个人缺乏专注能力或者过度强调任务而忽略人与人之间的关系。

7.2 倾听的障碍

沟通中存在障碍。所谓沟通障碍，是指信息在传递和交换过程中，由于信息意图受到干扰或误解，而导致沟通失真的现象。倾听作为沟通的方式之一，也存在着障碍，倾听障碍可以大致分为主观因素和客观因素两类。

7.2.1 主观因素

在倾听的过程中，倾听者的情绪、倾向、个人感受、表达能力、判断力等都会影响接收信息的完整性，主要表现在信息解码不准确，对信息的筛选，对信息的承受力、心理上的障碍，过早地评价，不良的情绪等几个方面。这些都是由于主观因素产生的障碍，概括起来，主要包括以下几方面。

1. 个性因素所造成的障碍

信息沟通在很大程度上受个人心理因素的制约。个体的性质、气质、态度、情绪、见解等的差别，都会成为信息沟通的障碍。如刚刚走向秘书岗位的人员在与上级沟通的过程中，有可能产生对领导者的恐惧心理，从而导致倾听领导工作部署时遗漏信息。又如，性格细腻的人有时会倾向在谈话时记住所有的人名、事件和时间，这样的倾听不仅辛苦，而且会产生“捡芝麻”的效果，这种仅抓信息中的细节而不抓要点的做法很可能使听者不能完全明白讲话者的观点，从而形成倾听障碍。

2. 知识、经验水平的差距造成的障碍

人类的全部活动，都是由积累的知识、经验和以前作用于我们大脑的环境所决定的，我们从经历中早已建立了牢固的条件联系和基本的联想。在每个人的思想中都有意或无意地含有一定程度的偏见。由于人都有根深蒂固的心理定式和成见，很难以冷静、客观的态度接收说话者的信息，这也会大大影响倾听的效果。偏见是倾听的重要障碍。假设你对某个人产生了某种不好的看法，他和你说话时，你也不可能注意倾听。又假设你和某个人之间由于某种原因产生了隔阂，如果他有什么异议，你就可能认为他所做的一切都是冲着你来的，无论他做出什么解释，你都认为是借口。

在信息沟通中，如果双方经验水平和知识水平差距过大，就会产生沟通障碍。此外，个体经验差异对信息沟通也有影响。例如，让一个普通初中生去听量子物理方面的讲座，即便他再认真去听也听不明白，所以，有时知识、经验水平的差距造成的倾听障碍是难以逾越的。

3. 倾听意识不足造成的障碍

每个人在倾听意识上都存在差异，普遍存在的现象是会忽视对自己不重要的信息，也不关心组织发展和目标、决策等信息，只重视和关心与自身利益密切相关的信息，从而产生倾听障碍。

人们都有喜欢自己发言的倾向。发言被视为主动的行为，可以帮助你树立强有力的形象，而倾听则是被动的。在这种思维习惯下，人们容易在他人还未说完的时候就迫不及待地打断对方，急于表达自己的观点；或者心里早已不耐烦了，往往不可能把对方的意思听懂、听全，而把自己的观点强加于人。所以在沟通的时候一定要记住：别让你的舌头抢先于你的思考。

4. 倾听技能缺乏造成的障碍

在信息沟通活动中表现出的倾听技巧，不仅会影响到自身的工作效率，而且会影响到整个组织的生产率。倾听技能的缺乏，主要表现在不善于有效倾听、不能及时反馈等方面。这些技巧的缺乏，使倾听产生较大的障碍。

5. 沟通双方的信任度和相似度造成的障碍

沟通是发送者与接收者之间双向反馈的过程，因此沟通双方的诚意和相互信任至关重要。实践中，当面对来源不同的同一信息时，人最乐于倾听的是与之最亲近和信任的来源的信息。沟通双方的猜疑只会增加抵触情绪，使听者拒绝倾听，并减少有效沟通的机会。

7.2.2 客观因素

1. 封闭性

(1) 空间。沟通场所大小适宜，太大会影响倾听的效果。

(2) 光线。沟通场所的光线要适宜，应能清晰地观察对方情绪、态度的变化。

(3) 噪声。沟通场所要无噪声及干扰物。清除房间中有形的和无形的杂音，如计算机机箱的声音等，并避免别人的突然打扰，最好把手机也关掉，以保证倾听的效果。

(4) 私密性。同一句话在不同场合效果是不同的，因此，应根据交谈的内容选择合适的地点和场合。例如，谈论公司战略计划，应当选择一个相对封闭、严肃的环境，这样才能保证倾听的效果。

2. 时间性

时间应充足。如果安排的时间过短，对方不能在很短的时间内把事情说清楚，无疑会影响倾听的效果。

3. 说话人的技巧

说话人能否清晰、高效地传递信息，也在很大程度上决定着倾听的效果。

7.3 倾听的实用技巧

7.3.1 观察和分析

丘吉尔曾经说：“站起来发言需要勇气，而坐下来倾听，需要的也是勇气。”沟通最难的部分不在于如何把自己的意见、观念说出来，而在如何听出别人的心声。理解对方要表达的意思是倾听的主要目的，想要达成这一目的，则需要在倾听的同时进行适当的观察和分析。

1. 要善于观察说话者的肢体语言

肢体语言是说话者表情达意的辅助手段。心里想什么，有时会不自觉地通过肢体语言表露出来，听话者要善于借助说话者的肢体语言，把握其背后隐含的信息，以此领悟说话者的说话意图。

比如人在说话时摸鼻子或拉衣领，可能意味着他们在说谎。心理学家认为，人说谎时鼻子的神经末梢会被刺激，摩擦鼻子是为了缓解这种感觉。也有人认为，摸鼻子的姿势是掩嘴姿势比较世故也比较隐匿的一种变化方式：当不好的想法进入大脑之后，人下意识就会指示手遮着嘴，但到了最后关头，又怕表现得太明显，因此，就得很快地在鼻子上摸一下。

同样的，人在说谎时，也会引起敏感的面部和颈部组织的刺痛感，因而时常会用揉或搔抓来缓解。一个人在愤怒或沮丧时也会拉一拉衣领，好让脖子透透凉空气。如果你看到对方使用这种姿势，只要向他提出“请再说一遍，好吗？”或“请你再说明白一点，好吗？”之类的问题就可以使他泄底。

当然，并非说话者只要出现摸鼻子或拉衣领，就一定表示他在说谎，有时候人们摸鼻子和拉衣领只是因为这个部位发痒。所以，倾听时观察必须细致到位，以避免误解误判。如人们在摸鼻子时动作一般比较用力，而在装腔作势时却是轻轻地、动作优雅，并且伴随着与之协调的姿态，譬如侧身体蜷缩在椅子上，或身体摇来晃去等。

2. 要善于揣摩说话者的语气语调

同样一句话，说话人的语气语调不一样，所表达的意思会截然不同。例如，“你真能干”。如果用陈述的语气和感叹的语调，把重音放在“真”上，表达的就是“肯定、赞美”的意思；如果说话者用疑问的语气和质问的语调，把重音放在“干”上，表达的就是“怀疑、否定”的意思。

语气语调的变化暗含着说话人本身的变化，通常来说，说话的速度忽然变得比平常缓慢，表示对对方怀有不满或敌意的意思；说话的速度忽然变得比平时快，表示对方有弱点存在，或者表示说话者所说内容不属实；说话声调很高昂的人，说明他很自信或长时间身处高位；有些人说话的抑扬程度非常激烈，大部分都属于自我显示欲很旺盛的人；希望把一种话题拉得很长，故意说个没完没了的人，害怕别人进行反驳；有人喜欢在语句末尾补添暧昧或含糊的词语，则是逃避责任的心理在作祟；而平时沉默寡言的人忽然变得能说会道，表示他内心含有一种想被人知道的秘密。

3. 要善于结合说话时前后的语言环境

对话是在一定的语言环境中进行的。一句话离开了具体的语言环境，可能有多种含义，但是一旦放到一定的语言环境，其含义就较明确了。如“你发财了，恭喜你！”这一句，也许是亲朋好友来真心祝贺，也许是债主来讨债，也许是房东来收租金，也许是某单位来拉赞助，也许是无赖来让请客。究竟说话者是什么目的，要根据说话者所处的语境正确地判断对方的话语信息。

4. 要善于运用同理心

同理心即设身处地地对他人的情绪和情感的认知性的觉知、把握与理解，这个词来源于希腊字，它的意思是“情绪进入”，表示一种觉察他人的个人经验和情绪的能力，简单来说，就是站在对方立场思考的一种方式。在既定已发生的事件上，把自己当成是别人，想象自己因为什么心理以致有这种行为，从而触发这个事件。

小A最近要参加钢琴考级，每天练琴到深夜，影响了邻居的休息却不自知。一次，邻居李阿姨委婉地对他说：“小A啊，你真辛苦，每天晚上12点多了，我们都睡了，你还在练琴。”小A没听出李阿姨的意思，还美滋滋地回答：“谢谢阿姨关心，我这周就要钢琴考级了，多练一会儿也没什么。”好在小A的妈妈懂得换位思考，立即就听出了李阿姨的意思，连忙回答道：“李姐，实在对不起，我们家小A只顾自己准备参加钢琴考级，没有想到影响了你们休息，我们以后一定注意。”

上述事例中，小A因为缺乏同理心，误把李阿姨的抱怨听成了夸奖，而他的妈妈则运用同理心正确把握住说话者传递信息的内容主旨，分辨出语境中词语的正确意义。

7.3.2 表达参与感

一个圣诞节，有个美国男人为了和家人团聚，兴冲冲从异地乘飞机往家赶。一路上幻想着团聚的喜悦情景。不幸的是，这架飞机在空中遭遇猛烈的暴风雨，飞机脱离航线，上下左右颠簸，随时随地都有坠毁的可能，空姐脸色煞白，惊恐万状地吩咐乘客抓紧时间写好遗嘱，飞机上所有人都在祈祷。就在这万分危急的时刻，飞机在驾驶员的冷静驾驶下终于平安着陆，大家都松了口气。

这个美国男人回到家后异常兴奋，不停地向妻子描述飞机上遇到的险情，然而，他的妻子正和孩子兴致勃勃地分享着节日的愉悦，对他经历的惊险没有丝毫兴趣。男人叫喊了一阵，却发现没有人愿意听他倾诉，死里逃生的巨大喜悦与被冷落的心情形成强烈的反差，在他妻子去准备蛋糕的时候，这个美国男人却爬到阁楼上，用上吊这种古老的方式结束了自己从险情中捡回的宝贵生命。

谈话的全过程中，听话者都要表现出一种参与感。上述案例中，男人的妻子拒绝参与谈话的态度成为这场悲剧的导火索，但凡她对丈夫的诉说表现出一丝兴趣，整件事或许就会有一个完全不同的结局。

倾听者可以通过多种手段向讲述者直接或间接地表达自己的参与感，但参与感的传递通常都伴随着一定的肢体语言。倾听者如果仅仅关注于倾听内容，在对方讲话的时候埋头理解，即使能够掌握所有的内容，效果也不会很好。缺乏互动的倾听仅仅能够起到录音机的作用，而体态语言能够让讲话者很容易知道你正在参与到谈话过程中。

在倾听时，你可以不说话，但要适时利用无声的体态语言来回应，如微微的点头、专注的神情、闪烁的目光、会心的微笑、牵动的嘴角，乃至掐灭一个烟蒂等，都能使谈话人看到你的真诚，进而获得鼓舞，并透露出更多的信息。需要注意的是眼睛要注视对方，保持适当的目光接触，当然不是盯着对方的眼睛看，给自己也给对方造成压力。可以尝试看对方的鼻尖或额头等部位；身体适当前倾，这是一种集中精力积极倾听的姿态；保持自然微笑的表情，同时伴随着对方的谈话内容相应地变化，不时地点头，表示赞同。

很多人习惯在听人说话时东张西望，双手交叉抱在胸前，跷起二郎腿，甚至用手不停地敲打桌面，还有很多人在倾听别人说话时，常常是“耳虽到，却听而不闻；眼虽到，却视而不见；心虽到，却荡漾于九霄云外：脑虽到，却神不守舍”。用心不专、三心二意、心不在焉就是典型写照。倾听的信息完全或部分未进入倾听者的头脑中，这些消极的身体语言都会大大妨碍沟通的质量，也会让讲话者感到你对他的讲话不感兴趣，导致谈话的中断，从而影响你们之间的友善关系。

7.3.3 提供反馈

个人的经验、假设、判断以及信仰等都有可能歪曲我们听到的信息，这一点和我们倾听并理解对方的信息相矛盾。如何解决这个问题呢？它需要你在倾听的同时提供适当的反馈，其中，除了刚刚提到体态语言外，复述、总结、澄清和诱导是四种常用的反馈方式。

1. 复述

管理者经常遭遇这样的情况：自己辛辛苦苦讲了半天，下属好像也听懂了，可是去执行分派的工作任务时，整个落实的过程与管理者的意图大相径庭，结果更是让人失望。

为什么会产生这样的结果呢？一是下属没有一直真正用心听；二是倾听是一种能力，一种技巧，不是人人都会倾听的。许多领导总是轻易地相信下属已经理解了自己的意图，事实上，由于人们总是习惯性地有选择地听话，对自己熟悉的、感兴趣的、想听到的信息就接收到脑海中，而对那些不想听的、和自己知识结构不一样的、和自己信念相违背的话往往会产生抗拒心理，结果这部分内容根本就听不到。

遭遇此类情况的领导可以尝试通过要求下属复述来训练他们准确把握领导意图的能力，并且形成习惯，这样下属就会在每次沟通时都用心聆听。一旦下属倾听的意识增强了，他的倾听能力自然就会水涨船高。

具体而言，可以要求下属复述你讲的内容，复述你下达的命令和指示。因为这是检验他是否认真听你讲话的重要方法；让下属复述你所讲的话，你才会了解他到底记住没有，到底知不知道怎样去执行。如果下属的复述有遗漏、有偏差，可以进一步补充和及时纠正。

可见，复述是一个将说话者所讲内容或情感反向传递给说话者的过程，复述别人的讲话可以快速提升我们的倾听能力。通过复述，倾听者可以确定自己是否正确并完全理解了说话者想要传递的信息。可以用自己的话复述或向说话者概括信息的主要内容，这样能减少对信息的误解和错误的推测，有助于倾听者和说话者达成共识。

2. 总结

说话者在谈话过程中会透露一定的信息，这些信息有些是无关紧要的，而有些则对整个沟通过程起着至关重要的作用。如果说复述是通过语言将收到的信息稍作加工后就传回给讲话者，那么总结就是对讲话内容进行摘要，去掉无关紧要的信息，保留至关重要的信息，这要求倾听者在对谈话的整体内容有所掌握的基础上，指明说话者话题的中心和要点。

销售员为了理解潜在顾客的讲话，应该将这些讲话做出概括总结，这是回应反馈的一个重要方面。它不仅表明你的确在认真地听对方说话，也为潜在顾客提供了一个帮助你澄清可能的误解的机会。对于一些不能肯定的地方，你也可以通过直接提问的方式来得到顾客的澄清。此外，你的问题还有获取信息和引导谈话进入你感兴趣的领域的作用。

3. 澄清

倾听的目的是要完全理解他人所说的内容，因此，需要你询问更多的信息和背景，了解更多的细节。澄清是说话者发出模棱两可或不明确的信息后，倾听者为确保理解并掌握了主要细节或者进一步澄清某些问题，而进一步提出问题的反应，一般用“你是指……”或“你在说的是……”的方式提问，接着对对方提供的信息做出解释。

澄清可以帮助倾听者强化倾听的重点，避免听到的只是一些模糊不清的信息，倾听者也能因此掌握更多的信息，了解到别人内心的真实想法以及相关事件的起因、背景。澄清还会让其他人知道你感兴趣的是什么。澄清行为向对方传达了这样一种态度：我非常愿意理解你所说的，为此我对很多细节感兴趣。

4. 诱导

口语交际是一种双向或多向的交流。说和听的互动是基于彼此对自己和对对方的认知而做出的一系列反馈。在口语交际中，说话者的语言表达会诱导听话者的思维方向；反之，听话者也可以通过语言诱导说话者说出自己想要得到的信息，或是达到其他目的。

一位顾客踏进汽车4S店的店门，转了一圈后对销售员说："你这里的产品还不错，价格也算实惠，但是我希望能够购买到一辆经济实惠、款式时尚、安全性能高的小排量轿车，好像你这里没有这样的产品。"

销售员立即回答："假如我给您推荐另一款满足您需求的产品，并且价格同样实惠，您会考虑购买吗?"

顾客表示对现有商品的不满，而销售员则抛出了一个问题："如果我能满足您的要求，您愿意掏钱吗?"既把即将离开的顾客留了下来，又成功地诱导了顾客的思维，即让顾客觉得如果这家店能够满足了自己对汽车的要求，或许应该在这里购买。

5. 反馈的三个重要原则

(1) 诚实。常常有这种情况，倾听者没能集中精力，并未真正注意聆听说话者的每一句话，却为了迎合对方而假装附和，口头上讲一些表示积极应和的话，比如"我明白""真有趣""是的是的"。这些回答如果是发自内心的，可以表明你的确是在认真地倾听，不过如果你拿它们作为演戏的道具，那么等于告诉说话者你没注意听他说，这样，说话者很快就会对你失去信任。

(2) 及时。及时意味着一旦你理解了对方谈话的意思就要给予反馈，滞后几个小时的反馈就会变得没有价值。

(3) 鼓励。倾听别人说话本来就是一种礼貌，愿意听表示我们愿意客观地考虑别人的看法，这会让说话的人觉得我们很尊重他的意见，有助于和对方建立融洽的关系，彼此接纳。而在倾听过程中通过反馈行为鼓励对方开口说话则可以降低谈话中的竞争意味，培养开放的气氛，有助于彼此交换意见。说话的人由于不必担心竞争的压力，也可以专心掌握重点，不必忙着为自己的矛盾之处寻找遁词。

案例分析

新闻记者采访提问及倾听技巧

对于新闻记者来说，针对一些事件进行采访是其本职工作，因此，采访技巧的高低是考验记者专业素质的最主要的标准。采访工作的成功与否很大程度上取决于记者的采访技巧，取决于记者是否能够在采访的过程中善于挖掘真相，在提问与倾听的过程中获取一些有价值的信息。在新闻采访中，有些时候需要记者面对面与采访对象进行交谈，在这样的情况下，更需要记者掌握提问的技巧，在与采访对象交谈的过程中汲取新闻素材，所以说电视台报道的新闻质量的高低，与记者的采访技巧有很重要的联系。下面本文就围绕新闻记者采访的提问与倾听的技巧进行分析。

一、提问的技巧

在记者采访的过程中，提问是最主要的一个环节。只有记者问出有价值的问题，才有机会在采访对象的回答中提取出重要的信息。在新闻报道的内容中，很大一部分都是记者在采访中搜集到的，尤其是在提问的环节更能搜集到一些有价值的信息。很多时候，采访对象在回答记者问题的过程中的一些言论往往是新闻报道中最精彩的一笔。由此可以得知，新闻记者一定要加强对提问技巧的重视程度，不断提高自己的提问水平，这对于提高采访效果有积极的促进作用。下面针对如何提高提问技巧提出几点建议。

1. 做好提问准备

想要提高提问的水平，做好提问前的准备工作是非常必要的，采访前的准备也是记者的基本功之一。从一定意义上来说，记者需要对采访对象有一个全面的了解，才能在采访中更好地进行提问，而对采访对象的了解，就是采访前准备工作中最重要的内容。为了使对采访对象的了解更加细致全面，记者的准备工作有时需要耗费几个星期甚至更多的时间，才能在真正的采访过程中做到有条不紊。除此之外，准备工作还包括记者自己进行一定的心理建设，因为在采访的过程中，经常会出现被采访者不愿意配合或者其他的一些突发情况，需要记者有强大的心理素质，能够做到临危不乱，善于运用心理战术，与采访对象做好沟通。

2. 适时引导

在提问的过程中，记者要注意牢牢把握住自己的主体地位，要善于引导采访对象，不能让采访对象占据主线，那样就会出现记者在采访过后只获取到了采访对象想让记者了解到的信息，很有可能会遗漏一些本来十分有价值的新闻素材，甚至会导致获取的新闻素材不真实的情况，对采访工作的真实性和有效性都会有很大的影响。记者想要更好地引导整个采访过程，就需要明确采访的目的，在采访过程中围绕预定的目标进行提问。如果出现采访对象使话题远离了预期目标的情况，记者要能够及时发现，并且适时地进行引导，巧妙地将话题重新带入正轨。这需要记者有很扎实的基本功，也间接证明了提问技巧在采访活动中的重要性。

3. 把握好提问的分寸

任何事物都要适度，在采访的过程中，记者也需要掌握好提问的分寸。把握好分寸有两层内涵，一是要充分尊重采访对象的意愿。在采访中，很多时候记者的提问会让采访对象觉得难以回答，在这样的情况下，如果记者仍然按照原来的提问方式进行提问，就很容易使采访对象产生厌烦心理，严重的甚至会使采访活动中断。因此，在遇到提问的问题违背采访对象的意愿时，记者就要适可而止，先安抚采访对象的心理，才有机会使采访继续进行下去。二是提问要有主有次，一般情况下，采访的时间有限，想要在这段时间内获取有价值的信息，记者就要合理安排好时间，在一些重要的问题上可以多花一些时间进行详细的提问，次要的问题就可以一笔带过，这样有主有次才能提高提问效率，使采访活动达到预定的效果。

二、倾听的技巧

倾听在采访活动中也是非常重要的，这不仅需要记者有足够的耐心倾听采访对象的回答，还要有足够强的分析能力，能够在采访对象回答的众多言语中挑拣出有用的信息，为新闻提供素材。此外，掌握倾听的技巧也是建立良好的人际关系所必需的条件，有利于拉近记者与采访对象之间的距离，为采访活动营造一个良好的氛围。

1. 善于倾听

倾听的技巧中最主要的一点就是“善于倾听”，也就是在听的过程中真正了解采访对象的心理，能够站在对方的角度去看待采访，以一个良好的心态来对待彼此，这样才能让采访对象消除戒备心理，说出自己真正的想法，这对于提高采访活动的真实性是非常重要的。善于倾听还要求记者在听的同时注意察言观色，随时注意采访对象的状态，而不是仅仅关注其说话的内容。当采访对象在回答问题时表现出为难的情绪时，记者就应该采取一定的应对措施，可以先对其进行心理上的安慰，说几句鼓励的话等，也可以先换一个问题进行提问，让采访对象转换一下心情，切忌在这样的情况下仍坚持让对方说出心里的想法，不仅不能获取有用的信息，甚至会适得其反。

2. 避免断章取义

记者在倾听采访对象回答的时候，经常会出现一些断章取义的现象，这是在搜集新闻素材的过程中必须要避免的问题。新闻素材最主要的特点就是真实性，所以对记者搜集素材的能力有很高的要求，记者在采访的过程中对采访对象所说的话必须要做到全面地倾听，才能在其中获取真正有用的信息。但是由于有些采访需要花费较长的时间，到最后记者的耐心也逐渐下降，所以对采访对象所说的话只进行有选择性的倾听，这就会导致新闻的真实性受到破坏，同时对于采访对象来说也是一种不尊重和伤害，是记者在采访工作过程中最不应该犯的错误。

三、总结

对于新闻记者来说，提问和倾听是采访过程中最主要的两个环节，也是获取重要信息的必要途径，看似简单，实际上很难做到，因此，记者在长期的工作中需要不断积累经验。就目前新闻事业的发展状况来说，记者队伍整体的职业素养还有待提高，尤其是提问和倾听技巧的培训，更应该提到日程上来。这样才能使记者队伍的整体水平得到提高，跟上新闻事业的发展步伐。也就是说，只有记者的采访活动的效率和效果提高了，才能保证新闻素材的真实性和有效性，从而促进新闻事业的进一步发展。

资料来源：中国论文联盟. 新闻记者采访提问及倾听技巧[EB/OL]. http://www.lwlm.com/xinwenchuanbo/201611/829924.htm.

【问题讨论】 结合本章内容和上述案例思考一下，对于新闻记者，倾听过程中要注意哪些问题？可以采用哪些实用技巧？

习题

一、选择题

1. 倾听属于有效沟通的必要部分，以求思想达成一致和感情的通畅，具有(　　)的重要意义。

A. 提高沟通效率　　B. 建立良好的人际关系

C. 增进相互了解　　D. 有助于促成双方合作

2. 倾听有三个级别的内容，第一级别是内容与事实，第二级别是方式与情感，第三级别是影响。真正成功的倾听者不仅要听到事实性的信息，还有听到情感性信息以及信息背后的真实意图。而在实际工作中，我们应该关注的是第(　　)个级别。

A. 一　　B. 二　　C. 三

3. 公司准备在新一季向市场投放全新的广告，广告策划部接到这一任务后立即进行了分工，并阶段性召开会议整合成果。小A负责广告词撰写，在会议过程中只关注和自己任务相关的成果汇报，对关于上一季广告投放成效的冗长报告全无兴趣，时不时还会皱起眉头。事例中，小A属于(　　)导向型的倾听者。

A. 人物　　B. 内容　　C. 行动　　D. 时间

4. 个人的经验、假设、判断以及信仰等都有可能歪曲我们听到的信息，这一点和我们倾听并理解对方的信息相矛盾。如何解决这个问题呢？它需要你在倾听的同时提供适当的反馈，(　　)是反馈的重要原则。

A. 诚实　　B. 及时　　C. 鼓励　　D. 诱导

5. 人在说话时(　　)，可能意味着他在说谎。

A. 摸鼻子　　B. 拉衣领　　C. 微笑

二、简答题

1. 说说倾听的三个级别。

2. 说说为什么知识、经验水平的差距会造成倾听障碍。

第8章 社交口才

【本章学习目标】

1. 掌握社交口才的基本原则。
2. 掌握社交口才的实用技巧。

【导入案例】

生活中学会做一个幽默拒绝的人

在生活中,有很多我们不想面对的人和事,要出其不意地"敲"对方一下,以便打退对方。若缺乏机会,不妨制造机会,先使对方兴高采烈,使用幽默的语言,然后趁对方缺乏心理准备时,找到借口及时退出,达到拒绝的目的。

有一个乐师,被熟人邀请到某夜总会乐队工作。乐师嫌薪水低,打算立即拒绝,但想起以往受过对方照顾,不便断然拒绝,便心生一计,先说些笑话,然后一本正经地说:"如果能使夜总会生意兴隆,即使奉献生命,在下也在所不辞。"

此时夜总会老板自然是一副笑脸,乐师抓住机会立刻板起面孔说:"你觉得什么地方好笑?我知道你笑我,你看扁我,不尊重我。这次协议不用再提,再见!"这样,乐师假装生气,转身便走,老板却不知该如何待他,虽生悔意,但为时已晚。

毕达哥拉斯说过:最短、最老的字——"好"或"不"——需要最慎重的考虑。

想想看,当你必须说"不"时,你有多少次说了"好"?你是不是怕拒绝会伤害别人的感情,所以很快地、本能地说了"好",等到事后又后悔自己的所作所为?你是不是个只会说"好"却又不能照顾自己,整天带着叹息与别人相处的人?

明朝郭子章所著《谐语》里说,有朋友求在朝中当官的苏东坡为他谋个差使,苏东坡就幽默地回绝了他。苏东坡对来求他的这个朋友说:"以前有个盗墓人,掘了第一个墓,内为一个赤身裸体的人,是主张裸体下葬的王阳孙;掘了第二个墓,掘出了汉文帝,这个皇帝是不准随葬金银玉器的;第三个墓里掘出了饿死在首阳山的伯夷。盗墓人还想继续掘第四个墓,伯夷说:'别费心了,我弟弟叔齐也无门路!'"有所求的人听了这个故事,知趣地走了。

还有个故事。一次,某市要举办歌唱比赛,一个社会声誉不太好又根本不懂艺术的民营企业家找到比赛主持人说:"我赞助1万元,你安排我当个评委怎样?"

比赛主持人拍了拍对方的肩膀说:"老兄,你钱多得没处花了吗?这1万元扔在这个比赛上,不如扔到河里,还能看到个涟漪呢。"

这是在对方提出要求后,机智地以诙谐幽默、插科打诨的话语,避开问题焦点的回答,巧妙地拒绝了对方提出的要求。

可见回绝也需要幽默。别人对你的要求你无论是赞同还是反对,你都有权利说“不”。只有这样,你才能顾及自己的实际情况,同时以真诚的态度面对对方。

一个人要会说“好”,也要在该拒绝的时候会说“不”。不会说“不”,就不是一个品格完整的人,你会成为别人的需要和欲望下的牺牲品。

任何人都不希望“品尝”被拒绝的滋味,也不愿意将拒绝的话说出口,可是,迫于需要又不得不说。此时,如何把拒绝话说得更动听就成了一个关键性问题。

怎样才能让别人痛痛快快地接受自己的拒绝呢?不妨往拒绝中加些幽默。用幽默的方式拒绝别人时,可以参考以下几点。

一是用不切实际的方式拒绝别人。在生活中,经常会遇到一些不切实际的事情,遇到这种情况时,最好的办法就是提出比别人更荒谬的提议去回绝别人。

意大利的一位音乐家罗西尼,出生于1792年2月29日,由于每4年才有一个闰年,所以,当他过第18个生日时,已经72岁了。他认为这种过生日的方法很好,至少可以为他省去很多麻烦。一次,朋友们筹集了两万法郎,准备为他过生日,在生日的前一天,朋友们对他说:“我们准备花两万法郎为你修建一座纪念碑,以此作为生日礼物送给你。”他听了以后说:“浪费钱财!把这笔钱送给我,我自己站在那里好了!”

罗西尼并没有直接拒绝别人,而是提出一个不切实际的想法,使大家在觉得可笑的同时,同意了他的观点。这说明,用幽默的方式拒绝别人的确可以令人开心地接受。

二是用“胡搅蛮缠”的方式拒绝别人。有时候,用“胡搅蛮缠”的方式拒绝别人,更容易使人接受,值得注意的是,这里所说的“胡搅蛮缠”并不是蛮横不讲理的意思,而是幽默的一种方式。它可以使拒绝话听起来更顺耳,更能令人接受。

有一位“妻管严”的男子被老婆管得服服帖帖的,每逢周末都要在家里大扫除。一次周末,几个老同学约他去打网球,以前,只要他一听到“打网球”三个字精神头就上来了,可那毕竟是以前,如今他被老婆管着,只能将这一爱好收起来。他对同学说:“其实我是个网球迷。可自从成家以后,周末就被老婆没收了啊!”同学们听后哈哈大笑起来,也就不再勉强他了。

三是用假设的方法拒绝别人。制造幽默的方法有很多,用假设的方法虚拟出一个可能的结果,从而产生一个幽默的后果,这只是其中一种。但这种方法却成了拒绝别人的好方法。这样,不仅不会引起他人的不快,反而可以使别人有所启发。

一位演技出众、姿色迷人但学历不高的演员,非常崇拜萧伯纳的才华。由于出身高贵、长相迷人,再加上父母的宠爱,使她多少有一些高傲,认为自己足以配得上萧伯纳。在一次宴会上,她和萧伯纳相遇了,她充满自信,以最动听的声音对萧伯纳说:“以我的美貌,加上你的才华,生下一个孩子,一定是人类最优秀的了!”

大文豪萧伯纳听后,微微一笑彬彬有礼地说:“您说得对极了。但是如果这个孩子继承了我的貌和你的才,那将是怎样的呢?”

萧伯纳的拒绝之意在幽默的言语中充分体现出来了,这位女演员先愣了一下,然后明白了萧伯纳的言外之意,她失望地离开了,不过,她并没有因此而嫉恨萧伯纳,反而觉得他非常绅士,是个可以结交成好朋友的人。从此,她成了萧伯纳的忠实读者,两人也成了无话不谈的好朋友。

以幽默方式拒绝别人的好处很多,不但可以为他人留有面子,还能使别人产生被尊重的感觉。这样一来,双方不但不会因拒绝而伤和气,反而会拉近距离,加深友谊。

资料来源:内圣口才. 生活中学会做一个幽默拒绝的人[EB/OL]. http://www.neisheng.com/wangluozixun/dianzishangwuanli/2013/0809/1825.html.

【思考提示】 社交语言承担着传递信息、交流思想、达到某种目的的职能,在与人交往的过程中,我们会遇到各种各样的场景和难题。阅读导入案例并思考,我们应该掌握哪些社交语言技巧。

8.1 社交语言的基本原则

语言是社会交往中协调人际关系的重要纽带,一个人口才的好坏直接影响到其人际关系的好坏。

英国著名语言哲学家格莱斯认为,在交际的正常情况下,人们的交谈不是由一串不连贯、无条理的话语组成的。之所以如此,是因为交谈的参与者都在某种程度上意识到一个或一组共同的目的,或者至少有一个彼此都接受的方向。交谈过程中,不适合谈话目的或方向的话语被删除,以求有效地配合从而完成交际任务。

由此,他提出了会话中的"合作原则",并认为人们在谈话中遵守的合作原则应包括四个方面,即适量准则、质量准则、关联准则以及方式准则。

8.1.1 适量准则

适量准则是指交际时语言信息量要适度,以实际需要为标准。交际双方提供的信息,一般要求既不提供额外信息,也不提供烦琐的信息。交际双方必须遵守适量准则,才能使交际顺畅进行,并获得双方都满意的效果。

1. 必要信息不可少

语言交际时,所说的话应该满足交际所需的信息量,即应当包含交际所需要的必要信息。信息量少于交际目的所需要的数量,会造成话语的含糊、晦涩,形成理解困难。例如下面的例子里回答者就没有提供足够的信息。

例如,乙是甲的学生,乙毕业后即将参加工作,作为一所大学哲学院讲师的候选人,乙请求自己的老师为他写了一封推荐信,而甲的推荐信是这样写的:"尊敬的某大学,乙精通英语,并能按时参加指导教师的课。此致 敬礼。"

在这个例子中,甲可能认为自己的学生乙不适合从事哲学工作,但由于要遵守合作原则(毕竟他们是师生关系),只好通过提供少量必要信息的形式,表达他的社交语言的含义:"我不愿意写这份证明,可是我又必须写,因此我只能提供较少的信息量,这样才能既尊重学生又尊重用人单位。"

2. 无关信息不必说

话语信息量不应超出交际所需的信息量。信息量超出交际目的需要的数量,会造成话语的重复、啰唆，使人厌烦。

例如，甲问乙："昨天你去哪儿了？"乙回答："昨天我去了商场，买了一条西裤、两双皮鞋。商场的超市正在打折，我又买了两箱啤酒过年送亲戚朋友。"

在这个例子中，乙违反适量准则的第二条，向谈话对方提供过多的信息，听上去不仅啰唆，还让人有些摸不着头脑。

当然，信息量的适量与否，通常要根据实际情况判断，不仅取决于发话者提供的信息，而且取决于受话人的信息期待和需求。在特定的语境中，人们可能会有意识地增加过多信息。

8.1.2 质量准则

质量准则是指发话人应力求所说的话真实。诚实是一种美德，言语交际也不例外。在交际时，不能把虚假的话当作真实的话说，否则就是欺骗。

1. *不要说自知是虚假的话*

格赖斯给出了违反质量准则的三个例子。

(1) 反语。甲一直与乙保持密切友好的关系，乙则将有关甲的一个秘密泄露给了甲的商业对手，而甲与他的听众都知道这件事，甲却依旧说"乙是个很不错的朋友"。在这个例子中表面上甲说了他自己信以为假的话，实际上甲要传达的及听众所要理解的会话含义是：要么他说的话没有意义，要么他提出了与那个命题相矛盾的命题，即乙不是一个好朋友。

(2) 隐喻。像"你是我咖啡中的奶油"这样的例子，典型的包含着假命题，没有遵守质量准则。说话者说出的话语存在着矛盾是不言而喻的，但说话者又不会把这种矛盾说清楚。把隐喻和反语结合起来给听者两层意思的解释是极有可能的。首先理解隐喻的解释"你是我的骄傲和欢喜"，然后是反语的解释"你是我的祸患"。

(3) 低调的说法。当一个人了解到另一个人砸碎了全部家具时说"他有点喝醉了"。

2. *不要说缺乏足够证据的话*

格赖斯给出了违反质量准则这一条的一个例子，即夸张。如"每一个好姑娘都爱海员"，这句话明显缺乏足够的证据，是一种夸张的手法。又如我提到某人的妻子时说"她大概今晚要骗他"。格赖斯为这个例子做出解释，认为说话者可能没有足够的把握，要借助一定的语境、手势或声调来表达这个意义。而听众可能会觉得说话者确实是有着让人接受的合理根据的。听众认为说话者已经假定了她喜欢欺骗她丈夫，或者假定了她是那种不这么做就不会罢休的人。

有时在一些场合，经常会遇到敏感的问题，不能正面回答，又不能不回答。这时只好采用迂回曲折的方式以确保信息的质量原则。

8.1.3 关联准则

关联准则是指说话者所说的话，要和交际双方的会话目的有明确关联。这条准则要求交际双方遵守合作原则，所提供的谈话信息与谈话内容息息相关。发话人不能说对方不感兴趣的话题，受话人不能频繁转移对方的话题，或者避而不答，答非所问，更不能离题万里。

如甲问："你贵姓？"乙答："我在餐厅工作的。"甲再问："你叫什么名字？"乙答："我是黑龙江省齐齐哈尔市人。"上述对话中，乙答非所问，违反了关联准则。

但有时候为了传递语用信息，也可以故意与语境拉开距离，在允许的范围内把话题扯远，以便让受话人从外部去检索相关信息。格赖斯给出违反关联准则的例子，在一次高雅的茶会上，甲和乙有这样一段对话。

甲："豪斯夫人刚刚的说辞可不怎么礼貌啊。"

乙："今年夏天的气候一直很不错嘛，是吧？"

在这个例子中，乙为了遵守合作原则以便使自己的话语与整个茶话会的气氛相一致，而公然地拒绝把他所说的东西与甲先前的议论掺和在一起，因此他蕴含了甲的话语在此刻有失礼貌，不合场景，建议甲不要再讲了。

8.1.4 方式准则

方式准则是指选择对方能够顺利理解的方式设计编排信息，也就是说话方说出的话应清楚、明了。

1. 避免晦涩

社交语言应尽可能直白，避免晦涩。

甲问："你会下围棋吗？"

乙答："我刚学会下围棋，下不过聂卫平。"

乙刚学会下围棋，按照常理推测，他的棋艺不会太高，可他却将自己跟聂卫平这位著名的围棋高手相比，本身就是不恰当的。尽管他下不过聂卫平确是实情，但容易给甲造成一种错觉：好像乙的围棋水平很高，只是下不过聂卫平，赢过一般高手绰绰有余。这就使对方无法获得真实信息，可能影响进一步的交际。

2. 避免歧义

社交语言应尽可能明确，避免歧义。有这样一个故事：1949 年以前，美国一个高级官员到我国访问。因为这位官员对汉语有一定的了解，就通知中方不安排翻译员，而且他本人携夫人并没有带翻译员就到中国来了。按照外交礼节，中方接待的官员也带着夫人到机场迎接。握手之后，美国人礼节性地称赞中方官员的夫人很漂亮。这位中国官员则谦虚地说："哪里，哪里。"这下子可把美国人弄糊涂了。心里想："其实你的夫人并不是特别漂亮，我只不过是一种客套，谁想你还要追问她到底哪里漂亮。"他只好敷衍说："从头到脚，每一处都漂亮。"

这个故事让人听了觉得很幽默。达到幽默效果的恰恰是故事中的两个人物对"哪里"一词的理解不同。我们都知道：中方官员所说的"哪里"其实是表示否定的，相当于英语里的 No；而美国人所理解的"哪里"是指处所的疑问代词，相当于英语里的 Where，人们把这种现象称为歧义。故事的幽默效果就是借助歧义达成的。

格赖斯以布莱克的两行诗为例，说明了违反方式准则造成的效果。

Never seek to tell thy love.（莫要诉说你的爱，爱从来不能被言说。）

Love that never told can be.（莫要向你的爱去诉说，爱从来不能被言说。）

这里的 love 可能指一种情感的状态，也可能指情感的对象。Love that never told can be 可能是指"爱那些不能说的"或者"爱那种一说出就可能不会继续存在的"。

3. 避免啰唆

社交语言应尽可能简练，避免啰唆。

4. 避免杂乱

社交语言应尽可能有序，避免杂乱。1859 年，达尔文出版了《物种起源》，从此进化论传播开来。当时的英国教会觉得这是个极大的威胁，因此于 1860 年 6 月 28 日至 30 日在牛津召开一次著名的会议，大主教威尔勃福斯做了反对达尔文进化论的长篇演说。反对达尔文学说的人都期望这位在当时被认为最聪明、最有辩才的主教来驳倒进化论，而站在保卫达尔文学说最前列的是 35 岁的年轻教授赫胥黎。当说得最起劲时，大主教突然攻击起赫胥黎："赫胥黎教授就坐在我旁边，他是等我一坐下就把我撕成碎片，因为照他的信仰，人是由猿变的嘛！不过我倒要问问，这个猴子子孙的资格，到底是从祖母那里得来的，还是从祖父那里得来的呢？"大主教突如其来的人身攻击是完全背离主题的，本来说的是这件事、这个问题，但说着说着，话题竟跑到另一个问题上面，这叫作前言不搭后语，语言逻辑杂乱。

8.2 社交口才的实用技巧

我们常说某人"不会说话"，实际上就是在说他缺乏社交口才。社交口才是一种技能、一种艺术，是一个人在社会交往中口语表达能力的体现，它能够使你说话更具有风度，同时也能够增强自己说话的魅力，使自己更具有吸引力。如果你想在人际交往中无往而不利，在人生道路上走得顺畅无比，那就必须重视社交口才。

社交口才也有技巧，下面就以介绍、寒暄、交流、说服、赞美、拒绝、感谢和致歉几方面为例，简要说明社交口才的实用技巧。

8.2.1 介绍

1. 自我介绍

自我介绍是向别人展示自我，是日常工作或生活中与陌生人建立关系、打开局面的一种非常重要的手段，自我介绍的好坏，甚至直接关系到你给别人的第一印象的好坏及以后交往的顺利与否。

好多演讲都是从自我介绍开始的，如果想让听众有所期待，首先必须让听众认同演讲者本人，而自我介绍就是塑造自己，引导别人对我们的看法，强化听众的期待和需求环节；在面试过程中的自我介绍也是十分重要的，良好的表达能力，不仅可以更好地展现自己，同时也可以提高面试单位对你的好感和认同感，从而提高工作应聘成功的概率，可谓是一种非常重要的职场技术。

“大家好，我叫某某某，我来自某某公司，很高兴认识大家。”这就是我们绝大多数认知中的自我介绍，却没有想过这些话根本没有自我介绍，因为名字并不是自我，只是一个符号；公司、职业或籍贯也不是自我，只是一个集合。所以通常大多数人所做的自我介绍是低信息量的、低价值的。那么我们如何做有价值的自我介绍呢？下面就以面试时的自我介绍为例和大家说一说。

(1) 自我介绍的内容

首先请报出自己的姓名并让面试官记住。很多人在介绍自己名字的时候仅有简单的一句“我叫某某某”，直到你的自我介绍完毕，面试官也未必会记住你的名字，这样的介绍必然是失败的。所以一般在介绍自己的名字时，我们可以根据名字的意义或者字面联想的方式介绍自己的名字，这样不仅能够让面试官记住你的名字，还能调节气氛。比如有个人叫唐庆，他在自我介绍时说：“我的名字是历史上两大风流才子的组合，唐伯虎的‘唐’，西门庆的‘庆’。”简单一句话马上就能让面试官记住他的名字。

其次你可以简单地介绍一下你的学历、工作经历等基本情况。这部分的陈述务必简明扼要、抓住要点。如介绍自己的学历，一般只需谈本专科以上的学历；如果在学校担任重要学生干部，参加过社会实践，或在专业上取得的重要成绩以及出色的学术成就也可提及；曾经的工作单位如果较多，选几个有代表性的或者你认为重要的介绍即可，而且这些内容应与面试及应聘职位相关。

最后要着重结合你的职业理想，说明你应聘这个职位的原因，这一点相当重要。你可以谈谈自己的职业规划，对应聘公司或职务的认识了解，表达你选择这个公司或职务的强烈愿望。原先有工作经历的应试者应解释清楚离职及选择这份新工作的原因，尽量将个人发展描述得与公司发展方向统一。这样一来，面试官就会产生这样一种印象：你是一个有计划、有目标、有理想的人，应聘这份工作是出于热爱，而不仅仅是为养家糊口。

简单总结起来，就是说明你过去干过什么，将来准备干什么。

(2) 自我介绍的要点

一是要把握好时间。有些应试者不了解自我介绍的重要性，只是简短地介绍一下自己的姓名、身份，其后补充一些有关自己的学历、工作经历等情况，大约几句话就草草结束，然后望着考官，等待下面的提问。也有的应试者为了表现自己的健谈而介绍了近半个小时，这也是不妥的，太冗长的介绍会让面试官抓不住重点，产生疲惫感，而且对方不一定能记住。自我介绍应简洁明了，时间最好控制在半分钟至一分钟之间，一般情况下最长不能超过三分钟。

二是要注意身体语言的表达。在自我介绍中可以适当加入一些身体语言的表达，首先要表现得自然、大方、端庄。最好事前找些朋友作练习对象，尽量令声音听起来流畅自然、充满自信。身体语言是重要的一环，尤其是眼神接触，不但会令听众更专心，你也会表现得更自信，这样才能让别人对你的印象更加深刻。

三是要讲究态度。自我介绍时要大方、自然、友善、自信，不要畏畏缩缩，也不要轻浮夸张。如果态度不端正，很容易被对方所轻视，影响将来的沟通。应提前准备好自我介绍，可以找朋友进行练习。但面试时应避免书面语言的拘束，而应用灵活的口头语组织语言，切忌以背诵朗读的口吻介绍自己。

四是要注意扬长避短。扬长避短也就是说在面试时尽量选择自己好的方面来说，只说自己的优点，避免谈及自己的缺点。人们总是对负面的新闻感兴趣，因此在面试时，面试官会千方百计地发现甚至直接询问你的缺点，此时应该注意选择不那么重要甚至可以称得上优点的缺点来说。如应聘精密仪器相关职位时，面试官问你的缺点是什么，你可以回答，由于你是个完美主义者，追求每一个小细节的完美，有时会令周围人受不了。这在社交中虽然是缺点，但是对于这份工作却是极好的优点。

谈自身优点时应尽量坦诚、自信，无论如何都要坚持以事实说话。可以通过介绍自己做过的项目佐证自己的能力，也可以适当引用别人的言论，如同事、老师的评论来支持自己的描述，或者直接使用数据，做市场的求职者可以用几组数字的对比来描述过去的成绩，搞研发的人可以说出研发成果转化率以及所取得的市场收益，做宣传的可以说说品牌知晓度、影响力的变化情况。但不要自吹自擂，因为这样很难逃过面试官的眼睛，还会给对方留下不良印象，得不偿失。

2. 介绍他人

为他人介绍是第三者为彼此不相识的双方引见的介绍方式。在一般情况下，为他人介绍都是双向的，即第三者对被介绍的双方都作一番介绍。那么介绍他人又有哪些要点需要注意呢？

(1) 谁做介绍人。家里来了客人，客人之间彼此不认识，女主人有义务为大家进行逐一介绍。单位来了客人，情况稍稍复杂一些。如果客人有对口人员，比如A公司的销售部人员来找B公司的销售经理，那么B公司的销售经理就有义务把A公司的销售部人员介绍给其他在场的人；如果来的是贵客，那么本单位职务最高者，如市长到A公司进行考察调研，A公司的董事长就有义务把市长和你的员工作介绍。这也是对贵宾的一种尊重。

(2) 介绍的先后顺序。具体操作时，应注意介绍的次序问题，即把谁先介绍给谁。为他人介绍遵守“先向尊者介绍”的原则。按国际惯例，应该先把年轻者、身份地位低者介绍给年长者、身份高者；先把年轻的职务相当的男士介绍给女士；先把年龄低、未婚者介绍给已婚者；先把主人介绍给客人，因为客人拥有优先知情权，有时宾主双方都不止一个人，还是应先介绍主人，而介绍主人的时候，具体应该按照职务高低排序；把晚到者介绍给早到者；如果是业务介绍，必须先提到组织名称、个人职衔等。集体介绍可以按照座位次序或职务次序进行。

(3) 多使用敬辞。在较正式的场合，介绍词也较郑重，一般以“某某，请允许我向您介绍某某某”的方式。在不十分正式的场合可随便些，可用“让我介绍一下”“我来介绍一下”或“这位是某某”的句式。介绍时语气清晰地说出得体的称谓，有时还可用些定语或形容词、赞美词介绍对方。

(4) 注意手势和表情。被介绍时，眼睛正视对方。除年长或位尊者外，被介绍双方最好站起来点头致意或握手致意，同时应说声“您好，认识您很高兴”或“很荣幸能认识您”等得体的礼貌语言。

8.2.2 寒暄

寒暄又作“暄寒”，原本是指社交双方见面时谈天气寒暖的应酬话，后来也就不限于谈天气了。作为社交手段，它的基本作用是表明自己见到对方的喜悦，同时也表明自己的友好态度，以联络感情，引起交谈兴趣，保持友好的关系，使见面时的气氛变得活跃，是自我推销和人际交往时与对方开始沟通和交流的最常用的方法。所以，在交往中一般不能仅从"信息"的意义上来理解寒暄用语。

1. 寒暄的类型

与人寒暄有多种方式，以下的几种类型较为常用。

(1) 问候型寒暄。在大多数场合，一句"你(您)好"是简单而实用的问候式寒暄，相较之下，这要比传统的"吃了吗"或"今天天气不错"之类更富于现代气息。如果认为一句"你(您)好"过于简单，也就可以从对方的年龄、职业、家庭等角度出发，把问候式寒暄讲得具体一些。如从年龄上考虑，对少年儿童可以问："你几岁了?""上几年级了?" 对成年人可以问："工作忙吗?""工作还顺心吗?"对老人可以问："您身体还好吗?" 从职业上考虑，对老师可以问："今天有课吗?"对作家可以问："您的新书出版了吗?" 对演员可以问："最近演出忙吗?" 对朋友、邻居、同事的问候就更为丰富了，如果用得好能密切关系，增进友谊。

除了以上表现礼貌的问候，也可以使用表现思念之情的问候，比如"好久不见，你最近怎么样?"或者"多日不见，真有点儿想你"等。

此外，还有表现友好态度的问候，比如"生意好吗""在忙什么呢"等这些貌似提问的话语，并不表明真想知道对方的起居行止，往往只表达说话人的友好态度，听话人则把它当成交谈的起始语予以回答，或把它当作招呼语不必详细作答，只不过是一种交际的媒介。

(2) 敬慕型寒暄。这是对初次见面者尊重、仰慕、热情有礼的表现，如"久仰大名""早就听说过您""您的大作，我已拜读，获益匪浅"等。心理学家根据人的天性曾作过如下论断：能够使人们在平和的精神状态中度过幸福人生的最简单的法则，就是给人以赞美；作为一个社会成员，都需要别人的肯定和承认，需要别人的敬重和赞美。所以除了表现出仰慕，也可以多使用赞美的语言，如同事穿了一条新裙子，可以用"你穿上这件连衣裙更加漂亮了"进行寒暄。

但值得注意的是，进行敬慕型寒暄时务必要态度真诚、语言得体，注意避免粗言俗语和过头的恭维话，比如"久闻大名，如雷贯耳""今日得见，三生有幸"，就显得太过虚伪和刻意了。

此外，赞美也应注意民俗文化。如中国人过去见面，喜欢用"你又发福了"作为恭维话，现在人们都想方设法减肥，再用它作为恭维话恐怕就不合适了。西方小姐在听到人家赞美她"你真是太美了""看上去真迷人"，她会很兴奋，并会很礼貌地以"谢谢"作答；倘若在中国小姐面前讲这样的话就应特别谨慎，弄不好会引起误会。

(3) 攀认型寒暄。所谓"攀认"，就是指抓住双方共同的亲近点，并以此为契机进行发挥性问候，从而达到与对方顺利接近、建立友谊的目的。在人际交往中，只要用心留意就不难发现，谈话双方有着这样或那样的共同点和联系，比如"同乡""同学""同事"甚至远亲等沾亲带故的关系。三国时，鲁肃见诸葛亮的第一句话是："吾，子瑜友也。"(子瑜是诸葛亮的哥哥诸葛瑾的字)这短短一句话立即转化为建立交往的契机，奠定了鲁肃和诸葛亮之间的情谊。还有崔颢的《长干曲》："君家何处住？妾住在横塘。停舟暂借问，或恐是同乡。"也是这个类型的寒暄。

在现实生活中，这种攀认型的事例比比皆是，如“你是江苏人，我母亲出生在江苏，说起来，我们算是半个老乡了”“大家都是昆明人，我也算是昆明人。我在昆明读了四年书，昆明可以说是我的第二故乡”“您是研究药物的，我爱人在制药厂工作”“您是北大毕业的，说起来咱们还是校友”。这些事例，说明在交际过程中，要善于寻找契机，发掘双方的共同点，从感情上靠拢对方，是十分重要的，在谈话的过程中也比较容易建立话题。

(4) 言他型寒暄。“今天天气真不错”，这类话也是日常生活中常用的一种寒暄方式。特别是陌生人之间见面，一时难以找到话题，就会对周围环境中不同寻常的地方，发表自己的感受和看法，以打破尴尬的场面。如“天下了雪，马路上可真滑啊”“今天的太阳可真是毒啊”。

(5) 触景生情型寒暄。触景生情型寒暄是针对具体的交谈场景临时产生的问候语，比如对方刚做完什么事，正在做什么事以及将做什么事，都可以作为寒暄的话题。如早晨在家门或路上问：“早晨好，上班吗?”在食堂里问：“吃过了吗?”在图书馆或教室里问：“还在读书啊，这么用功。”这种寒暄，随口而来，自然得体。

2. 寒暄的注意事项

(1) 态度主动热情、诚实友善。寒暄时选择合适的方式、合适的语句是非常必要的，此外，还有赖于主动热情、诚实友善的态度，只有把这三者有机地结合起来，才能达到寒暄的目的。试想，当别人用冷冰冰的态度对你说“我很高兴见到你”时，你会有一种什么样的感觉？当别人用不屑一顾的态度夸奖你“我发现你很精明能干”时，你又会做何感想?

(2) 适可而止，因势利导。做任何事情都应有个“度”，寒暄也不例外。恰当适度的寒暄有益于打开谈话的局面，但切忌没完没了，时间过长(当然，对方有兴致聊时例外)。有经验的推销员，总是善于从寒暄中找到契机，因势利导，言归正传。

(3) 有亲切的肢体语言。如果你想让人感到舒服，就要做出一个“开放的姿态”，身体朝向对方，不要给人感觉太强硬。只需眼神交流，不要交叉双臂，直接面对他人。这样会使人感觉你是将所有的注意力关注在他身上，而不仅仅是不冷不热地与他交谈。与人要保持适当的距离。还要把手机放下。试想如果和你谈话的人总是掏出手机看，是不是很烦人呢?

虽然你应该让自己看起来渴望与人交流，但也不要给人太着急的感觉。不要太靠近别人，以至于给人太多压力，或是把人吓跑。很多人都是因为对方离自己太近，而产生抵触感，不想和对方继续交流下去了。

(4) 善于选择话题。谈论的事要轻松、积极。寒暄不仅是交换信息，更是交换能量的过程。为了与对方更好地进行交流，应尽量使谈话的内容轻松、有趣又积极。如果你态度乐观，微笑也多，并且能笑着谈论那些并不那么有趣的事，那么别人会一直想和你交谈下去。不过如果你刚好那天或那周过得很糟，要让谈话保持轻松有趣是比较困难的。但是请记住，闲聊的时候很可能对方不是你最亲密的朋友，所以你不该谈论太消极的事情，否则对方会不想和你聊下去的。

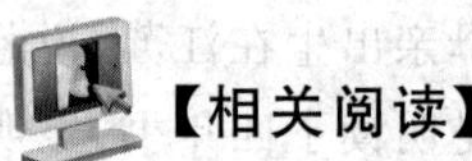

【相关阅读】

主动打招呼，让彼此熟络起来

我们每天都会与许多陌生人照面，如何与陌生人开始交往呢？

20 世纪 30 年代，一位犹太传教士每天早晨都在乡间的路上散步。无论见到谁，他总是热情地打一声招呼："早上好！"

在当时，当地的居民对传教士和犹太人的态度是很不友好的。其中，有一个叫米勒的年轻农民，对传教士这声问候，起初反应冷漠。然而，年轻人的冷漠，未曾改变传教士的热情，每天早上，他仍然给这个一脸冷漠的年轻人道一声"早安"。终于有一天，这个年轻人脱下帽子，也向传教士道了一声："早上好！"

好几年过去了，纳粹党上台执政。

一天，传教士与其他村民被纳粹党集中起来，送往集中营。在下火车列队前行的时候，一个指挥官在前面挥动着木棒，叫道："左，右。"被指向左边的是死路一条，指向右边的则还有生还的机会。

很快，传教士的名字被这位指挥官点到了，他浑身颤抖，走上前去。他无望地抬起头来，目光一下子和指挥官相遇了。

传教士习惯性地脱口而出："早上好！"

指挥官虽然没有过多的表情变化，但仍禁不住还了一句问候："早上好！"声音低得只有他们两人才能听到。最后，传教士被指向了右边——生还。

犹太传教士就因为一个习惯性的问候，挽救了他的生命。可见，打招呼是感化他人心灵的一剂特效灵药。与陌生人结识，不妨从主动打招呼开始。

在你奔波忙碌时，必然会遇见许多与你业务有关的人。这些人，你只知道他的姓名，有的甚至连姓名都不知道，你跟他见面时，也不过说两三句有关业务的话，甚至有时你只是跟对方点一点头。例如，你经常到大厦去接洽事务，会遇见大厦的电梯司机；或是你到货仓去提货，经常遇见货仓的守门人；或是你经常到某银行存款，经常遇见柜台后面的出纳员等诸如此类的人员，你不知道他的名字，但他们或多或少都与你的业务有点关系。

你怎样对待这些人呢？你用什么态度和他们打招呼？这是一个既微妙又很实际的问题。你是把他们当作一个"机器配件"，根本不把他们当作跟你一样的人呢，还是作威作福，大摆你的架子，或者是谦恭有礼、和蔼亲切，把他们当作你的朋友呢？

有许多人为了谋生出来工作，待遇很低，工作既辛苦，又单调、繁重，平常受累受气，已经是心烦意乱，如果你对他们傲慢无礼，或是不理不睬，他们对你也不会有什么好感，办起事来，也只顾他们自己方便，不愿给你方便。

换句话说，如果你的态度不好，就会到处碰到不方便。但是如果你把他们也当作朋友来看待，对他们有适当的尊敬与关怀，他们即使不知道你的姓名，但一看见你的面容，听到你的声音就已经有了好感。既然他们对你印象很好，那么，他们就会除了给自己方便之外，也会为你提供方便。电梯司机会多等你几秒钟，货仓的守门人会替你找搬运工友。银行、保险公司、邮局、物业公司等的职员们，都会在你需要的时候给你一些方便。

实际上，如果你到处都能结交业务上的朋友，有许多事情可以很迅速、顺利地办妥，不但省去了许多手续上的麻烦，还可以避免许多不必要的损失。

一个舒心的微笑是友好、热情并愿意与之沟通的最强有力的暗示。在任何情况下，热情有力的握手都表示你对见到的人持一种热情和友好的态度。然后，要张开双臂，让他人感觉到你在听他讲话，并且他讲的你愿意接受。当他人与你交谈时，你的身体前倾表明你正在认真倾听对方讲话，并对其很感兴趣，还要有自发的眼神交流，最好中间有简短的间隔，配以友好的点头。

资料来源：雅正．跟任何人都能聊得来[M]．长春：北方妇女儿童出版社，2014.

8.2.3 交流

交流是信息互换的过程。通过沟通交流，可以加快信息的流动传播。

1．交流是双向的

交流是一个双向的沟通过程，是彼此互换信息的过程，如果想要获得自己想要的信息，就不能目中无人，一个人滔滔不绝、夸夸其谈，完全不顾及对方的感受；也不要走向另一个极端，什么也不说，造成冷场。正确的交流是在和别人说话的时候适当地留出一个空缺，问问别人的意见，多说一些别人感兴趣的事情。

为了达到双向交流的目的，应当做个积极的倾听者。人们每分钟只能说 100～175 个字，但是可以准确地听辨出的大约只有 1/3，因为在倾听时大脑中只有一部分在运转，所以很容易走神——听对方讲话的同时却想着其他的东西。认真积极地倾听是解决这种问题的有效方法。带着目的去倾听，比如为了听取信息、得到指令、理解他人、解决问题、分享趣事、感受他人、提供帮助而倾听，通常能取得更好的效果。倾听后给予回应也很重要，这能让对方知道你理解了他们所说的话。该讲话的时候积极发言，掌握发言和聆听的时机、分寸。可以通过总结和重复听到的话来回复他人。

为了达到双向交流的目的，我们也可以试着提些开放性的问题。为使谈话内容充实，提些开放性的问题是很重要的，比如以“如何”“什么时候”“为什么”等词语开头的句子。以开放性的问题开始聊天，比如“你平时空余时间都做些什么？”这种问题会引出更多的话题。切忌提出那些用“是”或“不是”就可回答的封闭式的问题，如“你喜欢看电影吗？”封闭式问题会使双方陷入没话说的窘境。

为了达到双向交流的目的，我们应适当附和对方的谈话，使谈话气氛轻松愉快。谈话时若能谈谈与对方相同的意见，对方自然会对你感兴趣，而且产生好感。谁都会把赞同自己意见的人看作一个提高自身价值和增强自尊心的人，进而表示接纳和亲近。假如我们非得反对某人的观点，也一定要找出某些可以赞同的部分，为继续对话创造条件。

2．注意社交礼仪

每个人都想成为社交的核心，受到所有人的欢迎，但被人认同、接受的前提是让人感觉舒服。让人舒服的人通常都有良好的个人行为或与人交谈时用词恰当，所以在与人交流的过程中应注意自己的社交礼仪，做到以下几点。

① 面带笑容，语态温和。所有人都喜欢和面带笑容、语态温和的人谈话，因为这样的

人让人感觉亲切。当跟你聊天的人一直面带笑容时,你是不是会感到很舒服?是不是有和他继续说下去的冲动?

② 不打断别人。在交流中打断别人、东张西望或玩手机,都是非常不礼貌的行为。在交流中不管对方讲的内容是否能引起你的兴趣都不能打断。如果觉得浪费时间,可以随意地看下手表进行暗示。在交流中如果必须要打断时可先表歉意,然后说明打断的理由,这个理由可以是提问或建议。

③ 多用敬语,保持谦逊的态度。和人交流,不管是领导还是朋友或是自己的下属,一定要注意态度应谦逊和蔼,不要孤高冷傲,给人一种不可亲近的感觉。低姿态做人,多用敬语,如"您看这件事这样安排可以吗?""我可以请您喝杯茶吗?"。与此相对应,自己的行为也要表现出谦虚的态度,如见到领导要站起身让座,请客吃饭要快速给人摆出椅子等。

④ 说话文明,不要带脏字。有很多人平时说话不注意,养成了一些不好的说话习惯,了解他的人觉得没什么,可是遇到不熟悉的人,听到他说话有不文明的口头禅,就会对这个人做出不好的评价。

3. 把握交流的时机

在参加棒球比赛的时候,即便你技术精湛、身体强壮,可是如果无法把握击球的时机,即便只是早一秒钟或晚一秒钟,也无法击到来球。相同的道理,把握住交流的时机也是十分重要的。

战国时期,安陵君以其能言善辩成为楚王的宠臣,很受楚王的器重。安陵君的一位朋友叫江乙,不无忧虑地说道:"现在您掌握着楚国大权,却无法同大王深交,我私下里实在替您担心。您一定要找个机会跟大王说愿随大王一起死,以身为大王殉葬,这样一来您的权位才可保长久。"

然而很长一段时间过去了,安陵君依然没有对楚王说这番话。江乙问他原因,安陵君回答说一时找不到合适的机会。又过了一段时间,机会终于来了。楚王到云梦泽打猎,一箭射毙一头野牛,百官和护卫齐声赞颂。楚王说道:"今天游猎,寡人何等快活,待寡人千秋之后,谁能和我共有今天的快乐呢?"安陵君便赶忙上前泪流满面地说:"臣从进宫那天起就与大王共一席,为大王挡蝼蚁,便是臣最大的荣幸。"楚王一听,非常感动,随即正式设坛封他为安陵君。

《淮南子·道应》云:"事者应变而动,变生于时,故知时者无常行。"安陵君的过人之处,便在于他有充分的耐心,等待楚王欢欣而又伤感的那个时刻。可见,与人交流时,一定要根据不同的时机选择谈话的内容。能在恰当的时机说出恰当的话,才会受人欢迎、才能顺利达成沟通的目的。时机不当会被人厌烦,注定无法在交际场合赢得人心。

4. 不要带着情绪与人交流

与人交流沟通的时候切忌带着情绪,尤其是负面情绪。要想与人有效沟通,就得先把自己的情绪控制好,不要出现任何情绪性的动作。

8.2.4 说服

艾森豪威尔曾说过,"说服是一门艺术,让人们做你想让他们做的事情,并且令其乐此不疲”。社会交往中，我们往往要争取别人赞同自己的观点，想要达到这一目的，仅是观点正确还不够，还要掌握微妙的说服技巧。

1. 单面说服和双面说服

单面说服是指说服过程中只讲正面的道理，双面说服是指说服过程中从正、反两方面讲道理。当你就某一话题企图说服对方时，仅仅提示自己主观的说服方法就是“单面说服”，一并指出反对的观点和自己主张的缺陷的说服方法就是“双面说服”。在说服他人的过程中，单面论证和双面论证各有利弊，运用时要具体情况具体分析，了解沟通对象的特点、双方观点和时效要求。

(1) 沟通对象。对于智商和知识水平比较低的人，单面说服就足够；对于智商和文化层次比较高的人，最好用双面说服，因为这些人知识经验丰富，接触过很多观点，对他们如果只用一面之词，会没有力度。

(2) 双方观点。如果双方观点一致，用单面说服就会越谈越投机；如果双方观点对立或存在差异，就要用双面说服，详细分析利弊得失，沟通效果会更理想。

(3) 时效要求。如果沟通之后需要迅速做出决定，就要用单面说服；如果沟通之后需要过一段时间再做决定，以防对方在此期间接触到反面观点，就要双面论证，以便使对方有思想准备。

2. 反映对方的感受

习惯于顽固拒绝他人说服的人，经常都处于“不”的心理组织状态中，所以自然而然地会呈现僵硬的表情和姿势。对付这种人，如果一开始就提出问题，绝不能打破他“不”的心理。所以，你得努力寻找与对方一致、能够准确反映对方感受的地方，先让对方赞同你远离主题的意见，从而使其对你的话感兴趣，而后再想办法将你的主意引入话题，而最终求得对方的同意。

《触龙说赵太后》是《战国策》中的名篇，讲的就是一个如何说服他人的故事。

春秋战国时期，赵惠文王崩逝，年幼的孝成王即位，他的母亲赵太后摄政。秦国趁乱大举进攻，赵太后向齐国求救，齐国提出条件，一定要以长安君为人质才能出兵。长安君是孝成王最小的弟弟，也是赵太后最小的儿子，赵太后对长安君的疼爱使她拒绝了齐国的要求。大臣们纷纷劝赵太后以国家为重，赵太后被逼得急了，就放言：“如果再有人要我把长安君送去当人质，我就将口水吐到他的脸上。”

左师触龙来见赵太后，先是抱歉说自己年老体衰，但好久没见赵太后，特来问候一下。赵太后与触龙聊了起来，触龙问赵太后饮食如何，然后请求太后为自己的小儿子安排一个职位，顺理成章地把话题引到自己如何疼爱小儿子上。同样疼爱小儿子的赵太后自然对这个话题感兴趣。

等引起赵太后的共鸣之后，又说起赵太后的女儿燕后的事情来，点明父母疼爱自己的孩子，就必须为他的长远利益考虑。触龙自始至终都没有提到让长安君做人质的事，但是他以聊家常的方式，让赵太后明白了个中道理，最后同意长安君去齐国做人质。

动之以情、晓之以理的恳谈，任何人都无法拒绝。触龙见到赵太后先说生活起居，营造出一种同病相怜的氛围，又通过自己对小儿子的关心，引出赵太后对长安君的关心。最后站在很高的角度讲清楚真正的母爱是什么，在循循诱导下，赵太后被触龙说服。

平庸的劝说者是开门见山提出要求，结果发生争执，陷入僵局；而优秀的劝说者则首先建立信任和同情的气氛。如果主人为某事烦恼，你就说："我理解你的心情，要是我，我也会这样。"这样就显示了对别人感情的尊重。以后谈话时，对方也会加以重视。

当然，优秀劝说者也不总是一帆风顺的。他也会遭到别人的反对。这时老练的劝说者往往会重新陈述对方的意见，承认它具有优点，然后才指出自己的意见更好、更全面。研究证明，在下结论前，呈示双方的观点，要比只讲自己的观点更有说服力。

3. 感性说服和理性说服

感性说服是通过种种方法调动情感，达到影响对方的目的；理性说服是通过摆事实讲道理，充分论证分析，达到沟通的目的。在说服他人的过程中，理性和感性各有利弊。感性说服的优点在于见效快，缺点是持续时间短。同时，感性说服还要因人而异，文化素质低的人和年轻人容易接受，而知识分子或年龄大的人不容易接受。理性说服的特点则与感性说服完全相反。因此，说服他人时最好将两者结合起来，动之以情，晓之以理。

在一次美国总统大选中，某党派为了检验不同宣传方式的效果，分别在三个选区采取了不同的宣传策略。第一个选区用理性方式进行宣传，对党纲、党章、对内政策、对外政策进行了详细阐述；第二个选区用感性方式进行宣传，不讲过多的事实，而是描绘自己执政后的美好前景，对对手执政前景的描述则是一个噩梦；第三个选区则不做任何宣传。结果发现，第二个选区的得票最多。可见，对于普通群众来说，最容易接受的是感性沟通。

提出有力证据的理性说服方式的力量同样不可小觑。在一项实验中，让两组被测试者听到关于没有处方是否可以卖抗阻胺片的争论，然后告诉一组测试者说，没有处方也可以卖抗阻胺片的证据来自《新英格兰生理和医学月刊》(这是虚构的)，另一组测试者则被告知证据来自一家流行画报。结果发现，第一组比第二组有更多的人赞成没有处方也可以卖抗阻胺片。由此可见，引用权威更能消除听众的先入之见，听众受到证据的影响，也相同程度地受到证据来源的影响。

动之以情、晓之以理的说服是一种软硬兼施，不会一味地求情告饶，也不会一味地强硬劝说，通过感情把双方置于同等位置，又用有理有据的条件让对方开窍。只有动之以情并晓之以理，把话说得既入情又入理，让人于情于理都无法拒绝你，甚至乐于帮助你，才是说话的高手。

4. 不卑不亢

说服别人，并不是要你去求得别人的认可或者帮忙，所以没必要让自己卑躬屈膝。跟别人谈判时，如果能够尽量保持不卑不亢的态度，有礼有节地讲话，将更容易获得对方对你的欣赏和信任，从而愿意聆听你的说辞。

8.2.5 赞美

赞美是指发自内心对于自身所支持的事物表示肯定的一种表达。美国著名心理学家威廉·詹姆士认为，"人类本性上最深的企图之一是期望被赞美、钦佩、尊重"。被赞美是人的内心深处的一种基本愿望，在社交中多对人进行赞美，不仅能使对方的自尊心、荣誉感得到满足，更能让对方感到愉悦和鼓舞，从而会对赞美者产生亲切感，相互间的交际氛围也会大大改善。特别是当交际双方在认识上、立场上有分歧时，适当的赞美会发生神奇的力量，不仅能化解矛盾，克服差异，甚至能促进理解，加速沟通。

虽然赞美人人都爱听，但我们说出这些溢美之词时仍旧需要技巧，特别是在中国，赞美和“拍马屁”只有一墙之隔，赞美的方法不当就可能被人误解。

1. 赞美应实事求是

虽然人都喜欢听赞美的话，但并非任何赞美都能使对方高兴。能引起对方好感的只能是那些基于事实、发自内心的赞美。相反，你若无根无据、虚情假意地赞美别人，对方不仅会感到莫名其妙，更会觉得你油嘴滑舌、诡诈虚伪。所以，当你准备要赞美对方时，首先要掂量一下，这种赞美，对方听了是否相信，第三者听了是否不以为然，一旦出现异议，你有无足够的理由证明自己的赞美是有根据的。所以，赞美只能在事实的基础上进行，力求情真意切，不可浮夸妄言。

比如，当你见到一位其貌不扬的小姐，却偏要对她说：“你是我见过最美的女孩。”对方立刻就会认定你所说的是虚伪的违心之言。但如果你着眼于她的服饰、谈吐、举止，发现她这些方面的出众之处并真诚地赞美，她一定会高兴地接受。又如，老师赞美学生们：“你们都是好孩子，活泼、可爱、学习认真，做你们的老师，我很高兴。”这话很有分寸，使学生们既努力学习，又不会骄傲。但如果这位老师说：“你们智商超群，将来会大有出息，比其他班的同学强多了。”这样就会使学生们傲气，造成不良影响。

赞美应该是以客观事实为基础的、发自内心的肯定和赏识，缺乏真情实感、公式化的寒暄客套是不会打动人心的。如一位普通的下属住院，领导亲自去探望，说出了一句心里话：“平时你在的时候，没感觉你做了多少贡献，现如今你生病了，就感觉工作无头绪，忙手忙脚的，你赶快把病养好了，否则我这个头儿不好当啊！”这样的赞美是发自内心的，是肺腑之言，真诚的赞美才能被接受、被理解。这样的赞美才不会给人虚假和牵强的感觉，对方也能够感受到你对他真诚的关怀。

2. 赞美应具体翔实

抽象的东西往往不具体，难以给人留下深刻印象，更重要的是，笼统的称赞听上去会很虚伪、很套路化，不够真诚。若称赞一个初次见面的人说：“你给我们的感觉真好。”这句话一点作用都没有，说完便过去了，不能给人留下任何印象。而越具体的内容越会让人觉得是你的真心话，其中的关键在于，针对“行为”的称赞会比对“人”的称赞要具体得多。

比如，领导赞美下属，不能仅仅肉麻地说句“公司不能没有你”，而是应该一再强调对方已完成的工作为公司带来哪些好处。又如你称赞某个好推销员，可以说：“小李有一点非常难得，就是无论给他多少货，只要他肯接，就绝不会延期。”挖掘对方不太显著的、处在萌芽状态的优点，发掘对方的潜质，增加对方的价值感，这样，赞美起的作用会更大，以免浪费了自己的一番好意。

据传，1973 年美国总统尼克松访华期间，由于尼克松没有安排随行的国务卿罗杰斯参加与毛泽东主席的会见，罗杰斯十分恼火，打算给中美联合公报的发表制造麻烦。周恩来总理得知这一情况后，主动去见罗杰斯。一见面，周总理就说：“国务卿先生，我受毛泽东主席的委托来看望你和各位先生。这次中美两国打开大门,是得到罗杰斯先生主持的国务院的大力支持的。我尤其记得,当我们邀请贵国乒乓球队访华时,贵国驻日本使馆就英明地开了绿灯,说明你们的外交官很有见地。"罗杰斯听到赞扬十分高兴,笑着说:"总理先生也是很英明的。我真佩服你想出邀请我国乒乓球队的招,太漂亮了!"几句话,一下子就将两国疏远的距离拉近了,中美联合公报得以如期发表。

此外,赞美的用语越翔实具体,也间接说明你对对方越了解,对他的长处和成绩越看重。这令对方欣喜于得到赞美的同时,也深切地感到你的真挚、亲切和可信,你们之间的人际距离也会随之越来越近。反之,如果你只是含糊其词地赞美对方,说一些"你工作得非常出色"或者"你是一位卓越的领导"等空泛的话语,可能引起对方的猜度,甚至产生不必要的误解和信任危机。

3. 赞美应因人而异

我们可能有过这样的体验。当你夸奖朋友取得的成绩时,他会说:"你不知道我付出了多少心血!"言语间仿佛有你不知其艰辛、看结果不看过程的意思。相反,如果你说:"真不错,一定花了你许多的心血吧!"他就会觉得心里舒服,认为你很了解他。可见,夸奖对方付出的劳动是必不可少的,甚至效果更佳。每个人因为年龄、性格、经历、文化程度等情况有所差异,心理欲求也会各不相同,所谓"好钢用在刀刃上",赞美也要迎合对方的心理情感需求,即投其所好。

比如,老年人历尽沧桑,所以总希望别人不忘记他"想当年"的业绩与雄风,同其交谈时,可多称赞他引为自豪的过去,还可以夸奖他的儿孙出类拔萃,他口头上连说"过奖过奖",其实心里比蜜还甜;年轻人寄希望于未来,自认为前途无量,不妨语气稍微夸张地赞扬他的创造才能和开拓精神,并举出几点实例证明他的确能够前程似锦,他一定高兴引你为知己,但如果你一味称赞他父母如何了不起,他却未必会感到高兴。

又如,夸奖一个中国人的时候,如果过分露骨,对方可能会觉得那不是赞美而是奉承,但是夸一个美国人的时候一定要用更过分一些的词,如果程度太轻,会被认为根本不是在赞美,这就是文化的差异。

4. 赞美应独具匠心

同样的一句美言,一个人听第一遍可能很开心,听第二遍就没有那么强烈的感觉,而听十遍甚至可能会产生厌恶,就像一个沉鱼落雁的美女。前天听到别人说她"美",昨天又听到一句"真漂亮",今天还是"你真的好漂亮",她不会觉得那是赞美,而认为是陈词滥调。所以,对同一个人的赞美需要不时换一点新的花样,从不同角度、不同方面赞美对方,才能收到效果。

5. 赞美应适度

赞美要注意分寸,不可过分。过度的恭维,空洞的奉承,或者恭维、奉承频率过高,都会令对方感到难以接受,甚至感到肉麻,令人讨厌,结果适得其反,同时也会降低自身人格。只有适度的赞美才会令对方感到欣慰。

8.2.6 拒绝

日常生活和工作中,总是有不得不开口拒绝别人的时候,不少人认为拒绝别人有伤感情，所以很多时候因为不好意思拒绝别人而轻易承诺一些自己不愿意做或者无法做成的事情，往往把自己陷入两难的境地，同时容易出现失误让对方不满意，也就是费力不讨好。所以学会拒绝是社交的一门必修课。

1. 说明原因

心理学认为，人类的心理永远追求一个完整的闭环。当他们知道“结果”，而没有“原因”去补充，这个环就无法封闭起来。在这个人心里，这个事情总没有完结。所以给出自己行为的原因就更容易让人接受。一般来说，一个人有事求别人帮忙，总是希望别人能满足自己的要求，却往往不考虑给别人带来的麻烦和风险。只要实事求是地讲清利害关系和可能产生的不良后果，把对方也拉进来，共同承担风险，既让对方站在你的角度设身处地地去判断，就会使对方望而止步、放弃自己的要求。在人际交往中，只要还有一线希望达到目的，谁也不愿意轻易地接受拒绝。究其原因，是一种侥幸心理在起作用。俗话说“不撞南墙不回头”。在拒绝别人的要求时，把铁一样的事实摆在眼前，无论对方是怎样坚持意见的人，见此也不能不放弃自己的要求。

比如春节将至，客户给公司经理送来大额礼品，经理想要拒绝馈赠，可以这样回答："非常感谢您的礼物，但是我们公司有规定，超过限额的礼品不能收，否则我将被停职处分。"这样对方就不好强人所难了。

又如，民航售票员面对大批的订票常要给予一部分人回绝。售票员常会面带微笑并非常同情地对旅客说："我知道你们非常需要搭机，从感情上来说我们也非常愿意为你们服务，使你们如愿以偿，但是今天的票确实已经订完了，我们也实在无能为力，欢迎你们下次乘坐我们的飞机。"这一番话说完，旅客们会因为售票员的理由充分、态度谦和而不再提什么意见了，既不伤害旅客们的感情，又给予合理的拒绝。

2. 委婉拒绝

古时候，有一位国君看重庄子的才华，想让他去做官，庄子没有直接拒绝，而是打了一个比方："你看到太庙里被当作供品的牛马了吗？当它尚未被宰杀时，披着华丽的布料，吃着最好的饲料，的确风光，但一到了太庙，被宰杀成为牺牲品，再想自由自在地生活，可能吗？"庄子虽没有正面回答，但一个很贴切的比喻却已经表达了他的拒绝之意，对方自然也就不再坚持。

每个人都有害怕被拒绝的心理弱点，再说当着别人的面拒绝或者亲自表示拒绝也总是让人难以接受，毕竟都不愿意听到对方给你否定的说法。他人对你的请求就像一个美丽的肥皂泡，如果一下子直接戳破未免有些残忍，因此，即使你对待这个请求确实爱莫能助，不妨以相对委婉的方式拒绝他人，而不应该用生硬冷淡的态度直接拒绝对方，否则不仅会让对方很失落，而且会产生不满情绪，甚至因此怀恨在心。所以，在拒绝他人时，说话方式应该尽量委婉，语气要尽量和缓，尽量使对方能够体会到你的拒绝确实是出于无奈，你对于自己的爱莫能助同样感到很遗憾。

幽默是人际交往中的润滑剂，委婉拒绝的手段中，通过幽默来拒绝他人是一种相当好的方式，无法满足对方提出的不合理要求时，在轻松诙谐的话语中讲述一个精彩的故事让对方听出弦外之音，既避免了对方的难堪，又转移了对方被拒绝的不快。

有一个时期，苏联与挪威曾经就购买挪威鲱鱼进行了长时间的谈判。在谈判中，深知贸易谈判诀窍的挪威人，开价高得出奇。苏联的谈判代表与挪威人进行了艰苦的讨价还价，挪威人就是坚持不让步。谈判进行了一轮又一轮，代表换了一个又一个，还是没有结果。

为了解决这一贸易难题，苏联政府派柯伦泰为全权贸易代表。柯伦泰面对挪威人报出的高价，针锋相对地还了一个极低的价格，谈判像以往一样陷入僵局。挪威人并不在乎僵局。因为不管怎样，苏联人要吃鲱鱼，就得找他们买。而柯伦泰是拖不起也让不起，而且非成功不可。情急之余，柯伦泰使用了幽默法来拒绝挪威人。

她对挪威人说："好吧，我同意你们提出的价格。如果我的政府不同意这个价格，我愿意用自己的工资来支付差额。但是，这自然要分期付款。"堂堂的绅士怎么能把女士逼到这种地步，所以，在忍不住一笑之余，也就一致同意将鲱鱼的价格降到一定标准。柯伦泰用幽默法完成了她的前任们历尽千辛万苦也未能完成的工作。

沉默也是一种很好的委婉拒绝方式。当你想表达自己拒绝的意愿而又不知道如何表达时，最好的方法就是选择沉默。年轻时的洛克菲勒曾遇到一个暴躁而粗鲁的人，对方闯进他的办公室，径直走到他的写字台前，一拳打在桌面上，大吼道："你这个伤天害理、虚伪得让人恶心的家伙，我恨你，我要控告你……"他的大声谩骂足足持续了十几分钟。几乎所有的人都以为洛克菲勒会拿墨水瓶砸他，或者叫警卫把他扔出去。可洛克菲勒没有这样做，他只是放下笔，平静地看着眼前的这位暴汉，那个人越是愤怒，他就越沉静地看着他，甚至嘴边带着一抹意味深长的笑意。渐渐地，那个人越骂越心虚，最后他咽了一口唾沫，平息了下来，直到最后静静地走了出去，并且从此再没有来寻衅闹事。

3. 保全对方的体面

每一个人都是有自尊心的，一个人有求于别人，往往都带着惴惴不安的心情，这时自尊心也会格外强烈。如果一开始就回复"不行"，势必会伤害对方的自尊心，使对方不安的心情急剧波动，失去平衡，引起强烈的反感，从而产生不良的后果。因此，不要一开口就拒绝，应该尊重对方的愿望，先说关心、同情的话，然后再讲清自己的实际情况，说明无法接受其要求的理由。只有先说了那些让对方听了产生共鸣的话，对方才能相信你所陈述的情况是真实的，相信你的拒绝是出于无奈。与此同时，还要注意准确恰当的措辞。

有一位做事认真、年轻有为的男职员，由于在业务交往过程中，留给对方公司的科长极佳的印象，致使这位科长十分欣赏他而热心地帮他牵红线。他则非常有技巧地拒绝了。"这件事情(有关做媒一事)，我恐怕要让你失望了，实在很抱歉。虽然我也认为，一个男人是非结婚不可，但现在我的事业尚未有所成就，我个人也还不具备结婚的经济基础，结了婚妻子反倒要和我一起吃苦，这让我又怎么舍得呢？所以我拒绝您的介绍，完全出于我自身的考虑，绝非关系到介绍对象的好坏，希望您能够谅解。"不说自己不愿意，只说自己虽然想要接受但目前能力不足，把拒绝对方的理由完全归结于自身，这样一来保全了对方的体面，也就不会使之觉得不舒服。

4. 拒绝的态度要真诚

拒绝终究是件令人不愉快的事，我们之所以要学习拒绝他人的方法和技巧，就是为了减轻双方的心理负担，使双方的关系不会因此而变坏，尤其是要充分考虑到对方的心理承受能力，尽量使不愉快的感觉降到最低。拒绝时真诚的态度，能够让对方从心底里予以理解，从而能更易接受，尤其是领导、长辈拒绝下级、晚辈的要求时，最好以同情关切的态度来陈述理由，让对方心服口服。

有时，拒绝后会给予对方适当的补偿，也是为了表明自身的态度——“虽然我拒绝了你，但我依旧想要维系我们之间的关系”。《红楼梦》中王熙凤先跟刘姥姥讲贾府经济上的困难，但又给了她二十两银子作为补偿也正是这个道理。

8.2.7 感谢

人是社会性动物，人与人之间少不了互帮互助，感谢是一个人在获得他人的帮助、接受他人给予的鼓励或他人提供的方便、恩惠、利益，使自己得到提高、进步、完善、圆满、成功之后，出于内心的感激之情，用言行向对方表达谢意的行为。而从人际关系学的角度来看，人际交往是一个互动过程，一方的善意行为必然引起另一方的“酬谢”，比如感谢。而这种“酬谢”又将进一步使对方产生好感，并发出新的善意行为，这样就会使对方的人际关系进一步达到融洽。

1. 表示感谢要及时主动

尽管许多人帮助他人，并不指望得到回报，但对于受帮助的人来说，一定要及时而主动地表示真诚的感谢。及时，是从时间上说的，待被帮助的事情有了结局后，要马上表示感谢，不能慢吞吞地一拖再拖；主动，是从态度上说的，要找上门去，到对方单位或家里去，不要在对方上你家或在路上偶然遇见时，才忽然想起要感谢一下，才临时抱佛脚地准备。及时主动，说明你对他人的帮助是非常重视的，说明你十分尊重他人的帮助，也说明你是一个性格爽直、懂得人情的人，有助于进一步加深彼此的感情。

2. 表示感谢要选择恰当的途径

感谢他人的途径和方法是多种多样的，除了物质上的表示外，还可以通过其他形式。要根据帮助者的身份、职业、性格、文化程度及经济状况等具体情况来选择最恰当的形式，不要以为送值钱的东西就是真诚的感谢，也不要以为无限的夸奖就是感谢。有些人，你送他一笔钱表示感谢，说不定他会很不高兴，甚至认为是对他的侮辱；对有些人，表示感谢的方式也许是你自己的努力学习和工作；对有些人的感谢，最好的方式也许是广为宣传。因此，感谢别人，不能一概而论，要因人而异。

3. 表示感谢要真诚自然

说“谢”字必须诚心诚意。在向他人表达你的感激时，一定是别人做了对你有帮助的事，你是受益者，所以你的感情应当是充满快乐的，发自内心的，不是什么表面文章，并且要让对方感觉到这一点。所以表达感激之情的时候，一定要将话说得清晰而自然，不要吞吞吐吐，含糊其词，扭扭捏捏，那样会给对方做作的感觉。在互相注视的时候，交流通常比较容易进行，所以表达感激的时候可以专注地注视对方，通过身体语言强调自己的感激之语出于真心，发于真情。

4. 表示感谢要掌握好度

和表示赞美时一样,感谢别人也要掌握分寸,力求适度,过分和不足都有所不妥。过分,或许会让人难以接受,甚至产生怀疑;不足,又会让人觉得不尊重对方的劳动。合理适度,可根据这两方面来决定:一是对方付出的劳动的多少;二是对方的帮助给自己带来的益处(经济的、情感的、名誉的、身体的等)。要综合这两个方面,再决定感谢的分量。仅仅从别人付出的劳动或仅从给自己带来的益处一方面来决定都可能导致失度,因为这两者之间往往不相协调,有的帮助者付出的劳动很小而给被帮助者带来的益处很大,有的也许正相反。

以接受礼物后表示感谢为例。在双手接过他人礼品的同时,应向对方立即道谢,而"谢谢你"这三个字表明,你谢的不是礼物本身,而是对方送给你礼物的这一举动,同时还可以说一些动听而真诚的话,感谢送礼人所花费的心血,如"您能想到我太好了""您竟然还记得我收集邮票,真是太费心了"等。接受礼物时要注意礼貌,但不要过于推辞,没完没了地说"受之有愧,受之有愧",以致伤害送礼者的感情,即使送的礼物不合自己的心意,也应有礼貌地加以感谢。

接受礼品后,欧美人喜欢当着客人的面,小心地打开礼物欣赏,从外包装夸赞到内包装,看见了礼物,也会好好地夸赞一番,与送礼者共同分享收到礼物的喜悦。中国人在接受礼品时,一般不会当着送礼者的面把礼物打开,而是把礼物放在一边留待以后再看。这是为了避免自己万一不喜欢对方所送礼物时的尴尬,也是为了表示自己看重的是对方送礼的心意,而不是所送的礼品。但今天这种规矩已不再刻板,如果现场条件许可,时间充裕,礼品包装考究,那么,在接过他人相赠的礼品之后,应当尽可能地当着对方的面,将礼品包装当场拆封,以示看重对方,同时也很看重获赠的礼品。

在启封时,动作要井然有序,舒缓文明,不要乱扯、乱撕、乱丢包装用品,当面拆开包装后,要以适当的动作和语言,表示对礼品的欣赏。比如,可将他人所送的鲜花捧起来闻闻花香,随后再将其装入花瓶,并置于醒目之处。要是别人送了一条围巾给自己,则可以马上围在脖子上,照一照镜子,并告诉赠送者及其他在场者"我很喜欢它的花色",或是"这条围巾真漂亮",这也是间接地对赠予者表示再一次的感谢。千万不要拿礼物开玩笑。

8.2.8 致歉

孔子曰:"人非圣贤,孰能无过,有过能改,善莫大焉。"致歉是改正的第一步,是承认不适当或有危害的言行的主要方式,同时表示遗憾,以行动征得对方的理解和原谅。

致歉是一种能弥补伤害、恢复关系、抚平伤痕和治愈心灵伤害的仪式,虽然不能弥补已经犯下的错误,但可以最大限度地减轻自己的错误给对方带来的伤害,防止造成更深的误会。亲人间、同事间、朋友间、陌生人间偶有矛盾,一声"对不起""很抱歉",往往会使矛盾冰消雪融。倘若发现自己错了,却又不能及时向别人道歉,甚至千方百计找借口为自己辩解,其结果不仅得不到别人的谅解,相反,还会受到道德上的谴责和人格、形象上的损害,失去朋友、失去友谊。

1. 点明自己的错误

某件事做错了,某句话说错了,可以开诚布公地直接向对方道歉。可以用"对不起""我错了"等话向对方道歉,这种真诚坦白的态度容易得到对方的谅解。但除了简单的一句道歉，更应当说明自己到底在哪里出了错，究竟怎样伤害到了对方，从而表明自己不是为了息事宁人而认错，更不是去骗取别人的宽恕，而是深刻地认识到自己的错误，并为此感到愧疚和歉意。

20 世纪 50 年代，当时民主德国的总理来中国访问，拟签中德友好互助条约。按照国际惯例，信息的公布要在双方约定的时间同时进行。然而由于记者的疏忽，在条约尚未签订时，就提前发出了消息。周恩来总理看到报纸，立即打电话向已到外地访问的民主德国总理表示了诚挚的歉意。

当天下午他把有关领导和记者请到办公室开会。在了解问题发生的经过后，他说："我只在国务会议上提醒记者暂不发表，却没在人大常委会上向记者交代，结果出了问题，这是我的疏忽。"然后，总理才对有关人员指出错误的性质、影响，及各自应负的责任和教训。周总理这种主动承担责任的道歉方法，使民主德国总理很受感动，并表示谅解。

真正的道歉并不只是认错，承认自己的言行破坏了彼此间的关系，而是要勇敢地为自己的过错承担责任。通过道歉表示你对这个错误十分重视，并希望重归于好，这样不仅可以弥补破裂的关系，而且可以增进双方的感情。

2. 表明自己的真诚和谦卑

有效的道歉不是一种为自己狡辩的伎俩，而是出于真诚的自责、羞耻和愧疚感。因此在道歉中，谦卑的行为和态度非常重要，甚至是判断道歉是否真诚的依据。如果一个犯错的人站在受害者面前，来一句高高在上的"再优秀的人也会犯错"，那么绝对没有人会原谅他，甚至会因他的傲慢自大而愈发恼火。

三国时，公孙渊在辽东割据，害怕曹操征讨，就给孙权写信要归顺东吴。孙权决定派军队带着钱财去支援他，并封公孙渊为燕王。大臣张昭认为公孙渊不可靠，极力反对孙权这样做，两人因此发生了激烈的争执，孙权最后还是没有采纳他的意见。张昭一气之下，不去上朝，孙权也生气了，派人把张昭家的门给堵上了。张昭更不示弱，让家人在门里又堵上了一层。后来，公孙渊杀了孙权派去的人，孙权这才认识到张昭的意见是对的，于是几次到张昭家去认错，张昭就是不见他。

一次，孙权又来到张昭家门口，高声喊张昭的名字，张昭仍卧床不起。孙权派人烧他的门，本意是想逼张昭出来，但张昭却让人把窗户也关上了。孙权一看，连忙让人把火扑灭，自己一直在张昭的门前站着。

后来，经过儿子的劝说，张昭终于露了面，孙权一看，非常高兴，赶紧把他让到自己车上，一路上自责不已，请张昭原谅。从此，君臣和好如初。

刚开始孙权虽然知道自己有错，却不肯低下头向张昭致歉，反而以王者的权势威逼，结果遭到了张昭的反弹。但他始终站在张昭门前的行为又表示出他歉意的真诚，这才使君臣二人有了和解的可能。

承诺改变是表明歉意真诚的方式之一。如果你说完"对不起"后还会一切照旧，那么对方就会认为道歉只是一种息事宁人的伎俩。必须让对方看到或者至少相信你不会重蹈覆辙，以后不会再伤害对方。所以，在向对方表达歉意的同时，付诸改正过失的实际行动，往往是最真诚、最直接并且最有说服力的。

有人认为，如果想要表达自己致歉是诚心诚意的，就不能在道歉的过程中对自己的冒犯行为进行解释，因为任何狡辩都会让对方觉得你没有诚意，甚至会产生厌烦的情绪。但如果你的错误确实情有可原，在致歉后进行适当的解释并无不可。比如一个女士应邀参加晚宴，但由于她的女儿生病，她24小时没有休息，打盹时不小心睡过了头，导致未能及时参加晚宴，在随后的道歉中她解释了自己未能准时赴约的理由，而后获得了原谅。因为提出了解释，没人再记挂她的冒犯行为，可见在道歉中提出解释也是一个有效的手段，只要理由充分，语言得当，就不会显得缺乏诚意。当然，如果提出的解释理由没有说服力，且漏洞百出，就有侮辱被冒犯者的智商之嫌，在他人眼中也就成了一场拙劣的表演，最终会影响道歉的效果，甚至导致道歉失败。

3. 掌握致歉的时机

美国马萨诸塞大学的研究如何选择道歉时间的森瑟·弗朗兹博士说："我们的研究结果表明，在受害人已经解释自己为什么生气后是道歉的最佳时机。在道歉的时间选择上，晚点要比早点好。如果你过早道歉他们可能不会相信你的话，怀疑你的诚意，我们发现你可以过很长一段时间后再去道歉也不迟。但你应该选择在两个人还对彼此之间所发生的不快存有记忆时进行道歉，不要等到不快已经烟消云散了再旧事重提。"

可见，致歉应当及时但又不能太快，如果犯了错后立刻道歉，反倒会让人觉得不真诚，认识自己的错误也不够深刻。而拖得太久，则会让对方窝火，产生隔阂；对自己来说，事情拖得太久，就会觉得已经没有必要道歉，也就失去了解决双方问题的勇气。

4. 间接致歉

一次，北宋诗人苏东坡去访问王安石。恰逢王安石不在家，苏东坡随意走动时，刚巧看到书桌砚台底下压着一首未写完的诗："昨夜西风过园林，吹落黄花满地金。"苏东坡想：菊花有傲霜之骨，花瓣怎么会四处飘落？王公真是江郎才尽铸成大错。于是苏东坡挥笔续诗："秋花不比春花落，说与诗人仔细吟。"然后拂袖而去。文人都有自尊心，何况王安石这样的名人？苏东坡这一举动，惹得他十分不高兴。

一个月之后，苏东坡去自家后花园赏菊。正值刮了几天大风，园中十几株菊花枝上，一朵花也没有，只见落英纷飞，满地铺金。苏东坡一时瞠目结舌，想起那两句续诗，羞红了耳根，想亲自向王安石道歉，又担心解释不清，自讨没趣。终于想出了一个好办法，邀请王安石最亲密的诗友王令来家做客。然后向他说了那天乱改诗句的事情，随后感叹："迄今对王安石深感羞愧内疚。这件事给我的教训太大啦，凡事不可自恃聪明，随便讥笑他人啊！"

后来，王令将苏东坡的歉意转告了王安石。王安石知其良苦用心，也就原谅了苏东坡。

当你冒犯了他人，明知应该向对方道歉，而由于自己自尊心太强，碍于颜面，当面道歉很难为情，或者双方因为其他原因不方便亲自对话时，不妨考虑一下借用第三者来为自己传达歉意，也许还能收到当面道歉所收不到的效果。

当想要道歉，又碍于面子或担心见到对方说错话时，可采用间接致歉的方式。如求助于第三者，将自己的歉意或者暗示给你们双方都熟悉的另一位朋友，请求他为你向对方道歉，也可以将歉意写在信上寄去，有时送上一束鲜花或其他物品，婉"言"示错，也能起到不错的效果。

案例分析

赞扬下属 激励人心

美国第四十三任总统布什是一位十分具有领导才能的总统。在布什所领导的团队里，总能很轻易地听到他对下属的各种赞扬。布什曾经多次称卡伦·休斯为“最优秀的预言家”，称卡尔·罗夫为团队的“总设计师”，赖斯则被布什称为团队的“女军师”。

布什的团队是一支十分和谐的团队，在他的带领下，下属之间也会互相赞扬，并且下属也会赞扬他(当然不是拍马屁)，所以，他们的工作效率非常惊人，能出现这种良好的状况，对下属的赞扬可以说起了极大的作用。

其实，当领导者希望激励员工提高工作效率时，他需要做的事情很简单，那就是赞扬员工，因为赞扬是达到这一目的最行之有效的办法。布什深知这个道理，也做了这样一个英明的领导。

每个人都希望得到别人的承认、信任和赞扬。威廉·詹姆士曾说过：“人性的第一原则就是渴望得到赞扬。”所以，受人重视、被人赞扬的愿望，是人们内心最强有力的动力。任何领导者，面对下属出色而有效率的工作成绩时，请千万不要吝啬你的赞扬。因为这是一件一本万利的事情，哪怕只是一句简单的赞扬的话，都可以引发出人意料的结果。所以，及时适当的赞扬是非常有用的。

(1) 领导的赞扬可以使下属认识到自己在单位里的价值，以及自己在领导心目中的形象。因为，领导的赞扬往往具有权威性，是确立自己在单位的价值的依据。所以，如果有幸得到了领导的赞扬，员工会因此更努力地工作，期待领导的下一次赞赏。

(2) 它可以满足下属的荣誉感和成就感，使其在精神上受到鼓励。领导的赞扬，会激励下属继续或者更好地为他服务，是下属工作的精神动力。

(3) 有利于消除上下级之间的隔阂，增进团结。布什的团队，就十分具有凝聚力和向心力，亲如一家。

资料来源：方明．白宫口才课[M]．北京：中国经济出版社，2013.

【问题讨论】 结合本章内容和上述案例思考，作为领导应使用怎样的语言技巧赞扬下属才能达到预想的效果。

习题

一、选择题

1. 关于面试中的自我介绍，以下说法不正确的是(　　)。

　A. 自我介绍一般包括自然情况、学习情况、实践经历、爱好特长等，其中实践经历很重要

　B. 自我介绍要有针对性，处理好详略和虚实的关系

C. 自我介绍要做到主题明确、客观恰当

D. 自我介绍要充分展示自己，不要留有余地

2. 拒绝别人的原则是“拒绝而又不得罪”，即通过婉言拒绝使对方认识到说话者不是“不为”，而是“不能为”。（　　）

A. 正确　　B. 错误

3. 英国著名语言哲学家格莱斯认为，在交际的正常情况下，人们的交谈不是由一串不连贯、无条理的话语组成的。由此，他提出了会话中的“合作原则”，并认为人们在谈话中遵守的合作原则应包括以下范畴，即（　　）。

A. 量的准则　　B. 质的准则　　C. 关联准则　　D. 方式准则

4. 如何恰当地介绍别人是商务人员必备的礼仪技巧，能够正确掌握介绍的先后次序十分重要。通常在介绍中，下面不符合正确礼仪的是（　　）。

A. 首先将职位低的人介绍给职位高的人

B. 首先将女性介绍给男性

C. 首先将年轻者介绍给年长者

D. 首先将年长者介绍给年轻者

5. 道歉的主要作用是（　　）。

A. 转化矛盾　　B. 息事宁人

C. 消除影响　　D. 有利于解决问题

6. 所有的人都喜欢被人赞美，赞美他人时应做到（　　）。

A. 尽量抬高对方、贬低自己

B. 什么好听说什么

C. 努力夸大其词

D. 保持适时适度

7. 和初次见面的人交谈，可以选择的话题是（　　）。

A. 天气情况　　B. 各种赛事　　C. 热门电影　　D. 对方薪酬

8. 拒绝别人的要求时要尽量做到（　　）。

A. 态度明确　　B. 选择时机

C. 适当转移话题　　D. 无限拖延

二、简答题

1. 简述面试时自我介绍的内容和要点，并试着对朋友进行一次自我介绍。

2. 什么是单面说服和双面说服？说说两者的试用情况。

第9章 面试口才

【本章学习目标】

1. 掌握面试口才的概念、特点和基本原则。
2. 了解面试前应做的准备工作。
3. 了解面试的主要形式。
4. 掌握面试中自我介绍的技巧和禁忌。
5. 掌握面试中的答与问的技巧。

【导入案例】

面试口才:大学生求职五不要

在人才市场越来越买方化的今天,不少大学生求职都有一些失败的经历。尽管招聘者的权力对求职者的去留具有决定性影响,但求职者因自身问题而导致应聘失败的也不在少数。如果我们清楚地认识到自己身上存在的问题,就可以大大提高求职成功的概率。那么,大学生在求职中应该注意哪些问题呢?接下来谈谈关于大学生面试过程中的5个"不要"。

一、不要毫无准备

黄杰读大学时一直是学生干部,大量的学生工作使他练就了一副伶牙俐齿。于是在面试之前,他兴高采烈地出去逛街,没有为第二天的面试做任何准备。回到寝室见到其他同学正在准备面试时的问答,他高兴地想——平时的锻炼就是有效,他们准备的这些有什么用呢?他非常自信地认为这次面试该是万无一失了。考场上,黄杰与考官交流得不错,但等到考官提出一些问题要他独自陈述3分钟时他就傻眼了。开始回答考官提的问题是双向交流,有问有答,只要跟着考官的问题走就可以了;现在没有了刚才那种交流的环境,题目又这样陌生,黄杰顿时急出了一身汗。这3分钟显得特别漫长,黄杰绞尽脑汁东拼西凑的内容使他显得语无伦次,考官的脸色越来越难看,最终毫不留情地将黄杰淘汰了。

黄杰平时有口才,面试前如果做些准备,完全可以取得好的成绩。可他却因3分钟的自由论述而败下阵来。因为在没有准备的情况下,对陌生的话题进行3分钟的陈述是很难的,于是他自然是不知所云。考官给出的题目是求职者很难想到的,要想回答好这些题目,就应该做好积极充分的准备,只有"备战"时把各种情况考虑周全,才能在回答考官提问时游刃有余。像黄杰这样认为自己的素质比别人强,求职时无须任何准备的人,是很难顺利地通过招聘考试的。

二、不要横向攀比

李建军研究生毕业后一直心气很高，因为成绩不错，他总想找一个比其他同学更好的职位，薪水要比他们高一倍，仿佛那样才不丢面子。可命运戏弄人，当许多同学被外企高薪聘用后，自命不凡的李建军偏偏就一直找不到满意的工作。后来他降低了求职条件，只要薪金职位不比他的研究生同学差就行。尽管这样，经过多番周折，仍然没有找到理想的工作。现在，李建军在求职的路上已经奔波快两年了，仅印制精美的简历就花了上千元，求职底线也放得更低了些，他说："只要有单位能要我，待遇不比本科生差就行。"终于有几家单位有意请他加盟了。

在求职的时候有点不甘人后的心理并无大碍，但这种心理过强就不好了。当代大学生，即使是同系同班同学，由于他们的实际能力和机遇有所不同，谋到的职位或多或少都会有一些差别，不可能所有的人都就职于同一个层次。所以当你的朋友被某个名企高薪录用时，你大可不必与其攀比，而最要紧的是脚踏实地地走好自己求职的每一步，在日后的工作中努力，一样会有好的前程。

求职的时候喊出天价而遭遇无人招用的尴尬，还不如在岗位上建功立业更为实际，李建军当初如果不去与别的同学横向攀比，而是找个基本适合的职位及时就业，或许到现在已经升职了。

三、不要盲目模仿

覃丹到某企业面试时，被安排到老总的办公室等候。当时她看到门口放着一个拖把，便想起一个经典的求职故事：一位求职者捡起了一张许多人注意到却没有捡起来的废纸，把它扔进垃圾桶，而老总认为他细心有责任感，于是最终录用了他。覃丹心想，这拖把可能就是考验我的吧？于是，她便拿起拖把拖起地来，直赶得老板满屋子转。一会儿，一个穿着朴素的勤杂工从她手里接过拖把，另一则"一位公司老总装成倒茶水的老头，在面试场上察言观色"的故事又浮现在她脑海里，她以为一定是真正的老板装扮成勤杂工，来对她进行情境的考察，于是她急忙跑过去和那名勤杂工攀谈起来。老板看到覃丹的所作所为，便对她说："您似乎不适合做文员，请回吧。"

近些年来，各种媒体竞相反映大学生的求职问题，于是产生了大量求职故事。一些经典又有些离奇的故事被网络和各大报刊抄来抄去，不少大学生已耳熟能详。读这些求职故事可以拓宽求职思路，丰富求职的视野，但那些故事毕竟是经过艺术加工的，而且在我们身边十分罕见，欣赏一下或当作参考还可以，求职面试时切不可以盲目模仿。招聘单位主要考察的还是求职者的业务技能，况且每次招聘都会有不同的环境和用人单位的具体要求，盲目模仿求职故事，会让招聘单位觉得莫名其妙。

四、不要心不在焉

陈畅在省重点大学读的是计算机专业，他有一个缺点，就是很粗心，做事情总是心不在焉。他在某外企应聘时，面试、笔试都一路过关斩将，给在场的人留下了非常好的印象。为了决出雌雄，主考官要求应聘者现场做一个网页。陈畅在学校时就是计算机高手，做网页很拿手。这次，招聘单位为他们准备了音像制作工具和丰富的文字资料。而室内外选景、制作动画、输入声像和文字、编排链接等工作则需要应聘者自己动手。经过好一阵忙乎，陈畅居然先于第二名两小时完工，漂亮的页面更是让人耳目一新，在场的人都觉得陈畅必定会胜出。可结果却恰恰相反，对计算机专业并不精通的主考官，竟然发现陈畅做的网页上有很多低级错误：不少链接根本就打不开，正文里不是少几个字就是弄错了图片，丢三落四不说，还把公司的名字写错了。结果陈畅马上就被淘汰了，主考官说："你应聘的岗位是容不得半点差错的，这样心不在焉地工作将会把我们的业务搞砸。"

论制作网页，陈畅的专业能力绝对是优秀的，他的失误就在于不用心。求职者在做学生的时候，作业写得马虎，老师打个红叉后还可以改正。若是到了工作中仍然心不在焉、马马虎虎，出现了问题可能就很难补救了。任何一个企业都需要认真细致的工作人员，否则一不留神就会在某个环节上出现问题，可能会给企业造成很大的损失。

五、不要不加防范

某房产公司招聘经纪人，王金投了简历很快就被通知面试了，本以为面试问题会很难，可没想到只回答了几个简单的提问他就轻松过关了。当时和他一起被录用的有十几个人，老板让大家交了岗位培训费和建档费每人 380 元，说是为了取得房产经纪人资格，持证上岗。经培训，他们都拿到了房产经纪人证书，可老板却说，公司效益不好，大家必须先当推销员，想方设法卖房子，卖不出去房子就别想发工资。王金他们一气之下辞了职，可无论怎么交涉，交到公司的钱也要不回来了，公司的理由是大家已经参加过培训了……

走在求职路上的大学生，一心想着早日成功，却常常忽视招聘陷阱。遇到不法企业的恶意招聘，总有一些缺乏防范意识的求职者上当受骗。识别招聘陷阱其实并不难，关键是我们必须有起码的法律知识和警惕意识，绝不能"饥不择食"。按《中华人民共和国劳动法》的规定，任何用人单位不得以任何名义向求职者收取费用。如果王金对招聘公司收钱培训的做法有所警觉并予以拒绝，他就不会上当受骗了。此外，事先调查一下公司的信誉和效益等信息，也会避免掉入类似的陷阱。

资料来源：上海电力学院．面试口才：大学生求职五不要[EB/OL].(2016-12-21). http://hhxy.shiep.edu.cn/4e/33/c1196a85555/page.htm.

【思考提示】 正如导入案例开篇提到的，在人才市场越来越买方化的今天，不少大学生求职都有一些失败的经历，阅读上述材料并思考，面试前应做好哪些心理准备？口才等同于"伶牙俐齿"吗？口才在面试中会有哪些重要作用？

9.1 面试口才的基本知识

重庆大学就业信息网曾经就"求职成败与口才的关系"这个课题专门展开过一次随机抽样调查，调查对象是来深圳市人才大市场的求职者。在所有的有效回答中，97.8%的人认为求职成败与交际和口才能力有关系，76.1%的人认为"人际交往与口才能力好不好，在很大程度上决定着一个人事业的成功与否"，69.3%的人对"交际与口才是现代人必须具备的能力，需要像学习专业知识那样系统学习"表示认可，93%以上的被调查者表示愿意参加交际与口才方面的培训。

面试是一场博弈。对于面试官而言，需要利用各种问题来全面了解求职者，以便招到合适的人才；对于求职者而言，需要应对面试官的各类问题，尽力将自己的优势和长处呈现给面试官。要想赢得这场博弈,面试语言能力至关重要。

9.1.1 面试口才的概念

面试口才是指求职者在面试过程中,运用准确得体、恰当有力、生动巧妙、有效的口语表达策略,取得圆满的求职效果的口语表达的艺术和技巧。简而言之,就是求职者在面试应聘过程中进行语言表达所表现出来的一种才能。

一般来说,招聘单位总是根据岗位需要招聘合适的人才,不同的岗位考察的侧重点不同,但不管招聘哪个岗位的人才,招聘者都会考察求职者以下几方面的能力。

1. 考察求职者的思维能力

面试中的提问,留给求职者思考的时间很短,如果求职者思维能力强,就会在面试中反应敏捷、思路清晰地回答问题,在对答中显示出自己的逻辑性和判断力。思维能力差的人,往往会语无伦次、词不达意,甚至弄不清对方究竟问的是什么。

2. 考察求职者的口才能力

通过面试自我介绍与应答,可以测试出求职者语言表达是否流畅、优雅、得体,吐字是否清楚,语音是否标准等,特别是教师、公关人员、营销人员等职业,对口才都有较高的要求。

3. 考察求职者的专业知识与能力

如通晓国际通用财务制度,有较强的公关能力与文字表达能力,有较强的管理、组织协调能力,精通某种外语,能速记,擅长快速中英文字处理等。招聘单位将根据招聘的工种职位,决定特长吻合者留用。

4. 考察求职者的性格、品质

招聘单位面试时会有意问一些让人情绪易发生变化的问题,目的是在求职者无暇认真思考的情况下看出其性格、情绪等;并测试其做事是否积极主动、认真可靠,是否诚实可信,能否吃苦耐劳,有无进取心等。

此外,还有考察求职者对求职单位的实际了解程度,求职者的辩解能力,回答问题的方式等,甚至谈吐、坐姿、微笑、外表等许多细节都在观察记录之列,这些都将成为是否录用的原始记录。当然,由于职业类型不同,单位有别,面试的目的也不会完全一样,求职者面试前应充分准备。

9.1.2 面试口才的特点

1. 目的性

在面试的考场上,求职者所说的每一句话都应该是为应聘服务的。求职者所进行的自我介绍、对面试官所提出问题的回答,或作一些必要的询问,都可让面试官了解自己,显示自己的专业实力和自我价值;所突出的长处要与申请的职位有关,善于用具体生动的实例来证明自己;说明问题,不泛泛而谈,开门见山,简明扼要,表明自己符合录(聘)用标准。

小A是某名牌高校的硕士研究生,凭着响当当的学历和一表人才,在人才市场被一家外资企业一眼看中。面试时,人才资源主管问他有什么特长,小A回答:“我的文学功底好，写作能力很强。”主管又问他：“能用毛笔写大幅标语吗？”小A回答：“我可以边干边学。”主管只好放弃了他。

小A两句话都答错了。“写作能力强”在企业并不能算是优势，因为企业是人事生产经营的，企业所用的写作只局限于商用策划以及常规事务性的办公应酬，即企业并不需要太高深的写作知识；“边干边学”也不行，企业只需要熟手，原则上不养闲人，所以一般不会给你太多的学习机会和时间。企业最看重的是职业优势，所以面试时一定要有针对性、目的性地展现这种优势。

求职确实带有很强的目的性，但应摒弃急功近利的做法。有些求职者因求职心切，不实事求是，把自己吹得天花乱坠，甚至在面试时一味讨好面试官，这样反而招人讨厌，导致面试的失败。具备一定专业素养的面试官是忌讳应试者套近乎的，因为面试中双方关系过于随便或过于紧张都会影响面试官的评判。过分“套近乎”也会在客观上妨碍应试者在短短的面试时间内，做好专业经验与技能的陈述。聪明的应试者可以列举一至两件有根有据的事情来赞扬招聘单位，从而表现出对这家公司的兴趣。

2. 自荐性

自荐性强是求职口才有别于其他口才的一大特点。在求职场上，面对众多的对手，如何才能使自己脱颖而出，让用人单位注意自己呢？除了本身必须具备的专业技术素质外，能在面试场上正确地评估自己，恰如其分地推荐自己，是获得成功的关键。自我推荐，就是把自己与求职有关的情况恰如其分地介绍给招聘单位。

正确地评估自己，但也要避免过分的“谦虚”。面试时，谦虚些可以给人好感，但谦虚过度则会使人对应聘者产生怀疑，认为应聘者无能、缺乏自信心。面试中通过介绍语言，巧妙地把自己的真诚、热情、充满进取精神等档案无法反映的特点，淋漓尽致而又得体地显露出来，令人感到你学习成绩虽不是名列前茅，但知识面较广，能力较强；或虽档案评语一般，但有蓬勃的朝气和工作热情等。这样成功的希望自然比听任对方通过档案主宰自己大得多。因为正是由于档案不能代表一切，用人单位才进行面试。面试中如果善于推销自己，录用天平便会向自己倾斜。

3. 艺术性

求职是 种技巧，讲究表达的艺术。作为求职者，在面试场上，面对着千方百计想从求职者的语言中收集信息的用人单位，求职者该怎么说、怎么答呢？如何才能使自己表现得更为出色，让对方满意呢？这些都要求求职者在说话时既要准确得体、灵活巧妙，又要把握重点、简洁明了。

(1) 准确得体

所谓准确得体，就是如实地反映自己的情况，对能表现自己的重要方面不能顾此失彼；说话要适时、适势、适情、适机，一切以适度、恰当为准绳；既要树立自己的形象，传递信息，为面试官了解自己创造有利条件，又要表现得不卑不亢，掌握好分寸。不要因为自己的资历高而骄傲，也要不因为自己存在缺点而自卑。面试中，如果对主考官提出的问题一时摸不到边际，以至于不知从何答起或难以理解对方问题的含义时，可将问题复述一遍，并先就自己对这一问题的理解，请教对方以确认内容，对不太明确的问题一定要搞清楚，这样才会有的放矢，不至于答非所问。话说得准确、得体，是一个人社交能力和修养的综合体现。

小A是某职业技术学院的高才生，主学数控，选修文秘，应聘某知名集团公司的文秘岗位，面试中双方谈得非常愉快，快接近尾声时，人力资源主管问她："对你来说，现在找一份工作是不是不太容易，或者说你很需要这份工作？"

小A立即回答："那倒不见得。"

主管果然就没有录用她。

小A这句话客观上可能是想表现自己的不卑不亢，主观上却流露出了一种傲气。如果这样回答："我希望得到这份工作，也自信有能力做好这份工作；但如果你们还有更合适的人选，我尊重你们的决定。"或许小A就能成功拿到这份工作了。

(2) 灵活巧妙

灵活巧妙是说话高超的艺术表现。面对一些较为挑剔的面试官，面对难以回答的问题，如何使自己化难为易，化弊为利？这就要灵活巧妙地应对。在面试中，灵活的表现，巧妙的语言，不仅显示了求职者的说话技巧、交际能力，而且能引起招聘单位的注意和欣赏，收到令人满意的效果。

(3) 简洁明了

怎样在时间有限的面试过程中做到把握重点、简洁明了呢？一般情况下回答问题要结论在先，议论在后，即先将自己的中心意思表达清晰，然后再做叙述和论证。否则，长篇大论，会让人不得要领。面试时间有限，一般人都会紧张，话过多容易离题，反倒会将主题冲淡或漏掉。针对所提问题，作细节性回答时，有的需要解释原因，有的需要说明程度。所以说，求职口才作为一种技巧、一种艺术，它可让求职者发挥自己的水平，表现自己的才能，得到招聘单位的青睐。

9.1.3 面试口才的基本原则

1. 化被动为主动的原则

从形式上看，面试是用人单位对应试者的挑选。通常是由考官出题、提问，主导面试进程和结局，考官的态度、评价，决定着应试者的取舍。而应试者则是处于被召唤、被支配、被挑选的地位，似乎没有多少主动权可言。其实，如果应试者换一个角度看问题，把面试当成推销自己、展示才华的过程和机会，把面试现场当成表现自己的舞台，那么，应试者就可以在一定程度上获得面试的主动权，其主观能动性就会得到充分的发挥，表现出很大的预见性、主动性和创造性。

比如，面试前就积极地、有目的地进行大量卓有成效的准备工作，包括了解和研究用人单位需求状况、专业特点、考官心理、应答对策等，在应试过程中就会表现得精神饱满，热情亢奋，思维机器全面开动，知识积淀不断被唤醒，应对自如，左右逢源，实现正常甚至超常发挥，从而把自己的优势与对方的需求有效地对接起来，赢得考官的好感，最终成为面试的优胜者。

2. 外在形象与内在素质并重的原则

面试的目的在于全面考察应试者的素质，重点通常放在内在素质方面。但是，从实际情况看，考官对应试者的直观印象却是十分关键的。应试者以什么样的形象在现场亮相往往会带来不同的效果。一般来说，外在形象能折射出一个人的内在素质、气质和修养水平等，并易于给他人形成“首因效应”。良好的第一印象，往往讨人喜欢，进而让人产生由衷的亲和力，这样就在潜意识中对考官的态度和评价产生了微妙的影响。因此，应试者应坚持外在形象与内在素质并重的原则，在着力表现内在实力的同时，关注一下自己的衣着打扮、行为举止和态度表情，以向考官展示自己良好的修养和形象，做到自信而不自傲，自然而不放肆，展示而不卖弄，重礼节、礼貌而不拘谨卑微。这样，讨人喜欢的外在表现就成为内在素质的一种烘托、说明和强化，从而大大加深考官的印象。

3. 心理与才学互动的原则

一般来说，应试者走进面试现场面对考官时，心理压力会大大增加。如果不善于进行心理调节，就会出现心理失控，影响正常应对发挥。我们常常看到，有的应试者很有才学，但他们的心理素质太弱，一走进严肃的面试现场就紧张害怕，特别是涉世不深的青年，没有见过这样的阵式，往往乱了阵脚。这种教训应牢牢记取。实际上，心理与才学是一种互动关系。应试者应把自己的心理素质与才学表现协调好，做到以才学稳定心理，以心理支撑才学表现，使两者相辅相成，相得益彰。为此，在面试前既要注意才学准备，又要注意自身心理训练和面试心理准备。在考试中，特别是入场后的前三分钟，要采取措施，进行积极的心理调节，稳定情绪，引导自己进入最佳竞技状态。这样在强大的积极心理支持下，就会有出色的表现。

4. 真诚与口才相统一的原则

应试者不但应在专业上用劲，还应注意口才修炼，比如面试中常用到的演讲、对话等表达方式，要多加练习。面试前，在对有关内容进行预测、材料准备和策略谋划的基础上，还要精心地进行语言表达技巧的设计和试讲，看哪些内容宜直答，哪些宜婉答；先说什么，后说什么；追求哪一种表达风格等。有时候，同样一句话，以什么方式表达，效果会大不相同。在面试过程中，还要把眼、耳、脑、口都调动起来，最大限度地把自己的思想内容表达出来，努力追求出奇新巧，反应敏捷，不断闪现出灼人的思想火花。总而言之，面试口才的最高境界是要善于表达真诚，谈吐要真实得体。面试应答一定要说实话，把真诚表达出来，让人信服。

当主考人员问：“你喜欢出差吗？”一位求职者回答说：“我喜欢出差。”但无论是语气还是脸上的表情都完全体现不出这句话的诚意，事实上，他也确实是为了得到这份工作而撒了谎，勉强拿到录取通知并开始上班后，他不得不经常出差，一年下来因为实在无法忍受频繁的外派工作而递交了辞呈。

而另一位求职者的回答则十分坦诚：“坦率地说，我不喜欢。因为从一个地方到另一个地方毕竟不是旅游，确实很辛苦。但我知道，到外地推销商品是营销活动的一个重要部分，也是推销员的主要工作之一。所以我不会在意出差的艰辛，反而会以此为荣。因为我非常喜欢推销工作，我认为这一点更重要。”主考人员问：“如果我们接受你，你会干多久呢？”求职者又回答：“没人愿意把一生中最为宝贵而有限的时光花在不停地寻找工作中；也不会有人甘愿将自己喜爱的东西轻易放弃。如果这份工作使我学以致用，能更好地发挥我的潜力，而我也能从中获得更多的新知识与新技能，并且能得到相应的回报，那么我没有理由不专心致志地对待我所热爱的工作。”这番话所表现的机敏、坦诚与个性深为招聘者所欣赏。可见，真实的思想与坦诚的语言并不矛盾，反而能增强沟通的效率。

面试应答不是演戏，不是演讲比赛，在这里，考官考察的是应试者的真实观点、看法和水平，所以应答必须发自内心，实话实说；在这里，口才只是一种手段，绝不是目的，我们应善于把个人的真实思想感情通过卓越的口才表达出来，说得有力度，有重点，有逻辑性，思路清晰，动情感人，形成共鸣。如果你夸夸其谈，华而不实，一味地卖弄口才，那只会弄巧成拙，毕竟在久经沙场的面试官眼中，求职者精心编织的谎言可以说是“幼稚”，几个对细节的追问，就足以让说谎者难以自圆其说。曾经有位求职者说自己是某家旅行社的校园代理，而当面试官问他在各个学院推广的业务金额时，他却答不出来。

9.1.4 面试前的准备

所谓“凡事预则立，不预则废”，面试准备是面试成功的基本前提条件，面试虽不像笔试那样要逐门学科去准备，但也有不少内容考前是可以预料到的。面试前的准备工作包括信息准备、内容准备、形象准备、心理准备等。

1. 信息准备

面试前，求职者应对用人单位进行全方位的信息采集，从而对所要求职的公司进行详细了解：了解其性质、主要功能、组织结构和规模；人员结构，如年龄结构、专业结构以及人际关系状况等；主要领导；面试官的情况；部门的历史沿革及正在从事的工作的重点。以及面试职位，如工作性质、基本的责任和权力、任职的专业要求等。

这些类似的信息可以通过当地报纸、企业网站、就业指导中心、招聘广告等多种途径进行调查和了解。同时也可以根据所了解的信息准备一些自己在入职前想要进一步了解的情况，从而进一步确定这家单位究竟适不适合自己，毕竟求职是一个双向选择的过程，信息采集得越多，心里就越有底，越能做到有的放矢。

对用人单位的情况一无所知或知之甚少，在面试的过程中就易处于被动。此外，对用人单位信息的收集也有利于面试时的问题应答，面试过程中，对企业有充分了解的面试者还能针对企业特点和需求回答问题，较易给面试官留下好的印象。

2. 内容准备

现今社会，招聘单位普遍看重求职者的有以下四项条件。

(1) 工作能力

企事业单位都希望前来应聘的求职者具有一定的社会工作实践和专业实践能力。某公司人事部经理认为，现代社会特别是现代企业，需要的是有真才实学、知识面广、专业精深，并能在拥有丰富知识的基础上努力拓展自己的开拓型的学生。拘泥于专业理论而不会灵活运用或创新的大学生，将越来越不受欢迎，他的看法反映的是一种普遍的社会观点。联想集团人力资源部总经理也强调，联想选用人看重的是能力。联想集团员工培训资料上写着：“人才是既有责任心而且能出色完成本职工作的人。”北京叉车总厂每年在招聘毕业生进厂时，总是将社会适应性强列为用人单位的重要标准，该厂领导认为，求职者上岗后能否以比较强的适应能力在短期内打开局面，这对企业来说是个很重要的问题。

(2) 学习能力

不少精明的企事业单位在录用毕业生时，都把能力强不强、潜力大不大作为考察的一个关键指标。广州建筑安装公司的副经理认为，学生的应变能力及发展潜力，不仅决定这个学生自身未来的发展，而且直接关系到企业对这个学生的各种"投资"会不会亏本。这种发展潜力，是与再学习的能力成正比的；中国电子进出口总公司北京分公司总经理强调，具体到公司进人，首先关注的是毕业生的学习能力。据专家统计，现代社会知识的半衰期已缩短到5～7年。为了适应科学技术飞速发展和不断加快的知识更新过程，终身学习成为必然趋势。如果说知识是金子，那么毕业生就必须有自学能力这一"点金术"。

(3) 合作能力

虽说大幅度的评估标准因行业、职位不同而各异，但有些基本的标准是具有共性的，其中一条便是考察毕业生是否具备与人合作的能力。当今世界，许多项目都非一个人能完成的，而是需要多方合作、共同努力才能完成。甚至有些项目，还需要多学科、多行业、多部门、多人员共同协调一致地进行才能获得成功。所以对求职者就职后能否与上司、同事和睦相处，是否富于合作精神，善于与公司内外的各方协作，是否具有协调性和顺应性等，这些在面试中都是要提问并重点考察的。而且许多企业都有这样的共识：善于合作的人拥有更多的机会，不善于合作的人将面临无穷的烦恼。

(4) 敬业精神

美国洛杉矶总裁研究顾问公司总裁斯威尼曾说："优秀的人才是……在工作上有迅速取得进展的历史，具有优良的智力，在复杂的形势和压力下冷静沉着，热爱工作并准备为事业成功而献身……"一位充满积极进取精神、愿为事业作贡献的人，必然会对工作尽职尽责，必然会想方设法在竞争中立于不败之地。因此有些用人单位这样说："有些求职者看起来毫不起眼，但能给企业带来几百万元的利润；有些人仪表堂堂，却拿不来一张订单。这里的关键就在于是否有敬业精神。企业最关注的当然是效益，能为企业带来效益的员工就是企业所欢迎的人才。有了高素质的人才，企业就能兴旺发达。"许多用人单位都认为，敬业精神至关重要。没有事业心，这山望着那山高，频繁跳槽，这样的人到哪里都不会受欢迎的。各用人单位都要求员工有奉献精神，奥古尔维—马瑟集团主席费卫林也说过，"……不喜欢自己工作的人，大多也不会勤奋。所以，必须挑选工作勤奋和热爱工作的人"。

了解了招聘单位的要求和选人的重点，求职者就要有的放矢地对面试中可能提出的问题该如何回答进行准备。不少求职者在面试前怯场，主要原因就是不知道面试时会提什么问题，怎样进行回答。心中无数，难免恐惧。尽管不同的用人单位、不同的主考人员会提出不同的问题，但是，一般来说，面试时大致会提哪些方面的问题仍是有一定规律可循的。通常情况下，主考人员所提问题基本上与求职者所应聘的职位及其素质有关。这些问题表面看来是随意提的，但实际上却大多围绕着求职者的受教育情况、工作背景、个人优点、兴趣、特长、工作能力、社交能力以及思维、反应、对生活的认识与看法等进行的。例如，"请简要谈谈你的情况""你为什么会选择这一专业""你应试的动机是什么""你有什么特长""你的人际关系如何""你的优缺点是什么""你对我们单位了解吗"等。由此可见，求职者是可以有针对性地做好面试问答基本内容的准备的，这种准备越充分，就越能及时、有效并充满信心地进行回答。

3. 形象准备

有人曾说："你不可能由于戴了一条领带而取得一个职位，但可以肯定你戴错了领带就会使你失去一个职位。"求职者给面试官的第一印象非常重要，比起不修边幅、邋里邋遢的求职者，一个外表大方优雅的求职者无疑更会给面试官留下良好的印象。

(1) 发型

无论选择什么样的发型，头发干净整齐是首要条件，应注重个人卫生，定期清洁并打理头发；协调发型风格和办公环境，如果面试的是网站、艺术工作室等企业工作，可以适当随性，但作为求职者，发型一定要职业化；刘海切忌蓬乱，短发保持整洁和服帖，男性不留长发，女性长发应扎成发辫或盘在脑后，配上雅致的发卡装饰，给人端庄、大方的印象；碎发要固定住，如果时常用手拨弄头发易给人不稳重之感；染色时也不应选取亮红色一类太过花哨的颜色。

(2) 妆容

女性求职者不能素面朝天地前去面试，这不仅是美观需要，更是礼仪要求。妆面应整洁、自然、生动、精致，不可出现残缺，不可化浓妆，不可当众化妆或者补妆，且口红和指甲油的颜色都不可过深；男性求职者不强制要求化妆，但需要注意保持面部整洁干净，如非刻意蓄须，一定要每日刮脸。

(3) 服装

求职者的服装应做到既能提升个人形象气质，又不失职业性。通常来说，面试官年龄偏高，在着装的观念上不如年轻人新潮，也不太能接受过于新潮的装扮。女性求职者可选择平整挺阔的单色套裙，裙长务必过膝或到膝；与套裙相配的鞋子不宜露趾，丝袜以黑色、肉色为宜，应预备替换丝袜防止勾丝。面试正式场合的服装穿着要遵循肩膀、膝盖、脚趾头"三不露"的原则。

男性求职者可选择蓝、灰、黑等颜色的单色西装，配单色衬衫并系领带，领带颜色不宜超过三种；应选择与西装颜色相配的皮鞋和深色袜子，袜子的长度以高于脚踝为宜。

(4) 配饰

女性求职者不宜佩戴太多配饰，耳环、戒指、手镯这类东西如果太显眼，在接受面试时容易分散面试官的注意力，也与面试的庄重气氛不和谐；如要佩戴，尽量选择形状小巧、颜色低调的配饰；除宴会等特殊场合，全身的首饰最好不要超过三件。

手表是男士的重要配饰，而佩戴手表是具备时间观念的象征，所以男性求职者通常会佩戴手表。应选择金属材质的手表，不要佩戴运动型手表、造型新奇花哨的手表，这会给人不稳重的感觉；表带松紧适宜，太过宽松会显得人邋遢。

4. 心理准备

(1) 树立正确的择业观

一是克服"眼高手低、好高骛远"的不实心态，树立"脚踏实地、一步一个脚印"的就业观念。相当部分求职者在求职过程中存在"高不成、低不就"的问题，其实质是不能正确地估价自己，把自己看得太高、太重。有的求职者在择业过程中期望值过高，与社会需求有较大差距，存在"宁可失业在城市，不愿就业在基层"的现象；有的求职者不顾自身条件的限制，眼睛只盯着“好地方”“好单位”“好工作”，至于自己能否胜任、是否适合自己、能不能有所发展都缺乏考虑。其结果往往是自己陷入两种困境：一种是由于期望值超出现实太多而使择业屡屡失败；另一种侥幸获胜，也会因自身能力不及、无法胜任工作而处于被动。

事实上，很多求职者，特别是刚刚从学校毕业的大学生，不可能在短时间内做到完全胜任工作并为本单位创造利润，至少与用人单位的要求有相当大的差距。据专家统计，我国只有10%的学生毕业后能直接胜任用人单位的相关工作。因此，必须要着眼现实，清除不切合实际的“理想主义”，把自身的估价与用工单位的要求结合起来，低调应聘；必须立足当前，要“立长志”，不要“常立志”，把远大的理想目标划分为若干阶段，做好当前，实现近期目标；同时必须打牢根基，扎扎实实地做好每一项工作，一步一个脚印地前进，力戒浮躁，远离“光环”。

二是克服“听天由命、不思进取”的传统思想，树立“勇于应聘、事在人为”的就业观念。有的求职者，特别是刚刚毕业的学生，在“等、靠、要”思想的支配下，对就业问题缺乏责任感和紧迫感。不是主动地了解就业信息、渠道，而是等家长帮助、靠学校联系，一旦提到就业，就讲条件要待遇。这种对就业问题采取听天由命、不思进取的态度和行为，实质上既表现了思想上的懒惰，又反映了能力上的低下。根本的问题还是思想认识的问题。有的同学认为，就业是家长和学校的事情，联系好自己就去上班；还有的认为，再等一等，看一看，也许会有个好机会；甚至有的存有幻想，“天生我材必有用”，等用工单位找上门，“非我莫属”。其中，还有一部分毕业生，既不想又不敢去应聘，缺乏竞争意识。很多事实说明，尽管就业难度在增大，但只要学生本人牢固树立事在人为的思想，发挥主观能动性，不怕竞争，勇于应聘，就一定能够使理想转变为现实。

三是克服“依靠家长和社会关系”的依赖心理，树立“自强自立、敢闯敢干”的就业观念。不可否认，我们处在一个人情与社会关系取向比较明显的社会中。高校招生规模扩大，毕业人数不断增加，就业难度日益增强。求职者不但面临“本领危机”，即知识、技能、本领与就业岗位有相当的差距；而且面临“关系危机”，即一些家庭和社会人际关系并不能或很少能为自己找到一份满意的工作。在这种情况下更应树立自强自立、敢闯敢干的就业观念，不靠所谓的“神仙”和“皇帝”。

四是克服过于追求物质利益的逐利心理。随着市场经济的发展，一种职业的社会声望越来越多地与经济收入状况联系在一起，这一社会现实对求职者的就业选择产生了较大影响。有部分求职者为了物质利益，只从收入高、待遇好的角度去考虑职业选择，不惜放弃自己的兴趣爱好和思想抱负。几年后，生活物质虽然不错了，但发现自己的精神并不愉悦，工作的动力和激情在锐减，很快就进入了职业危机期。

(2) 充满自信

自信是求职面试前必备的心理素质，是面试成功的关键。任何公司都不希望自己的员工畏首畏尾、过分谦卑而担当不了大事。

在一家中外合资公司应聘面试时，通过道道关卡，最后只剩下一男一女。经理是外国人，他在与这两位求职者闲聊时，随便问了两个问题。

经理问：“会打羽毛球吗？”男的说：“会。”女的其实是不错的羽毛球选手，却答道：“打得不好。”经理又问：“给你们一辆小轿车，有没有把握学会驾驶？”男的说：“有。”女的则说："做得不好。"最后，公司录用了男性，淘汰了女性。公司对她的评价是：有自卑情绪，缺乏自信心，无法胜任本公司的职务。那个男的就是凭"会""有"这些简单而充满自信的回答轻而易举地击败了对方，取得了求职的胜利。

(3) 克服消极心理

不少求职者对面试存在不同程度的恐惧感，在面试前会无端地产生一些不必要的消极心理，诸如"我会失败""我肯定不如他(她)""我过去曾失败过，这次能成功吗"等。对求职者来说，自信心强者更易战胜自信心不足者，而"自我推荐恐惧症"往往使许多求职者败下阵来。要消除自卑与紧张情绪，应做到以下四方面。

一是不要把面试当包袱，而应该将它作为展示自己才能、推销自我的好机会。

二是降低期望值，学会自我放松，不必刻意追求一步到位和一次成功。

三是多看自己的长处和优势，强化自信心。不要总拿自己的弱点与别人的长处比，各人都有自己的优势，所以不必盲目自卑，在心理上先打败仗。

四是向有经验者求教，从他们的经历与经验教训中了解应聘的有关知识，以便自己在面试前做到有备无患，面试中可以胸有成竹地从容应答。

9.2 面试口才的实用技巧

9.2.1 面试的主要形式

1. 单独面试和集体面试

根据面试对象的多少，面试可分为单独面试和集体面试。

(1) 单独面试

所谓单独面试，是指一位或多位主考人员与一位应试者单独面谈测试。这是最普遍、最基本的一种面试方式。单独面试的优点是能够提供一个面对面的机会，让面试双方较深入地交流。单独面试又有两种类型：一是只有一个主考官负责整个面试过程，这种面试大多在较小规模的单位录用较低职位人员时采用；二是由多位主考人员组成考评组进行面试，每位主考者负责不同的方面，向求职者分别提出问题，然后根据其他有关情况进行评分，最后得出总分综合做出决定。公务员面试大多属于这种形式。

(2) 集体面试

集体面试又称小组面试，是指多位求职者同时面对几位主考人员的面试。在集体面试中，通常要求应试者作小组讨论，相互协作解决某一问题，或者让应试者轮流担任领导主持会议、发表演说等，而题目一般都取自于拟任工作岗位的专业需要或是现实生活中的热点问题，具有很强的岗位特殊性、情景逼真性和典型性。

讨论中，主考人员也偶尔提出问题，众主考人员通过观察、倾听，并给每位求职者进行评分。这种方式有时也极具挑战性，如让甲提问，让乙、丙、丁回答，再由甲来评论；或由主考人员提问，让众求职者进行抢答等，由此来测试求职者的多方面能力。这种面试方法主要用于考查应试者的人际沟通能力、洞察与把握环境的能力、领导能力等。无领导小组讨论是最常见的一种集体面试法。

2. 一次性面试和分阶段面试

根据面试次数的多少,面试可分为一次性面试和分阶段面试。

(1) 一次性面试

一次性面试是指招聘单位对求职者的面试一次完成。在这种面试中,求职者能否被录用,甚至录用后干什么工作,都取决于这次面试的表现。当招聘单位规模较大或是招聘较高职务人员时,主考人员的阵容就比较"强大",常由招聘单位的人事部门负责人、任职部门负责人以及有关测评人员组成。面对这种面试,求职者应集中所长,认真准备,全力以赴。

(2) 分阶段面试

分阶段面试是指招聘单位在众多求职者中挑选最合适的人选。随着逐步面试,将选择范围由大渐小到最后确定的一种招聘方式。分阶段面试又可分为两种类型,即依序面试和逐步面试。

依序面试一般分为初试、复试和综合评定三个阶段。初试的目的在于从众多应试者中筛选出较好的人选,主要考查应试者的仪表风度、工作态度、上进心、进取精神等,将明显不合格者予以淘汰;初试合格者则进入复试,复试以考查应试者的专业知识和业务技能为主,衡量应试者对拟任工作岗位是否合适。复试结束后再由人事部门会同用人部门综合评定每位应试者的成绩,确定最终合格人选。

逐步面试一般是由用人单位的主管领导、处(科)长以及一般工作人员组成面试小组,按照小组成员的层次、由低到高的顺序,依次对应试者进行面试。面试的内容依层次各有侧重,低层次一般以考查专业及业务知识为主,中层次以考查能力为主,高层次则实施全面考查与最终把关。应试者要对各层次面试的要求做到心中有数,力争每个层次均给考官留下好印象。在低层次面试时不可轻视,在面对高层次面试时也不必拘谨。

3. 常规面试和情境面试

(1) 常规面试

常规面试就是我们日常见到的最常用的主考官和求职者面对面以问答形式为主的面试。在这种面试条件下,主考官处于积极主动的位置,求职者处于被动地位。主考官提出问题,求职者根据主考官的提问做出回答,展示自己的知识、能力、素质和经验。主考官根据求职者对问题的回答以及面试时的仪表仪态、肢体语言,以及在面试过程中的情绪反应等对求职者的综合素质状况做出评价。

(2) 情景面试

情景面试又叫情景模拟面试或情景性面试等,是面试的一种类型,也是目前最流行的面试方法之一。在常规面试中,考官主要是问一些与求职者过去的工作经验有关的问题,而在情景性面试中,面试题目主要是一些情景性的问题,即给定一个情景,看求职者在特定的情景中是如何反应的。

情景面试突破了常规面试即主考官和应试者一问一答的模式,引入了无领导小组讨论、公文处理、角色扮演、演讲、答辩、案例分析等人员甄选中的情境模拟方法。在这种面试形式下,面试的具体方法灵活多样。由于模拟岗位与实际岗位相似,所以这种面试具有直接性、针对性与可信性,面试就是工作内容,求职者的才华能得到更充分、更全面的展现,主考官对应试者的素质也能做出更全面、更深入、更准确的评价。

4. 结构化面试和非结构化面试

根据面试的结构化(标准化)程度,面试可以分为结构化面试、半结构化面试和非结构化面试。结构化面试是指面试题目、面试实施程序、面试评价、考官构成等方面都有统一明确规范的面试;半结构化面试是指只对面试的部分因素有统一要求的面试,如规定有统一的程序和评价标准,但面试题目可以根据面试对象而随意变化;非结构化面试是对与面试有关的因素不作任何限定的面试,也就是通常没有任何规范的随意性面试。

有专家将结构化面试的概念定义为:根据特定职位的胜任特征要求,遵循固定的程序,采用专门的题库、评价标准和评价方法,通过考官小组与应考者面对面的言语交流等方式,评价应考者是否符合招聘岗位要求的人才测评方法。

结构化面试是指面试的内容、形式、程序、评分标准及结果的合成与分析等构成要素,按统一制定的标准和要求进行的面试。首先根据对职位的分析,确定面试的测评要素,在每一个测评的维度上预先编制好面试题目并制定相应的评分标准,面试过程遵照一种客观的评价程序,对被试者的表现进行数量化的分析,给出一种客观的评价标准,不同的评价者使用相同的评价尺度,以保证判断的公平合理性。

正规的面试一般都为结构化面试,公务员录用面试即为结构化面试。所谓结构化,包括三个方面的含义:一是面试过程把握(面试程序)的结构化;二是面试试题的结构化;三是面试结果评定的结构化。公务员录用面试通常由多名考官按照预先设计的一套包括各种测评要素在内的试题向考生提问,根据考生的回答,给出考生在各个测评要素上的得分,各个测评要素得分的总和就是考生结构化面试的最后成绩。

在非结构化的面试条件下,面试的组织非常"随意"。关于面试过程的把握、面试中要提出的问题、面试的评分角度与面试结果的处理办法等,主考官事前都没有精心准备与系统设计,面试结果通常也很难令人信服。非结构化面试颇类似于人们日常非正式的交谈,除非面试考官的个人素质极高,否则很难保证非结构化面试的效果。目前,非结构化的面试越来越少。

9.2.2 面试中的自我介绍

在第8章中提到了怎样在社交场合进行自我介绍,而一个常规的面试,寒暄之后面试官提出的第一个问题几乎千篇一律:"请您简单地做一下自我介绍。"面试中自我介绍的原则跟第8章讲到的基本相同,但不同于社交场合中的对自己的姓名、年龄、工作单位等自然情况的介绍,面试中的自我介绍是针对主考人员的考察提问所做的自我推销性的介绍。

1. 自我介绍的技巧

求职时,个人的学识、能力、资历和成绩固然重要,但将这些很好地组织起来,构成扎实而富有新意的介绍词却更为重要。要恰当地做好自我介绍,必须掌握以下技巧。

(1) 介绍要有针对性,注意定位

求职者自我介绍可说的内容很多,但究竟该介绍什么,哪些该做重点介绍,并不是随意的、盲目的，而是有一定的内在依据和技巧的。提高针对性总的原则是：要紧紧围绕所求的职业岗位对人才条件要求和招聘单位的用人标准来介绍自己。

与社交时的自我介绍相比，面试中的自我介绍应当将侧重点放在“我做成过什么”。做成过什么，代表着你的能力和水平。在这部分，你主要介绍与应聘职位所需能力相关的个人业绩，包括校内活动成果和校外实践成果。介绍个人业绩，就是摆成绩，把自己在不同阶段做成的有代表性的事情介绍清楚。

求职者在介绍个人业绩时，需要注意以下五个方面。

一是业绩要与应聘职位需要的能力紧密相关。如果你应聘文员，就不需要介绍销售业绩。

二是介绍自己的业绩，而不是团队业绩。

三是业绩要有量化的数字，要有具体的证据。不要用笼统的“很好”“很多”，也不要用“大概”“大约”“基本”等概数，而要用确切的数字。

四是介绍的内容应当有所侧重，不要说成流水账，要着重介绍那些能体现自己能力的部分。

五是介绍业绩取得的具体过程时，要巧妙地埋伏笔。例如，在介绍校外实践成果时，你可以这样描述：“在工作中遇到了很多的问题，不过我还是成功地克服并达成了业务目标。”引导面试官提问“遇到了哪些问题”，然后你就可以进一步阐述细节内容，体现出自己处理问题的能力。

(2) 处理好详略和虚实的关系

求职面试的自我介绍，切忌报流水账，平铺直叙，面面俱到，重点不突出。在“择优录用”的面试考核中，自己的优势应详讲、实讲，以突出自己属于“优者”，具备录用条件；而对不可回避的弱势方面，则应略讲、虚讲，以便扬长避短。

(3) 分寸适度，留有余地

在求职自我介绍时掌握适度的分寸，首先就是要恰如其分地评价自己，既不妄自尊大，也不要妄自菲薄。面试中的自我介绍还要注意留有余地。一般不宜用表示极端的词来夸耀自己的成绩和长处，不宜将自己说成事事皆能，以免使自己进退维谷。

2. 自我介绍的禁忌

除了掌握上述技巧，还要熟记面试中自我介绍的禁忌。

(1) 忌讳主动介绍个人爱好

面试时不要介绍个人爱好，除非面试官主动问起。有的求职者虽然工作多年了，往往在做自我介绍时，仍兴致盎然地介绍个人爱好，如登山、打球、听音乐等，不仅白白浪费时间，还会让面试官感觉求职者成熟度不够。毕竟个人爱好不等于个人特长。

(2) 忌讳过于简单，没有内容

有的求职者认为简历中已经将自己的情况写得很清楚了，面试中再进行自我介绍简直是多此一举，于是就用一分钟草草把工作的经历全部说完，而后便没有下文了，只介绍干了什么，没介绍干成了什么和自己的专业特长，全等着面试官发问。而面试官除了你简单的经历什么也没了解到，不知该从何问起。这就等于你放弃了一次主动展示自己的机会，等面试官发问你就要被动应付。面试官也会认为你过于轻率,或沟通表达能力不强。

(3) 忌讳把岗位职责当个人业绩来呈现

比如是市场部总监,结果你把整个市场部的职责逐条介绍了一遍,占了很多时间。你应该介绍自己在担任市场部总监这段时间内,自己所做出的努力,采取的工作方法,动用了什么资源,最终取得的实实在在的业绩。

(4) 忌讳说满和说谎

在做自我介绍时,全部事实不一定都说尽,但说出来的一定是事实,一定不要说谎,不要把自己吹嘘得天花乱坠,无所不能。说得太完美了,面试官也不会相信,轻则会认为你自我认知能力不够,重则会认为你职业操守有问题。坦然面对我们过往工作经历中的一些曲折,也是一种职业品质和潇洒。

(5) 忌讳言谈举止非职业化

这一问题通常会出现在刚刚走出校门的毕业生身上。人在职场就要职业化,言谈举止不要太随意,不要用很世俗、江湖、随意的语言来介绍自己,应该用近乎书面的语言来表达。举止端庄即可,不要摇头晃脑、表情过于丰富,眼光尽量直视面试官。

【相关阅读】

如何做好面试中的自我介绍

“请你做个简单的自我介绍。”毫无疑问,这是每位求职者在面试中要回答的第一个问题。那么,如何做好自我介绍?如何让面试官在众多的求职者中记住你?这是每一位求职者必须认真思考的一个问题。自我介绍好不好,在很大程度上影响着你的面试是否成功。

那么,如何做好自我介绍呢?如何打好你的第一炮呢?我们先来看看下面这则例文:在记者招聘会上的自我介绍。

各位老师:

早上好!

我叫×××,是×××大学新闻专业的应届毕业生,今天来应聘记者。

我十分喜爱记者这个职业。在我眼中,记者肩负着神圣的使命,它是联系普通百姓和各级政府的桥梁纽带,是宣传真理、引导舆论、激励群众的喉舌,是把五光十色的世界展现在世人面前的信使。所以,我怀着强烈的社会责任感希望当一名记者,参与社会舆论工作。

我认为自己胜任记者一职的理由有以下四点。

第一,我有较强的口语表达能力,曾在大学和中学的校级演讲比赛中两次荣获一等奖。

第二,我有很强的写作能力,在读书期间就曾三次在省级作文比赛中获奖;上大学后经常给一些报刊投稿,已有两篇稿件被省级报纸采用。

第三,我有做记者的实际工作经验,曾在我校学生会主办的《菁菁校园》报当了两年的记者。

第四,我性格外向,交际能力强,在与人交往中能够运用公共关系技巧,并持有中级公关员职业资格证书。

我期待着贵报能给我一次实现梦想的机会，谢谢各位老师！

【点评】：这篇自我介绍总体上来说是一篇很不错的例文，值得我们学习和模仿。

首先，它的语言礼貌得体，开头“各位老师，早上好”显得谦虚有礼；而结尾的“我期待着贵报能给我一次实现梦想的机会，谢谢各位老师”，也让人听得舒服，感受到该生的诚意。

其次，文章在结构上层次分明，重点突出，详略得当。如介绍自己的基本情况时，只说自己的毕业院校和专业来应聘记者，没有多余的话，简短明了，给人一种干净利落的第一印象。再比如，该生在介绍自己对记者这一职业的看法时，只用了短短的三句话，一个排比句式，“在我眼中，记者是……”，就将记者这一职业介绍得明明白白、清清楚楚，让人不由得不佩服他的概括能力。而一句“所以，我怀着强烈的社会责任感，希望当一名记者，参与社会舆论工作”是画龙点睛的一笔，既写出了记者的作用——“参与社会舆论工作”，又突出了自己的职业责任感——“社会责任感”，有了这样一种工作态度，不能不让用人单位考虑优先录用他。

该篇文章还有一个很好的优点，就是逻辑性强、针对性强，一步一步有的放矢。首先从感性角度写自己对记者这一工作的喜欢和热爱；其次深入一步写自己对记者这一职业的认识和看法；最后，采用真实的例子，写自己能够胜任记者这一工作的理由和原因。在论述自己的能力时，层次分明，紧紧围绕记者需要具备的才能来写（口语表达、写作、实习经历、交际能力等），论述每一点才能又举出例子来加以印证，有理有据，让人信服。

由此可见，在做自我介绍时，一定要有针对性地介绍自己，要让面试官觉得你是有准备而来，你是一个思维能力、逻辑能力都很强的人。

一般情况下，在做自我介绍时，可以包括以下几点内容。

第一是问候语，向面试官问好，比如，尊敬的各位老师，你们好……

第二是自报家门，主要是介绍你的基本情况，包括姓名、毕业院校、所学专业。其中，名字介绍是一个重点，如何突出你的名字创意，如何让面试官在众多求职者中一下记住你的名字，这个是求职者需要细细做的一个准备工作。

第三是与工作相关的自我展示，可以谈谈你的学习成绩、工作经历、你的优势和能力；或者你对该岗位的认识、看法等。一定要针对你所应聘的工作来谈，要举一些例子来证明你的优势和能力，不要泛泛而谈，空洞无力。

第四是表达一下你的谢意，等等。

可以说，自我介绍时要注意强调以下几点：①你非常喜欢和热爱这份工作。②你对这份工作的认识和看法。③用具体事例证明你有这个能力和优势胜任这份工作。④谈一谈你的其他特长和兴趣爱好。⑤表达一下如果录用后你的态度或者做法，等等。

当然，做好自我介绍，也有很多细节需要注意，比如语速一定要适中，要让别人听清楚你所讲的内容；要有激情和现场感，不要像诗歌朗诵似的，要自信大胆；姓名应重点介绍，不要一带而过；要突出个人的优点和特长，使个人形象鲜明，可以适当引用别人的言论，如老师、朋友等的评论来支持自己的描述；不可夸张，坚持以事实说话，要有相当的可信度，特别是具有某方面经验的，最好是通过自己做过的实际事例来验证自己。

资料来源：周俊. 如何做好面试中的自我介绍[J]. 现代交际，2014(1).

9.2.3 面试中的问与答

面试的主要内容是“问”和“答”，在面试中，主考官往往是千方百计地“设卡”，以提高考试的难度，鉴别单位真正所需要的人才，要应付这种局面，要回答得体，就要掌握应答中的基本要领。对于从不同角度，以不同形式提出问题，只有掌握了这些要领，才能够临阵不慌，应付自如。

1. 面试中的提问

在面试中，求职者绝不是一个被动的受审者，只能回答主考人员的提问。其实，求职者同样可以反客为主，向主考人员提问。这不仅是面试允许的，而且善于提问，只会对求职者有利。根据调查显示，90%的用人单位在面试时，希望求职者能提问，因为他们从提问中可以看出求职者的水平。因此，提出与求职有关的问题，有时主考人员反倒会因求职者主动显示对应聘工作的兴趣而加深对求职者的印象。

求职者要珍惜提问的机会，不仅要敢于提问，还要善于提问。而要在面试中巧妙地进行有利于自己的提问，应注意以下几个问题。

(1) 所提问题要与求职有关。

(2) 注意提问的时间。要把不同的问题安排在面试谈话不同的阶段提出。

(3) 注意提问的方式和语气。有的问题，可以直截了当地提出来；而有些问题，则应委婉、含蓄地提出。

(4) 不要提模棱两可、似是而非的问题。凡提到与职业、事业有关的问题，一定要明确，特别是不能不懂装懂，提出一些幼稚可笑的问题。

2. 面试答题的原则

(1) 知之为知之，不知为不知

在面试中，经常会遇到一些自己不熟悉、曾经熟悉但是现在忘了或者根本不懂的问题。面对这种情况，首先要保持镇静，不要表现出手足无措、抓耳挠腮、面红耳赤。每个人都不是全才，主考官也不要求应试者无所不知，这既不必要，也不可能，所以应试者不必为自己的“无知”而烦恼，甚至感到无地自容。事情没有那么严重。其次不要不懂装懂，牵强附会，与其答得驴唇不对马嘴还不如坦白承认自己不知道。再次不能回避问题，默不作声。这样会使主考官有一种被轻视的感觉，因为回答主考官的问题是每个应试者必须要做到的，这是起码的礼貌，应该明确告诉主考官你的看法。没有把握的问题可以作简略回答或致歉不答，但绝不能置之不理。

(2) 确认提问的内容，切忌答非所问

面试时，一定要确定考官提问的内容，切忌答非所问，会给考官一种不明事理之感。但有时会遇到考官所给的问题范围过广，难以找到切入点，以至于不知从何答起，或者有时不能及时地理解问题的意思，一时陷入焦灼状态，哑口无言。若避而不答则不但会给考官一种能力不足的感觉，还会使自己陷入尴尬的处境。那么在面对这种严肃的场合时，认真地回答问题是理所当然的。所以当面对不太明确或不在自己理解范围内的问题时，为了给自己寻找出路，就一定要采取恰当的方式搞清楚问题的来龙去脉。哪怕大胆一点，请求考官给出更加明确具体的提示也无妨。对考官来说，与其听你说一些词不达意的叙述，不如等你把题目搞清楚了，说一些能体现你真实水平的回答。

(3) 冷静沉着，荣辱不惊

在主考官中，也不乏刁钻古怪之人，他们可能故意挑衅，令人难堪。但你要明白这些"不怀好意"的提问，大多是作为一种"战术"而进行的。在提问中让你不明真相，故意提出不礼貌和令人难堪的问题，其真实用意在于"重创"应试者，如果遇到这种问题，你若是反唇相讥，恶语相向，那就大错特错了。

在压力面试中，一般是主考官有意在面试过程中逐步向应试者施加压力，以考查其能否适应工作中的压力。有的主考官提出特别尖锐的问题或者是提出有意让应试者感到左右为难的问题，由此考验应试者的应变能力、反应是否得体、胸襟是否开阔等。有的主考官故意提出一些令人气愤而又全无道理的问题，考验应试者是否立场坚定、有主见。因此在这种面试中，应试者应事先有心理准备，面对为难的问题，切勿表现出不满、怀疑、愤怒，要保持冷静，不要胡乱推测考官的不良目的，应表现出理智、容忍和大度，保持风度和礼貌，和考官讨论问题的核心，将计就计。

此外，每当接触主考官所提问题之后，要尽可能全面细致地考虑问题，以防穷追不舍，同时注意不要自相矛盾，给人留有尾巴。

(4) 正确判断主考官的意图，对症下药

首先，要注意识破主考官的"声东击西"策略。当主考官觉察到你不太愿意回答问题而又想有所了解时，可采取声东击西的策略。例如，对于"政治问题"和其他一些敏感性的问题，许多人不愿真实表达自己的观点。主考官为了打消你的顾虑，可能会这样问："你周围的人对这个问题有些什么看法?"面对这种情况，你不要疏忽大意，不能信口开河，不要以为说的不是自己的意见，说出来就不会暴露自己的观点。因为主考官往往认为，你所说的大部分都是你自己的观点。

另外，主考官可能采用投射法来测验你的真实想法。所谓投射法，就是以己度人的思想方法，例如，主考官让你看一幅图画，然后让你根据图画编一个故事。这种方法一方面是检测你的想象力，一方面是测验你的深层的心理意识。这时，你尽可以放开思维，大胆构思，最好能有一些新奇的想法，表明你有创造力、想象力，但同时一定不要忘记这样一个原则，所编造故事情节要健康、积极.向上，有建设意义。因为主考官认为你是在"以己度人"，故事情节中融入了你的真实心理。

3. 面试答题实例

(1) "说说你离开原单位的原因"

"你能说一说离开原单位的原因吗?"这类问题在面试时经常会被问及，面试考官能从中获得很多有关你的信息。因此，求职者面对这个看似简单的问题，回答时切不可掉以轻心。对于一些普遍性的原因，如上班路途太长、专业不对口、结婚、生病等人们都可以理解的原因，是可以如实道来的。而对下面一些原因就要慎之又慎了，否则，很有可能使你的面试陷入僵局。

一是关于前上司。对自己的前任上司切不可妄加评论，要知道现在招聘的考官可能就是自己未来的上司，既然可以在他面前说过去的上司不好，难保今后不在上司面前对他说三道四。一个人要在社会中生存，就得与各色各样的人打交道，挑剔上司说明对工作缺乏适应性。

二是关于工作压力。在这个快节奏的现代社会，无论是在企业内部还是在同行业之间，竞争都很激烈。竞争不仅来自社会压力，同时也要求员工处于高强度的工作状态。如果你动不动就说，在原单位工作压力太大，很难适应，很可能让现在的招聘单位对你失去信心。

三是关于收入。如果你直截了当地说出这句话，面试考官一定认为你是单纯地为了收入，而且太计较个人得失，并且会认为，如果有更高收入的单位，你肯定会毫不犹豫地跳槽而去的。这种理念一旦形成，考官就可能对你不理不睬。

在回答这类问题的时候，求职者既要表明自己对原单位的薪金不满，又要表明这并不是离开原单位的主要原因。这样既有利于在新单位获得更高的薪金，又让面试考官觉得你并非只是因为薪金问题才离职的。

四是关于人际关系。现代企业讲求团队精神，所有成员都要求具有与别人合作的能力。对人际关系的胆怯和躲避，可能会被认为心理状况不佳，处于忧郁、焦躁、孤独的心境之中，从而妨碍了自己的就业机会。

五是关于竞争。随着市场化程度的提高，无论企业内部还是同行业间，竞争都日趋激烈，这是无法避免的。作为现代企业的员工，必须具备适应激烈竞争环境的能力。

如果面试官只是笼统地问你为什么辞职，尽量采用与工作能力关系不大、能为人所理解的离职原因，如为符合职业生涯规划、上班太远影响工作、充电、休假、生病等。但是，避免敏感答案，并不意味着欺骗，如招聘人员问及细节问题，应如实回答，否则求职者的诚信度可能大打折扣。

(2) 如何化解面试中的“缺点”难题

面试中，有些应聘者被面试官提到自身的缺点或不愿触及的问题时，常会不由自主地处于防御状态，甚至反击对方。这种做法极不礼貌，面试官不仅不会因为你的诸多借口而忽略你的缺点，反而会将你的缺点放大，这将直接影响面试的结果。在面试遇到“缺点”难题时，可以使用以下技巧走出困境。

一是坦然面对缺点，诚实应答。面对缺点的最好办法就是坦然地承认。为缺点找理由往往无济于事，重要的是开诚布公地正面回答，从情感上争取面试官的认同。

比如，有位大学生学习成绩较差，却被某企业录用。他在上大学之前父亲病逝，上大学不久母亲也去世。他是长子，需抚养弟妹，于是白天上课，晚上打工，所以成绩越来越差。直到妹妹高中毕业后有了工作，家庭窘迫状况才有所改善，但他的学习成绩却未能赶上去。当主考人员问：“你的学习成绩不太好吧？”他便将家庭与自己的情况坦率地向主考人员讲述，主考人员对他的遭遇表示同情，并且认为他有过深刻的生活经历，经得起磨难，于是他得到了一份向往已久的工作。

二是澄清误会，拉近距离。有些在面试官看来的缺点，其实并不是缺点，而是双方缺少沟通的情况下造成的误会。这种情况下，应聘者应该及时澄清，想方设法让面试官知道真实情况，缩短与面试官的心理距离。

比如，在某公司应聘部门经理的面试中，主考人员问：“你不认为自己做这项工作年轻了些吗?”求职者答:“下个月我就23周岁了。尽管我没有相关的工作经历,但我却有整整两年的领导学生会的工作经验。大二时,我被选为校学生会主席,之后又连任一年。你们可以想象,要管理3000多名学生,并非易事,没有一定的管理才能和领导方法是无法胜任的。所以我认为,年龄固然能说明一定的问题,但个人的素质和能力更为重要。因为这正是一个部门经理所不可缺少的。”

三是暗度陈仓,变劣为优。比如,面试官问:“担任这项工作你认为最大的缺点或不足是什么?”回答这类问题,应该既不掩饰回避,也不要太直截了当,可以联系年轻应聘者的共同弱点,比如缺乏实践经验、社会阅历较浅等,再结合本专业的发展趋势介绍自己知识结构及个性中的缺憾,如过分追求完善,或过于追求工作效率等。

(3)“谈谈你的家庭情况”

面试官询问家庭问题不是非要知道求职者的家庭情况,探究隐私,而是要了解家庭背景对求职者的塑造和影响,进而推断面试者的性格、观念、心态等个人情况。因此,回答这个问题时,面试者可以简单并实事求是地说明家庭情况,宜着重谈家庭和睦相处、互相尊重等积极方面,如温馨和睦的家庭氛围,父母对自己教育的重视,家庭成员对自己工作的支持,自己对家庭的责任感等。

例如,一位来自农村的求职者是这样回答面试官“谈谈你的家庭情况”这一问题的:“父母都是普通的农民,父母用勤劳和善良感染了我,出身农村的我养成了吃苦耐劳、努力拼搏的习惯,父母为我付出了很多心血,我想通过努力奋斗尽快把父母接到身边。”既诚实回答了问题,又体现了家庭教育在自己人格塑造方面的正面作用,还表现出自己对父母的孝心,更易引起面试官的好感。

又如,有位双学位的女生到一家著名的通信公司应聘,面试中主考人员突然问:“你在家是独女吗?”她立即意识到主考人员是想诱问出她可能存在的“娇气”,于是她回答:“我有三个哥哥。正是在这种环境中,我养成了一种男孩的性格:豁达、开朗、坚忍。”主考们立刻流露出欣赏的目光。

(4)“你想要多少薪酬”

薪酬问题是面试中一个十分重要和敏感的问题,也是面试双方必然会谈及的一个问题。受中国传统观念的影响,过去人们在谈及这个问题时都有些欲说还休、羞于启齿。随着人才和劳动力交流的日益市场化和普遍化,人们能够越来越坦然和直截了当地谈论薪酬问题了。从本质上说,讨论薪酬是人才供求双方的讨价还价,但与商品买卖过程中赤裸裸的讨价还价有所不同,对于求职者来说,如何把握分寸和技巧,对求职的成功与否有着非常大的影响。

一是忌贸然回答。尤其是刚刚走出校门的毕业生,在面试中谈薪酬是个大忌。在一般大公司看来,没有经验的大学生没有资格谈薪水。况且新人的起薪都一样,你谈了,人家也不会给你加薪,反而会招致反感。即使对方问你对薪水的期望,你也应谨慎应对,或者干脆用“我相信公司会承认我的工作价值”之类的话搪塞过去。

二是忌不恰当的反问。面试官问“你期望的工资有多少”,有的求职者因为心里没底,于是会反问“你们能给我多少”,这样问显得很不礼貌,就像市场上购物时的讨价还价,会引起面试官的不快。

例如,“如果我能到贵公司工作,这将是我跨出校门,第一次走上社会工作,我相信自己的能力,如果能受聘这个职位我一定会非常努力地工作,因此每月××××元的工资是我个人的要求,但我更关心的是能找到一份工作来充分发挥我的能力。”这样的回答不卑不亢,比较适合应届毕业生。

实际上用人单位决定录用你时,对你的待遇其实已基本确定。特别在一些国企跨国大公司中,对大学生的工资待遇公司都有了相关规定的,但也不是绝对不可更改的,此问也是面试者为了了解你对自己的估价,为了能妥当回答关于薪酬的问题,面试者应当提前做好相关准备。

一是了解行业职位的整体薪资情况。在谈薪酬之前,应该提前研究本行业的整体情况。要争取到更高的薪水,得先弄清楚自己能拿到的最高薪酬是多少,研究一下该行业类似职位的主流薪酬状况。虽然企业不会把自己的薪酬情况堂而皇之刊登在报纸上面,但仍有很多渠道,如询问朋友或值得信赖的同事,拥有与你类似资历和技能的人大致能拿到多少元工资。如果有猎头公司为你提供服务,他们也许能够给你一个大致的薪酬区间,以做参考。

二是了解意向企业的基本薪资待遇区间如何。可以研究意向企业的年报或查看近期的相关报道也可能管用,进而了解那家企业的经济实力。与规模较小或经营困难的企业相比,一家更大更成功的企业开出来的工资会更高。

三是要多注意薪资谈判时的技巧。谈判是门技术活,值得好好地去研究,我们平时在任何谈判中,如果你表现出自己渴望得到某样东西,就会失去谈判的筹码。你表现得越有兴趣,得到的反而越少。应聘者应该保持不愠不火的态度,既展现出对特定职位的兴趣,又不至于让人感觉你已迫不及待。

应聘者多谈论一些宏观层面的内容,如申请的职位及其职责等,而不要在预期薪酬这种细枝末节上纠缠不清。如果你给面试官留下很好的印象,薪酬自然会水涨船高。应聘者不应主动提出薪水问题,因为这会让人觉得你满脑子只想着钱。等待招聘方先开始薪酬方面的讨论,或等整个面试过程结束后再来讨论相关问题也是个不错的选择。你的面试时间越长,招聘经理就会对你越感兴趣,就更有利于你提出更高薪酬的要求,因为招聘经理可能回头会去找人力资源部门或预算部门,提出为你增加薪酬。

四是合理地提出自己的薪水。根据一些专业的求职网站调研统计显示,在目前的就业环境下,要求薪水比现有水平高出20%～30%是合理的。然而,如果所应聘的行业或岗位人才短缺,如生命科学甚至信息技术产业的一些岗位,薪水甚至可以翻番。这个时候就能看出事先多做功课的好处了。此外,不要羞于要求高工资。在谈薪水问题时,很多人都羞于启齿。有时候应聘者会说:“我没什么具体目标,你们看着给吧。”或者:“我相信你们会为我考虑好的。”然而,这些人往往以失望收场,有时会在最后一刻应聘失败。

五是企业提出的薪资达不到你的要求该怎么办。当面试完成,企业提出一个薪资待遇比你预期的要低时,不要马上回绝。公司开价是个很好的迹象,表明他们真的需要你。尝试以下方法让他们提高给你的薪水。可以这么答复:“我真的很感兴趣,但薪酬方面不太合适。我们能在这方面再谈一下吗?”首先可以说明自己对现在这份工作是满意的,你来接受面试的唯一原因是受招聘职位的吸引。你可以指出拥有你这样资历和能力的人市场薪酬是多少，以及你给现在的雇主带来了多少价值。

(5)“谈谈你的职业规划”

面试官之所以问到这个问题，主要想考察求职者对事业有没有计划性，对待自己的人生是不是有远见，而这种计划和远见能否和他们公司有一个融入点，结合这些因素进而去判断求职者能否胜任他们的工作。所以面对这个问题，求职者一定要准备充分，不要高谈阔论自己将来要怎样怎样，这样会引起对方的反感，而是应简洁明了，组织好语言把自身的优势和面试的公司有效地结合起来，让对方知道你可以给他们带来帮助，而这也正是面试官想要听到的。

一是要透露出在本公司里长期稳定发展的期望。一般情况下，公司都希望所提供的工作和氛围能使未来雇员的才华得到最大限度的发挥，并长久稳定地留在公司中，如果你表示出愿意长期从事这个行业，并在短期内没有更换岗位的打算，通常会加大被录取的概率。

二是期望在现有基础上不断提升自己的能力，为公司做出更大贡献并得到认可。“人往高处走”，顽强的进取心和事业心也是招聘单位衡量求职者的指标之一。而且选择工作是双向的，个人为企业创造价值，企业为求职者提供发展平台，双赢才能形成有效循环。

三是如果是应届毕业生，一般这种问题只是考察你有没有认真思考过自己的职业，还是看见公司就投简历，或只要专业差不多对口、能找到工作就行；考察的是你的求职态度，因为对方希望招来一个有职业抱负、有干劲的人，而不希望招到一个来混日子的人。

下面是一名求职者被问到职业规划时的回答，可供借鉴：“进入公司的第一年，我会努力熟悉工作环境，同公司文化融为一体。同时快速熟悉行业背景，进而深入地了解本行业，不断发现自己需要学习改进的地方，提升自己，进而为自己提出切合实际的目标，同时注意自己的人际关系。第二年和第三年，我会进一步丰富自己的专业知识，根据自己的工作表现适时调整自己的规划，同时培养自己的人际关系。第四年和第五年，我会调整自己的规划，进入一个新的层次，向更高点看齐。”

案例分析

面试中的语言陷阱

面试极像一次相亲。应聘者希望找到一个能够了解自己优点的老板，用人单位则希望能找到优秀的合作伙伴。当陌生的双方相见后，都想在短短一席话中努力表现出自己的优点、说出聪明话或立即呈现出很棒的反应，以便给对方留下良好印象。面试，双方玩的其实是一场智力游戏。面试官为了不至于“选错郎”，也许会在面试中设置种种语言陷阱，以探测你的智慧、性格、应变能力和心理承受能力。面试者只有识破这样的语言陷阱，才能小心巧妙地绕开它，不至于一头栽进去。

用“激将法”遮蔽的语言陷阱

这是面试官用来淘汰大部分应聘者的惯用手法。采用这种手法的面试官，往往在提问之前就会用怀疑、尖锐、咄咄逼人的眼神逼视对方，先令对方心理防线步步溃退，然后冷不防用一个明显不友好的发问激怒对方。

例如:“你经历太单纯,而我们需要的是社会经验丰富的人。”“你性格过于内向,这恐怕与我们的职业不合适。”“我们需要名牌院校的毕业生,你并非毕业于名牌院校。”“你的专业怎么与所申请的职位不对口?”

面对这种咄咄逼人的发问,作为应聘者,首先要做到的就是无论如何不要被“激怒”,如果你被“激怒”了,那么你就已经输掉了。那么,面对这样的发问,如何接招呢?

如果对方说:“你经历太单纯,而我们需要的是社会经验丰富的人。”

你可以微笑着回答:“我确信如我有缘加盟贵公司,我将会很快成为社会经验丰富的人,我希望自己有这样一段经历。”

如果对方说:“你性格过于内向,这恐怕与我们的职业不合适。”

你可以微笑着回答:“据说内向的人往往具有专心致志、锲而不舍的品质,另外我善于倾听,因为我感到应把发言机会多多地留给别人。”

如果对方说:“我们需要名牌院校的毕业生,你并非毕业于名牌院校。”

你可以幽默地说:“听说比尔·盖茨也未毕业于哈佛大学。”

如果对方说:“你的专业怎么与所申请的职位不对口?”

你可以巧妙地回答:“据说,21世纪最抢手的就是复合型人才,而外行的灵感也许会超过内行,因为他们没有思维定式,没有条条框框。”

如果对方说:“你原单位这么好,你却要走,是不是在原单位混不下去只好挪个窝儿?”

应聘者若结结巴巴、无言以对,抑或怒形于色、据理力争、脸红脖子粗,那就掉进了对方所设的圈套。应聘者碰到此种情况,要头脑冷静,明白对方在“做戏”,不必与他较劲。

挑战式的语言陷阱

这类提问的特点是,从求职者最薄弱的地方入手。

对于应届毕业生,面试官会设问:“你的相关工作经验比较欠缺,你怎么看?”对于女大学生,面试官也许会设问:“女性常常会对自己的能力缺乏自信,你怎么看?”

如果回答:“不见得吧”“我看未必”或“完全不是这么回事”,那么也许你已经掉进陷阱了,因为对方希望听到的是你对这个问题的看法,而不是简单、生硬地反驳。

对于这样的问题,你可以用“这样的说法未必全对”“这样的看法值得探讨”“这样的说法有一定的道理,但我恐怕不能完全接受”为开场白,然后婉转地表达自己的不同意见。

面试官有时还会哪壶不开偏提哪壶,提出让求职者尴尬的问题。例如:“你的学习成绩并不很优秀,这是怎么回事?”“从简历看,大学期间你没有担任学生干部的经历,这会不会影响你的工作能力”等。

碰到这样的问题,有的求职者常会不由自主地摆出防御姿态,甚至狠狠反击对方。这样做,只会误入过分自信的陷阱,招致“狂妄自大”的评价。而最好的回答方式应该是,既不掩饰回避,也不要太直截了当,用明谈缺点实论优点的方式巧妙地绕过去。

比如说,当对方提出你的学习成绩不很优秀时,你可以坦然地承认这点,然后以分析原因的方式带出你另外的优点。例如,在校期间学习成绩之所以不很优秀,是因为我担任社团负责人,投入社团活动上的精力太多。虽然我花在社团的心血也带给我不少的收获,但是学习成绩不是最优秀,这一点一直让我耿耿于怀。当意识到这一点后,我一直在设法纠正自己的偏差。

在面试中屡战屡胜的 Michael 就有过一次这样的面试经历。Michael 的学习成绩并不算顶尖，面试咨询公司时，这便成了考官发起攻击的要害："你的成绩好像不太出众哦，你怎么证明自己的学习能力呢？"

Michael 不慌不忙："除了学习，我还有其他活动。不是只有成绩才能反映人的学习能力的。其实我的专业课都相当不错，如果你有疑问，可以当场测试我的专业知识。"Michael 巧妙地绕开了令人尴尬的问题，将考官的注意力引导到他最拿手的专业知识上。

诱导式的语言陷阱

这类问题的特点是，面试官往往设定一个特定的背景条件，诱导对方做出错误的回答，因为也许任何一种回答都不能让对方满意。这时候，你的回答就需要用模糊语言来表示。

例如："依你现在的水平，恐怕能找到比我们企业更好的公司吧？"

如果你的答案是 YES，那么说明你这个人也许脚踏两只船，"身在曹营心在汉"；如果你回答 NO，又会说明你对自己缺少自信或者你的能力有问题。

对这类问题可以先用"不可一概而论"作为开头，然后回答："或许我能找到比贵公司更好的企业，但别的企业或许在人才培养方面不如贵公司重视，机会也不如贵公司多；或许我能找到更好的企业，我想，珍惜已有的最为重要"。

这样的回答，其实你是把一个"模糊"的答案抛给了面试官。

还有一种诱导式的语言陷阱是，对方的提问似乎是一道单项选择题，如果你选了，就会掉进陷阱。比如说，对方问："你认为工资待遇、名誉和事业哪个重要？"

对刚毕业的大学生来说，这三者当然都很重要。可是对方的提问却在误导你，让你认为"这三者是相互矛盾的，只能选其一"。这时候切不可中了对方的圈套，必须冷静分析，可以首先明确指出这个前提条件是不存在的，再解释三者对我们的重要性及其统一性。

你可以这样组织语言，"我认为这三者之间并不矛盾。作为一名受过高等教育的大学生，追求事业的成功当然是自己人生的主旋律。而社会对我们事业的肯定方式，有时表现为工资待遇，有时表现为名誉，有时两者均有。因此，我认为，我们应该在追求事业的过程中去获取工资待遇和名誉，三者对我们都很重要"。

与此相类似的还有一种误导式陷阱。面试官早有答案，却故意说出相反的答案。若你一味讨好，顺着面试官的错误答案往上爬，面试的结论一定是：此人无主见，缺乏创新精神。自然被列为淘汰之列。

测试式的语言陷阱

这类问题的特点是虚构一种情况，然后让求职者做出回答。比如"今天参加面试的有近 10 位候选人，如何证明你是最优秀的？"这类问题往往是考察求职者随机应变的能力。无论你给自己列举多少优点，别人总有你也许没有的优点，因此正面回答这样的问题毫无意义。你可以从正面绕开，从侧面回答这个问题。

你可以回答说："对于这一点，可能要因具体情况而论。比如，贵公司现在所需要的是行政管理方面的人才，虽然前来应聘的都是这方面的对口人才，但我深信我在大学期间当学生干部和主持社团工作的经历已经为我打下了扎实的基础，这也是我自认为比较突出的一点。"这样的回答可以说比较圆滑，很难让对方抓住把柄，再度反击。

有时，面试官还会提出这样的问题："你对琐碎的工作是喜欢还是讨厌，为什么？"

这是个两难问题，若回答喜欢，似乎有悖现在知识青年的实际心理；若说讨厌，似乎每份工作都有琐碎之处。因此，按普遍心理，人们是不愿做琐碎工作的(除非特殊岗位，如家庭钟点工)，即考官明知故问，我们可以推测出其醉翁之意不在酒，而在“工作态度”。

我们可以这样表述自己的态度，“琐碎的事情在绝大多数工作岗位上都是不可避免的，如果我的工作中有琐碎事情需要做，我会认真、耐心、细致地把它做好”。

这句话既委婉地表达了大多数人的普遍心理——不喜欢琐碎工作，又强调了自己对琐碎事情的敬业精神——认真、耐心、细致。既真实可信，又符合对方的用人心理。

在各种语言陷阱中，最难提防、最具危险的，可能要算“引君入瓮”式的语言陷阱。

比如，你前去应聘的职位是一家公司的财务经理，面试官也许会突然问你：“您作为财务经理，如果我(总经理)要求你 1 年之内逃税 100 万元，那你会怎么做?”如果你当场抓耳挠腮地思考逃税计谋，或文思泉涌立即列出一大堆逃税方案，那么你就中了圈套，掉进了陷阱。因为抛出这个问题的面试官，正是以此来测试你的商业判断能力和商业道德。要记住，遵纪守法是员工行为的最基本要求。

比如，你正要从一家公司跳槽去另一家公司。面试官问你：“你们的老板是不是很难相处啊？要不然，你为什么跳槽?”也许他的猜测正是你要跳槽的原因，即使这样，你也切记不要被这种同情的语气所迷惑，更不要顺着杆子往上爬。如果你愤怒地抨击你的老板或者义愤填膺地控诉你所在的公司，那么你一定不会被录用，因为这样不但暴露了你的不宽容，还暴露了你的狭隘。

面试中，面试官也许会设计出各种各样不同的语言陷阱，但是只要看准了，兵来将挡，水来土掩就是了。

资料来源：论文网. 面试中的语言陷阱[EB/OL]. (2015-01-16). http://www.xzbu.com/3/view-1431993.htm.

【问题讨论】 结合本章内容和上述案例思考，在面试中应如何识破面试官的语言陷阱，并用自己的口才征服对方。

习题

一、选择题

1. 一般来说，招聘单位总是根据岗位需要招聘合适的人才，不同的岗位考查的侧重点不同，但不管招聘哪个岗位的人才，招聘者都会考查求职者的(　　)。

A. 思维能力　　B. 口才能力
C. 专业知识与能力　　D. 性格、品质

2. 以下几种择业观，正确的是(　　)。

A. 脚踏实地、一步一个脚印　　B. 勇于应聘、事在人为
C. 听天由命、不思进取　　D. 依靠家长和社会关系

3. 根据面试对象的多少，面试可分为(　　)。

A. 单独面试　　B. 集体面试

C. 一次性面试　　　　　　　　　D. 分阶段面试

4. 面试时，面对“说说你离开原单位的原因”的问题，求职者不应当(　　)。

A. 对前上司妄加评论　　　　　　B. 对前同事妄加评论

C. 抱怨上一份工作压力太大　　　D. 说明工作单位距离居住地太远

5. 在面试中，求职者绝不是一个被动的受审者，只能回答主考人员的提问。其实，求职者同样可以反客为主，向主考人员提问。要在面试中巧妙地进行有利于自己的提问，就应注意(　　)。

A. 所提问题要与求职有关

B. 提问的时间

C. 不要提模棱两可、似是而非的问题

D. 提问的方式和语气

二、简答题

1. 说说面试时自我介绍的禁忌。

2. 你去某公司应聘部门经理，面试中，主考人员问：“你不认为自己做这项工作年轻了些吗?”你认为怎样回答才能得到这份工作?

第10章 销售口才

【本章学习目标】

1. 掌握销售口才的重要作用、基本特征和前期准备。
2. 掌握销售口才的实用技巧。

【导入案例】

如何应对客户说的“没时间”

很多客户在拒绝销售员时，总会用同样一种借口——“忙”，其实，客户并不一定是真的忙，聪明的销售员会识破客户的借口，并采取一些措施，比如，连环发问。

【销售情景】

王伟在一家公关公司担任市场专员，主要负责市场的推广工作，工作中，客户经常以“没时间”拒绝和他交谈，对于这个难题，他一般在电话中就予以解决了。

一次，他的朋友告诉他A时装公司要办一场下一季的时装秀。王伟心想，这家公司是时装界的新秀，拿下与这家公司的长期合作关系，会对公司效益有很大帮助，自己也多了一个稳定的客源，于是，他赶紧搜集了该公司的很多相关资料，然后设计了几种交谈方式，最终，他拨通了该公司负责人的电话。

王伟：“周总您好！”

客户：“你好！你是哪位？”

王伟：“我是A公关公司的市场专员王伟，您听说过我们公司吗？”

客户：“……好像听过，但也不是很清楚，你找我有什么事？”

王伟立刻说道：“我听说贵公司马上要办一场下一季的时装秀，是不是？”

客户：“嗯，是有这方面的打算，你们消息还真是快啊。”

王伟：“周总还真是幽默，可能您知道，我们公司在公关界还是很有地位的，另外，我们有很优秀的策划团队，在活动的策划方面有相当丰富的经验，能帮助贵公司做到最好的宣传效果，您看您这两天什么时候有时间，我们面谈一次好吗？”

客户：“真对不住，这些天太忙，没时间啊，秘书已经把我这些天的行程安排得满满的了！”

王伟：“没关系，您日理万机，肯定很忙。公关活动最重要的是品牌效应，我们公司在公关界还是有一定声誉的，也成功策划过很多公关活动，贵公司规模这么大，肯定少不了公关活动。我们彼此认识一下，是没有坏处的，而且，您尽可放心，我不会打扰您太多的宝贵时间，给我10分钟就够了，您看，明后天，您哪天能抽出点儿空闲的时间呢？"

客户："呵呵！你还真会说话，那就后天吧。"

王伟："您过奖了，请问具体是什么时间呢？"

客户："上午9点吧。"

王伟："好的，那我们就后天上午9点见！祝您工作顺心，周总再见！"

客户："谢谢，再见！"

细心的王伟在挂完电话后，为了让周总加深印象和敲定面谈的事，他给周总发了一条短信："周总您好！感谢您能在百忙之中接听我的电话，祝您工作顺利，心情愉快！顺便确认一下您的地址是：××大厦17楼1701室，见面的时间是：后天上午9点。××公关公司市场专员王伟敬上！"

【分析】

在这个销售情景中，市场专员王伟之所以能敲定和周总面谈的事，就是因为他善于运用连环发问的技巧，即使客户说没时间，他也能让客户收回这一借口，那么，我们不妨回味一下，王伟是怎样使用这一技巧的。

(1) 开场避免了客户的反感

王伟一句"周总您好"运用得恰到好处。首先，避免了客户的反感。一般情况下，很多销售员为了达到销售目的，一拿起电话，就开始推销，而客户一听这些，便很自然地产生一些规避甚至反感、厌恶的情绪，因此，一般都以没时间为借口，接下来，无论销售员怎样挽回，都很难改变客户的这种负面印象。王伟的聪明之处，就是用简单大方的开场让客户感觉亲切自然，避免这一问题的出现。再者，这一问候也起到了确认对方身份的作用。因此，在开场的时候，销售员万不可急功近利，简单、大方的开场即可。

(2) 与众不同的自我介绍

可以说，王伟的自我介绍也是与众不同的，通常情况下，人们在自我介绍的时候，总是遵循一定的惯性思维——"我叫什么，是哪个公司的"。而王伟恰恰相反，先介绍自己所在的公司，以公司为背景，无疑给自己的身份"镀了一层金"，客户自然也愿意与一个可信的销售员交谈。同时，这种介绍方式也是谦虚的表现，稍微细心的客户都会对你留下良好的印象。

(3) 让客户自己做选择题

很多销售员，在遇到客户说"忙"的情况下，就显得束手无策，而王伟则根据客户的这一借口，让客户自己选择，"明后天哪天有空""具体时间是几点"，这是一种思维设置方法，这样，无论客户怎样选择，都是在接受面谈的前提下。而对于销售员来说，只要客户开口回答，你就已经成功了，剩下的只是确认工作。

(4) 恰到好处的"善后短信"

现代社会，每个人都忙忙碌碌，对于客户来说，有时候刚决定的事情可能过后就会忘记，同时，客户每天面临的推销人员很多，接到的类似电话也数不胜数，哪里记得住具体是哪个销售员，而且即使记住了，也认为此事无关紧要，很快会抛之脑后。因此，王伟的这条短信，对他前期的努力起到了很重要的善后作用，一条短信将此事板上钉钉：见面的时间、地点，加深了客户的印象，也主动留下了联系方式。

总之，销售员要明白，所谓的“忙”，只不过是客户的托词，你要做的就是连环发问，让客户主动收回这一借口，然后进一步确认具体面谈的时间，让客户明白，你能给他带来好处，从而激发他的兴趣，这样你的推销工作也就成功一半了。

资料来源：郑斌. 顶级销售员口才情景训练[M]. 北京：中国纺织出版社，2016.

【思考提示】 销售活动中，销售人员会遇到各种困难，如上例中被客户以“忙”为理由拒之门外的情形时有发生。口才对于销售人员有着举足轻重的作用，好口才能够使销售人员和客户建立起良好的关系，化解客户顾虑和异议，并激发其合作意愿，促成双方合作。阅读导入案例后请思考，销售口才具有怎样的作用和基本特征。

10.1 销售口才的基本知识

销售是指以出售、租赁或其他任何方式向第三方提供产品或服务的行为，包括为促进该行为进行的有关辅助活动，例如广告、促销、展览、服务等活动。主要是深挖产品本身的内涵，切合准消费者以及众多商家的需求，从而让消费者深刻了解该产品进而购买的过程，其本质是抓住消费者的需求，并快速把需求商品化。

在当今信息化的社会里，一个商品再好，假如不广为宣传，就会在琳琅满目的商海里销声匿迹；而在当今泛滥成灾的广告汪洋里，一个做了宣传的商品如果不被销售人员销售给客户并进行切实的使用，不久也会被人们遗弃在记忆的角落里，再也不会捡起来重新审视。由此可见，一个商品能够为人们所接受和使用，销售人员起着至关重要的作用，而在日趋激烈的销售战场上，一个销售员如果没有巧舌如簧的口才，是很难拨动客户购买的心弦，从而在冷酷的商战中立于不败之地的。交易的成功往往是口才的产物，语言既是销售的载体，也可以说是销售的核心智慧。

10.1.1 销售口才的重要作用

1. 有助于建立良好的客户关系

从接近客户，到销售洽谈的开始，一直到合作关系的建立，都需要销售人员创造良好的沟通氛围，与客户建立良好的关系，这些都需要良好的口才。举例如下。

销售员：（看着客户走进来，面带微笑）您好，欢迎光临！

客户：你好！

销售员：（直面客户，用眼神交流）您好，我能为您做点什么吗？

客户：我想了解一下这里有没有一些关于××旅游线路的信息。

销售员：好的，我们这里有很多关于这类信息的资料，您需要的是一些介绍手册？或者您想查看一下可行性和价格信息？

客户：我现在只需要一些关于这类信息的资料，至于什么时候去，我们还没定好呢。

销售员：那没问题，这里就是您所需要的资料，（把资料所在地介绍给客户）您可以查看一下。如果有什么问题，可以问我，我随时为您服务。

客户：好的，谢谢你。

销售员：谢谢您的来访，欢迎下次您的光临。（客户转身离开）

虽然本次客户并没有购买任何产品，但销售人员良好的销售口才和态度争取了一位潜在客户，如果对方确定了旅行的时间和目的地，很可能会返回向销售员进行二次询问，并最终建立合作关系。

2. 有助于准确传递产品和服务信息

让客户接受公司产品和服务的价值的第一步，就是通过很好的产品介绍和展示，准确地向目标客户传递产品和服务信息，从而使其进一步产生购买意愿。举例如下。

销售员：先生，您要购买的笔记本电脑配置要求是速度快、硬盘大、经常处理图片，而且适合户外办公，是这样的吗？

客户：是呀！我就需要一台这样的计算机，你这里有吗？

销售员：您看这款计算机，它采用奔腾4处理器，硬盘是160GB的容量，您可以随意处理或存储图片。另外，它体积小，重量轻，携带非常方便。而且它具备无线上网功能，您在飞机、火车上也可以通过E-mail和外界联系，满足您户外办公的需求。

客户：太好了，我可以仔细看看吗？

这个范例中，客户已经明确了自己的要求，但对于是否能够买到符合要求的产品并没有信心，而销售员通过准确传递产品信息，让客户认定"这款计算机就能满足我的所有需求"，当然会使其进一步产生购买意愿。

3. 有助于化解客户顾虑

当客户提出异议，销售人员可以通过良好的口才化解客户的顾虑，从而促进与客户合作关系的达成。举例如下。

一位家庭主妇走进一个家电商店。她想买个冰箱，但是拿不定主意该买哪一种好，于是她向店员询问："我该买大一点的比较好呢，还是小一点的？"有一位口才不错、业绩优秀的推销员，这样告诉她："这台大的比较好一些，夏天你不仅可以为每一位家人准备好冷毛巾，甚至可以将您先生的家居服装放进里面，让他度过一个凉爽的夏天。相信您和您的家人都会为此感到高兴的。"于是，那位顾客点头做出决定："那我就买这一台。"

这个范例中，顾客心存疑虑，不知道自己应该购买什么样的冰箱，而经过这位优秀的销售员的介绍，就迅速消除了疑虑，并做出了购买决定。

4. 有助于促成双方合作

良好的销售口才能够激发客户合作的兴趣和意愿，从而让成交成为可能。举例如下。

一次，一位顾客想要购买冰箱，他来到海尔冰箱的柜台前，对海尔的销售人员说："你们的质量有保障吗？"这位销售人员倒没有说那么多，只是给对方讲起来海尔总裁张瑞敏上任时砸冰箱的故事，一个故事立刻使顾客对海尔冰箱的质量肃然起敬，当即就掏钱下了订单。

10.1.2 销售口才的基本特征

销售语言是应用性的行为语言，其自身特定的使用情境、使用对象，决定了它除具有一般的语言特点之外，还具有以下特征。

1. 目的性

所谓目的性，就是说话者的主观意图。销售语言有明显的目的性，从同消费者打交道开始，其目的性就是宣传产品、推销商品。在开口说话前，其思维就有活动，如怎样说，产生什么效果，自己将怎样应付等；绝不会毫无目的地乱开口，即使是信口雌黄，也是有目的的。而且，你不开口则已，只要一开口，就要影响消费者的思维和行为，就会产生社会效果。哪怕别人并未听清或听懂，这种影响都是一种客观存在。

在一般情况下，销售语言的目的是单一的。某个时间，某个场合，对某个人说什么样的话，目的相当明确，只要获得了期望的效果，目的也就达到了。

2. 真实性

销售语言的真实性，一方面是指语言内容的真实、确切，介绍商品实事求是，不能含混不清、模棱两可；另一方面是感情真挚，满腔热情地接待每一位顾客，不能虚情假意、油嘴滑舌。语言的真切性是销售语言的基本特征，也是对商品销售者的基本要求。销售是要通过经营者和消费者的双方沟通，使消费者建立起对商务经营者的信任和信念。人的信任感和信念感的形成有一个过程。信任是确信某种商品具有真实性后的一种感觉和观念；信念则是人们对真的东西的追求，得到满足后的一种理念。

在一定条件下，销售人员可以运用语言夸张地表达其对某商品的感受，但绝不能胡编乱造，不能欺骗、愚弄公众。真实是商业取信于民、取信于社会的基本前提。

3. 时代性

商业作为窗口行业，是连接生产者与消费者，沟通地区之间、城乡之间、工农之间关系的桥梁和纽带。集结了人类社会一切文明成果、作为思维和交流工具的语言，在商品销售中的运用是最富有时代性的。社会的政治、经济、文化的发展变化，都可以通过销售语言集中地反映出来。陈旧过时的语言被淘汰，新的语言逐渐产生并传播出来，因此说话的内容具有很强的时代性，如计算机、期资、“五讲四美三热爱”“实行三包”等新名词，“老板”“师傅”等人际称谓，都较早地出现在商业经营语言中，并进而传播开来。

4. 艺术性

销售语言不仅是为商业活动服务的工具，而且是一种艺术。销售语言的艺术性是销售艺术的具体体现。销售语言的艺术性表现在接待顾客、介绍商品、业务洽谈等具体的销售活动中，尤其集中地体现在经营者与消费者的交往中。例如，一家店铺的广告是这样的：“我们的买卖不比卖羊皮靴子的，我们是替上帝当差，这比金银还宝贵，是无价的。”结果，许多人都情不自禁地被吸引过来，体现了销售语言的艺术性。

如果说话缺乏艺术性，无所忌讳，就会自讨没趣。例如，有一位日用化工厂的销售员，他到一个研究所里去推销“染发”“防皱”一类的美容化妆品。遗憾的是他并没有获得成功，其原因就是他的言语引起了潜在顾客的反感。他是这样说的：“人过四十相当于天过午，头上的白发一天比一天增多，脸上的皱纹一天比一天粗，正一步步向衰老迈进。今天我给大家进了几种美容商品，虽无返童之力，但总可帮助大家遮遮丑……”顾客越听心里越不是滋味，只得讪笑着说：“算了吧！人越老学问越多，也许越懂礼貌，还是听任白发和皱纹自然地增添吧!"说完一个个都生气地离开了。可见,销售时语言没有艺术性,不会说话,不但会得罪顾客,也会白白丢失赚钱的机会。

5. 直接性

大量的销售语言是存在于销售者与消费者的交际中的,与书面语言有许多不同之处。书面语言错了可以修改过来,而销售语言在很大程度上是表达与感受同步,即具有直接性。这一特点说明,搞好商业销售、赢得顾客满意不是轻而易举的,也说明了学习和掌握销售语言艺术的必要性。

6. 应交性

消费者是各种各样的,不同的消费情景、不同的心理需求,对销售者语言的要求也不尽相同。这就需要经营者的语言要适应不同的场合、不同的顾客。比如,人们的文化、情趣、性格、经历各不相同,经营者所使用的语言就应各不相同。对老年顾客、少年儿童,要用耐心细致的语言;对青年顾客,多用富于时代性的、干脆的语言。

10.1.3 销售口才的前期准备

口才不是无源之水、无本之木,全靠"嘴皮子"功夫,而是一个人综合素质的体现,想要成为一个有口才的销售人员,不仅要做好相应的心理准备,还要具备一定的专业知识。

1. 心理准备

(1) 自信

自信是销售心态的核心,也是一切正面思维的源泉。只有对自己充满自信,在与客户交谈时,才会表现得落落大方、胸有成竹。不仅如此,销售人员的自信也会增加自身的个人魅力和感染力,也就更容易征服客户,最终促使销售成交。

销售人员要培养自信心,就应该在销售实践中不断加强自我心理训练。心理训练的一种有效方法是自我暗示,销售人员可以在销售实践中经常进行积极的自我心理暗示,逐步增强自信心。例如,在面对新的环境而产生担心时,就暗示自己能够很快适应新环境;在接触陌生顾客缺乏勇气时,可自我暗示总有办法说服其购买自己所销售的产品;在遇到困难时,提醒自己只要努力奋斗就没有什么解决不了的;在失败面前,迫使自己想想以往的成功;在开拓新的销售局面时,常默念自己的资历和业绩,将自己想象成一名出色的销售人员,反复告诉自己一定能够达到预定的目标。应该指出的是,培养自信心的心理训练是在销售实践中进行的,离开销售实践,只靠头脑、心理活动是难有成效的。熟悉了销售业务、积累了经验、提高了能力,自信心才会产生。从这种意义上讲,销售人员的自信心是在不断获取销售经验和逐步做到办事胸有成竹的过程中建立起来的,是从销售实践中通过刻苦努力一步步培养起来的自信。

在前面的章节中,我们不止一次提到过对自己"自信"的重要意义,这里就不赘言了,但销售的自信还包括对产品的自信。销售专家乔治特·莫贝赫曾经说过:"顶尖的销售人员之所以会成功,就在于他们对自己的事业怀抱着高度的自信,这也使他们周围的人也相信他们所推荐的产品。"无论是销售哪一种产品,销售人员一定要在心理上彻头彻尾地确信"我所销售的东西是最好的",只有这样才能够将这种意识传达给客户,一举攻破客户的心理防线。

美国著名的推销员乔·吉拉德曾连续12年荣登世界吉尼斯纪录大全世界销售第一的宝座,据统计,从1963年至1978年,他总共推销出13001辆雪佛兰汽车,所保持的世界汽车销售纪录,连续12年平均每天销售6辆车,至今无人能超越。乔·吉拉德当然清楚还有比雪佛兰牌更好的汽车,他也买得起其他任何牌子的车,但他坚持开雪佛兰。他说:“你必须相信你的产品是同类中最好的。我发现许多雪佛兰经销商坐着卡迪拉克和梅塞德斯去上班,每当我看到他们这样做,我就觉得痛心。要是我销售雪佛兰却开其他牌子的车,我的客户见了就会想,吉拉德是不是不屑于坐他自己销售的车呢?在我看来,向客户传达这样的信息真是愚蠢之极。”要知道,客户几乎无法拒绝真正热爱自己产品的人,因为这些人真诚,会把自己的试用经验与客户分享,他们用行动给客户最好的证明。

(2) 诚信

诺贝尔经济学奖得主诺思曾说过:“自由市场经济制度本身并不能保证效率,一个有效率的自由市场制度,除了需要有效的产权和法律制度相配合之外,还需诚实、公正、正义等方面有良好道德的人去操作这个市场。”每一位销售人员都应当树立“诚信比成交更重要”的正确心态,一方面诚信是销售人员最基本的职业道德;另一方面,在现今信息高速发展的时代,销售人员的小聪明、小手段是容易被识破的,即使偶尔取得成功,这种成功一定是短暂的,而对于销售人员来说,没有什么比赢得客户的信赖更重要,因此诚信才是永久、实在的好办法。正如乔·吉拉德曾经说过的:“任何一个头脑清醒的人都不会卖给顾客一辆六汽缸的车,而告诉对方他买的车有八个汽缸。顾客只要一掀开车盖,数数配电线,你的谎言就被揭穿了。”

20世纪80年代,英国的巴林银行计划在新加坡设立分行。时任新加坡总理李光耀派人考察后,发现该银行信用不佳,遂毅然拒绝。英国首相为此多次向李光耀交涉,也无结果,以致两国关系也一度受到影响。几年后,巴林银行破产,英、美、法、日等发达国家因此蒙受了巨大损失。直到这时人们才发现,新加坡的信用环境是最好的。国际资本开始向新加坡聚集,新加坡逐渐成为亚洲金融中心,其经济腾飞也从此开始。

(3) 进取

有一家公司新生产了一种空调,派两个推销员去客户处推销。一个推销员一天只卖掉了两台,而另一个推销员一天就卖了三十多台,让我们来听听究竟是什么致使两人的销售额产生如此大的差距。

卖了两台的推销员见到准顾客时会说:“先生你买空调吗?我们这里新造的空调可好了,您买吧!”人家说:“我不买。”他二话不说,扭身就走,他这样的行为举止一天又能卖出几台呢?

卖了三十多台的推销员是这样说的:“先生,您忙不忙?您要不忙的话,我向您介绍一下我们最新生产的空调。这个空调的整个功能,与过去所有的空调都不一样,它不仅能够杀菌,而且能过滤空气,能自动定时关闭,能自动调温。这个空调在整个现有的空调中质量是最好的,功能也最齐全,而且价钱比所有的空调都便宜。别人承诺可以保修两年、保修三年,我们则能保修五年。先生您可以试一试,先使用它几天都可以。”听了这样的话,只要确实有需要，又有谁会不买呢？

销售是一项颇具挑战和备感艰辛的工作。做好销售工作并非一件容易的事情，来自方方面面的挑战非常多，客户的拒绝、上司的考核、同行的竞争等，所有的这一切都让销售员感到十分紧迫和危机。所以，销售员一定要具备积极进取的心态，只有当销售员的内心对于自己的销售事业及具体的销售活动具有强烈的成功欲望时，才能通过各种方式让自己不断进步，才会使自己在面对客户时更有信心。像上面范例中那个失败的推销员那样，一碰壁就放弃，是无法胜任这项工作的。

不但如此，许多成功的销售经验还表明，积极的心态是成功销售的关键因素。原因是，积极心态会影响你说话的语气、姿势和面部表情，它会修饰你说的每一句话，并且决定你的情绪感受，它还会对你的思想产生影响，进而把这种思想和情绪传染给你的客户。所以，作为一名合格的销售员，一定要通过多种方式培养自身积极进取的心态。

2. 专业知识储备

有人认为干销售就是卖东西，完全没有什么技术含量。事实上，销售和任何职业一样，都具有一定的专业性，想要在激烈的市场竞争中脱颖而出，熟悉自己的产品，掌握产品的相关专业知识是进行成功销售的前提。丰富的产品知识能使销售员快速地对客户提出的疑问做出反应。这不但可以增加销售员的自信心，还可以赢得客户对销售员和产品的信赖。如果一个销售员，对自己的产品不了解，还想当然地认为客户会不加了解就购买产品，这几乎是不可能的。这样的销售员也是不合格的，更无法赢得客户对产品的信任。

(1) 自己所在公司的相关知识

公司的形象、规模、实力、行业地位、声誉都会使顾客产生联想，从而影响到顾客对产品的信任。作为公司的销售人员，理应了解公司最基本的知识情况，既可以使说服顾客的工作更容易，也可以对公司有一种荣誉感、自豪感，从而增加销售信心，销售人员需要了解的所在公司的知识包括：公司的创立背景、发展历史以及销售理念；公司的规模(生产能力、销售组织网络职员数量等)，经济实力及信用(资本金、销售额及现期利润等)；公司的战略方针、经营理念、行业地位、目标及经营政策；公司在发展过程中所获得的荣誉、社会地位；公司主要领导的名字及他们的资历；公司的主要销售渠道及全国各地服务网设置等。

(2) 自己所售产品的相关知识

产品知识就是推销能力，产品技术含量越高，产品知识在销售中的重要性就越大，销售人员要成为“产品专家”，因为顾客只喜欢从专家那里买东西，没人会听信“门外汉”的建议。对于你所销售的产品，你应熟悉的知识包括产品的名称、基本性能、价格；与同类竞争产品相比，在结构、性能、价格上的优点；产品提供的售后服务等。

更进一步地，销售人员要在了解产品的基础上做到：一是找出产品独特的卖点。独特的卖点就是顾客购买该产品的原因。销售人员对顾客不能说出三个以上顾客买你产品的理由，就无法打动顾客。二是找出自身产品的优点和缺点，并制定出相应的对策。销售人员要找出产品的优点，是要将顾客的需求与产品的优点密切结合，从而迅速说服顾客进行购买；找出缺点，则考虑如何将缺点转化成优点或给顾客一个合理的解释。产品的弱点并不是指产品的质量问题，而是产品在竞争中相对于同类产品处于劣势的产品特点，比如价格贵、耗电大、包装不美观、样式太老、使用不太方便等。这些产品弱点有的是为了产品的其他优点而产生的,有的是可以改变的。销售员在回答客户时,一定要对之加以区分。

(3) 自己所处行业的相关知识

前两种专业知识较容易掌握,不少销售人员都能做到,哪怕自己讲不出来,只要用心阅读公司下发的资料,在客户面前也能讲得头头是道,但掌握自己所处行业的知识并非易事。因为行业知识包含很多,大到对竞争产品的了解,对所在行业的发展历程及未来趋势;小到一个零配件供应链的选择,竞争产品产地的分析,都要有所了解。这些知识,在与客户沟通的时候,会在不经意间带来意想不到的效果。

比如,销售人员去拜访一位采购经理,当把产品放在采购经理面前时,采购经理看了看说:"我需要让设计经理看看外观,其他品牌的产品都放在那边桌子上了,你也放在那边。"

销售人员只好拿着样品走到了采购经理指的桌子那里,才发现,原来自己参与晚了,那个桌子上已经摆了十几个品牌的产品了。销售人员按照采购经理的要求把产品放在了桌子上,可是,要在十几个品牌的几十个型号中脱颖而出,自己带来的产品从外观上来说并没有太多的特色。

如果销售人员只掌握自己的产品知识,放下样品之后再过去跟采购经理打个招呼,就离开了,那么这一次的拜访绝对是一次无效的拜访。但这次是一个对自己的产品和行业都了解的销售人员,他放下样品之后,并没有急着离开,而是把桌子上所有的品牌都挨个看了一遍,然后走过来跟采购经理打招呼:"你好,李总,我刚刚看了一下你们那边放的产品。"

"哦!我们要先选外观,要等设计经理回来之后先选一遍,淘汰一批产品,你现在给我讲也没用。"

"是,对于你们这次选择的产品,外观特别重要,现在很多业主也重视外观。我刚才看了一遍你那边桌子上的样品,从品牌的角度分析,你那里摆的 A 品牌和 B 品牌都属于国外品牌,但他们都在国内生产,就像 A 品牌的产地就在 Z 地。离咱这个城市也不远,其他的属于国内品牌。

从产地来看,那里摆的 H 品牌、F 品牌、C 品牌等,他们的工厂都是第一产地,因为那里的电子行业发达,而且这个行业内有几个大品牌的工厂都设置在那里,对于这里生产的产品来说,稳定性好,设计上有自己的特色,但就是价格高了点;像 A 品牌、D 品牌都属于第二产地生产的,这里也是该产品重要的生产基地,但就是小厂太多,不像第一产地那样有几个有实力的大厂,产品的外观设计的也可以,但稳定性肯定不能与第一产地生产的相比,不过价格更合适。

如果从专业性的角度分析,刚才我说的那几个品牌都属于专业生产这类产品的品牌,还有几个牌子属于新生代的产品,它们以前是生产别的产品的,但由于看到了这个行业的发展趋势,这两年也投资到这个行业,不过刚开始生产,可能经验还不是很丰富,剩下的我就不建议你选了,因为那都是代加工的,没有自己的工厂,今天在这里买一块板子,明天在那里买一个外壳,组装了一个产品,能拿一个项目就拿一个项目,拿不到也没关系,反正没有什么投入。

如果你这个项目真的要选择稳定性强的产品,一定要拆开产品了解细节,而不是仅仅看外观,看看你有没有时间,我把我们的产品拆开给你看看?"

采购经理有些惊讶，但还是点点头："这么复杂啊，行，你拿过来拆开看看吧。"

这位销售人员通过自己对产品产地的了解，成功建立了在客户心中"专业"的印象，赢得一次产品讲解的机会，在这个项目中，已经领先于其他竞品的销售人员。

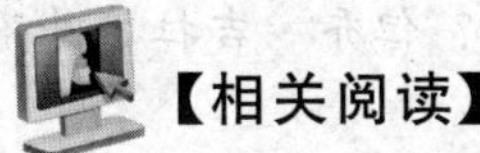

【相关阅读】

乔·吉拉德的推销故事

乔·吉拉德1929年出生于美国一个贫民窟，他从懂事时起就开始擦皮鞋、做报童，后来又做过洗碗工、送货员、电炉装配工和住宅建筑承包商等。35岁以前，他只能算一个全盘的失败者，患有严重的口吃，换过40个工作仍然一事无成，再往后他开始步入推销生涯。

谁能想象得到，这样一个不被看好，而且背了一身债务几乎走投无路的人，竟然能够在短短3年内被吉尼斯世界纪录称为"世界上最伟大的推销员"。他至今还保持销售昂贵商品的空前纪录——平均每天卖6辆汽车！他一直被欧美商界称为"能向任何人推销出任何产品"的传奇人物。

名片是成功的开始

乔·吉拉德有一个习惯：只要碰到一个人，他马上会把名片递过去，不管是在街上还是在商店。他认为生意的机会遍布于每一个细节。

"给你个选择：你可以留着这张名片，也可以扔掉它。如果留下，你知道我是干什么的、卖什么的，细节全部掌握。"

乔·吉拉德认为，推销要点不是推销产品，而是推销自己。

"如果你给别人名片时想，这是很愚蠢很尴尬的事，那怎么能给出去呢?"他说，恰恰相反，那些举动显得很愚蠢的人，正是那些成功和有钱的人。他到处用名片，到处留下他的味道、他的痕迹，人们就像绵羊一样来到他的办公室。

去餐厅吃饭，他给的小费每次都比别人多一点点，同时主动放上两张名片。因为小费比别人的多，所以大家肯定要看看这个人是做什么的，分享他成功的喜悦。人们在谈论他，想认识他，根据名片来买他的东西，经年累月，他的成就正是来源于此。

他甚至不放过借看体育比赛的机会来推广自己。他的绝妙之处在于，在人们欢呼的时候把名片雪片般撒出去。于是大家欢呼，那时乔·吉拉德——已经没有人注意那些体育明星了。

2002年7月18日，NAC成功者大会北京站，在乔·吉拉德的演讲开始之前，工作人员就已经将他的名片摆放在每一张椅子上，他似乎还嫌不过瘾，演讲过程中，不时将名片一把一把往人群中撒。

他说，不可思议的是，有的推销员回到家里，甚至连妻子都不知道他是卖什么的。"从今天起，大家不要再躲藏了，应该让别人知道你，知道你所做的事情。"

深深地热爱着自己的职业

乔·吉拉德相信，成功的起点是首先要热爱自己的职业，无论做什么职业，世界上一定有人讨厌你和你的职业，那是别人的问题。

“就算你是挖地沟的，如果你喜欢，关别人什么事？”

他曾问一个神情沮丧的人是做什么的，那人说是推销员。

乔·吉拉德告诉对方：销售员怎么能是你这种状态？如果你是医生，那你的病人会杀了你，因为你的状态很可怕。

他也被人问起过职业，听到答案后对方不屑一顾：你是卖汽车的？但乔·吉拉德并不理会：我就是一个销售员，我热爱我做的工作。

美国前第一夫人埃莉诺·罗斯福曾经说过：“没有得到你的同意，任何人也无法让你感到自惭形秽。”

乔·吉拉德认为在推销这一行尤其如此，如果你把自己看得低人一等，那么你在别人眼里也就真的低人一等。

工作是通向健康和财富之路。乔·吉拉德认为，它可以使你一步步向上走。全世界的普通纪录是每周卖7辆车，而乔·吉拉德每天就可以卖出6辆。

有一次他不到20分钟已经卖了一辆车给一个人。对方告诉他，其实我就在这里工作，来买车只是为了学习你销售的秘密。乔·吉拉德把订金退还给对方。他说他没有秘密，若非要说秘密，那就是“如果我这样的状态能够深入到你的生活，你会受益无穷”。

他认为，最好在一个职业上待下去。因为所有的工作都会有问题，明天不会比今天好多少，但是，如果频频跳槽，情况会变得更糟。他特别强调，一次只做一件事。以树为例，从种下去，精心呵护，到它慢慢长大，就会给你回报。你在那里待得越久，树就会越大，回报也就越多。

倾听和微笑

乔·吉拉德说：有两种力量非常伟大。一是倾听，二是微笑。

“倾听，你倾听得越久，对方就会越接近你。据我观察，有些推销员喋喋不休。上帝为何给我们两只耳朵、一张嘴？我想，意思就是让我们多听少说！”

乔·吉拉德说，有人拿着100美元的东西，却连10美元都卖不掉，为什么？你看看他的表情。要推销出去自己，面部表情很重要；它可以拒人千里，也可以使陌生人立即成为朋友。

笑可以增加人的面值。乔·吉拉德这样解释他富有感染力并为他带来财富的笑容；皱眉需要9块肌肉，而微笑，不仅用嘴、用眼睛，还要用手臂和整个身体。“当你笑时，整个世界都在笑。一脸苦相没有人愿意理睬你。”他说，从今天起，直到你生命最后一刻，用心笑吧。

“世界上有60亿人口，如果我们都找到两大武器：倾听和微笑，人与人就会更加接近。”

让信念之火熊熊燃烧

“在我的生活中，从来没有‘不’，你也不应有。‘不’，就是‘也许’；‘也许’，就是肯定。我不会把时间白白送给别人的。所以，要相信自己，一定会卖出去，一定能做到。”“你认为自己行就一定行，每天要不断向自己重复。”

“你所想的就是你所要的，你一定会成就你所想，这些都是非常重要的自我肯定。要勇于尝试，之后你就会发现你所能够做到的连自己都惊异。”

乔·吉拉德说,所有人都应该相信:乔·吉拉德能做到的,你们也能做到,我并不比你们好多少。而我之所以做到,便是投入专注与热情的结果。

一般的销售员会说,那个人看起来不像一个买东西的人。但是,有谁能告诉我们,买东西的人长得什么样?乔·吉拉德说,每次有人路过他的办公室,他内心都在吼叫:“进来吧!我一定会让你买我的车。因为每一分一秒的时间都是我的花费,我不会让你走的。”“我笑着面对他,我的钱在你的口袋里。”

35岁前,乔·吉拉德经历过许多失败。记得那次惨重失败后,朋友都弃他而去。但乔·吉拉德说:“没关系,笑到最后才算笑得最好。”他望着一座高山说:“我一定会卷土重来。”他紧盯的是山巅,旁边这么多的小山包,他一眼都不会看。3年以后,他成了全世界最伟大的销售员,“因为我相信我能做到。”“有件事很重要,大家都要对自己保证,保持热情的火焰永不熄灭,而不像有些人起起伏伏。”乔·吉拉德说。

资料来源:话术一生.乔·吉拉德的推销故事及销售技巧[EB/OL].(2016-11-05).http://www.hs13.cn/xsgs/2804.html.

10.2 销售口才的实用技巧

10.2.1 知己知彼

兵家有云:“知彼知己,百战不殆。”所谓商场如战场,销售行为中也讲求“知彼知己”。刚刚我们提到要掌握自己所在公司、所售产品和所处行业的知识,便是“知己”;而掌握顾客的心理并通过语言进行巧妙引导,则是“知彼”。请看下面的实例。

一天,有一个中年男子来到一家零售店里买高压锅。店员问:“先生,你是想要好一点的,还是要差一点的?”那位男子听了有些不高兴:“当然是要好的,不好的东西谁要?”

听了这话,店员立刻就拿出一款高压锅给他看。男子问:“这是最好的吗?”

“是的,而且是牌子最老、最有名的。”

“多少钱?”

“1000元。”

“什么?为什么这么贵?我听说最好的才几百元。”

“几百元的我们也有,但那不是最好的。”

“可是,也不至于差这么多啊!”

“差得并不多,还有百十元钱一个的呢。”

男子听了店员的话,马上面现不悦之色,想立即掉头离去。这时店长急忙赶了过去,对男子说:“先生,你想买高压锅吗?我来介绍一款好产品给你。”

男子仿佛又有了兴趣:“什么样的?”

店长拿出另外一种牌子的高压锅,说:“就是这一种,请你看一看,式样还不错吧?”

“多少钱?”

“500元。”

“照你店员刚才的说法，这不是最好的，我不要。”

“我的这位店员刚才没有说清楚，高压锅有好几种牌子，每种牌子都有最好的产品，我刚拿出的这一种，是同品牌中最好的。”

“可是，为什么两个牌子差那么多钱呢？”

“这是制造成本的关系。每种品牌的机器构造不一样，所用的材料也不同，所以在价格上会有出入。至于刚刚那个牌子的价钱高，有两个原因，一是它的牌子大，信誉也好；二是它的容量大。”店长耐心地说。

男子脸色缓和了很多：“噢，原来是这样啊。”

店长又继续说：“其实，有很多人喜欢用这种新牌子的，就拿我来说吧，我就是用的这种牌子，性能并不差。而且它有个最大的优点，体积小，用起来方便，一般家庭最适合使用。您家里有多少人？”

“三个。”男子回答。

“那再合适不过了，我看你就拿这个回去用吧，保准不会让你失望。”

男子随即痛快地掏钱将店长推荐的那款高压锅买走了。店长目送客人离开，转头对他的店员说：“你知道不知道今天错在什么地方？”

那位店员愣愣地站在那里，显然不知道自己错在哪里。

“你错在太强调‘最好’这个观念。”中年男子笑着说。

“可是，您经常告诫我们，要对顾客诚实，我的话并没有错。”

“你是没有错，只是缺乏技巧。我的生意做成了，难道我对顾客有不诚实的地方吗？”

店员默不作声，显然心中并不怎么服气。

“我说它是同一牌子中最好的，对不对？”

店员点点头。

“既然我没有欺骗顾客，又能把东西卖出去，你认为关键在什么地方？”

“说话的技巧。”

店长摇摇头，说：“你只说对一半，主要是我摸清了他的心理，他一进门就说要最好的，这表示他优越感很强，可是一听价钱太贵，他不肯承认他舍不得买，自然会把原因推到我们头上，这是一般顾客的通病。假如你想做成这笔生意，一定要变换一种方式，在不损伤他的优越感的情形下，使他买一种比较便宜的货。”

店员听得心服口服。

一对一客户销售沟通能力是销售过程中非常重要的一环，从上述营销案例中，可以看出洞察客户心理的重要性，店员因为没有考虑到对方的自尊心、虚荣心，使用了不慎重的态度或语言而导致失败，而店长则巧妙地利用了顾客的自尊心、虚荣心，促成了最终的交易。

顾客心理是一门专门的学问，需要销售人员花大力气钻研，由于“销售口才”仅作为本书的一章，这里就简要介绍一种销售人员最常遇见的困境，即顾客说你“卖得太贵，能不能便宜点”时应当怎样应对。

客户买东西时都会想要便宜点，这是客户的一个正常的消费心理，并不是决定他买不买的主要问题，毕竟在绝大多数客户的眼中，能够满足价格和品质双重标准的产品，才值得自己购买。销售人员在接待客户的时候，会面对客户成百上千的问题，但这些问题归纳分类后其实只有两种问题——真问题和假问题。我们的很多销售人员并不知道客户的问题中大多数都是假问题。客户问“能不能便宜点”就是一个典型的假问题,“能不能便宜点”只是所有消费者的一个习惯用语,作为一个老练的销售人员根本没有必要就“能不能便宜点”开始讨价还价,而是应该在客户关心价格的时候引导他关注价值。

所以面对“卖得太贵,能不能便宜点”这个要求时,销售人员可以有多种应对方式。

1. 比较法

(1) 与同类产品进行比较。如“您看,市场某某牌子的产品要×元,我们是一线大品牌,可打折后,这款产品的价格却比某某牌子的还要便宜,质量也比某某牌子要好,绝对经济实惠。”

(2) 与同价值的其他物品进行比较。如“这块表的价格确实有些高,用这些钱您可以买到一套西装加一个手包,但那些东西您都不缺,而且西装穿两年款式就旧了,手包也不常用,但男人不能没有一块好表,可见手表才是您目前最需要的。”

(3) 与其他人进行比较。一位贵妇看上了一条祖母绿项链,但由于价格实在昂贵,所以一直在买与不买之间犹豫不决,聪明的销售员理解地点点头:“上个月总统夫人也很喜欢这条项链,结果也因为太贵所以最终没能买下来。”贵妇一听,果断刷卡买下了项链。

2. 拆分法

(1) 时间上的拆分。将产品价格分摊到每月、每周、每天,尤其对一些高档服装销售最有效。买一般服装只能穿多少天,而买名牌可以穿多少天,平均到每一天进行比较,买贵的名牌显然划算。

(2) 将产品的几个组成部件拆开来,一部分一部分来解说,每一部分都不贵,合起来就更加便宜了。如“这条裙子配送的腰带是头层牛皮,单买最低也要上百元,这么一算,您买这条裙子可以说很划算了”。

3. 强调质量和售后服务

当顾客说太贵了的时候,销售人员要做的就是告诉顾客为什么这么贵,因为客户感知价值永远比产品价格更重要,将产品贵的选择变成客户对的选择,才能最终迎合对方的心理要求。如,“先生,买东西不能只考虑便宜问题。您以前有没有用过同类的厨卫产品?厨卫是每一个家庭都比较注重的地方。那种便宜的厨卫电器可能用段时间就开始出现质量问题。比方说这种吸油烟机的吸力相比没那么大,清洗起来也相对比较麻烦,用不了多久就要换。但是要是买我们店的这种油烟机,吸力大,容易清洗。其实产品都是一分钱一分货,买厨卫产品我觉得健康性和环保性是最重要的,您觉得呢?”

10.2.2 开场白

“好的开始是成功的一半”,好的开场白也可谓是销售成功的一半。专家在研究推销心理时发现,销售员在与客户沟通时,客户一般会记住前两分钟的话语,而且会在这两分钟内决定是否与销售员交谈下去,所以,销售员一定要讲好开场白,进而赢得与客户继续交往的机会。

1. 自报家门

我们前往商场购物，走进店铺时销售人员往往会说上一句“欢迎光临”。事实上，这四个字作为开场白并不妥当，好的开场白首先要自报家门，让顾客清楚“你是谁”。而根据调查显示，来到店里的顾客中有 3/4 是没有购买意图的，他们只是在店里闲逛几分钟，所以，“欢迎光临”之后一定要加上店铺的名称，这样在问候顾客的同时，也为自家店铺和品牌做了广告。

2. 打破抗拒心理

从顾客的角度看，销售员总是在想方设法诱使自己掏钱买他们的产品，内心多少会对销售员产生抗拒心理。因此销售员在开场时要做的就是打破顾客的这种心理，发展一种人与人之间的关系，而不是销售员与顾客之间的销售关系，常用的方法就是寒暄。

在第 8 章中详细讲过“寒暄”，寒暄就是唠家常，谈一些轻松的话题，说一些互相恭维的话，问一些关心对方的问题，让彼此的防卫性下降，慢慢建立起可信赖的关系，其作为销售的开场白对于迅速拉近销售员与客户间的距离是十分有效的。

一位顾客提前看准了一款车，准备在车展时直接入手。买车前他开诚布公地表示：“这部车基本上我很满意，我有几个问题要请教，再加装两个喇叭要多少钱？”销售员回答：“这要看你喜欢哪一种的喇叭，我才能告诉你价钱。”顾客又问：“哦，那我要再加 CD 音响呢？”销售员回答：“那也要看你的喜好。”顾客心里不太舒服，但又接着问：“那隔热纸呢？”销售员回答：“隔热纸也分很多等级，要看你要哪一级的。”最后顾客趁着销售员接电话的机会离开了，去了别的展区。

销售人员犯的最大错误就是在与顾客的沟通中缺少寒暄，单纯地去谈商品的专业，使双方的互动僵硬且缺乏人情味，就像一笔赤裸裸的交易，即便顾客具备极其强烈的购买欲和意向，最后交易还是没能达成。如果销售员多寒暄几句，结果可能会大不相同，如顾客问：“那我要再加 CD 音响呢？”销售员回答：“您平时开车喜欢听什么样的音乐？抒情的还是节奏强一些的？”顾客回答：“节奏强一些。”销售员回答：“我也是，开车时听有节奏感的音乐特别带劲儿，我推荐这一款音响，不太贵，但音质特别好，特别是听摇滚乐的时候。”

对于经常光顾的熟客，要表现出比别人更多的欢迎之意，寒暄时也应当更加热络，不能只用一句“欢迎光临”就应付了事，也不能直接问“这次准备买什么？”那样就显得很商业化，缺少人情味。对于熟客首先要记住他们的姓氏，这就让他们觉得自己和普通顾客是不一样的，马上就能感觉到自己“鹤立鸡群”。继而再稍稍询问一下对方最近的情况，如“上次见你时有些感冒，现在好点儿了吗？”对方就会更加感到舒心和亲切。

3. 引发好奇

现代心理学表明，好奇是人类行为的基本动机之一。美国杰克逊州立大学刘安彦教授曾说：“探索与好奇，似乎是一般人的天性，对于神秘奥妙的事物，往往是大家所熟悉关心的注目对象。”那些顾客不熟悉、不了解、不知道或与众不同的东西，往往会引起他们的注意，推销员可以利用人人皆有的好奇心来吸引顾客，让顾客对你的产品产生浓厚的兴趣，这样才有可能把生意做成。

一位人寿保险代理商一接近准客户便问:“5千克软木,您打算出多少钱?”客户一时间觉得莫名其妙,不明白一位保险代理商为什么会变成个卖软木头的,不由得产生了好奇心,而代理商的下一句就让他恍然大悟:“如果您坐在一艘正在下沉的小船上,您愿意花多少钱买软木呢?”原来人寿保险代理商为了接触并吸引客户的注意,用了一句大胆陈述或强烈问句来开头,不仅达到了预期效果,还阐明了这样一个思想,即人们必须在实际需要出现之前投保,成功引发了顾客对保险的重视和购买的欲望,可谓一箭双雕。

4. 利用“第三者”

客户在购买产品时,一般会受到社会环境以及时尚的影响,而使用新的产品时,多少会受到其他人的影响,销售员可以利用客户的这种心理,借用一些名人效应或客户的一些亲友收到良好的效果。

(1) 名人效应。在与客户打交道时,可以以一些著名的公司或人为例,这样可以壮大自己的声势,尤其举例的公司或人是客户所熟悉、所景仰或所羡慕时,效果会更加显著,例如,“刘总,您××大学总裁班的同学推荐我来找您,他认为您可能会对我们的移动互联网营销平台感兴趣,因为,这些产品为他的公司带来了很多好处与便利。”

(2) 亲友效应。在与客户交谈时,如果告诉客户是他的亲友介绍你来的,客户也比较客气,因为每个人都有“不看僧面看佛面”的心理。

打着别人的旗号来推介自己的方法虽然很管用,但要注意,一定要确有其人其事,绝不可能自己杜撰,不然顾客一旦查对起来,就要露出马脚。为了取信顾客,若能出示引荐人的名片或介绍信,效果更佳。

5. 以感谢的方式开场

“感谢”是销售开场白中的多能工具,在任何场合都可以使用,如,“张经理您好,非常感谢您能给我会面的机会。我知道您的工作相当繁忙,我也很感激您在百忙之中抽出时间,接下来我会尽量长话短说,简要介绍我们公司的产品。”首先,人人都有这样的心理,当别人向他致谢的时候,通常能够引起自我肯定,从而获得心理上的满足感和情绪上的愉悦感,从而使销售人员和客户之间的关系变得更加亲近融洽;其次,中国人都爱“面子”,在销售人员给他戴上“事业有成、公务繁忙”的高帽后又加以真挚地致谢,已经给足了他“面子”;再次,人性本善,而拒绝是一种伤害感情的行为,人们在拒绝的时候常常会不自觉地找一个借口为自己开脱,以免良心的内疚,像“我正在忙”“我没有时间”一类推托和借口也就说不出来了。

感谢式的开场白虽然相对来说比较简单,但是以下几点还是很值得我们注意的。

首先,表达感谢时要面带微笑,因为任何板着面孔说出来的感谢都会使谢意大打折扣,也会使被感谢者情感上难以接受,认为对方是迫于形势表达的违心的感谢。

其次,表达谢意时要做到声情并茂。表达感谢者在说感谢的话语时注意语调要欢快明亮而不要沉缓喑哑,吐字要清晰而不要含混不清,同时保持语速适中,不急不缓,以使对方觉得你的感谢充满了诚意。否则,会使人感觉冷淡、虚假。

10.2.3 注重体态语言

销售人员的外在特征对信息传达的可信度有重要的意义。在进行口头推销时,配合对应的体态语言能加分不少,而不良的体态语言,会让销售人员在顾客的第一印象中大打折扣。

1. 微笑

笑容不需要本钱,但产生的利益却极其客观。无论是演讲口才还是销售口才,微笑都是最重要的体态语言。训练微笑的方法可参见本书第 6 章,这里仅用一个实例说明微笑在销售中的重要作用。

1930 年是美国经济萧条最厉害的一年,全美国的饭店倒闭了八成,希尔顿饭店也一家接着一家地亏损,一度欠债 50 万美元。但掌舵人希尔顿并不灰心,他召集每一家饭店的员工特别交代并呼吁:"目前正值饭店亏空靠借债度日的时期,我决定强度难关,一旦美国经济恐慌时期过去,我们希尔顿饭店很快就能出现云开日出的局面。因此,我请各位注意,万万不可把心里的愁云摆在脸上。"事实上,在那些勉力支撑的饭店中,只有希尔顿饭店服务员的微笑是美好的。

为了解除危机,希尔顿又为旗下饭店充实了一批现代化设备。每每召集全体员工开会时都会强调:"现在我们饭店已新添了第一流的设备,你们觉得还需要配备一些什么第一流的东西来使客人更喜欢它呢?"员工们回答以后,希尔顿笑着摇头:"请你们想一想,如果饭店只有第一流的服务设备而没有第一流服务人员的微笑,那些客人会认为我们供应了他们最喜欢的东西吗?如果缺少服务员美好的微笑,正好比花园里失去了春天的太阳和春风。假若我是顾客,我宁愿住进虽然只有残旧地毯,却处处见到微笑的饭店,也不愿去只有一流设备而见不到微笑的地方。"

从此,希尔顿每天上班对员工说的第一句话就是"你对顾客微笑了没有"。为了让微笑经营这一理念深入每一个员工的内心,希尔顿要求每一个员工每天来酒店上班的第一件事就是集体唱微笑歌,每一个人都不例外,从希尔顿到每一个员工。微笑经营理念成了希尔顿酒店文化的精髓,每一个希尔顿人都在用微笑传承着这一理念,用微笑度过经济危机,用微笑走向世界。

2. 鞠躬

鞠躬是一种普遍使用的礼节,销售活动中,鞠躬也是一种极其常用的体态语言,主要表达着"弯身行礼,以示恭敬"的意思。

(1) 视线。鞠躬时,目光应该向下看,表示一种谦恭的态度;不可以一面鞠躬一面翻起眼看对方,这样做姿态既不雅观,也不礼貌。鞠躬礼毕起身时,双目还应该有礼貌地注视对方,如果视线转移到别处,即使行了鞠躬礼,也不会让人感到是诚心诚意。

(2) 体态。立正站好,保持身体端正,面对受礼者,距离约两三步远,以腰部为轴,整个腰及肩部向前倾 15°至 90°(具体的前倾幅度视行礼者对受礼者的尊敬程度而定),目光自然下垂,表示一种谦恭的态度,同时问候"下午好""欢迎光临"等,而后恢复立正姿势,并双眼礼貌地注视对方。

鞠躬时,切不可撇开两腿,随随便便弯一下腰或只往前探一下脑袋当作行礼。这是一种毫不在乎的表现,是对受礼者的不尊重。男性在鞠躬时,双手要放在裤线稍前的地方,女性则将双手放在身前,自然搭放在腹前。

(3) 鞠躬的程度。鞠躬的程度不同，表达的意思也不同。15°通常是运用在一般的应酬场合，如问候、介绍、握手、让座等；45°一般是下级给上级，学生给老师，晚辈给前辈，服务人员给来宾表示的敬意；90°则属于最高的礼节，由场合和具体对象决定。

(4) 注意事项。一是受鞠躬应还以鞠躬礼；二是地位较低的人要先鞠躬；三是地位较低的人鞠躬要相对深一些；四是鞠躬时应先将帽子摘下，行礼时，目光不得斜视和环顾，不得嘻嘻哈哈，口里不得叼烟卷或吃东西，动作不能过快，要稳重、端庄，并让对方感受到鞠躬时的尊重之情。

3. 体姿

中国人常说"站有站相，坐有坐相"，对于销售员而言，常用的体姿语包括站姿、坐姿和走姿，如果在与客户交谈时体姿欠妥，很容易让客户觉得你是一个很随便的人，或者是对客户的不尊重。

(1) 站姿——站如松

在销售工作中，很多时候都需要站着和客户谈业务，如果销售员站着不断地摇晃肩膀，不断地倒换双脚，这些动作会让客户感到你不耐烦，想尽快结束这次谈话，这是不礼貌的行为。以下为正确的站姿要求。

女性：头正，颈直，两眼平视前方，嘴微闭，肩平并保持放松，收腹挺胸，两臂自然下垂，手指并拢自然微屈，中指压裤缝，两腿挺直，膝盖相碰脚跟并拢，两脚尖张开夹角成45°或60°，身体重心落在两脚正中。

男性：头正、肩平、两肩放松，双臂自然下垂，双手放于两侧或相握放于身前，挺胸收腹。男性双腿可分开，双脚间的距离最多与肩平。站立时尽量放松，视线以水平直视。

不过在向客户打招呼时或倾听客户说话时，建议销售员最好是很自然地做出弯腰动作，这样对你的自信心没有一点损害，相反可以更好地向客户传达出你谦逊亲和的态度。

(2) 坐姿——坐如钟

坐姿：拜访、接待客户时，坐姿是销售员最常用的肢体语言。入座时要轻、缓、稳。走到座位前，转身后轻稳坐下。腰背挺直，双肩放松，女士两膝并拢，男士两膝可分开，但不超过肩宽。正式场合一般从椅子的左边入座，离座时也要从椅子左边离开。如果椅子位置不合适，需调整椅子位置，应先将椅子移至适当位置再就座，坐在椅子上移动位置有违社交礼仪。

坐在椅子上时，应至少坐满椅子的2/3，落座后至少10分钟左右时间不要依靠椅背，而应采取稍微前倾的姿势。时间久了，可轻靠椅背；必要时，可用一只手扶着座椅的把手。

(3) 走姿——行如风

行走是人的基本动作之一，最能体现出一个人的精神面貌。行走姿态的好坏可反映人的内心境界和文化素养的高下，能够展现出一个人的风度、风采和韵味。

走姿是站姿的延续动作，在行走时，销售人员应保持站姿中除手和脚以外的各种要领。跨步均匀，步幅约一只脚到一只半脚。出脚和落脚时，脚尖脚跟应与前进方向近乎一条直线，避免"内八字"或"外八字"。步履自然、轻盈、稳健，胸要挺，头要抬，肩放松，两眼平视，面带微笑。不能拖着鞋子走路，或者穿鞋跟磨损较严重的鞋，这样会显得缺乏积极性，行动拖沓；也不能弯腰驼背，显得不干练；如果左摇右摆、重心不稳，则会显得不庄重。

4. 禁忌

(1) 夸张的手势。一些小幅度的手势能展现领导力和自信,但夸张的手势实际上是一种暗示:做手势的人在夸大事实。在销售时,注意手势动作不宜过大,次数不宜过多,不宜重复。手势的上界一般不应超过对方的视线;下界不低于自己腰部的水平线;左右摆动的范围不要太宽,应在人的胸前或右方进行。

(2) 错误的姿势。交叉的双臂或双腿可以视为一种屏障,暗示你对谈话没有持开放态度。即便你们的交谈很轻松愉快,对方仍然会有被排斥的感觉。如果希望对方知道你对谈话持开放态度,并且很感兴趣,那么就要控制住不让自己交叉双臂。

(3) 不恰当的距离。和客户的距离靠得太近,会表现出你没有个人空间的概念,让人觉得很不舒服;身体远离交谈者就等于告诉对方,你对谈话内容不感兴趣,或者不信任对方所说的话。正确的做法是身体稍微向交谈者倾斜,或将头稍微转过去,聚精会神地听对方说话。双方均站着谈话时,保持彼此都伸出手臂能碰触的距离即可;双方坐着谈话时,若无桌子间隔,距离应保持在一臂以内。

(4) 心不在焉。现代人手机不离身,习惯于时不时查阅社交信息,但面对客户,分散注意力是极不礼貌的行为,这意味着你有更重要的事情要做,无疑是在轻视你的客户。

10.2.4 避免争论

人际关系就像一面镜子,你认同客户的话,稍后客户也会认同你的话;反之,你与客户发生正面冲突,客户或与你大吵一架,或直接转头走人,生意自然也就做不成了。所以销售业有一句话,"顾客就是上帝,而上帝永远不会有错",其中包含的一层意思就是不要和客户发生争执。

小王的口才不错,思维也很敏捷,大学时曾是校辩论队成员,毕业后进入一家公司做了销售。小王公司生产的产品是一种更新替代型产品,与原有产品相比,功能加强了,售价也不高。小王刚开始去推销时,遇到的第一个顾客,可能思想有点保守,接受新事物有些慢,只承认原产品好,对新产品的优点视而不见。小王不服气,他拿出新旧产品的产品说明书,两相对照,给顾客讲解;同时又实际进行操作,证明新产品功能确实比旧产品好;然后进行性价比、产品性命周期对比。最终,顾客在小王凌厉的攻势下,不得不承认小王说的是对的,替代产品确实比原有产品好,但顾客却没有购买任何产品,小王赢了这场"辩论",却没有拿到订单,只得悻悻地空手而归。

销售不是辩论,成功的标准不是把顾客说得哑口无言、甘拜下风,而是让顾客心甘情愿地掏钱购买你推销的产品。销售员只为了争一时意气,用争论压倒了客户,不仅伤害了对方的自尊心,甚至会被对方视为"敌对一方",加重了其对销售员本就有的抗拒心理。所以,请记住,销售人员的口才是用来说服客户购买自己的产品,而不是让对方承认自己说得有道理。

当然,避免与客户争论不是让销售人员放弃原则,而是要在把持自我、坚持原则的前提下,巧妙地纠正客户的想法,让对方的思路转向对销售有利的方向上。

一对中年夫妇来珠宝首饰柜台上购买金戒指,两人认真挑选了一会儿后认为没有合适的就准备离开，这时销售员适时开口："现在的钻石非常流行，两位不妨试戴一下。"妻子摇摇头："算了，我还是喜欢黄金。"销售员一笑："我不是为了卖钻石才给您推荐的，而是真心觉得钻石非常适合您，您如果真不喜欢钻石，再选黄金也不迟啊？就像有人从来不穿西装，但是真正穿上的时候，才发现原来西装也这么有型。首饰如衣服，说不定您会有意外惊喜。"中年夫妇稍稍犹豫了一下，又重新走回柜台挑选起来。

上述案例中，销售人员并没有因为中年夫妇对黄金的偏爱或者戒指款式的挑剔，就跟对方发生争执，而是巧妙地将两人的兴趣转移到钻戒上，将客人留在了自己的柜台前。

10.2.5 赞美的力量

销售技巧中有一种方法叫赞美接近法，所谓的赞美接近法，也叫夸奖接近法或者恭维接近法，特指销售人员利用顾客的自尊及虚荣心理来引起对方注意和兴趣，进而转入面谈的接近方法。在实际生活中，每个人都希望为人所知，为人承认，被人提及，受人称赞，赞美客户有助于推销员和客户形成良好的关系，进而达成交易并保持良好的合作关系。

原一平，在日本寿险业是一位声名显赫的人物，被誉为"推销之神"，曾创下了全日本第一的推销纪录，到43岁后连续保持15年全国推销冠军，连续17年推销额达百万美元。他深知赞美的力量，并在推销过程中运用自如。

有一次，原一平去拜访一家商店的老板："先生，你好！"

老板表现得有点不耐烦："你是谁呀！"

"我是明治保险公司的原一平，今天我刚到贵地，有几件事想请教你这位远近出名的老板。"原一平自我介绍说。

老板似乎来了几分兴趣："什么？远近出名的老板？"

"是啊，根据我调查的结果，大家都说这个问题最好请教你。"

老板哈哈大笑："哦！大家都在说我啊！真不敢当，到底什么问题呢！"

"实不相瞒，是关于……"

老板还不等原一平说完就招呼说："站着谈不方便，请进来吧！"

原一平就这样依靠赞美的力量，轻而易举地过了第一关，也取得准客户的信任和好感。

原一平认为，这种以赞美对方开始访谈的方法尤其适用于商店铺面。那么，究竟要请教什么问题呢？一般可以请教商品的优劣、市场现况、制造方法等。对于商店老板而言，有人诚恳求教，大都会热心接待，会乐意告诉你他的生意经和成长史。可见，恭维话也不是随随便便就能说的，单刀直入可能导致顾客抗拒；太过直接和刻意又会被认为是没诚意，损害自身在顾客心目中的形象。

1. 寻找顾客自身认为的优点进行赞美

对本来就不美的一个女孩说"你真漂亮"，对一个吝啬的客户说"老板，你很大方"，对一个20世纪60年代的女人说"看你年龄像'90后'那么年轻"，这种不恰当的赞美根本无法打动顾客的心，无中生有的优点只能引起客人的反感，可有可无的优点也不会引起客人的好感的，赞美只有切中要点，才能让客户从内心深处感受到你的真诚，即使明知这是一个美丽的谎言，顾客也喜欢。

2. 赞美要讲究时机

凡事都讲求时机,时机对了,效果才会事半功倍。哪些是赞美的正确时机?销售过程中,最好的赞美时机是与客户聊到某一个问题时做出适当的赞美,这样的赞美是客户在毫不知情的情况下做出的由衷的赞美而不是刻意的赞美。比如销售人员跟客户谈论行业发展,在谈到行业某一公司的战略决策的成功或者失误时,可以询问客户对这一问题的判断,当客户做出判断时,你可以做出适当的评价:"你的判断很有见地。"这样的赞美是客户想要的,这种对问题认同的赞美比起我们有些业务员盲目地对客户说:"你真厉害!你真能干!我真的很佩服你!"效果要好多了。不要一见面就赞美,这种无事献殷勤的方法是非奸即盗的愚蠢办法,只会加重客户对销售人员的防备和抗拒心理。

3. 赞美要讲究场合

赞美别人最好的办法不一定是当面赞美,更好的赞美方式是当着对方朋友的面或主人不在场的时候赞美更佳,对方听到你对他的赞美一定会对你产生好感,即便对方未能及时听到,但也无妨采用这样的赞美。当然,一般情况下还是要直接赞美,当着对方的面进行赞美,对客户某些爱好、优点、长处做出赞美,当着其他客户或者客户的自己人又或者是你的上司和手下再赞美客户,这都是好的场合。有比较的赞美就不太适宜,这样会影响其他人的情绪。你本来想赞美张三,但无形中却得罪了李四,这样的赞美还是不赞美为好。

4. 赞美要讲究态度

赞美时的态度一定要真诚,虚伪的赞美只能让别人感觉到是一种冷嘲热讽,这样的赞美会适得其反,不但得不到客户的认同,反而让客户觉得你是一个狡猾虚伪的小人。真诚的赞美,第一,要确定对方确实存在这样的优点、长处,不能无中生有;第二,赞美时你的面部表情要诚恳,嘴上说着溢美之词,表情却冷冰冰的丝毫没有笑意,当然会给别人虚伪之感;第三,不要夸大事实,不要把对方的优点无限放大,要适当地进行赞美。

5. 不要脱离客户

在赞美客户时,销售人员一定要注意,一定不要脱离客户本身。在实际销售中,有些销售员虽然能够发现客户身上好的赞美点,但是却疏忽了与客户本身的结合。

例如,当客户穿着一条漂亮的红裙子时,有些人也许会对客户赞美说"您的裙子真漂亮",但是这种赞美无论如何也只是在称赞裙子漂亮而已,却没有真正使客户本身得到称赞。所以销售员不妨说:"您的裙子真漂亮,非常适合您的气质。"这样一来,不仅赞美了裙子,更赞美到了客户的气质,从而进一步满足了客户的内心对赞美的需求,也就能赢得客户更多的信任和好感。

10.2.6 幽默的力量

本书中,我们曾多次提到幽默的重要性,它不仅是一种难得的品质和生活态度,也是口才的重要组成部分,更是销售语言中最深奥也最实用的一种艺术。每一个人都喜欢和幽默风趣的人打交道,而不愿和一个死气沉沉的人待在一起,所以一个幽默的销售人员更容易得到大家的认可。

除了赞美，原一平也很幽默。有一天，他去拜访一位准客户："你好，我是明治保险公司的原一平。"

对方端详着名片，过了一会儿，才慢条斯理抬头说："几天前曾来过某保险公司的业务员，他还没讲完，我就打发他走了。我是不会投保的，为了不浪费你的时间，我看你还是找其他人吧。"

"真谢谢你的关心，你听完后，如果不满意的话，我当场切腹。无论如何，请你拨点时间给我吧！"原一平一脸正气地回答。

对方听了忍不住哈哈大笑起来："你真的要切腹吗？"

"不错，就这样一刀刺下去。"原一平边回答，边用手比画着。

"你等着瞧，我非要你切腹不可。"

"来啊，我也害怕切腹，看来我非要用心介绍不可啦。"

讲到这里，原一平的表情突然由"正经"变为"鬼脸"，于是，准客户和原一平一起大笑起来。

无论如何，总要想方法逗准客户笑，这样，也可提升自己的工作热情。当两个人同时开怀大笑时，陌生感消失了，只有在一个和平欢愉的气氛中，准客户才会好好地听你推介产品，你才会有成交的机会。

本章曾经提到，每一位销售人员都应当树立"诚信比成交更重要"的正确心态，销售员在推销产品时不要过分夸大产品的优点，这样会给客户增强过高的期望值，以后你的产品达不到你所说的优点，客户就会觉得你是在吹牛，甚至在欺骗他，这样对你的产品、对你的人品都会打折扣。但如果将夸张和幽默结合在一起，客户不但不会认为你在刻意欺骗，反而会被你深深吸引。

某小区两个销售保险的销售人员，隶属于不同的公司。有一次，客户在做咨询的时候，对保险公司的办事效率持怀疑态度。这时，A公司的业务员立刻回答说，他们保险公司十有八九是在意外发生的当天就把支票送到投保人的手中，而B公司的业务员却对客户说："那算什么！我的一位客户不小心从楼上摔下来，还没有落地的时候，我已经把赔付的支票交到了他的手上。"客户最终和B公司的业务员签了约。

幽默可以说是销售成功的金钥匙，它具有很强的感染力和吸引力，能迅速打开顾客的心灵之门，让顾客在会心一笑后，对你、对商品或服务产生好感，从而诱发购买动机，促成交易的迅速达成。

案例分析

提高拜访客户的效率

每个营销员都梦想：所有的顾客都敞开办公室的大门，热情地欢迎营销员，早已准备好笔墨与你签合同。如果真的是这样，那么营销工作就真是轻而易举而又一本万利的事情了。梦想总归是梦想，营销员在营销产品的过程中，往往会碰到很多意想不到的事情，让人头痛：客户迟迟不肯做购买决定，客户拒绝购买，甚至是对产品毫无兴趣。还有的时候，你跑了很远的路去拜访你的客户却白跑一趟，见不到顾客。所有的营销员都希望自己拜访的客户能接受自己的产品，希望提高客户拜访的成功率，那么怎样才能做到这些呢？

1. 点线结合来拜访客户

增加和有效地利用开展业务洽谈的时间，是制订营销计划的一个重要组成部分，成功的营销员会很好地利用每天的工作时间，安排每天的客户拜访，他们不是东一个西一个地去拜访客户。因为那样会浪费很多的时间在路上，而减少了同客户洽谈业务的时间。在制订营销计划时，要充分考虑顾客的地理分布，要安排好访问客户的路线，力图将更多的时间用在拜访客户上，而不是在拜访的途中。另外，在拜访客户，特别是已经拜访过的客户前，应该充分考虑这个客户接待营销员的习惯做法，以及顾客的重要性，要将你的拜访时间告诉你的客户，避免白跑一趟，见不到客户或漫长的等待而浪费你宝贵的时间。同时还可以根据情况把时间和精力集中在重点客户的身上。

2. 开门见山地告诉客户你拜访的目的

营销员在拜访客户时，一定要明确告诉顾客你这次拜访的目的，否则你的拜访将是徒劳而无功的，假如你的顾客根本就不知道你的拜访究竟要达到什么目的，希望他做些什么，他又怎会考虑与你合作呢？而现实中有许多营销员都是这样的，由于害怕遭到客户的拒绝，而不敢诱导客户做出购买决定。他们只是希望在业务洽谈时，顾客会突然打断他的谈话，兴高采烈地表示愿意购买，而如果顾客不声不响，无所表示，营销员就不知所措，以为时机还不成熟，因此，就直接或间接地把本来经过努力可以达到的、成交的大好时机白白错过了。

凯茜就是这样的例子。

凯茜是个害羞的女孩，每次与顾客进行业务洽谈时即使时机已经成熟，她也不好意思告诉顾客，把订单签下来，因为她害怕这样会引起顾客的反感，好像自己的目的只是为了签单而已。而顾客则一直等着她开口，才肯签单。所以很多业务就这样一直拖着，迟迟没有结局。

我们的营销员为什么就非要支支吾吾、不敢大大方方地让顾客签单呢？更何况这个订单还有可能给顾客带来很多的利益？你还在等待什么呢？顾客可不愿猜你的心事呀！

其实关于这一点，有很多孩子却做得很好。当他们想吃什么，想玩什么的时候，他们就会很及时地告诉大人："爸爸，我要吃巧克力。""妈妈，我想要那件红色的裙子。"这样，别人才能知道他们到底想要什么。

3. 客户访问记录的重要性

我们先来看一个失败的案例，思考一下，他究竟失败在哪里？

理查德一直在向一位顾客营销一台机器，并希望对方订货。然而顾客却无动于衷，他接二连三地向顾客介绍了机器的各种优点。同时，他还向顾客提出到目前为止，交货期一直定为 6 个月，从明年 1 月起，交货期将定为 12 个月。顾客告诉理查德，他自己不能马上作决定；并告诉理查德，下月再来见他。到了 1 月，理查德又去拜访他的客户，他把过去曾提过的交货期忘得一干二净。当顾客再次向他询问交货期时，他仍说是 6 个月。理查德在交货期问题上颠三倒四。忽然,理查德想起他在一本有关营销的书上看到的一条妙计,在背水一战的情况下,应在营销的最后阶段向顾客提供最优惠的价格条件。因为只有这样才能促成交易。他于是向顾客建议,只要马上订货,可以降价10%。而上次磋商时,他说过削价的最大限度为5%,顾客听他现在又这么说,一气之下终止了洽谈,理查德只好放弃了这桩生意。

从这则小故事里,我们得出结论是什么呢?营销员在营销过程中一定要做好每天的客户访问记录,特别是那些已经有购买意向的客户,一定要有详细的记录,否则当你下次去的时候,如果所谈的条件与此次不同,那么以后的拜访,也一定会以失败告终。

试想一下,如果理查德在第一次拜访后有很好的访问记录;如果他不是因为交货期和削价等问题的颠三倒四;如果他能在第二次拜访之前,想一下上次拜访的经过,做好准备,我想第二次的洽谈也许会有成功的机会,因为这样可以减少一些不必要的麻烦。客户访问记录应该包括顾客特别感兴趣的问题及顾客提出的反对意见。有了这些记录,才能让你的谈话前后一致,更好地进行以后的拜访工作。

4. 利用销售时间要更加有效

一个优秀营销员努力奋斗的目标之一,就是要缩短每次拜访客户的时间。由于顾客每天都忙忙碌碌,所以他们喜欢接待一些有充分准备的、谈话简明扼要的营销员。下面是一个小案例,也是营销员经常会遇到的问题。

乔治的工作是向一家大建筑承包商营销建筑材料。关于营销工作,他曾有过这样一番解释:"有时候,我真感到头疼,不知道该怎么办才好。在我还没有涉及洽谈的主题时,顾客就打断了我的谈话。他要我送给他一份书面的销售建议,拿回去看一看。"

顾客的这种反应是否说明了乔治的营销过程有什么问题呢?乔治应当舍弃那些无谓的客套话与开场白,直奔正题!这样由于拜访的内容相对集中,效果也许会更好。过去人们认为转弯抹角,不直截了当谈论正题是一种比较好的营销方法,现在看来,这种方法已经过时了。世上哪有顾客不忙的呢?况且舍弃那些无用的客套话,会使你缩短同每个顾客进行销售谈话的时间,这样你就可以有更充足的时间去拜访更多的客户。

资料来源:陈大为,吴姝. 世界10位营销大师经典讲义[M]. 北京:北京出版社,2004.

【问题讨论】 结合本章内容和上述案例思考,怎么样才能通过口才提升销售人员的销售业绩。

习题

一、选择题

1. 在当今信息化的社会里,一个商品再好,假如不广为宣传,就会在琳琅满目的商海里销声匿迹;在日趋激烈的销售战场上,一个销售员如果没有巧舌如簧的口才,是很难拨动客户购买的心弦,从而在冷酷的商战中立于不败之地的。销售口才有助于(　　)。

A. 建立良好的客户关系　　B. 准确传递产品和服务信息

C. 化解客户顾虑　　D. 促成双方合作

2. 销售语言是应用性的行为语言，其自身特定的使用情境、使用对象，决定了它除具有一般的语言特点之外，还具有(　　)等特征。

A. 目的性　　B. 真实性

C. 艺术性　　D. 时代性

3. 假设你是一家计算机公司的销售经理，刚好与一所高校的购买代表签订了 50 台计算机的买卖合同，此时，你应该(　　)。

A. 赞美客户的决定　　B. 赞美你的计算机性能

C. 赞美客户的工作效率　　D. 及时与客户道别

4. 推销人员在顾客提出反对意见时要采取的态度是(　　)。

A. 直接反驳　　B. 认真倾听

C. 仔细分析　　D. 转化顾客的反对意见

5. 一位顾客在一家商场选购某种小家电时，提出：你们的价格比某批发市场的同类产品高出一倍多，经验丰富的营业人员有礼貌地说明价格差异的主要原因是(　　)。

A. 使用材料不同　　B. 使用寿命不同

C. 规格不同　　D. 用途不同

E. 制造工艺不同

二、简答题

1. 销售人员经常遇见各种困境，如果你是销售人员，而顾客说你“卖得太贵，能不能便宜点”，你应当怎样应对？

2. 说说怎么用“名人效应”做销售时的开场白。

第11章　职场口才

【本章学习目标】

1. 掌握职场中与上司、同事、下属说话的艺术。
2. 掌握工作活动中(如主持会议、参与座谈、答记者问)的语言艺术。
3. 掌握交际中(如接待来客、慰问病人、宴会应酬)的语言艺术。

【导入案例】

上司最易打动人心的五种说话风格

说话风格在说话中,能够充分展示说话者的内心世界、性格、修养、文化、经验、经历甚至是人品。“三句话不离本行”,这不仅仅是说“职业病”,从某种意义上也与说话的风格有关。说话风格是上司风格的一面无形的旗帜,也是上司风格的一面镜子。

我们了解一个人,往往是通过他的言行举止几个方面,言排在首位,行排其次。那么,上司想要培养自己卓越的口才,首先就应从培养语言风格入手。语言风格形成之时,人的风格也就确立了,语言风格大致有下面这些内容,可供诸位领导者取舍。

1. 幽默

幽默的语言风格,实属说话的最高层次,它是说话者睿智的表现,是每个人都追求的一种“时尚流行”的语言风格。

幽默是一种和谐、轻松、愉悦的语言风格。它会让听众舒心愉悦,在彼此的微笑间领会、感悟,以至接受你的思想。在谈笑之间,就完成了语言的交际任务。纵然是沉重抑郁的话题,也会变得轻松自然,使人愿意听,也乐意接受。

幽默是要以丰富的内涵和人格魅力做支撑的。让人立刻就笑的语言叫笑话,让人咀嚼之后,恍然大悟后才笑的语言是幽默。幽默把笑声雕在灵魂深处,因为它是睿智之花的绽放。它是有别于笑话的,尽管同样是让人笑。

幽默的语言风格,呈现出的是丰富的内心,让人笑过之后,能留下点什么去品尝、回味。它是交际中的润滑油,能减少谈话阻力;它是交际中的缓和剂,干戈也可化玉帛,让矛盾双方都从尴尬的围城中突围。

幽默的语言不仅仅是说话,它更是一场智慧和学识的同台演出。没有这两者,是不会幽默的。不会幽默,就不要刻意追求这种语言风格,它是一种“自然天成”的东西,是需要知识、学识等达到一定累积量才开始形成的。民谣学家钟敬文先生,在赴朋友宴席时,当佳肴摆满桌后,牙齿几乎掉光的钟先生对大家说:“你们吃吧,我是个无齿之徒,对付不了这些东西。"钟老先生说完以后,笑声四起,避免了冷场的尴尬。不久,特为钟先生做的汤面摆上来了,他又说:"我是欺软怕硬,你们千万别学我啊!"这又避免了窘迫情况的出现。如果没有丰富的学识,能够说出这种幽默的话吗?

2. 含蓄

培根说:"交谈时的含蓄和得体,比口若悬河更可贵。"含蓄也是一种相当好的语言风格。它是一种"曲径通幽"的说话方式。用委婉曲折的方式表达一种意思,而不直接说出来,在交际中会形成另外一种微妙的效果。含蓄的语言风格,会让说话和听话者适时避开尴尬和伤害。它可以辅以相应的神态和动作等,达到"意会"的目的。

但含蓄不是万能的说话技巧和策略,它必须注意时间、地点、人物。否则会让听众误解或不能真正理解。它适用于青年男女恋爱,批评指责对方过失,提出难以直言的问题或意见,无法正面回答的刁钻古怪的问题等。

用含蓄的方式说话,可以避开易于激化的矛盾、可能会伤害或损坏对方和自己形象的问题。其作用是既维护对方尊严,又树立自我形象。

3. 华丽

说话要讲究用词用语,但切忌单纯追求语言的华丽、华美。如果那样,就会让听众有一种误解,认为你是在做文字游戏,是在卖弄。华而不实的语言,就如同穿着华美外衣却又不学无术的人一般。

华丽的语言风格,最常见的是出现在散文中,但这是一种书面表达,落实到语言表达上,在一定程度上可以使语言变得生动而有文采,体现了说话者是有深厚的文化底蕴的,同时也可以表明说话者的特殊身份。因为在生活中绝大多数人说话,并不会太多地运用华丽的辞藻。

华丽的风格不适合一般性的说话,而多用于书面表达和正式的演讲、演说。在这其中可以适当地追求辞藻的华丽,但也不能过,"过之"比"不及"更差。而且这种风格一般仅限于年轻人,人到中年,然后再逐渐地走向老年,谈话自然而然就会趋于平淡和朴实。这也是由说话艺术的发展规律决定的。

4. 庄重

庄重的语言风格体现在比较庄重的场合。它是上司报告、讲话、外交辞令、祝酒词、欢迎词、祝寿、婚丧嫁娶、服务性行业的服务用语等的常有风格。庄重会让听话者有一种庄严神圣的感觉。

比如,两个初次见面的朋友,打招呼就应该庄重,千万不能像老朋友那么随意,说话嘻嘻哈哈的。再比如外交辞令,如果不庄严,那么就会让你的国家形象大打折扣。

庄重的语言风格,还表现在手势、体态、表情上。因为它们也属于一种特殊的语言。

庄重是指端正、郑重、不轻浮、稳重、持重、文雅、雅致。在用语时是相当考究的,有时会达到字斟句酌的地步。它避开方言、俚语,如果要用,也要考究,三思而后用,慎而又慎。不用不规范字、不规范词,尽量不用口语。句式严整,结构紧凑,用词准确,不乱用滥用形容词。句子严格按照语法规则,句子间有着严密的逻辑关系;尽可能避开那些有着贬义的词语;句子能准确地表达说话者的思想。不求辞藻的华丽,只求幽默、含蓄。力求语言的精准、简单、明了。

这种语言风格，可以充分展示人的文明大方、庄严自尊、不卑不亢的性格魅力，给人留下深刻的印象。

5. 平实

平实的语言，可以称为天然语言，它是不加雕琢，不做刻意修饰的。没有太多的定语修饰成分，没有太多的修辞加以描绘，如同绘画中的素描、速写。简明扼要地三言两语，就能把自己的意思表达清楚。

平实的话语往往能表达出很深刻的思想，它如同明快的河流，没有矫揉造作之嫌，无故弄玄虚、装腔作势之疑。

平实的语言最重要的是要言之有物、简单明了、朴素明快。英国大戏剧学家莎士比亚说："简语是智慧的灵魂，冗长是肤浅的装饰。"真正达到平实，也不是一件容易的事，不仅要不间断地提炼语言，而且要不断地说下去。

资料来源：李树斌. 领导口才全书[M]. 北京：线装书局出版社，2008.

【思考提示】 领导者如战场上的将军，是激励手下的核心人物，也是决定事业胜败的关键因素。领导者中肯有力的言辞，会迫使对方做出让步，或取得共识，以利于达成协议；领导者慷慨陈词，会促成外引内联，振兴一方经济；领导说话得体，言之有物，会使权威自立，上下一心。职场中，不仅领导需注重语言艺术，身为下属和同事，也应"谨言慎行"。结合上述材料，说说我们在职场中应该如何"说话"。

11.1 职场语言艺术

职场上，我们往往要扮演多种身份，对上是下属，对下是领导，对内对外是同事。如果善用语言艺术，可以充分利用自己的语言交际能力来说服他人，左右逢源，无疑有助于工作的顺利开展；反之，如果不会说话，有些简单的事也可能会处理得很复杂。在此，我们不妨从以下五点测试一下自己，同时梳理一下职场上说话时的注意事项。

一是会不会听话。说话是一种艺术，需要一定的技能去表现，我们必须认识和掌握这种技能，然后才能获得想要拥有的成功。一个人会说话，首先得会听话。在说话的时候要认清对方，考虑对方的反应，坦白直率，细心谨慎，说话时间不宜太长，更不要一人说到底。说话的时候不可唯我独尊，把大家排除在外面，因为说话的目的是说明一些事情，使人发生兴趣。所以，说话要清晰、要明白、要坦率、要易懂，而且要给足对方说话的时间。

二是有没有真情实感。美国著名政治家林肯曾经在一次竞选辩论中这样说过："你能在所有的时候欺瞒某些人，也能在某些时候欺瞒所有的人，但不能在所有的时候欺瞒所有的人。"可见，一个人如果感情不真切，是逃不过听众的眼睛的，也不可能打动听众的心，只有讲话时袒露情怀，敞开心扉，才会达到语调亲切、说理虔诚、激情迸发、内容充实的效果，也就会字字吐深情，句句动心魄。

三是会不会让人不安。在日常交往中，不要企图揭露他人的隐私，更不要去"攻击"别人，这是与人谈话的最基本准则，职场上说话更是如此。谈话时首先要尊重对方，字字句句掌握分寸，设身处地地为别人着想，避免任何可能伤害别人的成分。即使对方确有缺点也不可抓住不放，喋喋不休，礼貌的做法只能是委婉批评，适可而止。总之，不论谈话内容如何，只要你对别人尊敬，就能得到相应的回报。

四是有没有冷落他人。谈话时排除他人，就如同宴会时赶走客人一样荒唐和不可思议。尽可能地不要遗漏任何人，让双眼环视着周围听你说话的每一个人，留心他们的面部表情和对你谈话的反应。在众多人的聚会中，常有少数人被无情地冷落，假如被你冷落的恰巧是来日对你事业前途至关重要的人物，那就不太妙了。

《红楼梦》第三回，熙凤携着黛玉的手，上下细细打量了一回，仍送至贾母身边坐下，因笑道："天下真有这样标致的人物，我今儿才算见了！况且这通身的气派，竟不像老祖宗的外孙女儿，竟是个嫡亲的孙女，怨不得老祖宗天天口头心头一时不忘。只可怜我这妹妹这样命苦，怎么姑妈偏就去世了！"说着，便用帕拭泪。贾母笑道："我才好了，你倒来招我。你妹妹远路才来，身子又弱，也才劝住了，快再休提前话。"这熙凤听了，忙转悲为喜道："正是呢！我一见了妹妹，一心都在她身上了，又是喜欢，又是伤心，竟忘记了老祖宗。该打，该打！"王熙凤这番话先夸了客人林黛玉，又在暗中给足了自家迎春、探春、惜春三人面子，当然，最终指向还是贾母，照顾到了现场所有的人，可谓滴水不漏，尽显语言的艺术性。

五是有没有太以自我为中心。很多人在说话中总是"我"字挂帅，一切以自我出发，不管听者的情绪或反应如何，令听者十分反感。

11.1.1 与上司说话的艺术

无论在什么性质的单位供职，上司对于下属有着莫大的影响，很可能不单决定下属是否可以拥有这份工作，决定下属的薪水、升迁，上司的言行甚至会影响下属的情绪。一句恰到好处的话，可能让下属获得上司的青睐，从此改变职场命运；而一句言不得体的话，则有可能让上司从此对下属冷落，甚至使其黯然离职。

因此，身为下属有时还要学会察言观色，揣摩上司的意图，掌握与上司说话的艺术，以便自己的工作更加顺利。

1. 态度：积极主动，不卑不亢

(1) 积极主动。古人认为沉默是金，我们中的大部分人都是在"矜持"的教育下成长起来的，职场中，有的下属因胆子小，不敢在上司面前发表意见；有的下属则认为自己的一举一动都在上司的掌握中，不必再去作进一步的说明汇报。但现在沉默已经不再是金，事实上，积极主动的沟通才是和上司建立稳定联系的第一步，只有通过交流，敢于发出自己的声音，上下级才能渐渐地消除彼此间可能存在的隔阂和误解，使双方的关系变得和谐融洽。当然，积极主动与上司交流与"巴结"上司不能相提并论，因为工作上的讨论及打招呼是不可能缺少的，这不但能祛除对上司的恐惧感，也能使自己的人际关系圆满，更能为自己铺设一条通往辉煌的职场之路。

(2) 不卑不亢。上司总有强过下属之处，或者才干超群，或是经验丰富，所以，作为下属在上司面前表现得尊敬和谦虚是人之常理，应当时时、处处、事事注意自己的礼仪，说话有礼貌、举止有分寸，体现出自己的修养和对上司的尊重，切不可信口开河、出言不逊。

但是，谦逊诚恳不等于"低三下四"，绝大多数有见识的上司，对那种一味奉承，随声附和的人，是不会予以重视的。所以通过贬低自己来显示自己的谦虚，往往让上司对你形成一无是处的坏印象。在保持独立人格的前提下，采取不卑不亢、不虚不傲的态度，在必要的场合，也不必害怕表示自己的不同观点，只要你是从工作出发，摆事实，讲道理，上司一般是会予以考虑的。

2. 风格：简洁明快，中心明确

(1) 简洁明快。下属与上司谈话或是汇报工作时，切忌冗长繁杂，措辞应简明扼要，抓住重要信息，准确定位并明确地向上司汇报。如果有些问题是需要请示的，自己心中应提前备有两个以上的方案，而且能向上级分析各方案的利弊，这样有利于上司做决断。为此，事先必须周密准备，弄清每个细节，随时可以回答，如果上司同意某一方案，下属应尽快将其整理成文字再呈上，以免日后上司又改了主意，造成不必要的麻烦。要先替上司考虑提出问题的可行性。有些下属明知客观上不存在解决问题的条件，却一定要去找上司，结果造成了不欢而散的结局。

(2) 中心明确。上司需要处理的事务繁多，时间宝贵，没心情和功夫听长篇大论，对那些说话不干脆、三句话还不能直奔主题的人，上司往往没有好感。节省领导的时间，是对工作的一种尊重，也是对领导的一种尊重。

汇报工作时首先要说的是结果。每一个公司是靠着一个个良性的结果运转的，作为职业人，首先要关注的、要汇报的就是工作结果，因为工作结果才是公司和管理者最关心的。请示工作时首先要说的是方案，在向上级请示工作前做到自己先心中有数，不要试图把自己的问题踢给上级。总结工作时首先要说的是流程，改进工作流程的能力是职业化素质的最直接的体现，也是职场快速进步最有效的方法之一。任何一项工作都可以在工作流程上进行改善，以取得更佳效果。关于一项工作：分几个工作模块？它们的先后顺序是什么？工作流程是什么？第一步做什么？第二步做什么？注意事项是什么？要学会将好的工作经验总结固化下来，这样向上司汇报，绝对会令对方刮目相看。

3. 注意事项

随着演讲者思想感情的千变万化，眼神的变化必定是多种多样的，有待于演讲者细心体察和匠心处理，不好机械地做出事前规定，以下几点值得注意。

(1) 不要妄图猜测上司的想法。《三国演义》里有这么一则故事。

曹操屯兵已久，举棋不定，打算出兵，但又害怕被蜀兵笑话，心里一直犹豫不决。正好侍从端上鸡汤。曹操看到碗里有鸡肋，于是心有所感。真正思考的时候，夏侯惇进入帐内，询问夜间巡夜的口号。曹操立刻随口说道："鸡肋！鸡肋！"夏侯惇于是把这个口号传给了军士们，都说"鸡肋"。

杨修听见传的号令是"鸡肋"二字的时候，就命令随行的将士开始收拾东西，准备回去。于是就有人把这件事告诉了夏侯惇，夏侯惇把杨修找来，询问原因。杨修说："从今天晚上的口号就可以看出魏王很快就会退兵。鸡肋，吃了没有肉，丢弃了又可惜。今天进攻如果失败了，就会遭到他人的耻笑。在这里待着没有什么好处，倒不如早早回去。不久魏王就会班师回朝的。所以，提前收拾行李，免得到时候慌张。"

夏侯惇听他这么一分析，也立刻收拾行李。于是，军营里的士兵都开始收拾行李准备回去。这天晚上曹操心烦意乱，在营地看到夏侯惇等将士正在收拾行装，曹操很吃惊，连忙问夏侯惇为什么这么做。夏侯惇说："杨修知道您的意思。"曹操立刻把杨修叫来问为什么，杨修便把鸡肋的意思告诉了曹操。曹操怒曰："你怎么敢造谣，乱我军心！"便命人把杨修推出去斩了。

由这个故事可以看出曹操只是犹豫不决，以"鸡肋"作为夜间的口号，并没有下令退兵的意思，但杨修自认为自己洞察其真实意图，便自作主张，这无疑是视上司权威于不顾，是其罪之一；大军初败，军心、士气为重，而杨修这么做等于是扰乱军心，是其罪之二。

上司毕竟是上司，在管理下属的时候，他还是希望下属不要随意猜测他们的想法，这是因为，如果有哪个下属这么做，就有可能会扰乱民心，导致上司的管理工作出现障碍。所以，不要妄图猜测上司的想法，更不要用自己的想法代替上司的想法，猜测正确了，可能不会遭到上司的责备；但如果猜错了，就可能断送自己的大好前程。一个聪明的职场中人应该非常明白这一点。

(2) 学会"打太极"。金庸的《鹿鼎记》虽然是一部半虚构的文学作品，但当中微言大义，令人读后有所感悟。其中有一段康熙帝和尚书明珠间的对答，就是一段职场答上司问话时"打太极"的经典。

康熙问兵部尚书明珠："明珠，此事是兵部该管，你以为如何？"明珠道："圣上天纵聪明，高瞻远瞩，见事比臣子们高上百倍。奴才想来想去，撤藩有撤的好处，不撤也有不撤的好处，心中好生委决不下，接连几天睡不着觉。后来忽然想到一件事，登时放心，昨晚就睡得着了。原来奴才心想，皇上思虑周详，算无遗策，满朝奴才们所想到的事情，早已一一都在皇上的预料中。奴才们想到的计策，再高也高不过皇上的指点。奴才只需听皇上的吩咐办事，皇上怎么说，奴才们就死心塌地、勇往直前地去办，最后定然大吉大利，万事如意。"

明珠这一席话，既表达了自己对朝廷撤藩一事的上心，也狠狠地给康熙帝戴了一顶高帽，最后还大大地表了一番忠心，虽然言之无物，对于撤藩一事什么有用的意见也没给出来，却比一句句生硬的"不知道"要强千百倍。

(3) 不要代替上司做决定，而是要引导上司说出你的决定。

小A年轻干练、活泼开朗，入行没几年，职位就一路上升，很快成为单位里的主力干将。几天前，新老板走马上任，下车伊始，就把小A叫了过去，说："小A，你经验丰富，能力又强，这里有个新项目，你就多费心盯一盯吧！"受到新老板的重用，小A欢欣鼓舞。恰好这天要去上海某周边城市谈判，小A一合计，一行四五个人，坐公交车多有不便，人也受累，会影响谈判效果；打车吧，一辆坐不下，两辆费用又太高；还是包一辆车好，经济又实惠。

主意定了，小A却没有直接去办理。几年的职场生涯让她懂得，遇事向老板汇报一声是绝对必要的。于是，小A来到老板跟前。

"老板，您看，我们今天要出去。"小A把几种方案的利弊分析了一番，接着说："所以呢，我决定包一辆车去！"汇报完毕，小A发现老板的脸不知道什么时候黑了下来。他生硬地说："是吗？可是我认为这个方案不太好，你们还是买票坐长途车去吧！"小A愣住了，她万万没想到，一个如此合情合理的建议竟然被打了"回票"。

小A凡事多向老板汇报的意识是很可贵的，错就错在措辞不当。注意，小A说的是：

"我决定包一辆车!"在老板面前,说"我决定如何如何"是最犯忌讳的。如果小A能这样说:"老板,现在我们有三个选择,各有利弊。我个人认为包车比较可行,但我做不了主,您经验丰富,帮我做个决定行吗?"老板听到这样的话,绝对会做个顺水人情,答应你的请求,这样岂不两全其美?

【相关阅读】

坚决不做"拖拉机"

作为一个下属,如果想要给领导一个干练的印象,就必须掌握好说话的节奏。与领导交谈时,语言要简洁、精练,并尽可能地承载更多和更有用的信息,这样才能使领导觉得你果断、直接,才会肯定你的说话内容。如果空话连篇、言之无物,节奏必然拖沓,会给人留下很犹豫,好像在回避的感觉。

知道了这一点,你就不难明白为什么有些人在表达自己观点的时候,陈述够多,持续的时间也够长,结果却遭遇失败。爱迪生说过:最大的浪费就是对时间的浪费。领导一般都是日理万机,时间非常宝贵,因此跟领导谈话时,一定要抓住要点,在不漏掉有用信息的前提下,语言越简洁越好。

说话干脆利落,不躲躲闪闪或拐弯抹角,该说什么就说什么,将"效率至上"作为与领导说话的宗旨,是获得领导赏识的一个"亮点"。

小王是设计公司的一名设计师,已经工作了一年,他是一个很优秀的设计师,可他最大的缺点就是说话东一句,西一句,无条理,无层次感。

每当有客户来看作品,小王虽然滔滔不绝地讲了很多,然而最后客户还是不明白他说了些什么,他甚至连最基本的设计理念和最初的想法都无法表述清楚。后来,再有客户来时,小王就和文案策划人员一起来给客户讲解,其中起关键性作用的当然是文案策划人员了。

有时公司也搞活动,活动后总结,每个人都要发表自己的看法,无论是好的还是坏的,可是轮到小王,小王一会儿说策划,一会儿说执行,一会儿又说流程。总之,一个大项还没说完就跑到下一项去了,而且说的都是些泛泛的话,毫无重点、毫无层次可言。

再后来,领导找小王谈话,先肯定了他的专业能力,又说到他的讲话能力,让其改进,小王这才意识到,自己的讲话能力必须改进了。

从案例中可以发现,回答上司的话,措辞的简洁和高雅是非常重要的一环。如果措辞啰啰唆唆,谈话抓不住重点、不着边际,说来说去也使人无法把握其中的要点,这样的谈话常常会让人厌倦。

因此,在职场中看问题最好做到抽丝剥茧,认清问题的本质,这样才能抓住重点,有的放矢。抓住重点才会条理清晰,做事才有效率,才能出色地完成工作。在谈话中要做到措辞简洁高雅,应该着重注意以下几个方面。

(1) 话语越简洁越好。说话一般是越简明越好,有些人在叙述一件事情时说了很多话,但还是无法把他的意思表达出来。听者花了很多时间和精力,仍然不知道他想说明什么问题。如果你有这种问题,一定要注意矫正。

(2) 用语不要有过多叠句。在汉语里,有时的确要使用叠句来引起别人的注意,或者加强语气。但是,如果滥用叠句就会显得累赘。例如,许多人在疑惑不解的时候常常会说:“为什么?为什么?”其实,一个“为什么”就足以表达你的疑惑之情。还有的人答应别人一件事情的时候,常常说:“好好好……”一连说上好几个,其实,说一个“好”就足够了。如果你有这个毛病,还是应改正一下。

(3) 同样的言辞不可用得太频繁。一般来说,听者总希望说者的语言丰富多彩。你虽然不必每说一事都使用一个新词汇,但也应该在许可的范围内尽量使语言表达多样化,不要把一个名词用得太频繁。即使一个非常新奇的词,如果你在几分钟之内把它复述了几次甚至十几次,那么,人们对它的新奇感也会丧失,并对它产生一种厌倦感。

(4) 要避免口头禅。有些人的交谈中非常爱说口头禅,诸如“那么”“岂有此理”“我以为”“绝对的”“没问题”等,不管这些话与所说的内容是否有关联。这类的口头禅说多了,不仅影响说话的效果,而且很容易成为别人的笑柄。因此这类口头禅应下决心杜绝。

(5) 不要滥用术语。粗俗的词不可用,太深奥的词如专用术语也不可多用。如果不是同一个领域的学者讨论学术问题,过多地使用专业术语,即使用得很恰当,也会给人以故弄玄虚的感觉。满口诸如“形而上学”“一元论”“二元论”“沙文主义”“哀的美敦书”等术语,不懂的人认为你在炫耀才学,而听得懂的人则认为你非常浅薄。

(6) 提前打好腹稿。提前做好准备工作,这样见到领导的时候就能有条不紊地对工作进行概括,找到领导最关心的点,汇报的时候作为核心。如果你没有想好,只是临时抱佛脚,那么难免会说得不清不楚,领导自然很难满意。

资料来源:良石,金梦. 与领导说话的艺术[M]. 北京:中国纺织出版社,2012.

11.1.2 与同事说话的艺术

职场中,总听人抱怨人心险恶,同事之间尔虞我诈,却少有人反躬自省,看看问题是不是出在自己身上,是不是自己出言不逊生出了误会。会说话的人,在职场上与同事相处总是会觉得如鱼得水。当然所谓“会说话”的人,可不是指那种胡搅蛮缠的人,也不是那种无理也能胜三分的人,而是指那些能够因时、因地、因人而动,善于用语言打动人心,使对方感到震撼、信服、同情或感激,从而能在整个说话中掌握主动权,结果可以使自己的意思较顺利地得到实现的人。

1. 不要背后说人坏话

永远不说同事的坏话。和同事相处,要懂得分寸。话太少不行,人家会认为你不合群、孤僻、不善交往;话多了也不行,容易让人讨厌,而且容易让别人误解,认定你是个乌鸦嘴。所以,说话一定要讲分寸,该说的一定要说,还要说得具体;不该说的一句不说,要恰到好处,适时收住。不管同事怎样惹怒你,抑或你们之间有什么矛盾,总之“得饶人处且饶人”,多一句不如少一句,凡事都能够谦让一点,日后你有什么不恰当的地方,同事也不会做得太过分,推你走向绝境。

“谁人背后无人说,谁人背后不说人”,即使这话说得有些绝对,却也说明了一个道理,那就是大多数人都或多或少地在背后议论过别人，只是所说的是好话还是坏话就不得而知了。不过常常在背后说别人坏话的人，一定不会是受欢迎的人。因为但凡有点头脑的人，都会自然而然地这么想：这次你当着我的面说别人的坏话，下次你就有可能当着别人面讲我的坏话。这样，你在别人的脑海中就不可能好到哪儿去。无论你是个怎样的人，你都要和同事们日复一日、年复一年地处在一起。因此，这就需要你掌握一些与同事说话的艺术，注意分寸，树立会说话的形象风范，使身边的同事不能小看你或者抓住你的某个话柄找你的碴儿。

2. 工作第一，友情第二

虽有人说“朋友最好不要在工作上合作”，但机缘巧合，两个好朋友碰巧在同一个单位里工作绝不稀罕。如果某天，公司来了一位新同事，恰巧是你的好友，而且他将会成为你的搭档，上司把他交给你，你要做的第一件事就是介绍公司的架构、分工和其他制度，这时候不宜跟他拍肩膀，以免招来闲话。

虽然你真心对待同事，但切记工作第一，友情第二，不能向同事倾吐私密事和苦水。虽然这样的交谈能够很快拉近人与人之间的距离，使你们之间很快变得友善、亲切起来，但心理学家调查研究后发现，事实上只有1%的人能够严守秘密。所以，当你的生活出现个人危机，如失恋、婚变之类，最好还是不要在办公室里随便找人倾诉；当你的工作出现危机，如工作上不顺利，对领导、同事有意见有看法，你更不应该在办公室里向人袒露胸襟。过分的直率和坦诚只会招来同事的反感。

3. 换位思考

有人说话总让人不舒服，归根究底就是不懂得“换位思考”。不要进行无意义的争论，时刻不要忘记自己是身在职场，而不是辩论赛的赛场，和同事争论解决不了任何问题。争论里即使你占了上风，把同事驳得哑口无言，在你快活的同时也失去了同事的友谊，破坏了办公室的和谐；即使是出于好心，也要尊重对方，不要提及对方的隐痛或者敏感话题，那样会让同事觉得你口无遮拦。甚至传到上级主管耳朵里，你的形象也遭到毁坏，让自己失去人缘，在职场中遭人排挤。另外，不要在人前炫耀，要实事求是地与同事们相处，如果你确实足够优秀，那完全不需要言语来证明。

4. 认清自身定位

同事之间只有分工不同，没有职位高低，自认为高人一等，说话时趾高气扬，当然也就难以得到同事的好感。不要用质问的口气说话，同事间相处有时候难免磕磕碰碰，但是请一定要注意不要用质问的口气和同事说话，否则只能说明你不礼貌、不够尊重人，会伤害同事的自尊和情感；不要用命令的口吻与同事交谈，时刻牢记自己的身份，认清自己的定位，在与同事们相处的时候，态度应该和蔼，语气轻柔。同事与我们是同级，只要不是正式下文的通知，你就不是领导，他们就不是你的下级，你没有权利命令或指示他们；不要居高临下地批评同事，与同事相处，如果发现对方身上有缺点，与他沟通时不要当面教育和批评，更不要大声指责别人，这样只会招致别人的反感，与人交流时要多些赞美、少些批评，要掌握赞美的尺度和批评的分寸，要巧妙批评，旁敲侧击。

5. 赞美是人际关系最好的润滑剂

不管同任何一位同事谈话时，都该记住这样一句话："赞美是人际关系最好的润滑剂。"凡有可能要对对方讲几句恭维话时，哪怕仅仅是一句简短的评价，比如"你看上去特别有精神""这个发型最适合你""你家孩子可真争气，将来肯定有出息"一类的话，就让同事在受用之余对你心生好感；如果有棘手的工作，你无法独立完成，非得找个人帮忙不可，那么说一句"这件事没有你可真不行""你在这项工作中的作用是无人可以代替的"，往往能够得到对方心甘情愿的帮助。赞美的时候一定要双眼正视对方，全神贯注，切不可因任何其他的事情而走神，否则就会表现得不够真诚，容易让对方认为你是在敷衍，这样一来，赞美的话说了还不如不说。

11.1.3 与下属说话的艺术

在一个地区、一个部门、一个单位，领导往往是处于统领、指挥地位，并对周围及下属起导向、引导和指导作用的人。为了履行自己的职责，在其位谋其政，当一名上级信任、下级拥护的称职领导，就必须善于从积极的方面表现自己，影响下属，其中语言的力量绝对不可小觑。

1. 命令时的语言艺术

19世纪英国著名的政治家迪斯累里在总结控制别人行为的思想时得出结论说："人是被话语统治着的。"领导需要对下属进行管理、安排工作，其中最普遍最常见的方式就是下命令，它可以以文件的形式间接下达，也可以以口述的形式直接下达。一个领导每天可能要下很多命令，这些命令是下属工作的方针和目标。实际上，发布命令不仅是一句话、一张纸文，下属工作的好坏，积极性的高低，在一定程度上与领导下命令时的语言艺术有关，而不是一味靠着蛮力强迫下属去做你让他们做的工作。

(1) 命令有无必要。在实际工作中，许多领导并没有弄清某些命令的必要性。比如，一位领导在很忙的时候，突然有一件事情需要处理，他认为这个事情不太重要，于是就随手安排给下属去完成。但下属对这件事情的来龙去脉并不清楚，为了完成工作，下属需要不断地向领导请示和询问有关事项，这反而使领导接受下属询问的时间要比他亲自处理这件事情需要的时间更长。实际上，这条命令就是一条没有必要的命令。

在一项工作未明确之前，就安排下属进行相关工作，这种工作很可能就是无用的工作，相关的命令也是无用的命令。另外，有些领导见不得下属在工作时间没有事情做，于是就安排一些没有意义的工作让下属不停地忙碌，这也是无用的命令。而当下属发现自己是在执行没有意义的命令时，会对领导的管理能力产生怀疑，甚至对领导本人产生反感。这些都会损害领导在下属心目中的形象，从而降低领导的影响力和权威性。所以，领导在下命令之前，认真地思考一下命令的必要性是十分必要的。

(2) 重点突出，不要面面俱到。在下命令时，领导有必要向下属全面介绍相关工作的情况，这样有助于下属把握全局，发挥工作的主动性，进而更加出色地完成任务。但领导必须抓住问题的要点，向下属讲明，什么是他要做的，要达到什么样的目的。否则，下属会不清楚自己具体负责什么事情，而下属执行某一任务的效果和他们对这条任务的理解和认同直接相关，无论领导要传达的信息多么重要，如果没有进行成功的沟通，下属就无法很好地完成任务。

此外，如果领导把自己的命令讲得过于详细和冗长，那只会制造误解和混乱。任务式的命令是明确告诉下属你要他做什么和什么时候做，而不是告诉他如何去做，"如何做"那是留给他去考虑的问题。任务式的命令不仅暗示了领导对下属能力的肯定和信任，也为下属敞开了可以调动他们的想象力、主观能动性和独创性的大门。不管领导的路线是什么，这种命令的方式都会把下属引导到做事的最佳道路上。

(3) 用商量和建议的方式下命令。日本松下公司前总裁松下幸之助曾说："不论是企业或团体的领导者，要使下属高高兴兴、自动自发地做事，我认为最重要的，要在用人和被用人之间，建立双向的，也就是精神与精神、心与心的契合及沟通。"一些领导人颐指气使，有事就大嗓门地命令下属去干，一厢情愿地认为只有雷厉风行才能产生最佳效果，命令别人去干事的时候也不看别人的意见如何，这样的强硬态度很可能遭遇下属的反弹，特别是有能力有想法的下属。所以，更多的时候，最好还是以商量和建议的方式，将自己的命令不动声色地传达给下属。

采用商量的方式会使下属产生对任务的参与感和责任感，并更好地发挥自身的创造性。在商量的过程中，下属通常会把心中的想法讲出来，如果领导认为说得有道理，就不妨说："我明白了，你说得很有道理，关于这一点，你看这么做怎么样？"诸如此类，一方面吸收对方的想法和建议；另一方面推进工作。这让下属觉得既然自己的意见被采用，自然就会把这件事当作自己的事认真去做；同时由于下属的热心，自然也会产生良好的效果。

杰克·韦尔奇曾任美国通用电气公司总裁，那时通用电气公司曾遇到过一项需要慎重处理的工作：免除查尔斯·史坦恩梅兹担任的计算部门的领导职务。史坦恩梅兹在电器方面是个天才，但担任计算部门主管却遭到彻底的失败。不过，公司却不敢冒犯他，因为公司当时还绝对少不了他这样的人才。于是，杰克·韦尔奇决定亲自出马，他把史坦恩梅兹叫到办公室，对他说："史坦恩梅兹先生，现在有一个通用电气公司顾问工程师的职务，你看这项职务由你来担任如何？我暂时还找不到合适的人来担任这项职务。"史坦恩梅兹一听，十分高兴："没问题，只要是公司决定的，我就乐意接受。"对这一调动，史坦恩梅兹心知原因是公司觉得他担任部门主管不称职，但同时他也对杰克·韦尔奇处理这一问题的方式颇感满意。另一方面，通用公司的高层人员也很高兴，总裁杰克·韦尔奇巧妙地调动了这位最暴躁的大牌明星的工作，而且并没有引起一场风暴——因为他让史坦恩梅兹保住了面子，而方法就是用建议的方式下命令。

2. 褒贬时的语言艺术

褒贬一个人，极易引起对方思想和情绪上的波动，而这一反应依褒贬者的方式方法和被褒贬者的荣辱观及当时的情境不同，会产生不同的效果。恰当的表扬与批评，引起的心理反应将是积极的。一般来说，表扬会强化人的积极行为，批评会强化人的消极行为，表扬与批评的动机不纯或方法不当，效果可能会事与愿违。

表扬和批评要看对象，分场合。不同性格的人对褒贬的接受能力和接受方式往往差别很大。有的人喜欢直来直去，有的人喜欢委婉含蓄，必须因人而异。有的人不喜欢被公开表扬，有的人不希望被公开批评。被褒贬者当时的心境也有差异。批评不用说了，不注意方式方法，对方难以接受；表扬不恰当，有时也会给对方以压力，引起别人的反感。

(1) 批评下属时的语言艺术。语言表达技巧在批评中具有十分重要的作用。实际工作中。对同一个人同一件事，由于领导者所使用的语言不同，表达的感情色彩不同，其批评的效果往往也不一样。

责人先责己。下属的错，一定也是上级的错，有时候领导批评下属之所以起不到效果，很多时候是因为批评者启动了被批评者的心理防御机制，你说他不好，他表面承认错误，心里却暗自嘀咕“你做得也不对啊”。比如，店铺里的卫生做得不好，如果店长一到店就劈头盖脸地批评下属：“怎么搞的？自己打扮的那么漂亮，店铺卫生却这么糟，你看这货架上，灰尘这么厚，客人看了会怎么想？”这时下属可能暗地里腹诽：“看不顺眼你自己收拾啊，我是来卖货的，又不是打扫卫生的。”如果店长换一种方式，责人先责己，效果就会好得多：“今天店铺的卫生真的很不好，这我要负主要责任，因为我没制定相关的卫生管理制度，这属于我的失职。不过话说回来，像这个货架上灰尘这么多，肯定不应该吧？如果你是顾客，你一伸手，手就黑了，你还有兴趣买衣服吗？”

顾及下属的自尊心。每个人都有自尊心，领导批评下属同样应在平等的基础上进行，态度上的严厉不等于言语上的恶毒，切记只有无能的领导才去揭人疮疤。因为这种做法除了让人勾起一些不愉快的回忆，于事无补；而且除了使被批评者寒心外，旁观的人也一定不会舒服。同时，恰当的批评语言，还体现出领导的心胸和修养。所以，批评下属时绝不可恶语相向，不分轻重。批评时应心平气和地摆事实、讲道理，循循善诱，不要幸灾乐祸，故意挑剔，更不能尖酸刻薄，讽刺挖苦，让下属产生逆反心理。

选准批评的时机。一是要选择批评对象心理适应的最佳时机。下属有了过失后，必然会产生各种不同的心理反应。有的恐惧，害怕别人特别是领导发现；有的后悔，想法寻求弥补的途径；也有的会产生愤懑对抗心理，企图报复，等等。对下属的失误或不良行为进行批评，应选择下属心理处于良好状态之时。一般来说，在下属对自己的错误有了一定的认识，有接受批评愿望时实施批评，能取得良好的效果。若在下属害怕问题暴露时，而当众把问题捅出来，很可能会产生负效应，甚至带来其他问题。

二是选择批评者情绪适应的最佳时机。例如，两位下属刚吵完架，情绪因受刺激正处于极度兴奋状态，别人的意见根本听不进去。这时若上司对双方马上施以劈头盖脸的批评，不但对问题解决无益，还会“引火烧身”，导致他们迁怒于自己，使自己不得超脱。正确的办法采取暂缓处理，也就是冷处理的办法。暂缓处理使上司有时间去调查问题产生的原因，去了解当事人的态度，待到双方心平气和时再去处理，就更有分寸、更有把握。

三是选择环境适应的最佳时机。批评对象的思想基础、个性心理以及问题的性质不同，选择批评的场合也应有所不同。如果场合选择不当，会适得其反。一般来说，下属工作上的失误，性质较为严重，在本部门影响较大，或者带有普遍性、倾向性的问题，宜在会上进行公开批评，让大家共同吸取教训，以达到防止事态发展的目的；属于思想意识方面的问题，特别是那些小拿小摸、男女关系的事，最好是在小范围内教育处理，一般不要当众指责，以防止因小题大做而伤害下属的自尊心，出现破罐子破摔的逆反心理。

以下八种批评下属时的语言技巧值得学习和借鉴。

一是暗示式批评。如领导发现某位下属迟到了，可以指着对方的手表问一句："帮我看一下现在几点了？"这就是典型的暗示式批评。

二是模糊式批评。如领导为了整顿劳动纪律，在给员工开会时说："最近一段时间，我们单位的纪律总的来说是好的，但也有个别同志表现较差，有的迟到早退，有的上班吹牛聊天……"这里就用了不少模糊语言。如"个别""有的"，等等。这样既照顾了一些人的面子，又指出了问题所在。

三是说服式批评。领导者在批评别人时，应设身处地地替别人着想。如要考虑对方的实际情况和具体情况。同时，需要注意的是，对新下属的要求与老下属也要有所不同，对年轻下属的工作失误也不应仅以自己的经验、能力去衡量。

四是请教式批评。如领导者对一位下属说道："如果按你这种做法，那么这个计划是不是都得重新制订？"这个时候，被批评者大多会自动修正自己的错误。

五是安慰式批评。这里可以用一个有趣的故事来说明：一次，年轻的莫泊桑向著名作家布耶和福楼拜请教诗歌创作。两位大师一边听莫泊桑朗读诗作，一边喝香槟酒。布耶听完后说："你这首诗，句子虽然疙里疙瘩，像块牛蹄筋，不过我读过更坏的诗。这首诗就像这杯香槟酒，勉强还能吞下。"批评既严厉，却又给了莫泊桑相应的余地。

六是启发式批评。即要使对方从根本、从内心认识到自己的错误，需要批评者从深处挖掘错误的原因，晓之以理，动之以情，循循善诱，帮助他认识、改正错误。

七是幽默式批评。即在批评过程中，使用富有哲理的故事、双关语、形象的比喻等，以此缓解批评时紧张的情绪，启发批评者思考，从而增进相互间的感情交流，使批评不但达到教育对方的目的，同时也创造出轻松愉快的气氛。

八是警告式批评。如果对方犯的不是原则性的错误，或者不是正在犯错误的现场，就可以用温和的话语，只点明问题，做到点到为止，起到一个警告的作用等。

(2) 赞美下属时的语言艺术。对于先进人物，赞美能强化他们的雄心，以免其安于现状；对于后进人员，赞美能唤起他们的上进心，以免其破罐破摔；对于中间队伍，赞美能激发他们的潜能，以免其甘于平庸。

美国玫琳凯公司的总裁玫琳凯认为："赞美是激励下属最有效的方式，也是上下沟通中最有效果的手段，因为每个下属都需要赞美，只要你认真寻找机会就会发现，许多运用赞美的机会就在你面前。"凡是在玫琳凯公司下属生日的那天，都会收到玫琳凯的一份生日卡和一张祝福卡；每个新到公司的下属，第一个月内都会得到玫琳凯的亲自接见，每一个成绩突出的下属都会等到玫琳凯的格外礼遇。每次她的真诚赞美都会深得人心，这主要得益于她有效的赞美下属的方式。

赞扬下属应真诚，实事求是。领导的赞扬应发自内心，不要为了赞扬而赞扬。如果下属感觉到领导者是在故意地赞扬，就会认为领导者是虚伪的，有可能会产生逆反心理，容易让下属感到与领导之间的距离，从而形成不信任感。

实际工作中，领导在赞美下属时，语言要具备应有的热度。如果任意贬低下属的优点或成就，那么就会打消他的积极性，影响今后工作中的态度。但是不适当地拔高下属的成就，人为地加上成就本身不具有的价值和意义，甚至流于俗气地夸捧，也会产生不良影响。从而使受到赞美的人产生盲目自大的心理，误以为自己确有那样的成就，从而坠入"只见树木，不见森林”的迷雾中，泯灭了发奋图强、努力开拓的意识。更可怕的是，有时还会造成其他下属的心理失衡。因为，对于名不副实的“典型”，人们常会由不服气到猜疑，甚至讨厌。果真这样，不但起不到应有的示范作用，反而会离散下属之间的凝聚力，甚至会给领导增添许多不必要的烦恼。

因此，赞扬下属具体的工作，要比笼统地赞扬他的能力更加有效。这是因为，被赞扬的下属会由于领导者的赞扬而把类似的事做得更好，也不会使其他下属产生嫉妒心理，反而会促使其他下属以这件事情作为以后的工作榜样。

赞扬下属应讲究场合。不同的场合对下属进行表扬代表了领导不同的意图。

一是在集会的时候表扬。由于它是当着众人的面进行的，并且对被表扬者的优点、成绩，做出明确的概括、表述和评价，因而它的激励作用就更大些。它不仅对被表扬对象是一种极大的鼓舞，也是对其他人的教育和号召。

二是在成功的时候表扬。每个人在平时的工作中，如果成功地完成了某件事，都有一种期望得到别人认可的心理。上司的适时表扬，就如锦上添花，其作用不可小觑。

三是在失意的时候表扬。人在失意的时候心情很难受，此时特别需要得到别人的安慰和鼓励。上司如果能在下属失意的时候“雪中送炭”，设身处地地站在下属的立场，去感受他们的痛苦，安慰他们，尤其是用他们以前的成功来鼓励他们，重塑他们的自信心，就如同为他们注入一支强心剂，使下属产生很大的震动，这必将会收到意想不到的效果。

3. 调解纠纷时的语言艺术

只要有人的地方就有矛盾，人与人之间的矛盾无处不有、无处不在。下级是开展工作的主要依靠力量，但由于各种原因，下级之间往往容易产生一些纷争，这种纷争如果得不到有效的调控，很容易使下级的力量相互抵消，影响工作目标的实现；而领导和下属之间产生矛盾也是经常现象，一旦处理不好，矛盾还有可能升级。

（1）调解下属和下属间的矛盾。下级之间的纷争，从总体上看对组织的发展是不利的，但从一定意义上讲，适度的纷争并不是一件坏事。一方面，它可以通过纷争观察到组织各方面、各环节存在的问题，以便更好地改进工作；另一方面，它可以使人们在纷争中相互启发，激发出人们的某种创新。但是，我们也应该在纷争面前保持清醒，因为纷争一旦演化为工作上的冲突，就会破坏或阻碍组织的正常运行。

一是强调双方的差异性。人们在吵架的时候，经常为了谁对谁错、谁好谁坏而争执不休，直接的褒贬至少会引起一方的不满，甚至伤害其自尊心。因此，劝架者在对一方进行劝解时应该避重就轻，不对双方道德上的孰优孰劣做出判断，而是强调两者在个性、能力上的差异，适当地“褒一方，贬一方”可使被褒的一方心理得到满足并放弃争执，而又不伤害被贬的一方，使劝解成功。

小陈和小杨是某学校新来的年轻教师，小陈心眼细，考虑事情周到，小杨性情有些鲁莽，但业务能力较强。一次，两个年轻人发生了争执，小陈说不过小杨，感觉很委屈，跑到校长处诉苦。校长拍拍小陈肩膀说：“小陈啊，你脾气好，办事周到，这个大家都清楚，也都很欣赏，可是小杨天生是个暴脾气，牛脾气一上来什么都忘了，等脾气过去了就天下太平。你是一个细心人，懂得从团结同事、搞好工作的角度看待问题，你怎么能跟他那暴性子一般见识呢?”一番话说得小陈脸红了起来。这是一个强调双方差异来解决纠纷的典型例子。校长没有直接批评小杨,而是反复强调小陈脾气好,小杨性格暴躁,这实际上是通过比较两人截然不同的性格来肯定小陈待人办事的方法是正确的,小陈领悟到校长的意思,自然也不会再跟小杨计较。

二是不偏不倚,公平公正。当下属发生矛盾的时候,你最应该做的是了解事情的来龙去脉,做到心里有数和有底,同时也可以简单判断谁错谁非,做到公正公平地对待,错了就是错了,不要偏袒,否则会更容易让双方的关系陷入僵局。简单来说,就是要在态度上“一碗水”端平,在方法上找准“平衡点”。一方面,矛盾不解决会影响到工作合力,作为身边的人必须有所担当,帮助解决,只要能本着公平公正、一视同仁的态度,不厚此薄彼,将心比心调解,就事论事处理,就会增强集体的荣誉感和团队的凝聚力;另一方面,解决矛盾的关键是对症下药,消除误会和矛盾,要耐心倾听当事人的心里话,在调解中力求以真诚的态度和温暖的语言赢得双方的信任和尊重,进而引导双方换位思考,拉近距离,相互谅解,冰释前嫌。

三是多做固执者的工作。在产生矛盾的双方中,经常有一方比较容易说话,另一方比较固执的情况,而且往往因为固执一方坚持己见,不肯忍让而造成双方僵持的尴尬局面,此时,劝解者应该抓住矛盾的主要方面,利用较通达一方希望和解的心理并与之积极配合,主要针对固执一方做工作,只要解开了他的心结,问题也就迎刃而解了。

1943 年,苏、美、英三国首脑在德黑兰会谈。斯大林傲慢、严肃、冷淡,而且沉默寡言。罗斯福想尽一切办法来打破斯大林的缄默。三天过去了,毫无进展。到了第四天,他决定采取一个新战术。他先在暗中对丘吉尔说:“温斯顿,过一会儿我将要干一些事情,可能和你无关但却会冒犯你,我希望你别恼火。”

罗斯福先和斯大林进行个别谈话,谈得好像十分友好而投机。斯大林脸上仍然没有笑意。这时候,罗斯福用手遮着口角,低声说道:“温斯顿今天早上真有点儿古怪,他从床的一头转到另一头,不知他干些什么玩意儿。”此时,斯大林的眼神微露笑意。随后,他们坐在会议桌前时,罗斯福进攻丘吉尔,用一连串无聊的话取笑他,说他的英国绅士风度、他的大雪茄、他的古怪动作,又讲了约翰牛(指英国人)的种种笑料。

斯大林开始有所动,可丘吉尔满脸涨红,瞪目怒视。他越恼火,斯大林越发感到可笑。最后,斯大林终于禁不住哈哈大笑起来。罗斯福接着讲下去,一直讲到大家和斯大林一同欢快地大笑为止。此后,斯大林称罗斯福为“约瑟大叔”,经常向他露出笑容,还常常主动和他握手。

在本例中,斯大林的傲慢和顽固使谈判出现了僵持的局面,阻碍了会议的顺利进行,而丘吉尔相对来说比较容易相处。在这种情况下,罗斯福抓住斯大林这个“主要矛盾”,事先暗示丘吉尔,然后对丘吉尔开一些善意的玩笑,这些玩笑正好迎合了斯大林的心理,使他很快打破缄默,气氛立刻变得轻松起来,尴尬的局面也由此而结束,会谈取得了进展。

(2) 调解自己和下属间的矛盾。身为领导,解决矛盾的过程就是建立自己威信的过程。你的个性品质、思想水平、管理才能、领导艺术,恰恰就体现在这里,调节矛盾时绝不能因为自己是领导就摆出高高在上的姿态,否则不仅无助于矛盾解决,还会让下属寒心。

一是当工作失误时，敢于主动承担责任。作为领导，决策失误是难免的，因决策失误而使工作出现不理想的结局时，便需警惕，这是一个关键时刻，上、下级双方都要考虑到责任，都会自然产生一种推诿的心理。把过错归于下属或怀疑下属没有按决策办事或指责下属的能力，极易失人心，失威信。面对忐忑不安的下属，勇敢地站出来，自咎自责，紧张的气氛便会缓和。如果是下属的过失，而你却责备自己指导不利，变批评指责为主动承担责任，更会令下属敬佩、信任。

二是有容乃大，充分体现领导者的魄力。假如下属做了对不起你的事，不必计较，而且在他有困难时，不能坐视不管。但不能在帮助的同时批评下属。如果对方自尊心极强，他会拒绝你的施舍，非但不能化解矛盾，还会闹得不欢而散。“得饶人处且饶人”，作为领导，心要放宽些，忘掉不愉快，多想他人的好处，才能团结、帮助更多的下属。他们也会因此而重新认识你。

三是允许下级发泄情绪。领导工作有失误，或照顾不周，下属便会感到不平、委屈、压抑。不能容忍时，他便要发泄心中的怨气、牢骚，甚至会直接地指斥、攻击、责难上司。面对这种局面，用权威压制对方的怒火是无济于事的，只会激化矛盾，如果发泄能令其心里感到舒畅，那就令其尽情发泄，领导可以利用这一机会，好好做一个倾听者，进一步了解下属的苦衷和心理状态，以便下一步的沟通和化解矛盾。事实上，下属发泄情绪后往往会感到后悔，无论是否当面为自己的过头话或者偏激的态度而找领导致歉，心中都会怀有歉意，这对缓解领导和下属之间的矛盾是极有帮助的。

四是不必一味退让。虽然上面提到领导应该允许下级发泄情绪，但是对于某些不知高低进退的人，必要时，必须予以严厉的回击，否则不足以阻止其无休止的纠缠，更会影响领导在部门中的权威。和蔼不等于软弱，容忍不等于怯懦。优秀的领导精通人际制胜的策略，知道一个有力量的人在关键时刻应用自卫维持自尊，凡是必要的战斗，都不能回避，在强硬的领导者面前，有许多矛盾冲突都会迎刃而解。

五是多组织集体活动，在轻松的氛围中增进了解，解决矛盾。无论是化解自身与下属的矛盾，还是调解下属和下属的矛盾，这种方法都很实用。适时多组织一些集体活动，在活动中，为部门的同事们多创造一些互动的机会，同时也使闹矛盾的双方能在一个轻松愉快的氛围中增进了解，促使矛盾的化解。当然，如果实在难以调解，已经严重影响工作，可以建议领导科学调整一下其中一方的岗位。

4. 与下属说话时的禁忌

领导在与下属交谈的过程中，有的时候为了使对方产生亲切感，难免说一些随意的话题，但是即使关系比较好，身为领导也有几个相当忌讳的话题。

(1) 下属的隐私。隐私是下属所拥有的一些不愿公开的秘密。除非是下属主动告诉你他的隐私，否则不要随意去打探下属的隐私。尊重下属的隐私，是尊重下属人格的表现。如果领导不顾下属保留隐私的心理需要，盲目懵懂地去询问下属的隐私，就会影响两个人的谈话效果，还会让下属对自己产生不良的印象，进而损害领导和下属的关系。即使是下属主动将自己的隐私告诉领导，来征求领导的意见和看法，领导也应该注意回答的内容，不要得意忘形，像一个专家一样出谋划策、说三道四。只要说一些象征性的话就行了。如果下属非要领导说一些建设性建议，领导不妨给下属讲一个故事，说他有个朋友曾经也遇到这样的事情，结果是怎么样解决的，仅供他参考。这样即使建议没有任何效果，甚至起到相反的后果，领导也没有必要自责什么，下属也不会将过错归结到领导身上。

(2) 下属的伤心事。不要将下属的伤心事当作谈话内容，一是因为下属的伤心事并不想被很多人知道，除非这个下属心理上有某种急于倾诉的需要；二是下属如果沉溺于伤心事中，往往很难和领导继续交谈下去。因此领导要极力回避别人的伤心话题，虽然通过同情别人往往能够赢得别人的好感，但是提及别人伤心事的办法终究不是高明的谈话方法。

(3) 下属的尴尬事。当得知下属有些尴尬的话题时，领导一定要回避。因为尴尬的话题一说出来往往会使下属觉得特别别扭。尴尬话题可以说是别人的禁忌话题，领导在会见下属之前一定要弄清楚别人对哪些话题十分尴尬。

11.2 工作活动中的语言艺术

手势通常又称手臂姿势，它是人类最早使用的、至今仍被广泛运用的一种交际工具，是指人类用语言中枢建立起来的一套用手掌和手指位置、形状的特定语言系统。在长期的社会实践过程中，手势被赋予了种种特定的含义，具有丰富的表现力，加上手有指、腕、肘、肩等关节，活动幅度大，具有高度的灵活性，手势便成了人类表情达意的最有力的手段，在体态语言中占有极其重要的地位。

11.2.1 主持会议

会议主持人是负责推进和调控会议议程的人，是会议的灵魂，一般由主要领导或者有一定声望的人担任，是会场上的核心人物。领导者主持会议，在用语上必须达到控制节奏、紧扣主题的目的，这就要求会议主持人明确会议主旨，会前做好充分准备，方可临危不乱，游刃有余。下面就简要介绍一下主持会议时的语言特点。

1. 地位附属

主持词是为领导讲话和其他重要文件服务的，其附属性表现在两个方面：从形式上看，主持会议的语言结构是由会议议程所决定的，必须严格按照会议议程谋篇布局，不能随意发挥；从内容上看，主持词的内容是由会议的内容所决定的，不能脱离会议内容。主持会议的语言的附属性地位，决定了它只能起陪衬作用，不能喧宾夺主。因此，在撰写主持词的过程中，从结构到内容乃至遣词造句、语言风格、讲话口气等，都要服从并服务于整个会议，与会议相协调、相一致。

2. 紧扣主题

无论开什么样的会议，都必须事先拟定好一项或几项议题，这是会议的目的、核心和灵魂。会议主持人是会议的"舵手"，要随时把握、驾驭好会议之舟，启发引导大家，始终遵循会议既定的议题、日程，进行充分的研讨，才能如期达到预想的目的。这就要求主持人必须使与会者充分了解议题。开始就要讲明会议共有哪些议题，怎么个开法，有哪些要求，与会者要承担什么任务，等等。而要想让与会人员听得明白，那么，主持会议的领导者就必须讲得清楚，把会议的目的、要求、内容诸项交代给大家，层次要清晰，逻辑要严密，表达要准确，中心要突出。切不可主次不分，轻重不分，内容庞杂，使听者不知所云，无所遵循。

3. 简明平实

主持会议的语言不宜过长，要短小精悍，抓住重点，提纲挈领。而篇幅过长，重复会议内容就会造成主次不分、水大漫桥。而要与严肃的会议气氛相适应，会议主持词在语言运用上就应该平实、庄重、简明、确切。要开门见山，直入主题，尽量不用修饰和曲笔。说明什么，强调什么，提倡什么，反对什么，有什么要求、建议和意见，都要一清二楚，一目了然，切忌含糊其词、模棱两可。

4. 重在头尾

会议主持词的主要部分在开头的会议背景介绍和结尾的会议总结任务布置两部分，中间部分分量较轻，只要简单介绍一下会议议程就可以了。因此，会议主持词的撰写，重点在开头和结尾。

(1) 会议开场主要介绍会议召开的背景、会议的主要任务和目的，以说明会议的必要性和重要性。可分为五方面内容：一是宣布开会。二是说明会议是经哪一级组织或领导提议、批准、同意、决定召开的，以强调会议的规格以及上级组织、上级领导对会议的重视程度。三是介绍在主席台就座的领导和与会人员的构成、人数，以说明会议的规模。四是介绍会议召开的背景，明确会议的主要任务和目的，这是开头部分的“重头戏”，也是整篇文章的关键所在。介绍背景要简单明了，“这次会议是在某某情况下召开的”，寥寥数语即可。因为，介绍背景的目的在于引出会议的主要任务。会议的主要任务要写得稍微详尽、全面、具体一些，但也不能长篇大论，要掌握这样两个原则：一是站位要高，要有针对性，以体现出会议的紧迫性和必要性；二是任务的交代要全面而不琐碎，具体中又有高度概括。五是介绍会议内容。为了使与会者对整个会议有一个全面、总体的了解，在会议的具体议程进行之前，主持人应首先将会议内容逐一介绍一下。如果会议日期较长，可以阶段性地介绍，如“今天上午的会议有几项内容”“今天下午的会议有几项内容”“明天上午的会议有几项内容”。如果会议属专项工作会议，会期较短，可以将会议的所有内容一次介绍完毕。

(2) 会议结尾主要是对整个会议进行总结，并对如何贯彻落实会议精神提出要求进行部署。一是宣布会议即将结束，基本上是“同志们，某某会议马上就要结束了”或“同志们，为期几天的某某会议就要结束了”之类的话，主要告诉与会的同志们议程已完，马上就要散会。二是对会议作简要的评价。主要是肯定会议效果，如“某某某的讲话讲得很具体，也很重要”“这次会议开得很成功，达到了预期目的”之类的话。三是从整体上对会议进行概括总结，旨在说明这次会议所取得的成果：解决了什么问题，明确了什么方向，提出了什么思想，采取了哪些措施等。总结概括要有高度，要准确精练，恰如其分，它是对会议主要内容的一种提炼，对会议精神实质的一种升华，不是对会议内容的简单重复，而是突出重点；概括会议，但不是对会议内容的泛泛而谈，而是提升会议的主旨。这样，就使与会者对整个会议的主要内容和精神实质有一个更为清晰的了解和把握。四是就如何落实会议精神提出要求。每次会议都有其特定的目的，为达到这个目的，会后都有一个如何落实会议精神的问题。因此，这不但是结尾部分的重点，也是整个主持词的重点。

写好这一部分，要做到以下几点：第一，语言要简洁明了，一是一，二是二，不绕弯子，不作解释说明；第二，要求要明确、具体，不能含糊其词，要体现出会议要求的严肃性、强制性、权威性；第三，布置任务要全面，不能漏项，否则，就会影响会议的落实效果；第四，要看会议的性质和内容选取写作方式，如必须完成任务的专项工作布置可采用命令的口气、动员大会性质的可采用号召式，这当然要根据会议的性质和内容，选择恰当的写作方式；第五，与会单位要将会议贯彻落实情况在一定期限报会议组织单位，以便检查会议落实情况。

5. 特殊情景

(1) 面对无人回应的局面。会议进行过程中，当会议主持者提出一些问题时，时常会遇到没有人应答的尴尬局面，在这种情况下，会议主持者应该怎么办呢？没有人应答的场面会对整个会议目标最终的达成产生负面影响，因为得不到反馈。会议主持者就一定要想办法鼓励参会者说出自己的意见和建议。最简单的办法就是点出参会者的名字，这样冷场的局面就很容易打破。此外，会议主持者还可以通过运用眼神来鼓励参会者发言。

实际上，会议主持者点到一个人的名字时，这个人会特别集中精力、特别认真地去思考问题，而且往往在第一个参会者发言之后，其他参会者就会开始活跃起来，踊跃地发言。实际上，这跟人与人之间的破冰有关，会议主持者应打破沉默的坚冰，开好会议的头，不将沉默带到会议的过程中。

(2) 个别参会者不停地大发议论。与冷场相反，个别参会者有时不停地高谈阔论，也会造成尴尬的局面。会议的大部分时间被个别的同事独自占去了，俨然成了个人专场，作为会议的主持人又应该怎么办？有的会议主持者会选择直截了当地打断，回避问题，直接转到下面的议题。实际上，这种做法是错误的，这是主持人不能控制局面的典型表现；还有的会议主持者会选择让其他员工充分发表意见，并试图参与讨论，但如果每提出一个问题都如此进行，会议将占据工作的全部时间，这种方法显然也不可取。在有人不停地大发议论时，会议主持者应当及时打断，并征求大家的意见。如果问题是共性的，那么就应有针对性地解决；如果问题不是共性的，则可以略过，与员工在会后单独地解决。之后继续推动会议的议程。毕竟解决主要问题是提高会议效率的好方法。此外，会议主持者还可以通过限制发言时间的办法制止个别人不停地大发议论。

11.2.2 参与座谈

座谈会是由训练有素的主持人以非结构化的自然方式对一小群调查对象进行的访谈。主持人引导讨论，参与者表达观点和意见，为领导者的决策提供参考和依据。工作中，我们有时有幸成为座谈会的主持人，有时则是座谈会的参与者，无论何种身份，都必须注意说话时的语言艺术。

1. 主持座谈

(1) 互动亲和能力

在小组座谈会中，一群相互之间完全陌生的人集中到一起，而且要畅所欲言，是有相当的难度的。首要的就是要建立大家之间的信任感，特别是要建立主持人与参会人员之间的信任感。这就要求主持人一定是个热情的人，是一个让大家一见面就感到值得信赖的人，是一个有着高度亲和力的人。

有亲和力的主持人通过这种友好表示，使在座的人员有一种合作意识、趋向意识和共同作用的力量。有亲和力是促成合作的起因，只有具有了合作意向，才能愉快地合作，才能更好地达成会议目标。

座谈会要让每个与会者都能真实地表达自己的意思。特别是遇到一些可能触及个人价值观或判断能力的话题，小组成员往往有顾虑，或者看别人的眼色随波逐流随声附和。最好的办法莫过于让大家进入一种忘我的境界，全心全意地投入讨论中，这时候的人们更多的是感性的，而不是一个说话要斟酌再三“理性”的人。对于主持人来说，就要很快进入会议主持状态，让小组成员放开思想包袱，在不论对错、没有水平高低的担忧的情况下充分讨论。

(2) 有效控场能力

一是控制时间。座谈会经常遇到“拖会”的现象，这固然与事先安排不周、发言人没有控制好时间有关，但主要责任在主持人。与“拖会”相反，还有一种情况就是会议结束时间未到，而内容已全部结束。遇到这两种情况，主持人要随机应变，根据现场情况做出相应调整。如果时间不够，或要求讲话者压缩讲话内容，或把大会发言改为书面交流，或精简自己的主持内容，以保证会议按时结束。如果时间多余，主持人可安排小组讨论，消化讲话内容；可安排现场咨询，解决疑难问题；可安排代表发言，谈谈如何贯彻。

二是控制气氛。主持人应根据会议的类型变换语言和语气。如主持小型座谈会时要力求语言活泼、语气轻松，努力为与会者畅所欲言营造宽松的氛围；主持大型会议时则要力求语言朴实、语气平缓，努力为大会营造庄重严肃的气氛。

三是控制局面。有的会议上，一些与会人员交头接耳、接打手机、随便走动，严重影响了会议效果。对此，会议主持人员不能视而不见，而应认真应对、及时处理，以保持会场的良好秩序。否则就是失职。

四是控制与会人员的谈话脉络，保证会议正常地按照既定主题发展。如果有人跑题了，能够顺着发言者的意思很轻松地转移到下一个主题，而不是突兀地打断。这个要靠平时知识的积累和日常的养成。

(3) 提问和倾听能力

主持人的提问能力很重要。如果没有好的提问技巧，不能就事论事，步步为营，深入挖掘，而是照本宣科，所获得的访谈成果一定是表面和肤浅的。所以，合格的主持人应该掌握基本的提问技巧，懂得借助专业知识和恰当地提问挖掘出问题的本质和核心。

倾听能力对于座谈会主持人来讲也是非常重要的，要能认真地倾听发言者的真实意思表达，包括表面意思和隐性意思，在充分理解的基础上展开下一步的讨论。也要能够识别小组成员的非语言行为，更好地理解每个成员的真实意见和态度。

2. 参与座谈

(1) 说话要有逻辑性

召开座谈会的目的是为领导者的决策提供参考和依据，参与座谈者说话时如果颠三倒四、丢三落四、言之无序，那么就很难让听者厘清逻辑，并从中找到有用的信息。所以，参与座谈前应仔细阅读座谈提纲，弄清座谈的主题，这样谈话时就能观点明确，前后一致，合乎逻辑。

(2) 说话要有分寸感

说话要有分寸,换句话说,就是要言之有度,话少又精到,给人感觉深思熟虑。有分寸的反面就是没分寸,即“失度”。对人出言不逊,或当着众人之面揭人短处,或该说的没说,不该说的却都说了,这些都是“失度”的表现,如一上来就指责领导不为职工谋福利,火药味十足,或者连讥带讽,嘲笑座谈会走形式等。

(3) 说话要委婉含蓄

“言在此而意在彼”是委婉含蓄的主要特征。委婉是一种既温和婉转又能清晰明确地表达思想的谈话艺术,是运用迂回曲折的语言含蓄地表达本意的方法。说话者特意说些与本意相关的话语,以表达本来要直说的意思。这是语言交际中的一种缓冲方法,它能使本来也许困难的交往,变得顺利起来,让听者或观众在比较舒适的氛围中领悟本意。

这里有一个很有意思的事例:林肯对每天送到白宫办公桌上那些冗长、复杂的官式报告感到厌倦时,并没有以那种平淡的词句来表示反对,而是以一种几乎不可能被人遗忘的图画式字句表达。他说:“当我派一个人出去买马时,我并不希望这个人告诉我这匹马的尾巴有多少根毛,我只希望知道它的特点何在。”

11.2.3 答记者问

答记者问,是各级领导人、有关方面负责人或专家、学者直接回答记者提问的一种报道形式。提问、答问内容,是有关读者亟须了解和关心的问题,或有关领导机构需要向广大群众宣传、解释的问题。通常就某项事件由记者请有关方面负责人正式发表意见,随后以问答记录形式公布。现如今,召开记者招待会答记者问已经成为领导者的一项重要工作,掌握答记者问的语言技巧也已经成为我们必须具备的重要素质和能力。

1. 事先做好准备

凡事预则立,不预则废。在接受采访时更是如此。因为记者的问题五花八门,或敏感,或刁钻古怪,让领导者不知如何回答。如果没有事先做好充分准备,在采访时一时语塞答不上来,将会是一件非常尴尬的事。

即便是提前约好的记者,也应该做好充足准备,以防万一。为了报道更加详细,对一些问题记者必然会打破砂锅问到底,有时不能避免一些题外话。所以领导者必须做好准备,只有这样才能在镜头前应付自如,游刃有余,给记者和大众留下好印象。

记者招待会或个人采访都有时间限制。对这种会议除了事先准备外,领导者还要有个时间概念。根据实际情况,领导者可以自由发挥,但在采访过程中,你一定要知道采访进行了多长时间,并在可掌控的时间内争取占据主动,把握好谈话方向。

当然,无论在发布会开始之前准备得多么充分,都有可能遇到一些没有准备到的问题。元老级新闻发言人赵启正也曾遇到过这样的问题。

当时,全国政协十一届四次会议在人民大会堂举行新闻发布会。有位“美国之音”记者突然提问:“请问发言人,每年开两会花多少元?”赵启正当时很沉着,他说:“我很少在这种会议被别人难住过。花多少元,我还真没有数据。我想钱还是不少的,如何节约又能满足会议的需求,我们有一位专门的秘书长管理。容我会后一两天内给你发一封电子邮件或者短信告诉你。”

会后，赵启正履行了承诺，回答了记者这个问题。全国政协办公厅新闻办公室通过手机短信告诉这位记者，2011 年政协全体会议的费用为 5900 万元。该手机短信还说，根据政务公开的有关规定，全国政协收支预算可在互联网查阅。记者后来从大会新闻组也证实了这一消息。整个这件事情不仅没有影响到发言人，后来还被媒体传为美谈。可见，遇到这类问题，稳定情绪是前提，坦诚相告是关键，“如有可能，会后答复”则是基本策略。

2. 增强语言的感染力

要注意声音的力度和弹性。我们说话时往往会耸肩、皱眉、提高音量、改变声调、调整频率等，如果这些姿态和表情更好地配合谈话，能加强语言的表达效果，记者从发布会上能接受更为丰富的思想。新闻发言人采用温和平缓的叙述方式，将事情原委娓娓道来，表情放松、语气平和、眼神亲切、动作轻柔，可拉近与提问者的心理距离，争取其信任感。如果新闻发言人讲话有活力、表情兴奋，会对他人的精神状态产生良好的影响，甚至记者的情绪也会随发言人的姿态和表情而发生变化。

说话时要注意吐字清楚，音量音高适中。语言要清晰规范，表达流利自如，词汇丰富，字句多样。有时音调放低，反而能更加表现出权威感；当要加强某个观点或态度时，语势可以较为急促，音量提高，使记者注意力集中；在表达悲痛或强调沉重心情时，可以用较为缓慢的语速，注意重音和适当停顿。

停顿在静默中可为记者提供思考的空间。停顿产生思想，产生回味，令发布会的进程呈现出节奏感。当记者需要笔录的时候，发言人以适度的停顿给他们点时间，让记者从容地记下他们需要的内容，否则记者就会手忙脚乱。停顿还可以激发注意力，强调某个观点，表达深刻的寓意。我们之前曾经举过周恩来总理的一个例子。有记者问：“总理先生，中国是否有妓女？”周总理立即回答：“有”，他停顿了一下并扫视各位记者。中国记者惊愕地看着总理，认为他出现了口误，外国记者高度注意起来，等着周总理如何自圆其说。大厅里寂静得能听出每个人的呼吸声，这时周总理抬高声调说：“在台湾。”听罢，所有记者对周总理的智慧与敏锐万分佩服，他的停顿加强了他的表达效果，增加了感染力。

3. 以幽默缓解气氛

1999 年 4 月，朱镕基总理到美国访问期间，在与克林顿总统举行的联合记者招待会上，以其出色的表现，征服了在场的所有记者。当时，一位美国媒体的记者请朱镕基就所谓“中国窃取美核机密一事”做出评论。朱镕基说：“克林顿先生讲中国有二十枚导弹，而美国有六千枚，我都不知道中国有多少枚导弹，不知克林顿先生是从何种途径得到的消息。”全场大笑。

当朱镕基正在回答一名记者提出的有关“中国威胁论的问题”时，朱镕基说：“你们美国是世界上最大的发达国家，你们拥有的核武器数量是中国的几百倍，武器装备是世界上最精良的，高科技是世界上最发达的，手段也是最先进的，你们还担心什么？”话至此时，麦克风突然出了点小毛病，喜欢幽默的朱镕基开了个玩笑，他说：“可是你们美国的麦克风不是最先进的。”此言一出，台下哄然大笑，原本有些紧张的气氛一下子又轻松起来。

在采访中，领导者也可以加一些幽默的内容活跃现场气氛。一次记者招待会上，在回答一位女记者提问时，领导说："这位女士应该是四川人吧，提的问题都很辣。"全场大笑，包括那位女记者。因为说问题提的"辣"，无异于说她的问题问到了点子上。接着，这位领导言归正传说："辣是辣了点，可是我必须得回答。因为大家都等了我半天了，如果得到的只是我的含糊其词的答复，大家未免扫兴，那我就太对不起记者朋友们了。现在，我就把这件事情的原委清清楚楚地讲给大家。"

一般来说，领导讲话要严肃认真，但如果脸上一点儿表情都没有，容易让人觉得冷若冰霜、不近人情。通过媒介播放出去，公众也会对领导者产生这样的感觉，这对于领导正面形象的宣传是极其不利的。所以适时穿插一些轻松而有趣的对话，会使传播效果更好。

4. 照本宣科与脱稿表达相结合

新闻发言人照本宣科一般不如脱稿表达效果好。脱稿发言针对现场情况生动活泼地予以宣讲，与记者的眼神接触也能增进表达效果，凸显新闻发言人的自信。事实上，发言人根本不可能事先知道每位记者的提问而做好准备。如果记者的提问和发言人宣读的稿子内容出现很大差异，反而会削弱发言的效果。但具体情况需要具体分析，如果针对重大事件的发言事先有讲话稿，较多地照稿宣读也会增加其权威性。

在发言方式的选择上，照本宣科与脱稿表达各有用处，可以取长补短、结合使用。当发言人介绍数据和重要细节时，根据文稿照本宣读，可在与会记者的心目中留下一丝不苟、严谨求实的良好印象。而在表达观点、申述理由时，不妨脱稿表达，文采飞扬、轻松自如和平易近人的语言和适当发挥的诙谐，能够塑造新闻发言人的出色形象。周总理生前，在一次新闻发布会上一位美国记者问："总理阁下，为什么中国人走路总是低着头，而我们美国人走路总是挺胸仰头？"周总理风趣地回答说："那是由于我们中国人正在走上坡路，而美国人走的是下坡路。"如果总理照本宣科，就无法回答这种突如其来的问题，自由发挥则显露出新闻发言人的自信与机智。

11.3 交际中的语言艺术

11.3.1 称呼称谓

称呼是指人们在日常交往应酬中，所采用的彼此之间的称谓语。在人际交往中，选择正确、适当的称呼，反映着自身的教养、对对方尊敬的程度，甚至还体现着双方关系发展所达到的程度和社会风尚，因此不能随便乱用。职场上所采用的称呼理应正式、庄重而规范。大体上可分为下述四类。

1. 职务性称呼

在工作中，以交往对象的行政职务相称，以示身份有别并表达敬意，是公务交往中最为常见的。在实践中具体又可分为以下三种情况。

一是仅称行政职务,如董事长、总经理、主任等,多用于熟人之间。

二是在行政职务前加上姓氏,如谭董事、汪经理、李秘书等,适用于一般场合。

三是在行政职务前加上姓名,如宋江董事长、吴用经理、林冲主任等,多见于极为正式的场合。

2. 职称性称呼

对于拥有中、高级技术职称者,可在工作中直接以此相称。如果在有必要强调对方的技术水准的场合,尤其需要这么做。通常也可分为以下三种情况。

一是仅称技术职称,如总工程师、会计师等,适用于熟人之间。

二是在技术职称前加上姓氏,如谢教授、严律师等,多用于一般场合。

三是在技术职称前加上姓名,如诸葛亮研究员、刘备工程师等,常见于十分正式的场合。

3. 学衔性称呼

在一些有必要强调科技或知识含量的场合,可以学衔作为称呼,以示对对方学术水平的认可和对知识的强调,大体上有以下四种情况。

一是仅称学衔,如博士,多见于熟人之间。

二是在学衔前加上姓氏,如侯博士,常用于一般性交往。

三是在学衔前加上姓名,如侯钊博士,仅用于较为正式的场合。

四是在具体化的学衔之后加上姓名,即明确其学衔所属学科,如经济学博士邹飞、工商管理硕士马月红、法学学士姜正全等,此种称呼显得最为郑重其事。

4. 行业性称呼

在工作中,若不了解交往对象的具体职务、职称、学衔,有时不妨直接以其所在行业的职业性称呼或约定俗成的称呼相称,多分为下述两种情况。

一是以其职业性称呼相称。在一般情况下,常以交往对象的职业称呼对方。例如,可以称教员为“老师”,称医生为“大夫”,称驾驶员为“司机”,称警察为“警官”等。此类称呼前,一般均可加上姓氏或姓名。

二是以其约定俗成的称呼相称。例如,对公司、服务行业的从业人员,人们一般习惯于按其性别不同,分别称为“小姐”或“先生”。在这类称呼前,也可冠以姓氏或姓名。

11.3.2 接待来客

接待水平高低有时直接反映了一个公司、一个部门的整体形象,语言往往是最能从心理上给人以安慰的武器,接待来客时的语言艺术往往会起到决定性作用。“一句话可令人发笑,一句话也可使人暴跳,”不经意的冷淡和鲁莽很可能会令一个潜在客户拂袖而去,永不登门,为公司造成不必要的损失。

1. 因人制宜

说话要看对象,并不是说见人说人话,见鬼说鬼话,而是到什么山头唱什么样的歌。面对来访者,最重要的就是尽快弄清他的来访意图,以便迅速确定谈话话题和下一步的具体安排。有的来访者确实是有重要的事情需要解决,你就不能怠慢,而应该仔细地询问事情的缘由;而有的来访者是无理取闹,你就不能因此而影响了工作,可以用巧妙的方法不失礼貌地将其晾在一边。

胡秘书正在办公室忙碌,进来了一位西装革履的男士,声称与总经理有约,但胡秘书一查经理的日程安排,却并没有发现有约,结果一看名片,是某家杂志社广告业务部钱经理。凭直觉胡秘书觉得对方是个推销员,但仍然很热情地请其就座、端茶,然后问道:"您是否和李总约在上午见面?"对方回答:"如果方便,我希望很快见到李总。"

胡秘书立即明白对方一定没有预约,于是礼貌回答:"很不凑巧,今天上午李总刚好有个临时会谈。我马上设法和他取得联系,告诉他您在这里等候。或者另约时间,可以吗?"钱经理马上表示同意。胡秘书接着说:"您看我怎么向李总汇报您的情况?"经过交谈,胡秘书很快清楚了,来访者是为杂志社要制作的本市工商名录做广告、拉客户的。

这类事不是第一次遇到,胡秘书知道接待不可草率生硬,来访者中不乏"无冕之王",还须"恭敬送神"好。经与李总联系,从他那里得到的答复是"不见",胡秘书当然不能直言相告,而是回复说:"钱经理,真对不起,李总正在与一家重要客户讨论谈判,我不方便进去打断。您看已近中午,怕要耽误您太多的时间了。您看是否这样,我公司虽在本市,但大多数的业务还是在外省市和外商之间,全国工商名录上我公司已在册,本市工商名录上再登当然对本公司也有益,具体事项我一定请示李总,并尽快电话与您联系,您看,我可以打名片上您的联络电话吧!"

"好,好。"嘴上这么说,钱经理已显不悦了。

胡秘书又继续说道:"另外,刚才看您送来的资料,我想起我的同行马小姐曾和我谈起过她供职的公司正要做公共形象广告和业务宣传,您看我是否可以介绍他们公司与您合作,这是她的名片,您可以直接与马小姐联系。"

"好,好!"钱经理的口气变得和缓了。

"钱经理,可以多留几份给我,尽管我公司业务范围不太适合,但周末的同行联谊会上,我可以帮您向其他合适的公司宣传。"

最后,胡秘书热情地送钱经理到电梯口,而钱经理离开时的微笑是真诚的,因为他受到的热情接待弥补了没有完成任务的缺憾。

2. 用语礼貌

一位海外客商到某地公司商谈合资办厂事宜。公司经理在会客室专候,并准备了烟茶水果。客商进公司大门后,迎候在门厅的公司经理秘书和客商握过手,说:"我们经理在上面(指二楼会客室),他叫你去。"外商一听,当即一愣:他叫我去?我又不是他的下属,凭什么叫我?当下就沉下脸来:"贵公司如有合作诚意,叫你们经理到我住的宾馆去谈吧。"说完拂袖而去。

这个事例中,秘书一个"叫"字搞砸了整个接待活动,造成了恶劣后果。

面对客户,要注意自己的礼貌,说话时切忌"你有什么事吗?你来干什么?找谁?有事吗?"等这样单刀直入的说话方式,而应该很礼貌地说:"请问我能为你做什么吗?我能为你服务吗?""请坐,请坐,你有什么事需要我帮忙吗?"这样的语言并不会显得卑躬屈膝、有失身份,而是中国优秀传统文化的延续,也能够让人觉得你的素质很高,并对你所在的公司充满好感。

礼貌用语不仅能让对方产生好感,有时还能消除对方对公司的坏印象。一天,有客人来访,陈秘书主动迎上前去迎接,结果客人立刻就激动得破口大骂,说因为该公司的问题而引起了他的金钱损失。陈秘书一点儿也不恼火,反而立即倒茶给客人,并让客人先坐下慢慢地把事情原因说清楚,最后与客人说:"非常抱歉,事情既已发生,必将得到解决,我们会尽快联系有关部门,请相信我们会进行认真调查,做出圆满的答复和处理。"客人离开时脸色已经不如之前那么难看了,陈秘书的谦和有礼使客人本来激动的情绪得到稳定,即使自己的要求没有立竿见影地化为现实,也能满意而归。

3. 接待情境

(1) 如何接递名片

接待过程中,秘书可能会接到来访者递来的名片,有时也要将自己的名片回递过去,无论哪一种都需要注意相关礼仪。

接名片。接受他人名片时,应起身或欠身,面带微笑,恭敬地用双手的拇指和食指接住名片的下方两角,并轻声道谢表示荣幸。如对方地位较高或有一定知名度,则可道一句"久仰大名"之类的赞美之词。接过名片后,要迅速扫读一遍,并确认对方的身份。随后当着对方的面郑重其事地将他的名片放入自己携带的名片盒或名片夹中,千万不要随意乱放,以防污损。

递名片。自己的名片应放于容易拿出的地方,以便取用。初次相识自我介绍或别人为你介绍时,当双方谈得较融洽表示愿意建立联系时,当双方告辞并表示愿结识对方希望能再次相见时,可递上名片。递名片要双手递过去,以示尊重对方。将名片放置手掌中,用拇指夹住名片,其余四指托住名片反面,名片的文字要正向对方,以便对方观看。如果对方是外宾,最好将名片上印有对方认得的文字的那一面朝向对方,同时讲些友好客气的话。

接受对方名片后,如没有名片可交换,应向对方表示歉意,主动说明,告知联系方式。"很抱歉,我没有名片。""对不起,今天我带的名片用完了,过几天我会寄一张给您。"

(2) 如何处理来访者较多的情况

在来访的客人较多时,秘书要坚持先来后到的接待原则。有些客人虽然是初次来访,但说不定他就是总经理约的贵客。如果秘书在接待客人时不坚持先来后到的接待原则,而总让熟客优先,在旁等候的客人会明显感到厚此薄彼,心里肯定不痛快。因此,即使是总经理的座上客,也应按先后顺序接待。其实,只要你奉上茶水,对他们礼貌点头,表示一下歉意:"实在对不起,请您稍等一下。"他们大多都会理解。

(3) 如何合理把控来访时长

按照原订的时间,领导应该会见某客人了,可他与上一位客人还没有谈完。在这时,秘书最好写一张便条,把某客人的事简单地说明一下,进办公室递给上司。在便条上一定要问:"要让某客人等候多久?"这样一来,领导在会谈的同时便可以对你的请示作简短的指示。

在前后两位客人交替的时候,秘书往往担心怠慢了等待已久的客人,所以在前一位客人出来的时候很容易忽略对其的送别,而忙于向后一位客人致歉,这可能给前一位客人一种被撵走的感觉。因此,秘书在这时候一定注意不要给客人留下厚此薄彼的印象。可以在给领导递便条之前就先对等待的客人表示歉意："让您等那么久，实在不好意思！"这样，秘书在送前一位客人的时候就可集中精力送别，后一位客人也不会介意，而前一位客人也没有被撵走的感觉。这一细节虽小，但若处理得不好，也会对公司的形象造成不良影响。

(4) 如何接电话

接电话属于一种接待客人的特殊方式，如果是面对面时你还可以用一杯茶、一个微笑赢得客人的好感，那么接电话就全凭自己的口舌。接电话过程中的基本要求须谨记。

一是不让电话铃响超过三声。最好是在第二声铃响之后、第三声铃响之前迅速摘机应答，尽量不要让电话铃响超过三声。如果铃声响过三声后依旧无人接听，对方往往会认为这个单位的工作人员工作状态不佳，使单位的形象大打折扣；如果铃声只响一声就立即接听，容易使对方有唐突之感。如果因故不能及时摘机应答，应在摘机后主动向对方说一声"对不起，让您久等了"，以示歉意。应答对方应当用"您好"，而不要用"喂"。

二是自报家门。通话时首先说话的是被叫方，因此，摘机后应当主动向主叫方自报家门，以便对方判断电话拨打得是否准确，如"您好，这里是 A 公司办公室"。

三是辨明身份。如果主叫方已作自我介绍，则可进行正式通话；但如果主叫方未作自我介绍，就应当用礼貌的方式了解对方的身份和来电意图，尤其是找领导的电话，更应如此。如果领导暂时不能接电话，下属要做好解释。切记，在未弄清对方身份和意图之前，不要盲目地把电话转给领导，也不要轻易和对方讨论有关公司的情况。

四是听记陈述。对方陈述通话内容时，应注意倾听，弄清其意图，抓住要害，记住细节。凡有不清楚、不明白的地方，一定要请对方重复或者解释；对方声音不清晰时，应该善意提醒。给领导的留言以及重要事项，要做好详细记录，事后及时向领导汇报。

五是复述内容。作为被叫方，应主动复述来电内容，既可以与主叫方核对信息，同时也有助于自己加强记忆。一般的通话内容可作简要复述，重要的通话内容应作详细复述，力求准确无误。

六是告别挂机。一般情况下，应当由主叫方先告别，被叫方回敬对方"再见"，也可以向对方表示感谢，如"谢谢你的来电，李先生，再见"。在确认对方已经挂机后，再轻轻放下听筒，以示尊重，并检查是否挂好。

七是处理电话留言。如果电话事务自己无法单独处理，需上报领导，这时就需要对电话留言进行处理。应尽早传递留言，如果留言是紧急内容，应将留言表中紧急一项重点标出，提醒领导及时查看。

11.3.3 慰问病人

同事生了病，我们往往会前去慰问。探望病人的目的在于对病人表示关心和安慰，使其心情愉快，积极协助医护人员同疾病做斗争，以便早日康复。但由于特殊的心理状态，人在患病期间都相当敏感，体贴入微、考虑周到的探望，会让病人心情舒畅，而冒失的探望和问候，则让病人烦躁不安，甚至严重影响双方关系。

1. 提前约定，选好时机

提前约定在普通拜访时是一个基本礼仪，而在看望病人时则更显重要。大多数医院对于亲属探望病人都有明确的规定和时间安排，在一些传染病医院、妇产医院，相关规定更为严格。此外，有些人病后情绪不稳定，有时也不宜探望，突然去探望病人，反倒会影响病人的情绪。因此，探望病人一定要提前预约，了解清楚探视时间和病人接受治疗的安排情况，并向病人或病人家属请示之后再去探望。

探望病人时，首先应选择适当时机，这就要求在探望病人之前，对病人所患的疾病和病情有所了解。如病人得的是什么病，病情重不重，治疗情况如何，病人的心理和情绪怎么样等。如果知道病人得的是肝炎等传染疾病，正在隔离期间，医院一般规定是不能探望的，则可以通过写信去表示慰问；如果病人手术不久，十分虚弱，或者正在抢救中，家人一般也是不希望探病者贸然前往的；有的病人刚住进医院，同事、亲友就川流不息前去探望，使病人和家属不胜负担，在这种情况下，也不宜集中在同一时间去凑热闹。

尽量避开病人休息、用餐和医疗的时间。由于病人的饮食和睡眠比常人更为重要，所以不宜在早晨、中午、深夜以及病人吃饭或休息时间前往探视。如果是探望住院的病人，还应在医院规定的时间内前往。若病人正在休息，应不予打扰，可稍候或留言相告。如果病人在家治疗养病，则应该在午休之后去探望为好。

既然约定好时间，就应守时。住院期间，病人的生活相当规律，接受治疗和休息时间都安排得很规范，因此探病应严格按照约定的时间，避免影响病人休息或者耽误其接受治疗，否则不仅失礼，也容易空跑一趟。

2. 说话技巧

一般来说，病人的精神状态比普通人要差，他们心情忧郁，多愁善感，性格多疑，很容易受到他人情绪和语言的感染。

(1) 神情。探病时说话的神情应该保持轻松和关切，不要显得过于担心，以免病人对自己的病情多想，见到病人治疗用的针头、皮管及其他医疗器械，不要表现出惊讶或恐惧的神态，以避免给病人带来压力。

(2) 内容。探病时要说些有益于养病的话。不要细问病人的病情，访问期间应多谈谈生活中有趣的见闻或者比较正能量的话题，让病人感到心情愉快，暂时忘记病痛；如果病人主动谈起自己的病情，可以稍稍询问一下，但不要深问，而是多向病人介绍自己或熟人治愈该病的经历和经验，介绍报刊上登载的与疾病斗争的决心和信心。此外，也可以讲讲病人家庭和睦、工作单位情况良好的事，一来能够解除病人的后顾之忧，专心养病；二来也能转移对方的注意力，减轻精神负担。告别时，一般应谢绝病人送行，并询问病人是否有事相托，祝他(她)早日恢复健康。

(3) 时间。为照顾病人休息，应尽量缩短访问时间。探望时间一般不要超过半个小时，否则会给病人及家属带来负担。

3. 注意事项

(1) 注意病人的忌讳。患了绝症的病人，探病谈话要忌讳提及真情。即使病人所患并非绝症，谈话也不宜触及病人最难受的症状，以免病人心烦。与其问："您常失眠?"不如较笼统地问"您近来感觉好些了吗?"病人实怕病情恶化，当发现病人脸色憔悴时，不能大吃一惊地问"才三天不见，你就瘦成这模样了?"而要说"这儿医疗条件不错，您的病一定会很快好转的。"

(2) 不要说怜悯的话。人都是有自尊的，尤其是生病以后，患者更在乎自己的自尊心。你若是怜悯他，他会认为你在取笑他，越觉得自己的病很罕见。所以我们要使用相反的方法。当我们看望患者时，如果对方生的只是小病，和你关系又比较亲近，可以打趣说："多幸运呀，生点小病还能休息几天，真好。"让患者不由自主地觉得偶尔生一点小病也很快乐。探病是为了安慰病人、鼓励病人战胜困难，让他们能够继续与病魔抗战。因此，在与病人谈话时要做细致周密的考虑，要明白什么能说什么不能说。

(3) 送礼要讲究。送给病人的礼物要考虑到病人的病情和礼物的寓意。通常流行的是送鲜花、水果、书刊、营养品，但送礼之前必须考虑到病人的具体病情，如一些糖尿病人不能吃水果，或者患呼吸道疾病的病人不适宜呼吸有花粉的空气。

11.3.4 宴会应酬

1. 握手

握手是指在交往场合二人通过互相握住手，以施见面礼的礼节行为，是交际场合运用最多的一种交际礼节形式。握手起源于原始狩猎和战争时期，人们手拿棍棒以防不测，陌生人相遇若无恶意，会双手摸摸掌心，以示自己手中无武器，向对方表示友好，逐渐演变成今天的握手礼，它是交际活动中最常用也是最重要的体态语言之一。

握手讲究做法，握手时距受礼者约一步远，两脚立正，腿并拢或脚尖展开站成八字步，上身稍前倾，肘关节微屈抬至腰部，目视对方伸出右手，四指并拢、拇指张开与对方相握或微动一次即可，礼毕后松开。

在涉外场合遇到身份较高的外国人，有礼貌地点头微笑或鼓掌表示欢迎就可以，如果对方没有主动伸手，不宜自行上前要求握手。与数位外宾初次见面，握手问候的时间应大体上相等，不要给人以厚此薄彼的感觉，与其中一位认识而不认识其他人时，同前者握手也要注意这一点，不要跟他握起手来没完没了，而同其他人握手只是意思一下。

握手还应注意以下几点。

(1) 次序。握手的次序一般是年长的先伸手，年轻的随之；职位高的先伸手，职位低的随之；女士先伸手，男士随之；主人先伸手，客人随之。其规律是尊者要先伸手。

(2) 力度。握手要坚定、有力，紧握对方的手。过紧地握手当然不礼貌，但应避免只用手指部分接触对方的那种漫不经心的握手。坚定、有力的握手代表这个人能够作决定，承担风险，负责任。诚挚、热情的握手，显示出你愿意结识对方，并给人以信任和鼓励感。而令人反感的握手，感觉是犹豫、不爽快，让人觉得软弱，没有生气，对别人不信任或不欢迎、无诚意等。在某种情况下，如久别重逢，会见嘉宾时，为达到传递某种情感的效果，可以与对方握手的时间稍微长一些，还可以同时伸出左手去握住对方右手的手背，两手呈紧握状。这种握手方式不能对女士或初识者采用，对他们稍握即可，不宜用力。

(3) 时间。握手的时间通常以三五秒钟为好，一般是握一下即可。若是熟人，时间可稍长些。男女之间生熟与否，都不宜用力过大，只握一下女士的手指部分，女方如不伸手，男士只能点头鞠躬致意。

(4) 女子可以戴着手套握手，尤其是戴晚礼服手套时，但男子必须摘下，不能戴手套握手。手上有水，或不干净时，应谢绝握手。可以说"对不起，我手上有水"等。军人戴军帽与对方握手,应先举手行军礼然后再握手。

(5) 人多时不能交叉握手,而应待别人握完再伸手;除女士、老者或宴会、会谈桌上之外,握手时一般都应站着;不可拒绝对方主动要求握手的行为,这是最失礼的表现。

2. 宴请

应邀参加宴会,要适当地打扮自己,表示对主人以及参加宴会者的尊重。要遵守时间,最好提前到达一会儿,可以和主人以及其他客人应酬。如果有其他事情耽搁,不能参加宴会,应事先向主人说明。如果参加宴会时不小心迟到了,应向主人致歉。

按照主人安排的座次入席,不能乱坐座位。入座时,要和其他客人礼让,并从椅子左边入座。开宴之前,可与邻座交谈,不要摆弄碗筷、左顾右盼。等主人、同席年长者招呼以后,才能动筷。

如果是你请客,在时间允许的情况下应该等大多数客人到齐之后,将菜单供客人传阅,并请他们来点菜。当然,作为公务宴请,你会担心预算的问题,因此,要控制预算,你最重要的是要多做饭前功课,选择合适档次的请客地点是比较重要的,这样客人也能大大领会你的预算。一般来说,如果是你来埋单,客人也不太好意思点菜,都会让你来做主。

如果你是赴宴者,就不该在点菜时太主动,而要让主人点菜。如果对方盛情邀请,你可以点一个不太贵、又不是大家忌口的菜。记得征询一下桌上人的意见,特别是问一下"您有没有什么忌口?"或是"比较喜欢吃什么?"让大家感觉被照顾到、被重视。点菜后,可以请示"我点了××菜,不知道是否合几位的口味""要不要再来点其他的什么"等。

3. 用餐和饮酒

客人入席后,不要立即动手取食,而应待主人打招呼,由主人举杯示意开始时,客人才能开始,不能抢在主人前面。夹菜要文明,应等菜肴转到自己面前时再动筷子,不要抢在邻座前面,一次夹菜也不宜过多。要细嚼慢咽,这不仅有利于消化,也是餐桌上的礼仪要求。绝不能大块往嘴里塞,狼吞虎咽,这样会给人留下贪婪的印象。不要挑食,不要只盯住自己喜欢的菜吃,或者急忙把喜欢的菜堆在自己的盘子里。

用餐的动作要文雅,夹菜时不要碰到邻座,不要把盘里的菜拨到桌上,不要把汤泼翻。不要发出不必要的声音,这都是粗俗的表现。嘴里的骨头和鱼刺不要吐在桌子上,可用餐巾掩口,用筷子取出来放在碟子里。掉在桌子上的菜,不要再吃。剔牙时,不要用手去嘴里乱抠,要用牙签,并以手或餐巾掩住嘴。

主人向客人敬酒时,客人应起立回敬。当主人给客人斟酒时,有酒量的也要谦让一下,不要饮酒过量,导致酒后失态;不善饮酒的可向主人说明,或喝一小口,表示对主人的敬意。无论主人还是客人,都不应强劝别人喝酒。饮酒以及喝其他饮料时,要把嘴抹干净,以免食物残渣留在杯沿,十分不雅。饮酒时,倒八分满,慢斟细酌。

4. 谈话

就餐时与人交谈要放下餐具,停止进餐,以示对谈话人的尊重。应与同桌的人交谈,特别是左右邻座,不要只同几个熟人或只同一两个人说话。邻座如不相识,可先自我介绍。交谈内容应健康、轻松,态度应礼貌、友善、愉快。交谈时音量不应过大,影响他人,也不可窃窃私语。

5. 离座

用餐后，须等男、女主人离席后，其他宾客方可离席。离席时，应帮助邻座长者或女士拖拉座椅。中途离场一定要向邀请你来的主人说明原因，并真诚致歉，绝不能不交代一声就自顾自离开。

案例分析

老板说话应具备的特点

老板与员工的对话主要有四种功能。

监督功能——凭借此功能来得到管理工作中的具体情况，监督各部门执行老板的决定。

参与功能——凭借此功能可发现执行决定过程中发生的事件，探索和寻找解决方法，使老板从"观察"地位进入参与位置。

指示功能——在这中间传递上级指示或个人决定。

悉人功能——与工作人员接触，了解他们的种种心理活动，做到悉人知心。

可是，老板应怎样同员工谈话呢？

1. 善于激发员工讲话的愿望

谈话是老板和员工的相互活动，员工如果没有讲话的愿望，那么谈话难免会陷入僵局。所以，老板首先应该在讲话中融入细腻的感情，要注意讲话的语气、方式以及语音，激发员工谈话的愿望，让信息的交流融入感情交流的过程中。

2. 善于启发员工讲实话

谈话的目的是得到真实的信息。但是，有的员工出于各种动机，谈话时真假相混，见风使舵；有的则有所顾忌，无法说出内心的想法，这都使谈话变得没有意义。为此，老板必须克服专制、蛮横的作风，代之用坦率、诚恳、求实的态度，并且一定要让对方在谈话过程中明白：自己所感兴趣的是真正的现状，并不是只讲好的方面。要消除对方的顾虑。

3. 善于抓住主要问题

谈话一定要突出重点，简明扼要。一方面，老板要以身作则，在一般的礼节性招呼之后，便迅速转入正题，阐明问题实质；另一方面，也要让员工习惯这种谈话习惯。要知道，话多是对信息实质不理解的表现，这样会使谈话效率降低。

4. 善于表达对谈话的兴趣和热情

正由于谈话是相互活动，因此，一方对另一方的讲述应予以积极、适度的反馈，使谈话者更加津津乐道，使彼此的谈话更加和谐、深刻。同时，老板在聆听员工谈话时，一定要注意自身的态度问题，充分利用一切方法——表情、姿态、插话、感叹词等来表达自己对员工所说的事件的兴趣和对这次谈话的热情。

在这样的情况下，老板微微地一笑、赞同地点点头、带有热情的一个"好"，都是对员工谈话的非常有力的鼓舞。

5. 善于掌握评论的分寸

在听取员工讲述时，老板不应发表批判性意见。如果要作评论，就应将其放在谈话最后，并且成为结论性的意见，措辞要有分寸，表达要慎重，要采取劝告和建议的方法，让员工易于采纳和接受。

6. 要善于克制自己，避免冲动

员工在反映情况时，可能会忽然批评、抱怨起某些事情，而这在客观上又正是在责怪老板自己。在这时，你身为老板，应保持冷静的头脑，不要一激动，也开始不停地讲起来，甚至为自己解释。

7. 善于利用谈话中的停顿

在员工说话过程中会出现两种停顿现象，要分别处理。一种是员工故意地停止讲话，它是员工为探测一下老板对他讲话的反应、印象，想让老板做出评论而做的。这时，老板有必要提出一般性的讲话，以鼓励他进一步叙述。

第二种停顿是思维瞬间中断导致的，这时，老板最好运用"反向提问法"来还原原来的思路。这样的方式就是用提问的形式再复述一遍员工刚才讲的话。

8. 善于克服最初效应

所说的最初效应就是日常所说的"先入为主"，有些人就会很关注这样的效应，这就是通常说的第一次印象。因此，老板在谈话中要有客观、批判性的态度，常常警觉、熟练地展现自己，应从真实情况中区分出来。

9. 善于利用一切谈话机会

讲话方式应该分为正式和非正式两种方式，前者在工作时间中进行，后者在其他时间内进行。作为老板，不应放弃非正式谈话的方法。在早有防备的情况下，哪怕是几句简单的话，有些时候也可以得到意想不到的信息。

资料来源：江龙. 职场口才宝典[M]. 南昌：百花洲文艺出版社，2012.

【问题讨论】 结合本章内容和上述案例思考，说说身为上司，和下属说话时有哪些禁忌。

习题

一、选择题

1. 某领导在接受记者采访时，说："俗话说：'言多必失'，所以，我无可奉告。"这句话犯的错误是（　　）。

A. 准备不足、仓促应对　　B. 牵强附会、语言专政

C. 情绪对立、无可奉告　　D. 公开指责、威胁恐吓

2. 身为下属，我们有时候还是有必要学会察言观色，揣摩上司的意图，掌握与上司说话的艺术，以便使自己在公司的生活及工作更加顺利，和上司说话应（　　）。

A. 不卑不亢　　B. 积极主动

C. 曲意逢迎　　D. 拐弯抹角

3. 去探望生病的同事时，应当(　　)。

A. 提前约定，选好时机　　B. 对病人嘘寒问暖，反复询问病情

C. 神情保持轻松和关切　　D. 为表示关切，尽量延长探病时间

二、简答题

1. 小陈和小杨是某学校新来的年轻教师，小陈心眼细，考虑事情周到；小杨性情有些鲁莽，但业务能力较强。一次，两个年轻人发生了争执，小陈说不过小杨，感觉很委屈，跑到校长处诉苦。如果你是校长，要如何调解二人的矛盾？

2. 你代表公司参加记者招待会时，突然被问到一个没有任何准备的问题，这时应当怎么应对？

3. 公司召开月度会议，由你主持，当问到对下个月的工作有什么计划时，没有人主动说话，这时你应该怎么办？

4. 假设你是经理秘书，说说接听客户来电时的注意事项。

第12章　辩论口才

【本章学习目标】

1. 掌握辩论的基本概念、四要素、分类、基本特征和作用。
2. 掌握辩论中的逻辑技巧。
3. 掌握辩论中的语言技巧。

【导入案例】

美国历届经典总统辩论回顾

1960年　肯尼迪和尼克松

关键词：谁说男人的脸蛋儿不重要？

1960年9月26日，尼克松和肯尼迪进行了美国总统竞选历史上第一次电视辩论。尼克松当时是副总统，肯尼迪不过是马萨诸塞州一名资历尚浅的参议员，许多人认为经验老到的尼克松肯定会胜出。但电视屏幕改变了一切。

尼克松刚动过膝盖手术，脸色苍白，身体消瘦，还发着烧；肯尼迪则刚参加完加州竞选活动，肤色黝黑，活力四射。观众看到的是一脸憔悴的尼克松应战阳光活力的肯尼迪，如果光听声音，两人旗鼓相当、不分高下，但两人的个人形象对比是如此强烈，以至于观看直播的6500万美国人几乎立刻就能决定要把选票投给谁。虽然此后两人又进行了三场电视辩论，但已经无关紧要了。事后肯尼迪也表示，如果没有电视辩论，他很难入主白宫。肯尼迪也就此被广泛视为美国总统大选辩论正式举行以来的首个赢家。

尼克松是第一位允许电视直播记者招待会的总统，也是第一个允许电视新闻记者登上总统专机的总统。肯尼迪无疑是一位“电视总统”，他很清楚新兴媒体的重要作用，并很懂得如何利用它。总统可以一个相对随意和个性的方式，越过国会和媒体老板直接面对公众。肯尼迪熟练而恰当地在电视上露面，给了美国民众一个正面的印象。肯尼迪改变了美国总统竞选文化，他是首位真正懂得如何利用电视的总统。他和夫人杰奎琳成为这个国家充满活力和创造力的象征。

大概是由于担心电视辩论的戏剧性影响，此后三届大选，总统候选人没有再接受电视辩论的形式，大选辩论停办了十多年。

1976年　福特(在任总统)和卡特

关键词：说出去的话泼出去的水，一着不慎满盘皆输。

1976年，电视辩论再次出现，并从此成为总统大选的常规项目，而电视辩论再度帮助劣势者扭转乾坤。这一次,民主党人卡特挑战争取连任的共和党籍总统福特。福特普遍被认为很有优势,可以轻松战胜对手卡特。可在关于美国未来外交政策的第二次电视辩论中,福特居然犯下了一个重大失误,他在辩论时说:“东欧可没有被苏联统治,那里也永远没有福特政府的什么事儿。”在美苏已经冷战多年的背景下,这不是明摆着伤害人民内心深处的感情吗?在此之后,福特的势头就停滞不前,卡特来了一个华丽的“咸鱼翻身”,以微弱的优势赢得了美国总统大选。

1980年　里根和卡特(在任)

关键词:一句金玉良言顶得过千军万马。

里根一直在民意调查中落后卡特,但后来一辩论,就露出“总统相”。总统辩论唇枪舌剑,火星四溅,说到激动时难免心浮气躁。卡特总统与挑战者里根辩论时便是如此。相反,演员出身的里根却神态自若,说起话来仍然有条不紊。每每看到卡特言辞犀利、面容紧张时,他还会轻松地回应道:“There you go again!”(你又来这一套了!)这戏谑的一句,立时展示了里根领导者的风度。“There you go again!”一夜间风行全美,卡特大势遂去。最后,里根问了选民一个问题:“你们的生活状况比四年前有所改善吗?”这个问题可能也是那次大选的核心。里根的出色表现平息了民众对他的担心,使他们甘愿投他一票。

1984年　里根和蒙代尔

关键词:幽默一语胜过万千火炮。

1984年,73岁的里根竞选连任,其对手是几乎比他小近20岁的民主党人蒙代尔。在竞选辩论时主持人问里根:“总统先生,您已是历史上最年迈的总统了。您的一些幕僚们说,最近和蒙代尔先生的遭遇战之后,您感到疲倦。我回忆起肯尼迪总统,他在古巴导弹危机中,不得不连续干好几天很少睡眠。您是否怀疑过,在这种处境中您能履行职责吗?”很显然这是质疑里根年迈是否适宜当总统。对此,里根没有气急败坏,而是幽默地说:“我希望你能知道,在这场竞选中我不愿把年龄当作一项资本。我不打算为了政治目的而利用我对手的年轻和缺乏经验。”一席话让旁边的对手蒙代尔也忍不住笑出声来。里根最终也获得连任。

1988年　老布什(副总统)和杜卡基斯(马萨诸塞州州长)

关键词:铁面无私,大义灭亲,百姓并不埋单。

1988年马萨诸塞州州长杜卡基斯竞选总统,在民调中一度领先老布什十几个百分点。但在辩论中,记者问他如果他的妻子被谋杀,他是否主张对凶手执行死刑。一向反对死刑的杜卡基斯坚持说不,这使他一下子被视为冷血动物。杜卡基斯的“一失足成千古恨”让他最终荣登“美国总统大选奇葩排行榜”的榜首。当天晚上,杜卡基斯的支持率就从49%暴跌到42%,最终他也就理所当然地在大选里输给了老布什。有人说,如果杜卡基斯当时能给出类似于下面这种回答,历史也许会重写。“这问题真荒唐,像任何充满血性的美国男人一样,我会向任何伤害我至爱妻子的人寻求报复。但是作为美国总统,我不能将国家公共政策建立在个人情感基础之上。”

1992 年 克林顿和老布什(在任总统)

关键词:群众的眼睛是雪亮的,细节决定成败。

在电视辩论中,候选人的一举一动都逃不过观众敏锐的眼睛,可谓“细节决定成败”。1992 年的总统电视辩论中,谋求连任的老布什总统就在身体语言上吃了亏。他看手表,提腰带。老布什无聊和不耐烦的表现无意间强化了他在公众心中“淡漠的执政官”形象,与善于打亲民牌的克林顿形成鲜明对比。人们说,要想一起去喝啤酒聊天,克林顿肯定是首选。在第一场辩论中,克林顿有攻有守,游刃有余,老布什显然处于下风,克林顿以他那咄咄逼人的气势、优秀的口才赢得了人心,使公众真正看到了变革的希望。最终,他赢得了这场选举的胜利。

2000 年 布什和戈尔

关键词:羞辱对手,摆出精英姿态,只会葬送江山。

20 年后,时任副总统戈尔想效仿里根的从容风度,却做得过激了,适得其反。戈尔在与对手布什的辩论中,觉得对方在辩论中回避问题,于是面露不满,叹气连连,显得倨傲而缺乏耐心。更糟糕的是这一次。布什说:“好吧,区别是,我能做到。我能代表民众做一些积极的事情。这才是选举中的关键所在。不仅是你的理论和立场……”戈尔站起来,走近布什,仿佛要羞辱恐吓他。布什接着说:“而且,你是否能做到这些事?”(布什点头,全场笑声)“我相信我能。”

戈尔在与布什进行的第一场辩论时,在对手说话时大声地叹气。戈尔的意思是感叹布什讲话情理不通、不可救药。但这一叹气,显示出他的优越感,被媒体反复播放,打造了他那个精英式的傲慢面孔,一叹送江山。面对似乎要“羞辱恐吓”自己的戈尔,布什憨直友善的反应无形中打动了选民。经过 2000 年这一番激烈的选战,布什最终入主白宫。

2008 年 奥巴马和麦凯恩

关键词:年轻就是资本,无畏就是力量。

奥巴马与共和党的竞争对手麦凯恩当时曾展开三场较量。首场辩论较量,奥巴马和麦凯恩都很谨慎,因而近四成选民认为两人在这场辩论中打成了平手。奥巴马在后两场较量中保持冷静态度,顽强抵抗住了麦凯恩的攻势;而反观麦凯恩则在辩论中提出了一些有争议性的观点,令其失分。民调显示,大多数选民认为奥巴马赢得了后两场辩论。总的来看,奥巴马与麦凯恩相比略占上风,基本可算是辩论的赢家。2008 年,学不会控制自己情绪的麦凯恩在千万观众面前,轻蔑地奚落奥巴马为“那个人”,支持率立刻跟着下跌。

资料来源:搜狐新闻. 美国历届经典总统辩论回顾[EB/OL]. http://news.sohu.com/20121023/n355536622.shtml.

【思考提示】 在美国,一个人如果想要竞选总统,必须拥有相当高的辩论水平。毕竟大部分的选民都不了解候选人,无非是通过媒体了解,在媒体上一定要表现得好,才能获得选民的选票。候选人就像是推销员,好的推销员能把坏产品推销给你,差的推销员,好的产品你也不接受。辩论能力就是推销员的口才。

阅读导入案例并思考,那些身处劣势的竞选者是怎样利用辩论获得优势的;现实生活中,辩论有什么作用;我们在参与辩论的过程中应注意哪些事项?

12.1 辩论的基本概念

《墨子·经说上》云："辩，争彼也；辩胜，当也。""辩"即辩论、辩解、辩明的意思。"论"是议论、评定之意。辩论是指彼此用一定的理由来说明自己对事物或问题的见解，揭露对方的矛盾，以便最后得到共同的认识和意见。可见，从语言产生开始，人类其实就已经开始了辩论，因为当人们在交流思想、表达情感出现不一致的情况时，为了达到一致就必须想方设法去说服对方，这样也就产生了辩论。

辩论有四个要素：主体、客体、媒体和受体。主体是指辩论行为的实施者，是由辩者组成的辩方，而且至少要由两个辩方才能构成；客体是指辩论行为实施的对象，即辩题；媒体是指辩论行为实施的条件，辩论是通过语言进行的活动，语言就是辩论的媒体；受体是指辩论行为实施的接受者，又称为受众，即那些虽不直接实施辩论行为，但对辩论主体之间的辩论感兴趣、关心辩论情况、注视辩论行为的进展、接受辩论的影响，有时又反过来施加影响于辩论的发展变化的听众、观众或读者。

12.1.1 辩论的类别

辩论的形式可以从辩论主体、辩论客体、辩论媒体、辩论受体等多个角度进行分类。

1. 从辩论主体的角度分类

(1) 多方辩论。围绕同一个辩题，形成三个或三个以上对立的辩方，就是多方辩论。这种辩论活动非常复杂，它又可表现为这样一些形态：对阵的多个辩方，各自只有一个辩者；对阵的多个辩方中，有一个辩方只有一个辩者，其他辩方各自有两个或两个以上的辩者；对阵的多个辩方中，某些辩方（不只一方）中各自只有一个辩者，另外的辩方（也不只一方）中各自都有两个或两个以上的辩者；对阵的多个辩方，各自一方都有两个或两个以上的辩者。

多方辩论中，不同的观点多，参战的辩者人数也多。每一个辩者都必须熟悉各方的观点，并能以充足确凿的论据和逻辑严密的论证方法，将不同于己方的观点逐一驳倒，方能获取胜利，因此对每一位辩者的要求都很高。

(2) 双方辩论。双方辩论是指只有两个对立的辩方进行的辩论。由于辩方中组成的辩者人数有多有寡，其又分为以下几种情况。

一是众多辩者对众多辩者的辩论。即双方对阵各自都有两个或两个以上的辩者。这样的辩论，双方都有严密的组织、精心的安排，要充分发挥本方每一位辩者的作用，群策群力，努力去争取胜利。在辩论中，双方的辩者都要扬长避短，相互关照呼应，步调一致，攻守有序；在辩论的关键时刻，双方都要确保己方的核心或首脑人物的攻守，使其有能力挫败对方，置"敌"于死地，以争取胜利，如辩论比赛、外交谈判、贸易洽谈等大多是这种形态的辩论。

二是一个辩者对若干辩者的辩论。即对立的两个辩方，其中一个辩方只有一个辩者，另一辩方则有两个或两个以上的辩者。辩者多的辩方，人多势众，气势上容易压倒对方，只要步调一致，组织有序，众志成城，对方是难以招架的；反之，倘若组织散漫，步调不一，相互掣肘，也容易露出破绽，给人以可乘之机。而只有一位辩者的辩方，势单力孤，要与众人对阵，就需要冷静沉着，处变不惊，坚定克“敌”制胜的勇气和信心，从容攻守，兼顾多面。须做到既充分摆明自己的观点与见解，发挥个人的勇气和智慧，又能以充足的理由去驳倒对方。《三国演义》中诸葛亮舌战群儒，便是以少胜多、以弱胜强、以一对多辩论获取胜利的脍炙人口的例证。

三是一个辩者对一个辩者的辩论。即对立的两个辩方，各自有一个辩者。这是一种比较简单的辩论。因为在对阵中，双方辩者都无须分神去考虑与同盟者的协调和关照，也没有什么干扰，只要临场果断，就可以我行我素，或攻或守，双方都容易集中自己的注意力，辩论的火力也集中。

需要说明的是，有一些辩论可能自始至终都是双方辩论或多方辩论。有一些辩论可能两者混合，开始时是双方辩论，而后复杂化，变成多方辩论；也可能开始时是多方辩论，观点逐渐集中后，形成双方辩论；还可能是这两种形态反复地交替变化。总之，辩论主体构成的形态相当复杂，并且是多变的。

2. 从辩论客体的角度分类

辩题即辩论客体，非常庞杂，这里只提供两种较为常见的分类方式。

(1) 根据对事物情况直接做出断定还是在两者之间加以比较，辩题可分为是非型辩题与比较型辩题。

① 是非型辩题。该类型辩题的主要特征是对一个命题进行是或非的判断，例如“恶贯满盈的人是否值得同情”“人类是否有天敌”等。对于这样的辩题，首先要分析其特征，然后建立起逻辑框架和理论与事实的依据。极为重要的一点是，对于这类辩题，辩论双方的立场都应是十分明确的，不存在相互含糊的成分。是或不是，都必须作为肯定的观点呈现出来。比如：“钱是万恶之源/钱不是万恶之源”“人生是一个快乐旅程/人生不是一个快乐的旅程”等。

② 比较型辩题。该类型辩题在内容上是你中有我，我中有你，各自在证明本方立场的同时，也必须证明对方立场的部分合理性。该类辩题在形式上，可分为“轻重之辩”“主次之辩”“大小之辩”，其关键词为“更”“主要”等。比如“谁比谁更重要”“主要靠什么”“谁比谁更有利”，等等。在具体辩论中，应该以本方的“更”为实，以对方的“也”为虚，做到虚实相间。但是，在具体的辩论中，双方为了拉开阵式，常常不自觉地将辩题更改为“我重要你不重要”“靠这不靠那”“我有利你不利”。这在立论中应该引起重视。比如：“诚信主要靠自律/诚信主要靠他律”“天灾比人祸更可怕/人祸比天灾更可怕”“生命诚可贵，爱情价更高/爱情诚可贵，生命价更高”等。

(2) 根据正反双方辩题之间的关系，可分为对立型辩题与矛盾型辩题。

① 对立型辩题，即正反双方辩题为“反对关系”。这一类辩题的基本特征是双方的观点处于平等的对立状态，如“艾滋病主要是医学问题还是社会问题”，就其辩题内容而言，不是上述的那种简单的只需证明“是”还是“不是”的问题，它要求在论证本方观点的正确性的同时，还要证明对方的观点是不正确的。

对立型辩题在语言表述上为“……是……还是……”，即“是 A 还是 B”(A 与 B 对立)。

由于双方并非完全矛盾，所以对于正方，仅仅证明本方观点还不够，还须证明对方观点的不能成立，即边破边立。

例如，对于“艾滋病是医学问题还是社会问题”这个问题来说，我们知道，医学问题和社会问题并不完全矛盾，所以，作为正方来说，仅仅论证艾滋病是医学问题是不够的，还要证明它不是社会问题，这样才是比较全面的论证，要边破边立，两方面兼顾。又如，“愚公应该移山(愚公应该搬家)”，即对立型辩题，因为在正反双方之间还有第三种情况：不移山也不搬家，而是开发山区。

② 矛盾型辩题，即正反双方辩题为“矛盾关系”。这一类辩题是指辩论双方所持的观点是完全矛盾的，双方论点截然相反，非此即彼。

这样的辩题在语言表述上通常为“……是(不是)……”“……应该(不应该)……”“……会(不会)……”“……可以(不可以)……”“……可能(不可能)……”等。这类辩题，一方只需对本方观点给予充分的证明与阐述即可，而无须论证对方的观点是错误的。因为实际上，对于这种类型的辩题，在论证本方观点的同时就是对对方观点的有力反驳。

例如，“网络经济是不是泡沫经济”这个辩题，网络经济是泡沫经济与不是泡沫经济是完全相悖的，肯定一方无异于否定另一方。又如，“温饱是(不是)谈道德的必要条件”。这就要求两者之间肯定一个，否定另一个，不存在中间状态。

3. 从辩论媒体的角度分类

(1) 口头辩论。口头辩论是借助口头语言进行的辩论。辩论是语言的互动，所以口头辩论都是使用对话来进行的，因此临场性特别强，往往是随着对话情势的发展变化，即席决定应答的内容与方式。辩论双方除了使用口头语外，还常使用非语言符号，比如表情、动作、姿势等来表达丰富的思想感情，以增强表达效果。有些临场难以立即想好或不便启齿的词句，往往借助这些非语言因素来表情达意。

(2) 书面辩论。书面辩论是借助书面语言进行的辩论。书面语言的记录符号是文字，成为篇章系统的文字就是文章。书面辩论也就是通过写文章来进行辩论。参与书面辩论的文章通常都不受时空限制，倘若确属真理性的认识，是至理名言，能表现出当时的远见卓识，还会长久流传，昭示后人，我们现在能读到的过去的许多中外论辩名篇，都已超越时间，名垂千古。

学术争鸣大多采用书面辩论的形式，辩论比赛、法庭辩论、答辩、会谈等，虽多为口头辩论，但在其辩论前或辩论后，也都需要写一些有关的文章，如辩论稿、辩论提纲、答辩书、会谈纪要等。这虽然不是使用文章来参加辩论，但毕竟也是辩论中不可缺少的环节。即使是口头辩论，辩者掌握一定的文章写作能力，也大有裨益。

4. 从辩论受体的角度分类

因为辩论的受体不直接实施辩论，所以有些辩论有受体，有些辩论就没有受体。根据是否存在受体的参与，我们可以把辩论划分为开放辩论和封闭辩论两种类型。

(1) 开放辩论。有受体存在的辩论即开放辩论。法庭的公开审判、法庭的辩论会都会有旁听的受众；大学毕业前的论文答辩也允许同系的同学旁听。至于谈判，甚至一些非常重要的外交、政治、经济、军事谈判，还可能允许新闻记者采访，或是有观察员列席，这些人都是辩论的受体。日常辩论，比如办公室里的争论，多有同事在场，这些同事就是受体。受众人数越多，知道辩论情况、受到辩论影响并反作用于辩论的范围越大，其开放的程度也就越高。

(2) 封闭辩论。没有受体存在的、辩论的影响仅仅局限于参辩的辩论主体范围之内的辩论，即封闭辩论。一些专家、学者经常利用书信往来互相切磋学问、商榷问题、辩论是非曲直。这些书信中的辩论情况，除了通信双方外，别人是不得而知的；又如当案情涉及国家机密或商业秘密时，法庭审判必须秘密进行，也就不存在旁听者，这时的法庭辩论和审判就是封闭辩论。

12.1.2 辩论的基本特征

1. 观点的对立性

辩论是不同思想观点的交锋，没有对立便没有辩论，因此辩论各方的观点必须是截然对立的或至少是有鲜明分歧的。辩论中，辩论者既要千方百计地证明并要对方承认自己观点的正确性，又要针锋相对地批驳对方的观点，并使对方放弃自己的观点，这就决定了各方立场的鲜明对立性，这样才有辩论的必要。

例如，“网络时代对我们好不好”这个辩论题目，正方认为“网络时代对我们好”，反方则认为“网络时代对我们不好”，正反两方的观点截然对立。

2. 思维的机敏性

由于辩论在许多时候打的是无准备之战，在唇枪舌剑的战斗中，双方思维的紧张程度不亚于短兵相接。语言信息的传播与反馈比起一般的会话来快多了。因而既需明察对方的策略，又要应付对方的“明枪暗箭”，而这一切往往来不及深思熟虑，都得临场发挥。所以论辩者必须具有敏捷的思维能力、高度的判断能力、机智的语言运用能力。

3. 论理的攻守性

论辩是“破”与“立”的辩证统一。论理时一方面要使自己的观点正确、鲜明，论据有力，战术灵活适当，使己方坚如磐石，令对方无懈可击；另一方面要善于从对方的阐述中寻找纰漏，抓住破绽，打开辩驳的突破口，使自己立于不败之地。

4. 逻辑的严密性

辩论语言是极富有灵活性的口语形式，理由充足、富有逻辑力量的辩论语言才能使对方心悦诚服。正如斯大林所描绘的列宁那样：“当时使我佩服的是列宁演说中那种不可战胜的逻辑力量，这种逻辑力量虽然有些枯燥，但是它能够紧紧地抓住听众，一步步地感动听众，然后就把听众俘虏得一个不剩。我记得当时有很多代表说，‘列宁演说中的逻辑好像万能的触角，用钳子从各方面把你钳住，使你无法脱身；不是投降，就是完全失败’。”正是列宁语言中那种强大的逻辑力量，让斯大林折服。

辩论的说服力只有建立在逻辑严密性的基础上才能起效。要想论辩的语言符合逻辑，就要避免语无伦次、似是而非、矛盾百出等现象的出现。

12.1.3 辩论的意义和作用

墨子曰："夫辩者，将以明是非之分，审治乱之纪，明同异之处，察名实之理，处利害，决嫌疑。"可见，辩论的作用极其广泛，在于划清人们有关是非曲直的界限，探察世道治乱的标准，判断事物同异的根据，权衡利弊得失，解决人们思想上存在的疑惑。同时也能锻炼思维能力，增长聪明才智，增进人与人的了解，促进相互沟通。

1. 辩论有助于人发现和认识真理

学者们常说："真理愈辩愈明。"随着社会的不断进步，人类科学活动向广度和深度进展，人们对事物的认识也愈益丰富多样，彼时彼地认为是真理的，此时此地则认为是谬误，即使是同时同地，由于个人的思想、知识水平、认识角度、所处地位的不同，对于相同的事物也会产生不同的见解和主张，甚至形成不同的政治、学术派别和思想体系。通过辩论可以使人去伪存真，分清是非，从而呼吁社会舆论去支持正确的主张或行为，斥责错误的言论或行为，进而使人们牢固树立坚持真理的观念。20 世纪 80 年代初期，为了解放思想，全国开展了一场关于真理标准的大讨论，通过辩论最后形成了一个共识："实践是检验真理的唯一标准。"用这一理论指导我们的各项工作，使各项工作都有了很大的发展。又如法国科学家普鲁斯特和贝勒索就定比定律的有关问题进行了长达九年的辩论，越辩论认识越明晰，从而终于发现了定比定律。普鲁斯特成了这场大辩论的胜利者。后来他无限激动地对贝勒索说："要不是你的责难，我是难以深入去研究定比定律的。"显而易见，在社会领域和科学领域中，通过辩论，就能认识和掌握真理，而一旦认识和掌握了真理，就可推动和促进社会的进步。

2. 辩论有助于人锻炼思维

当代社会，科学技术日新月异，文明程度不断提高，人们的社会交往、思想交流日趋频繁，研究辩论之道、总结辩论规律、掌握辩论技巧，对于每一个人来说，都是大有益处的。在辩论活动中，锻炼思维是第一位的。因为丰富而又深刻的思想是辩论取得成功的"基石"。

辩论锻炼思维可以从以下四个方面表现出来。一是锻炼思维的完整性。一个人独自思考，或者发表个人演讲，往往只从问题的一两个侧面展开思考，而数人辩论，则能够相互补充，丰富思想，使对问题的认识比较全面，思考也比较完整。二是锻炼思维的准确性。法国作家福楼拜曾精辟地指出："思想准确是表达准确的先决条件。"辩论就是要求双方对所辩论的问题有比较深入的思考，这种思考越是能接近于问题的本质，就越是能准确地把握它的本质属性，辩论时才能以你的"棋高一着"而克敌制胜。三是锻炼思维的清晰性。想得不清楚的东西也就说得不清楚，言辞的不准确和混乱只能证明思想的混乱。在辩论过程中要求双方以明白无误、有条不紊的语言来表达自己的思想观点，而这是以思路清晰地、有层次地展开为前提的。四是锻炼思维的敏捷性。凡擅长辩论者，都与平时善于观察、勤于思考、思维敏捷有关，唯有如此才能在辩论时面对咄咄逼人的进攻和一连串的提问，成竹在胸，反应敏捷，迅速调动日常的知识积累，一一予以回答和辩驳。

3. 辩论有助于人促进沟通

正如马克思所言："人需要和外部世界往来，需要满足这种欲望的手段：食物、异性、书籍、谈话、辩论、活动、消费品和操作对象。"辩论是通过人们因不同观点而引起的言语交锋,达到相互了解、谅解和信任,进而实现人际沟通的一种手段。因为,通过交锋,彼此能够更好地了解对方的立场和观点,可以求同存异,达到高层次的心理沟通。例如,领导和群众之间存在不同的观点,可以通过平等对话这种具有辩论色彩的方式,开诚布公地交换意见,相互沟通。

在日常生活中,人们随时都可能就某一事物发生辩论。如家庭生活中父母与子女的对话,夫妻之间的思想交锋,邻居之间的纠纷,同事之间对事物的不同看法等。当遇到这些问题时,如果通过恰当的辩论,就可明白事理、统一认识、解决矛盾、和谐关系。如一对新婚才半年的夫妻,一天丈夫提出离婚。妻子指责道:"你当时向我求爱时,信誓旦旦,海誓山盟,许下诺言要爱我一辈子,说什么但羡鸳鸯不羡仙,为什么才半年就变心?"丈夫反驳:"我这些话并没有说错啊,确是表达了对你的一片真挚的感情!"妻子再次反驳:"那为什么半年就要离婚?这算什么真挚的感情?这不是虚情假意又是什么?"丈夫又不慌不忙地辩驳道:"文学作品中的鸳鸯比喻男女之间爱情的神圣与珍贵,可是你婚后三个月就在外面另有新欢,这能怪我不守诺言吗?能怪我虚情假意吗?"妻子听后哑口无言,只得向丈夫认错,请求原谅。丈夫在这场辩论中坦诚地指出了妻子不忠诚于爱情的行为,使妻子回心转意,从而夫妻关系得到了巩固。

12.2 辩论口才的实用技巧

辩论是实现人际沟通的一种手段,能言善辩者可在各种竞争和机遇面前取得优势;而说话笨拙的人往往错失良机,处于劣势。在辩论中,掌握相关技巧和注意事项能大大提高辩论水平,达到出奇制胜的效果。

12.2.1 逻辑技巧

逻辑有其自身的规律,辩论中不管使用什么概念和命题,进行何种推理和论证,都必须遵守最基本的逻辑规律,否则,人们的思维就会出现错误,即使辩论者再巧舌如簧也掩盖不了其本质上的错误。可见,逻辑技巧是辩论口才的基础技巧。

1. *反证法和归谬法*

辩证法认为,世界上的一切事物都不能孤立地存在,而是与周围其他事物相互联系、相互影响、相互制约和相互作用,从而使整个世界构成一个相互联系的统一整体。正因为如此,每一事物或现象的存在都是有条件的。一定的事物只是在一定条件下才能产生,在一定的条件下才能发展,又在一定条件下趋于灭亡。随着条件的改变,事物之间或事物内部各因素之间联系的性质和方式也要发生改变。从这个意义上讲,唯物辩证法的普遍联系观也就是条件论。因此,一定的条件必然导致一定的结果,如果我们在不改变条件的情况下硬要得出相反的结果就必然要出问题——也就是我们所说的"出现矛盾"或"导致矛盾"。

中国成语中有一个"矛盾"的故事,有一个人同时贩卖矛与盾,他向买家吹嘘他的矛是"无坚不摧"的,盾是刀枪不入的。于是,有人马上提议他"以子之矛,攻子之盾"来验证一下他的宣传是否可靠,于是这个人当场被问得哑口无言,这种方法就是反证法。

反证法(又称悖理法)是"间接证明法"的一类,是从反方向证明的证明方法,即首先假设某命题不成立(即在原命题的题设下,结论不成立),然后推理出明显矛盾的结果,从而下结论说假设不成立,原命题得证。具体来讲,反证法就是从反论题入手,把命题结论的否定当作条件,肯定了命题的结论,从而使命题获得了证明。在数学上人们也常用这种"以子之矛,攻子之盾"的方法来证明一些问题,在辩论过程中也是如此。

归谬法与反证法相似,但归谬法不仅包括推理出矛盾结果,也包括推理出不符合事实的结果或显然荒谬不可信的结果。如加拿大前外交官朗宁,出生在中国,是喝中国奶妈的奶长大的,在竞选外交官的时候,有人据此加以诘难,说:"朗宁是喝中国奶妈的奶长大的,他一定有中国人的血统!"朗宁反驳道:"如果这些人说得对,那么他们一定有牛的血统,因为大家知道,他们是喝牛奶长大的!"朗宁的话字如千钧,驳得对方哑口无言。

《史记》记载的"优孟讽楚王纳谏"的故事中优孟也使用了"归谬法"。

优孟原是楚国的老歌舞艺人。他身高八尺,富有辩才,时常用说笑的方式劝诫楚王。楚庄王时,他有一匹喜爱的马,给它穿上华美的绣花衣服,养在富丽堂皇的屋子里,睡在没有帐幔的床上,用蜜饯的枣干来喂它。马因为得了肥胖病而死,楚庄王就派群臣给马办丧事,要用棺椁盛殓,依照大夫那样的礼仪来葬埋死马。左右近臣争论此事,认为不可以这样做。庄王下令说:"有谁再敢以葬马的事来进谏,就处以死刑。"优孟听到此事,走进殿门,仰天大哭。庄王吃惊地问他哭的原因。优孟说:"马是大王所喜爱的,就凭楚国这样强大的国家,有什么事情办不到,却用大夫的礼仪来埋葬它,太薄待了,请用人君的礼仪来埋葬它。"庄王说:"我的过错竟到这种地步吗?"于是庄王派人把马交给了主管宫中膳食的太官,不让天下人长久传扬此事。

归谬法与反证法既有区别又有联系,其区别如下。

一是两者的目的不同。反证法用于论证,它的目的在于确定某一判断的真实性;归谬法用于反驳,它的目的在于确定某一判断的虚假性。

二是两者的结构不同。反证法的结构比归谬法的结构复杂,反证法需要设与被论证论题的反论题(相矛盾的或相反对的论题);归谬法不需要设反论题。

三是两者的根据不同。反证法需要运用排中律,由确定反论题假进而间接地确定原论题真;归谬法不用排中律,它是根据充分条件假言三段论推理的否定后件式直接推出被反驳的论题假。其联系在于:反证法由确定反论题假而间接地确定原论题真时,常常运用归谬法;归谬法是为反证法服务的。

2. 假言法

假言法是运用假言推理进行的论证方法,而所谓假言推理是根据假言命题的逻辑性质进行的推理。可见,想要弄懂"假言法"就必须先明白什么是"假言命题"。

假言命题又称条件命题,是陈述某一事物情况是另一件事物情况的条件的命题,形式为"如果 A 则 B",其在前的支命题 A 叫作"前件",在后的支命题 B 叫作"后件"。

有一次,皇帝与阿凡提一起散步。当他们走到一口池塘边时,皇帝说:"阿凡提,人人都说你很有智慧,你知道这池塘里的水有多少桶吗?"阿凡提回答道:"陛下,如果这只桶有池塘大，就只有一桶水；如果这只桶有池塘一半大，就有两桶水；如果这只桶有池塘 1/10 大，就有十桶水。”

此处皇帝的问题的确是个难题，不便按常规的直言答话法回答。即使勉强作答，也会给对方留下可以攻击的漏洞，从而受制于人，使自己处于窘困之地，比如你答：“有十万桶。”皇帝反击：“这么精确？为何不可以十万零一桶呢？”这种直言式的回答实在是自找麻烦，既受制于别人，又毫无艺术性可言。而阿凡提的回答则不然，很富有艺术性，其技巧性之高，令人拍案叫绝。他采用假言断定法作答，采用桶与池塘的比例大小是有多少桶水的充分条件的答话方式，避开了直言式，巧用假言式，妙答了皇帝的难题。

(1) 假言推理的三种逻辑形式

在假言命题的基础上，假言推理有三种逻辑形式。

一是充分条件的假言推理，前件是后件的充分条件，也就是说，如果前件断定的情况发生了，那么后件所断定的情况也必然发生，如果前件断定的情况没有发生，那么后件所断定的情况是否发生则不确定。例如，如果骄傲自满，那么就会退步。他骄傲自满了，所以他退步了。在这个例子里，“骄傲自满”(前件)是“退步”(后件)的充分条件。

二是必要条件的假言推理，前件是后件的必要条件，即如果前件断定的情况没有发生，那么后件所断定的情况也必然不会产生，如果前件断定的情况发生了，那么后件所断定的情况是否发生则不确定。例如，只有将理想付诸行动，才能实现它。他没有将理想付诸行动，所以他没有实现他的理想。在这个例子里，“付诸行动”(前件)是“实现理想”(后件)的必要条件。

三是充分必要条件的假言推理，前件是后件的充分必要条件，即如果前件断定的情况发生了，那么后件所断定的情况也必然发生，要是前件断定的情况没有发生，那么后件所断定的情况也必然不会发生。例如，一个数能被 2 整除，当且仅当它是一个偶数。这个数能被 2 整除，所以它是一个偶数；这个数不能被 2 整除，所以它不是一个偶数。在这个例子里，“能被 2 整除”(前件)是“偶数”(后件)的充分必要条件。

(2) 两难推理

假言推理在逻辑推理中极其重要，包括假言直言推理、假言选言推理、假言联言推理、假言连锁推理等多种方式。这里主要介绍假言推理中常用的“两难推理”。

两难推理属于假言选言推理的一种。所谓假言选言推理，就是以假言命题和选言命题作前提所构成的推理。两难推理之所以称为两难推理，在于指出客观情况只有两种选择的可能性，无论选择哪种可能，其结论总是令人难以接受，即所谓“左右为难”或“进退维谷”。

据传，东方朔曾偷饮过汉武帝求得的据说饮了能够不死的酒，汉武帝气恨不已，扬言要杀了东方朔，东方朔却说：“如果这酒真能使人不死，那么你就杀不死我；如果这酒不能使人不死(你能杀得死我)，那么它就没有什么用处；这酒或者能使人不死，或者不能使人不死；所以你或者杀不死我，或者不必杀我。”这就是一个两难推理。汉武帝认为东方朔说得有理，哈哈一笑就放他去了。

① 两难推理的形式。两难推理有以下四种基本形式。

一是简单构成式。这种形式是在前提中肯定假言命题的前件，结论中肯定后件。具体形式如下：如果 A，则 B；如果 C，则 B；或者 A，或者 C；总之，B。

二是简单破坏式。这种形式是在前提中否定假言命题的后件，结论否定前件。具体形式如下：如果A，则B；如果A，则C；或者非B，或者非C；总之，非A。在这个形式中，假言推理前提的后件不同，但有相同的前件，因而不论否定哪个后件，结果总是否定了这个前件。

三是复杂构成式。复杂构成式是相对于简单构成式而言的，它是指前提中两个假言命题的前件不同，后件也不同，选言命题肯定不同的前件，结论则以选言命题的形式肯定不同的后件的推理。具体形式如下：如果A，那么B；如果C，那么D；A或C；所以，B或D。在这个形式中，各个假言前提有不同的前件和不同的后件，因此肯定这个或那个前件，结论便肯定这个或那个后件。

四是复杂破坏式。复杂破坏式是相对于简单破坏式而言的，是指前提中两个假言命题的前件不同，后件也不同，选言命题否定不同的后件，结论则以选言命题的形式否定不同的前件。其实复杂破坏式就是复杂构成式在逆否命题基础上的推理。具体形式如下：如果A，那么B；如果C，那么D；非B或非D；所以，非A或非C。在这个形式中，各个假言前提有不同的前件和不同的后件，因此否定这个或那个后件，结论便否定这个或那个前件。

② 两难推理的方法。两难推理由于它的特殊的形式结构而成为辩论中强有力的武器，但不可否认的是，人们在运用两难推理时有时会犯错误，甚至有人故意利用错误的两难推理作为诡辩的工具，所以，必须学会破斥错误的两难推理的方法，其方法通常有以下三种。

一是指出该两难推理的推理形式无效。两难推理主要由充分条件假言判断和选言判断构成，因此，它们必须遵守充分条件假言判断和选言判断的相关规则。两难推理的肯定式，主要利用充分条件假言推理的肯定前件就要肯定后件的规则；两难推理的否定式，主要利用充分条件假言推理的否定后件就要否定前件的规则。如果相反，那就是错误的两难推理。

例如，如果某甲贪污数额巨大，那么某甲构成犯罪；如果某甲受贿数额巨大，那么某甲也构成犯罪；某甲或者贪污数额不大，或者受贿数额不大；所以，某甲不构成犯罪。

这个推理的错误在于推理形式，可以指出它违反了充分条件假言推理“否定前件不能否定后件”的规则。

二是指出对方推理的前提虚假。两难推理的前提虚假有以下两种情况：

例如，如果从经验出发，就会犯经验主义错误；如果从书本出发，就会犯本本主义错误；或者从经验出发，或者从书本出发；所以，或者犯经验主义的错误，或者犯本本主义的错误。

这个两难推理之所以错误，是因为前提中的两个假言判断前后不具有充分条件关系，假言前提虚假。

例如，关于“你是否已经停止殴打你的父亲?”这个问题，你只能回答是与否。如果你回答“是”，那就是说你过去打过你父亲；如果你回答“否”，那就是说你现在还在打你的父亲；或者你回答“是”，或者回答“否”；所以，你或者过去打过你的父亲，或者现在还在打你的父亲。

这个两难推理之所以错误，是因为上述问话是一个“复杂问句”，预设着一个未必为其他人所接受的其他判断。

三是构造一个结论相反的两难推理。即仿照原两难推理的形式结构构造一个结论相反的两难推理。在实际辩论过程中,为增强驳斥力,达到"以彼之道,还施彼身"的目的。

古希腊有一个名叫欧提勒士的人,他跟随著名的辩者普罗达哥拉斯学习法律。两人曾订有合同,其中约定在欧提勒士毕业时付一半学费给普罗达哥拉斯,另一半学费则等欧提勒士毕业后第一次打赢官司时付清。

但毕业后,欧提勒士并不执行律师职务,总不打官司。

普罗达哥拉斯等得不耐烦了,于是向法庭状告欧提勒士,他提出了以下两难推理:如果欧提勒士这场官司胜诉,那么,按合同的约定,他应付给我另一半学费;如果欧提勒士这场官司败诉,那么按法庭的判决,他也应付给我另一半学费;他这场官司或者胜诉或者败诉,所以无论是哪一种情况他都应付给我另一半学费。

而欧提勒士则针对老师的理论提出一个完全相反的两难推理:如果我这场官司胜诉,那么,按法庭的判决,我不应付给普罗达哥拉斯另一半学费;如果我这场官司败诉,那么,按合同的约定,我也不应付给普罗达哥拉斯另一半学费;我这场官司或者胜诉或者败诉,所以我不应付给他另一半学费。

3. 三段论

三段论推理是演绎推理中的一种简单推理判断,包含一个一般性的原则(大前提),一个附属于前面大前提的特殊化陈述(小前提),以及由此引申出的特殊化陈述符合一般性原则的结论,共三部分。如所有的人都是要死的(大前提),苏格拉底是人(小前提),所以苏格拉底是要死的(结论),这就是著名的"苏格拉底三段论"。

从思维过程来看,任何"三段论"都必须具有大、小前提和结论,缺少任何一部分就无法构成三段论推理。但在具体的语言表述中,特别是辩论过程中,常把三段论中的某些部分省去不说。但是"省去不说"不等于可"废除"。因为大前提、小前提、结论,这三者原则上不能够省略任何一个。

(1) 省略大前提。有些大前提是人所共知的,是不言自明的,或是公理,在辩论中运用三段论推理时就可以把这样的大前提省略不说。

2008 年希拉里在加利福尼亚州做演讲时,曾遭到一名男子的公开求婚。面对仰慕她的这名男子,早已结婚的希拉里婉转而又不失幽默地说:"这是我听到的最友善的示意,但是如果那样,我会因重婚罪而被捕。"

希拉里的这句话,大前提是"我已经结婚了",小前提是"如果我答应了你的求婚",结论是"我会因重婚罪而被捕",是一个简单的三段论推理。但由于作为大前提的"希拉里已经结婚",是人人都知道的事实,所以不必再一次强调,希拉里于是省略了这个大前提,使这句反驳显得简洁明了,又意味无穷。

(2) 省略小前提。在某些三段论推理中,因为大前提或结论包含着小前提,或者暗示了小前提,小前提是显而易见的,在这种情况下,辩论时就可以省略小前提。省略小前提可使辩论言简意赅,要言不烦。

如“企业都应该提高经济效益，国有企业也不例外”。这句话省略了小前提“国有企业也是企业”，恢复其完整式应当是“企业都应该提高经济效益，国有企业也是企业，所以，国有企业应该提高经济效益”。

(3) 省略结论。在有些三段论推理中，因为大前提和小前提包含着结论，或者暗示了结论，结论无须多说已经跃跃欲出，在这种情况下，辩论时就可以省略结论。省略结论可使辩论不重复累赘。

中日甲午海战后，日本首相伊藤博文访问中国，南下会晤张之洞。当时，著名学者、翻译家辜鸿铭是张之洞的幕僚，也随其一同会见伊藤。为表地主之谊，辜鸿铭送了伊藤一份见面礼——一本自己刚出版的《论语》英译本。

伊藤博文早知辜氏是中国保守派中的著名人士，便趁机调侃道："听说你精通西洋学术，难道还不清楚孔子之教能行于两千多年前，却不能行于20世纪的今天吗？"

喜欢辩论的辜鸿铭并不感到难堪，而是顺势反弹，见招拆招："孔子教人的方法，就好比数学家的加减乘除，在数千年前，其法是三三得九，如今20世纪，其法仍然是三三得九，并不会三三得八。"伊藤博文听了，一时无言以对。

辜鸿铭用“社会科学的方法和自然科学方法一样”做大前提，以“自然科学的加减乘除不会变”做小前提，隐晦含蓄地得出了“孔子教人的方法也一样适用”的结论，不但驳斥了伊藤博文关于孔教过时的谬论，还给伊藤博文留了面子，可谓一举两得。

三段论推理看似简单，但运用到辩论过程中时如果不谨慎小心，充分掌握其规则，就会犯逻辑错误，下面为大家介绍三段论的一般规则，其中前五条是基本规则，后两条是导出规则。

① 一个正确的三段论，有且只有三个不同的项。三段论的实质就是借助于一个共同项即中项作为媒介，使大小项发生逻辑关系，从而导出结论的。如之前我们所举的“苏格拉底三段论”，当中“人”是中项，作为媒介使大项“要死的”和小项“苏格拉底”发生逻辑关系。一个正确的三段论，有并且只有三个不同的项，否则大小项就找不到一个联系的共同项，因而无从确定大小项之间的关系。因此，一个正确的三段论仅允许有三个不同的词项。

如果仅有两个词项(A是B，所以B是A)，就造成了无意义的同语反复，即循环论证，不能推出新结论；如果有四个词项(A是B；C是D，所以A是D)，那就彻底成了逻辑错误。

② 中项至少要周延一次。如果在一个判断中断定了全部的外延，则该主项(或谓项)是周延的。在三段论中，如果中项在两个前提中一次都没有被做出全称肯定判断，则称为没有被周延，那么大小前提就不能产生必然联系，就无法推出任何结论。

例1：运动员需要锻炼身体(大前提)，我不是运动员(小前提)，我不需要锻炼身体(结论)。在大前提中，“运动员”只是需要锻炼身体的人的一部分，而非全部。中项“运动员”没有被周延，推理无效。

例2：一切金属是可塑的(大前提)，塑料是可塑的(小前提)，塑料是金属(结论)。在大前提和小前提中，金属和塑料都是“可塑的”一部分，无法断定金属和塑料有无关系，所以无法推理出结论。

例3：一切金属是可塑的(大前提)，铁是金属(小前提)，铁是可塑的(结论)。推理有效，在这里，“全属”在大前提中被做出了全称肯定的判断，因此被周延了，所以可以退出结论。

③ 在前提中不周延的词项，在结论中不得周延。如果前提中的大项或小项是不周延的，那么它们的大项或小项的外延就没有被全部断定，若结论中的大项或小项变为周延的，那么就等于断定了大项或小项的全部外延。这样，造成了前后不一致，所推出的结论当然是不可靠的，其结论也不是由前提必然推出的。违反这条规则，所犯的逻辑错误称为“大项不当扩大”或“小项不当扩大”。

例 1：先进工作者（中项）都是工作有成绩的人（大项），老王（小项）不是先进工作者（中项），所以老王不是工作有成绩的人。这个推理所犯的逻辑错误是“大项不当扩大”。

例 2：某人（中项）是教授（大项），某人 A 是北京大学（小项）的，所以，北京大学的都是教授。这个推理所犯的逻辑错误是“小项不当扩大”。

④ 两个否定前提不能推出结论。如果两个前提都是否定的，那么中项同大小项发生排斥。这样，中项就无法起到联结大小前提的作用，小项同大项的关系也就无法确定，因而推不出结论。如甲不是明星（大前提），明星都不轻松（小前提），其中“明星”这个中项无法起到联结“甲”和“轻松”的作用，也就得不出任何结论了。

⑤ 前提有一个是否定的，其结论必是否定的；若结论是否定的，则前提必有一个是否定的。该规则是导出规则。若一个三段论的大前提是否定的，那么，中项与大项这两者的外延就必然是互相排斥的，据规则（4）两个否定前提不能推出结论，这样，小前提就只能是肯定的。若小前提是肯定的，那么，小前提中的中项和小项的外延就必然具有相容关系。这样，通过中项的媒介作用，小项就会与大项的外延相排斥，从而推出必然性结论。同理，若小前提是否定的，那么，中项与小项的外延相排斥；据规则（4），大前提只能是肯定的，则中项与大项的外延就必然具有相容关系。

从另一个角度看，若前提都是肯定的，而结论是否定的，那么，结论的小项和大项的关系，或是真包含关系，或是交叉关系，或是全异关系，而实际上大小肯定前提通过中项联结，小项和大项的外延关系可能是全同关系，或真包含于关系，或真包含关系，或交叉关系，这样在前提中蕴含的小项与大项的关系同结论中的小项与大项的关系存在着差异，从而使结论失去可靠性，其逻辑形式也必然是无效的。

⑥ 两个特称前提推不出结论。反映某类事物中至少有一个对象具有或不具有某种性质的判断，如“有些同学是三好学生”“有的学科不是必修课”，被称为特称判断。如果两个前提都是特称判断，例如，有的同学是运动员（大前提），有的同学是影星（小前提），此三段论得不出结论。

⑦ 前提中有一个是特称的，结论必须也是特称的。例如，所有学生都是青年（大前提），有的影星是学生（小前提），有的影星是青年（结论）。

4. 辩论中常见的逻辑错误

思维活动是客观世界的反映，而客观世界的发展是有规律的。无论是写文章，还是发表演讲或争辩问题，都离不开逻辑推理。因此，利用对方逻辑上的错误，也是进攻的好方法。刚刚在叙述辩论中常用的逻辑技巧时，已经点出了一些可能犯下的错误，这里进行以下补充说明。

(1) 以偏概全

以偏概全是指仅根据少数事例得出一般性结论的简单化的归纳方法。由于任何实例都不难找到，因此在严肃的科学思维中，仅仅靠个例只能提出初步的假说，而不能证明任何命题。

在辩论举例中，一般有两个原则：一个好的反例，比十个好的正例都要有效果，尤其是在比较性辩题的讨论时；正例一定要举那些不偏激、具有典型性、社会性，最好是大家都耳熟能详的例子，这样一下子就能够起到良好的说服效果。例如，如果要讨论奢侈品消费问题，拿我自己做例子肯定是不科学的，必须要有社会性、典型性的数据或例子。

数据的选取也是一样，首先要保证数据来源的真实、广泛，其次要保证数据口径的科学有效，最后在数据到论点的连接上也必须有充分的关联，不然很难保证效力。

(2) 不当类比

类比是为了让人能够更好地理解。当我们的语言能力不足以清晰地阐述某个事物或道理，或者是使用准确的语言描述比较困难的时候，就会采用类比，相当于建立一个“参照系”，让人可以参照着A去理解B，而类比的关键在于找到A和B的结合点，结合点必然是A和B的某个相似之处。

在运用类比推理时，仅仅根据A、B两事物为数很少的又不具备典型性的共同属性，就推断类比对象具有与已知属性相关性程度不高的另一属性，这种错误的类推逻辑上叫作不当类比。例如，“屠夫屠杀动物就和纳粹党屠杀犹太人一样邪恶，因此我们应该禁止屠宰”。杀动物是否和杀人一样邪恶是有争议的，许多人认为杀动物和杀人有不同的道德义务，因而此类比就是不恰当的。

然而在辩论中，类比虽然重要，但本身不能作为论据使用，也不能用来严谨论证，因为喻体和本体只是相似，而绝不可能相同。即类比作为一种修辞，它起到的更多的是帮助理解、引起共鸣的作用。所以，如果准确地把握A和B的结合点，并找出其差异，那么对方的类比也就成了不当类比。

(3) 强加因果

两事物本来没有因果关系，却得出了因果推断，这就是“强加因果”。

例如，某项调查统计显示，肥胖者参加体育锻炼的月平均量，不到正常体重者的一半，而肥胖者的食物摄入的月平均量，基本与正常体重者持平。专家由此得出结论，导致肥胖的主要原因是缺乏锻炼，而不是摄入过多的热量。通过这个例子我们发现这是生活中经常用到的一种思维方式：发现两个客观事实，运动量、食物摄入量与肥胖程度构成了一定联系，最终将肥胖的原因归咎为缺乏锻炼，这种思维方式其实就是强加因果。

(4) 因果倒置

因果倒置就是颠倒事件的因果关系，把原因误认为是结果，或把结果误认为是原因。

例如，美国某州的麻风病患者全国最多、比例全国最高，因此许多人得出结论“这个州的气候一定是很容易得麻风病”。但其实恰好相反，这个州的气候是全国最有利于麻风病患者治愈的，所以全国的麻风病患者都会来这里治疗，所以这个州的麻风病患者才全国最多、比例最高。

因果关系之间要有紧密的联系,不应当简单地以事情的发展的时间前后作为因果关系的依据,否则就会犯诸如强加因果、因果倒置一类的逻辑错误。

(5) 偷换概念、偷换论题

在同一思维过程中,每一个思想必须与其自身保持同一,这是同一律的要求。可用公式表示:A是A,A表示一个概念或命题。一个概念反映什么对象就反映什么对象,在同一语言环境中,它不能既反映这类对象,又反映彼类对象。在概念上有意识地违背同一律的要求而出现的逻辑错误,逻辑上称为"偷换概念"。

"偷换概念"的特点是有意不明确某个概念的含义,进而在这个概念中塞进新的含义。商家"买一赠一"的促销广告,玩的就是"偷换概念"的把戏。两个"一"的概念内涵大不相同,"买一"的"一"是你要买的东西,比如:一件西服,"赠一"的"一",如果你也理解成一件西服,那就太幼稚了。这个"一"有可能是一根领带或一个精美的袋子而已,绝不会是一件西服。

5. 辩论赛中的逻辑技巧应用

(1) "李代桃僵"

当我们碰到一些在逻辑上或理论上都比较难辩的辩题时,不得不采用"李代桃僵"的方法,引入新的概念来化解困难。比如,"艾滋病是医学问题,不是社会问题"这一辩题就是很难辩的,因为艾滋病既是医学问题,又是社会问题,从常识上看,是很难把这两个问题截然分开的。因此,按照我方预先的设想,如果让我方来辩正方,就可以引入"社会影响"这一新概念,从而肯定艾滋病有一定的"社会影响",但不是"社会问题",并严格地确定"社会影响"的含义,这样,对方就很难攻进。

后来,我们在抽签中得到了辩题的反方,即"艾滋病是社会问题,不是医学问题",在这种情况下,如果我们完全否认艾滋病是医学问题,也会于理太悖,因此,我们在辩论中引入了"医学途径"这一概念,强调要用"社会系统工程"的方法去解决艾滋病,而在这一工程中,"医学途径"则是必要的部分之一。这样一来,我方的周旋余地就大了,对方得花很大力气纠缠在我方提出的新概念上,其攻击力就大大地弱化了。"李代桃僵"这一战术的意义就在于引入一个新概念与对方周旋,从而确保我方立论中的某些关键概念隐在后面,不直接受到对方的攻击。

(2) 攻其要害

所谓"攻其要害"即要抓住主要矛盾。在辩论中常常会出现这样的情况:双方纠缠在一些细枝末节的问题、例子或表达上争论不休,结果,看上去辩得很热闹,实际上已离题万里。这是辩论的大忌。一个重要的技巧就是迅速地判明对方立论中的要害问题,从而抓住这一问题,一攻到底,以便从理论上彻底地击败对方。

如"温饱是谈道德的必要条件"这一辩题的要害是:在不温饱的状况下,是否能谈道德?在辩论中只有始终抓住这个要害问题,才能给对方以致命的打击。在辩论中,人们常常有"避实就虚"的说法,偶尔使用这种技巧是必要的。比如,当对方提出一个我们无法回答的问题时,假如强不知以为知,勉强去回答,不但会失分,甚至可能闹笑话。在这种情况下,就要机智地避开对方的问题,另外找对方的弱点攻过去。然而,在更多的情况下,我们需要的是“避虚就实”“避轻就重”，即善于在基本的、关键的问题上打硬仗。如果对方一提问题，我方立即回避，势必会给评委和听众留下不好的印象，以为我方不敢正视对方的问题。此外，如果我方对对方提出的基本立论和概念打击不力，也是很失分的。善于敏锐地抓住对方要害，猛攻下去，务求必胜，乃是辩论的重要技巧。

(3) 顺水推舟

所谓“顺水推舟”，就是表面上认同对方的观点，顺应对方的逻辑进行推导，并在推导中根据我方需要，设置某些符合情理的障碍，使对方观点在所增设的条件下不能成立，或得出与对方观点截然相反的结论。

例如，在“愚公应该移山还是应该搬家”的论辩中，正方认为愚公应该移山，而反方则认为愚公应该搬家。

反方：……我们要请教对方辩友，愚公搬家解决了困难，保护了资源，节省了人力、财力，这究竟有什么不应该？

正方：愚公搬家不失为一种解决问题的好办法，可愚公所处的地方连门都难出去，又怎么搬家？……可见，搬家姑且可以考虑，也得在移完山之后再搬呀！

神话故事都是夸大其事以显其理的，其精要不在本身而在寓意，因而正方绝对不能让反方迂旋于就事论事之上，否则，反方符合现代价值取向的“方法论”必占上手。从上面的辩词来看，反方的就事论事，理据充分，根基扎实，正方先顺势肯定“搬家不失为一种解决问题的好办法”，既而提出“愚公所处的地方连门都难出去”这一条件，自然而然地导出“又怎么搬家”的诘问，最后水到渠成，得出“先移山，后搬家”的结论。如此一系列理论环环相扣、节节贯穿，以势不可当的攻击力把对方的就事论事打得落花流水，真可谓精彩绝伦！

12.2.2 语言技巧

辩论既是智慧和思想的交锋，也是语言的艺术，晏婴不辱使命，靠的是伶牙俐齿，诸葛孔明舌战群儒，凭的是雄辩的才能，多样化的语言风格是辩论赛最大的魅力所在，辩论时语言或质朴淡雅，或华丽藻饰，或言简意丰，或繁复丰满，或幽默诙谐，那么辩论的语言特点和技巧有哪些呢？

1. 辩论语言的特点

(1) 多样性。辩论语言不仅包括有声语言，还包括无声的身体语言等，所以辩论语言是广义的语言，是各类语言的综合体。

(2) 交互性。在一般的交谈过程中，人与人借助语言进行信息交换，促进思维活动，从而产生并相互传递新的信息，信息的接收者与传播者随着交谈不断转换，辩论也是如此，如辩论赛中，双方辩手之间信息快速地进行交互，发出信息之后第一时间收集对方的反馈信息和新信息，迅速进行信息的汇总和处理，从而进行信息的再次反馈。

(3) 能动性。辩论是以知识为中心的各类信息高度密集的语言行为，随着辩论的不断深入，双方将越来越深入地了解和掌握对方思想的精髓，智慧在语言的往来中碰撞出火花，辩论主题的内涵也逐步显现，其中的每个人都可能受到知识的启迪、道德的教化，甚至价值判断的升华。

(4) 简明性。辩论大都是以比赛较量的形式出现，对双方发言的时间都有严格的限制，即使规定不很严格，时间也是有限的。假如能三言两语亮明己方的观点，击中对方的要害，就绝无必要喋喋不休地长篇大论。这样做，不仅是为了杜绝令人生厌的空谈和啰唆，避免话未说完，时间已到，处境被动，也是为了避免由于语言庞杂、论述过多而容易出现的漏洞和破绽。

另外，如果辩手为了压缩时间而加快发言的速度，把话连珠炮似的说给对方，这样就使人听不清你的意思，还有损沉着应战、从容不迫的风度。所以，加快语速不是办法，只有在较小的篇幅里容纳较多的信息，只有在简练明快上下功夫，才能既节省时间，又容易奏效。

(5) 艺术性。辩论的语言不仅要有思辨意义，也不能干巴巴的让人听不进去，只有达到一定的艺术效果，才能生动、激烈而又富有启发性和观赏性。不讲究艺术的辩论是吵架，争吵时间长了，完全是一种噪声，既让人头疼，又让人大倒胃口，而辩论即使到了白热化的关头，依然是艺术的争辩，是赏心悦目的竞赛，在辩论场上，尽管双方你来我往、唇枪舌剑，看似大家在运用语言制造“刀光剑影”，但其语言的魅力所带来的享受，恰如“两岸猿声啼不住，轻舟已过万重山”。

2. 辩论中的语调

语调就是说话声音的高低强弱、疾缓张弛、抑扬错落，它与重音、停顿密不可分。语调在口头辩论中非常重要。相同的内容，运用不同的语调来表达，可以表现出不同的情感、态度和倾向。所以，语调在口头辩论中可以增强抗争的表达效果。铿锵有力、贯流直泻的语调可以表现出理直气壮、咄咄逼人的气势；抑扬顿挫、涓涓细流地娓娓道来，也可表现出思维敏捷、对答从容的机巧；双方的语调都突转高亢，总能传达出舌战正酣；双方的语调渐趋徐缓，大多能表现出攻伐的稍缓或已形成巧妙的智斗。总之，语调的变换转化，特别能烘托舌战的气氛，增强辩论表情达意的效果，体现出辩论语言的雄辩美。

口头辩论形势变化迅速，所以语调也变化多、变化快。交替展现出高低、疾徐、抑扬、升降、张弛、强弱，显得错落有致，表现出辩论语言的声音美；而且语调的快速变化，也能传达辩者的喜、怒、哀、乐、忧、敬、爱、恨……情绪不断变化，使整个辩论过程有声有色、绰约多姿，同时表现出辩论的突出特点，立论严谨，驳论遒劲，这样充分显示出舌战语言的雄辩。

这里谈的语调，主要是指口语的句调，而平时所说的四声，指的是字调。句调是指整个句子的音调高低的变化，字调放在句子中，就随着句调的影响而产生变化，它是服从句调的需要的。所以我们谈语调，主要谈句调。句调的变化多种多样，最基本的有四种。

(1) 升调。调子由平升高。常以此表示疑问、反问、设问、惊讶、号召、鼓动、命令等语气。

(2) 降调。调子由平降低。常以此表示肯定、感叹、请求、坚决、自信、祈使或心情沉重等语气。

(3) 平调。调子平稳，没有高低变化。常以此表示叙述、说明、解释、庄重、严肃、悲痛、冷漠、平静等语气。

(4) 曲调。调子高低变化曲折，先升后降或降后再升，常以此表示感叹、含蓄、讽刺、幽默、愤慨、思索、意在言外、正话反说等语气。

不同的语调，要运用不同的声音来表现。要想使各种语调获得预期的效果，就必须恰如其分地处理好声音。首先，辩者要善于控制自己的声音，使之可高可低，可直可曲，变化多端，运用自如；其次，要善于根据思想感情的变化随时变换语调；再次，辩者还要善于从实际需要出发，交替使用各种语调，而且要自然流畅，使说话抑扬顿挫，声情并茂，切不可矫揉造作，过于生硬。

3. 辩论中的语言技巧应用

(1) 缓兵之计

在日常生活中可以见到如下情况：当消防队接到求救电话时，常会用慢条斯理的口气来回答，这种和缓的语气，是为了稳定说话者的情绪，以便对方能正确地说明情况。又如，两口子争吵，一方气急败坏，一方不焦不躁，结果后者反而占了上风。这些情况都表明，在某些特定的场合，"慢"也是一种处理问题、解决矛盾的好办法，论辩也是如此。在某些特定的论辩局势下，快攻速战是不利的，缓进慢动反而能制胜。

第二次世界大战中，丘吉尔在张伯伦内阁中担任海军大臣，由于他力主对德国宣战而受到人们的尊重。当时，舆论欢迎丘吉尔取代张伯伦出任英国首相，丘吉尔也认为自己是最恰当的人选。但丘吉尔并没有急于求成，而是采取了"以慢制胜"的策略。他多次公开表示在战争爆发的非常时期，他将准备在任何人领导下为自己的祖国服务。

当时，张伯伦和保守党其他领袖决定推举拥护绥靖政策的哈利法克斯勋爵作为首相候选人。然而主战的英国民众公认在政坛上只有丘吉尔才具备领导这场战争的才能。在讨论首相人选的会议上，张伯伦问："丘吉尔先生是否同意参加哈利法克斯领导的政府？"能言善辩的丘吉尔却一言不发，足足沉默了两分钟之久。哈利法克斯和其他人明白，沉默意味着反对。一旦丘吉尔拒绝入阁，新政府就会被愤怒的民众推翻。哈利法克斯只好首先打破沉默，说自己不宜组织政府。丘吉尔的等待终于换来了英国国王授权他组织新政府。

又如，在某商店里，一位顾客气势汹汹地找上门来，喋喋不休地说："这双鞋的鞋跟太高了，样式也不好……"商店营业员一声不吭，耐心地听他把话说完，一直没打断他。等这位顾客不再说了，营业员才冷静地说："您的意见很直爽，我很欣赏您的个性。这样吧，我到里面去，再另外挑选一双，好让您称心。""如果您不满意，我愿再为您服务。"这位顾客的不满情绪发泄完了，也觉得自己有些太过分了，又见营业员如此耐心地回答自己的问题，也很不好意思，态度随之也来了个大转弯，开始称赞营业员给他新换的实际上并无太大差别的鞋，说："嘿，这双鞋好，就像是为我定做的一样。"营业员以慢对快，以冷对热，让顾客把怒气宣泄出来，达到了心理平衡，化解了这场纠纷。

(2) 死缠烂打

从内容上说，原则性的问题必须死缠烂打，追住不放，最需要注意的是不要让对方轻易脱身，在每一场比赛中都要设定令对方无法回答的"重炮"问题，把对手逼住不放。如何订立重炮呢？辩论双方总是既有理又没理，总有些问题，特别是具体事理或者是哲学原理，对方是不能或无法正面回答的，应该把这些问题理出来。

例 1：焚毁走私犀牛角是/不是保护自然资源的行为。

反方说不是，一直追问：焚毁到底保护了哪些自然资源？

例 2：流动人口的增加有利于/不利于城市的发展。

正方说有利，一直问，由于管理不善带来的消极影响是否也要归责于流动人口？

以上辩题中的例子，或攻或防，都可以让对方要么陷入解释的纠缠，要么跟随自己到对自己有利的战场，这就是重炮问题的好处。

就事论事是说任何回合、任何例子不要游离辩题；死缠烂打是要在对自己有利、事先自己准备过的问题上咬定对方不放松。一大一小，一具一抽，一全一侧，还应仔细体会。

(3) 巧用停顿

日常生活中，我们说话时总要有停顿，其作用在于保持语意明晰，突出重点，给听者以思考和领会的余地，同时也可使自己便于调节声音、气息。辩论中的停顿有三种。

一是逻辑停顿。根据逻辑关系，为突出强调某种重要语意而安排的停顿，叫逻辑停顿。逻辑停顿以语法停顿为基础，配合重音，从辩者的意图、情绪出发，去安排适当时间的停顿。安排好这种停顿，可以使语意明确，重点突出。

二是心理停顿。以说者和听者心理活动的需要而安排的停顿，叫心理停顿。它是以前两种停顿为基础来安排的。这种停顿运用得恰当，可以使说者能更好地表情达意，造成对听者(对手、受众、评审等)的心理刺激，并造成悬念以激起其好奇心，或强调某种语意以引起其密切注意，或故意等待延宕，以便更好地控场等。

三是语法停顿。根据语法而安排的停顿，就是语法停顿。一般地说，较短的单句，语意确定、简单，说完一句以后就可停顿。较长的单句，成分比较复杂，就要以明确表达语意为前提，根据句子成分，只要能说清明确语意的地方，便可适当停顿。复句和句群，都是在说完一个分句后再停顿，倘这个分句较长，成分复杂，就可按照前面所说的较长分句那样处理停顿。安排好语法停顿，可以使语意清楚明白，语气流畅贯通。

在舌战中，辩者为增强语言的雄辩力量，可以使用一些技巧，来对这几种停顿巧作安排。

一是欲说未说先停顿。说前先环顾四周，停顿中亮相，一是吸引听者(对手、受众)的注意力，表现自己的自信和威慑力，还可控制辩论现场的秩序。

二是激人赞赏的停顿。内容精彩、技巧高超、辩词巧妙的地方都可适当安排停顿，给听者留有时间，回味思索，促其赞赏称道。这可令对立方钦佩赞许，动摇其战斗的信心；这也可令受众产生好感，诱使支持。

三是造成悬念的停顿。辩论发言的关键处，安排停顿，就会造成悬念，使听者产生迫切的期待感，引发他们的好奇心，停顿后再抖出“包袱”，这就会加深听者的印象，增强表达效果，获取大家的赞誉，充分表现舌战的引人入胜的艺术特色。

四是说的中间停顿。这有许多情况：摆出己论后停顿，摆出“敌”论后停顿，运用某种修辞手段(设问、反问、排比、双关等)的停顿，语意告一段落后的停顿等。这些停顿都可以引人思考，使其领会辩者的观点和意图；也可以吸引听者的注意力，加深印象，以增强表达效果；还可以给辩者机会来观察听者的反应，以便及时调整辩论策略。

(4) 巧用幽默

辩论中不只是唇枪舌剑、你死我活，偶尔的幽默风趣不会淡化辩锋，反而会增加语言的穿透力，轻轻松松击败对手。辩论中的幽默，直接体现了辩者的知识水平、思想素质、语言表达能力等各方面的高下。

北京师范大学教授于丹很喜欢紫色，在“百家讲坛”举办讲座期间，她常常是一身淡紫色印花西装，再配上一条深紫色的丝巾，感觉十分雅致。然而，有一次，于丹作完讲座后，有观众指着她的衣服问：“于丹老师，易中天老师品三国穿中山装，你却穿得很时尚、很西化，我认为你应该穿中式服装来讲《论语》才对啊！”于丹听了幽默地反问道：“你看，我现在裹小脚还来得及吗？”观众听了忍不住哄堂大笑。

幽默的辩论要求辩者有临场的机智和应变能力，能在适当的时候用幽默的语言打动别人的心，并把锋芒隐藏在幽默中，从而在笑声中给对手沉重的打击，是一种极为有效的制胜术。德国诗人海涅是犹太人，常常遭到无端的攻击。在一次聚会上，有个旅行家给海涅讲述了他在环球旅行中发现的一个小岛，说“你猜猜这个小岛上什么样的现象让我感到很新奇？那就是这个岛上竟然没有犹太人和驴子”。

旅行家的话是恶意的，将犹太人和驴子相提并论。海涅不动声色地回答：“如果真这样，那只要我和你一起去这个小岛上就能弥补这个缺陷了。”

(5) 巧用煽情

煽情是辩论中的常用战术，自由辩论中也应用得颇多，但由于自由辩论中个人发言时间很短，使这种战术的应用受到限制。大规模煽情一般出现在规范发言中。

煽情时首先要投入感情，可谓慷慨激昂之时，声嘶力竭；沉痛哀伤之处，气若游丝。但也要注意不可过火，以不影响自己发言为度，切不可泣不成声、拍桌子等，煽情内容也要注意有逻辑性，比如“法治能消除腐败”中，反方在对腐败问题痛心疾首之后，说“腐败如此严重，单靠法治独木难支”是有效的。而在“应该鼓励购买私人小汽车”中，反方大谈农村失学严重，去煽希望工程的情，就有点风马牛不相及了。

案例分析

1992年美国总统辩论——家庭价值

1992年美国总统候选人简介。

比尔·克林顿州长：民主党总统候选人，阿肯色州州长，第四十二任美国总统(1993—2001)。1946年8月19日出生于美国阿肯色州，1973年毕业于耶鲁大学。

乔治·赫伯特·布什总统：共和党总统候选人，第四十一任美国总统(1989—1993)。1924年6月12日出生于马萨诸塞州，1948年毕业于耶鲁大学。

亨利·罗斯·佩罗特：独立总统候选人，美国亿万富翁。1930年6月27日出生于得克萨斯州，1953年毕业于美国海军学院。

提问者：克林顿州长，你能告诉我们“家庭”的含义吗？

克林顿：一个家庭至少有父母双亲中的一个——不管是亲生的还是养父母——和孩子组成。一个好家庭应该是：上一代把爱、家教和优秀的价值传给下一代，那里是人民生活的避风港，在那里人民知道自己是世界上最重要的人。今天，美国许多家庭面临危机，在这次大选中，对家庭价值展开了深入的讨论，我对此并不陌生。我出生时父亲就不在了(译者注：克林顿出生前三个月，他父亲在一次车祸中死亡)，是我的寡妇母亲和祖父母给予我家庭价值；我从阿肯色州人民那里看到了家庭价值，在美国50年来最严重的经济困难和美国有史以来首次工业生产下降时期，我从拼命工作而得到的报酬甚少的美国人民那里看到了家庭价值。

我认为，总统对家庭价值取向负有责任，他应该重视美国家庭价值。要设法让那些靠福利生活的人得到工作；有工作的穷人如果家庭有孩子并且每周工作40小时，就要给他们免税，使他们摆脱贫困；应该给有工作的家庭公平的税务政策和定期接受培训的机会。他们需要强势经济，我认为他们也需要一个病产假法，72个国家有病产假法，可布什先生两次否决了它，他说什么我们不能做其他72个国家做的事情。

谈到家庭价值，我自己很清楚，没有它我今天就不可能站在这里。今天晚上是我结婚17周年纪念日，这是我自己的家庭价值的最好体现，在结束这个问题之前，我要祝愿我的妻子结婚周年纪念日快乐，同时感谢我的女儿前来捧场。

布什：那么，我要说的是一次会议给我留下了深刻的印象。洛杉矶等一些大城市的市长来见我，他们一致认为美国大都市的衰落源于美国家庭的衰落。所以，我认为我们一定要强化家庭。当芭芭拉（译者注：布什总统的妻子）抱着一个艾滋婴儿时，她表现出来的就是对家庭的同情心。

我认为，要教给我们的孩子遵纪守法，不但在学校里这样做，在家庭中也必须这样做。我对如此高的离婚率表示震惊。离婚在家庭、在我们中间难以避免，但现在的离婚率也太高了。我认为，我们要尽一切可能来保护美国的家庭。它可以是单亲家庭，但那些单亲家庭的母亲需要帮助，提供帮助的一个办法就是让这些不负责的父亲对这些母亲尽到应尽的责任——那对强化美国家庭是有帮助的。

佩罗特：我要说的是，每个家庭都应该有健康的家庭单元，在那里孩子应该得到爱、得到养育、得到鼓励。婴儿在18个月以前就会对自己的能力做出判断，会形成积极的或消极的个人形象观。他们在很小的时候就掌握了如何去学习。如果我们的孩子周围缺乏爱和关怀——你们看看我的孙子孙女们，我担心他们不能学会走路，因为他们总在某人的怀抱里。那么我认为，如果每个孩子都得到那样的爱和关怀，那难道不是很好吗？但是，他们不能。只有每个家庭都有健康的家庭单元，我们的国家才会强大。我认为，你可以把白宫当作很好的讲道坛，宣扬这些孩子的重要性，特别是在他们的早年生长期，要塑造这些精美别致的陶器艺术品，以让他们长大后同样过上富裕、充实的生活。

资料来源：刘植荣．美国历届总统竞选辩论竞选[M]．南昌：江西人民出版社，2005.

【问题讨论】 结合本章内容和上述案例思考，三位总统候选人在进行辩论时都运用了哪些逻辑技巧和语言技巧。

习题

一、选择题

1. 辩论的要素包括（　　）。

A. 主体　　B. 客体　　C. 媒体　　D. 受体

2. 那些虽不直接实施辩论行为，但对辩论主体之间的辩论感兴趣、关心辩论情况、注视辩论行为的进展、接受辩论的影响，有时又反过来施加影响于辩论的发展变化的听众、观众或读者，被称为辩论的(　　)。

A. 主体　　B. 客体　　C. 媒体　　D. 受体

3. 辩论语言的特点包括(　　)。

A. 多样性　　B. 交互性　　C. 能动性

D. 简明性　　E. 艺术性

4. 从辩论媒体的角度，可以将辩论分为(　　)。

A. 口头辩论　　B. 书面辩论　　C. 开放辩论　　D. 封闭辩论

5. 墨子曰："夫辩者，将以明是非之分，审治乱之纪，明同异之处，察名实之理，处利害，决嫌疑。"可见，辩论的作用极其广泛，有助于(　　)。

A. 人发现和认识真理　　B. 人锻炼思维

C. 人促进沟通

6. 中国成语中有一个"矛盾"的故事，有一个人同时贩卖矛与盾，他向买家吹嘘他的矛是"无坚不摧"的，盾是刀枪不入的。于是，有人马上提议他"以子之矛，攻子之盾"来验证一下他的宣传是否可靠，这人当场哑口无言，这种方法就是(　　)。

A. 三段论　　B. 两难法　　C. 假言法　　D. 反证法

二、简答题

1. 什么是反证法？

2. 指出下面两个三段论中的大项、中项和小项。

(1) 我们不应当割断历史，因为我们是马克思主义者，而马克思主义者不应当割断历史。

(2) 蝙蝠是哺乳动物，而鸟不是哺乳动物，所以，蝙蝠不是鸟。

(3) 有的违法行为是犯罪行为，而犯罪行为是要被追究刑事责任的，所以，有的要追究刑事责任的行为是违法行为。

习题答案

第1章

一、选择题

1. ABCD　2. A　3. D　4. ABC

二、简答题

1. 演讲又称讲演，是指在特定的时境中，以有声语言为主要手段，以体态语言为辅助手段，针对某一个或某几个问题当众公开地、系统地陈述自己的见解和主张，从而传递信息、表达情感、阐明事理，并达到感召听众促使其行动的一种语言交际活动。

2. "演讲"和"口才"经常被并列提及，但并不是同一事物，简单来说，演讲是一种语言交际活动，而口才则是一种能力。两者的关系十分紧密，口才是演讲的核心和基础，演讲是口才的体现形式之一，也是提高口才的一种有效途径。

第2章

一、选择题

1. C　2. D　3. B　4. ABCD

二、简答题

虚视，即"眼中无听众，心中有听众"，换言之就是让听众有一种感觉你在看他的错觉，但实际上你根本就没有正视他们的目光，而是去看他们的额头三角区、鼻尖、下巴，这样初上场的演讲者就能克服自己的紧张与分神的毛病，不至于使自己看到台下那火辣辣的眼神而害怕，却又起到了与听众交流的良好效果。

第3章

一、选择题

1. AB　2. AB　3. D　4. B　5. D

二、简答题

1. 近因效应是指当人们识记一系列事物时对末尾部分项目的记忆效果优于中间部分项目的现象。这种现象是由于近因效应的作用。信息前后间隔时间越长，近因效应越明显。原因在于前面的信息在记忆中逐渐模糊，从而使近期信息在短时记忆中更清晰。

将近因效应这一心理现象移入演讲过程中，就是听众对演讲的结尾格外关注，记忆也较为深刻，这就要求演讲者以有力而精辟的话语结束。

2. 所谓时代特征,就是要选择现实亟须回答的论题。一个有责任感的演讲者,总是能从提高人们对客观世界的认识能力和改造能力出发,选择那些"政治上重要的、为大众所注意的、涉及最迫切问题的主题",从而解决人们普遍关心、急于得到回答的问题;而一场优秀的当众演讲,应当在一定程度上帮助听众弄清社会现实中的复杂现象,并有助于解决迫在眉睫的社会问题。紧追时代步伐的演讲才更易引起听众的共鸣,相反,那种不痛不痒的、毫无现实意义的"空对空"的说教,是永远得不到听众欢迎的。所以,准备演讲时应当从客观实际出发,要认真考虑一下自己所选择的论题是否符合现实需要,是否属于听众所亟待得到解答而又有意义的问题。如果论题本身毫无价值,客观上又不需要就不要选;有的论题虽有一定价值,但客观现实并不迫切需要,也不要选。

第4章

一、选择题

1. BC　　2. ABCD　　3. D

二、简答题

1. 包括以下方面。

(1) 话题明确,针对性强。即兴演讲一般是对近期或眼前情况的"有感而发",这就使话题的内容要在一定的范围内,显示出其鲜明的针对性。所以即兴演讲时选题宜小,内容应尽量集中,议论求准、求精。

(2) 形式自然,灵活多变。即兴演讲有时没有明确的中心,只是自然而然地任意表述着各种话题;有时有中心,但由于受时间、地点和交谈对象的变化,不得不改变话题,改变表达方式。即兴演讲多半是现场有感而发,灵感常常来自听众、观众席上。交谈中,必须使自己的话与对方的话相呼应,否则会驴唇不对马嘴,导致交谈的失败。

(3) 情感激发,诱导联想。即兴演讲注重临场发挥,但临场发挥并不是信口开河,要力求说在点子上,没有情感激发,就不存在成功的即兴说话,有时虽然是受命而谈,也需要一个情感酝酿过程。情感一形成,必定唤起表达者的情绪记忆,诱导丰富的联想,推进思维过程,从而捕捉话题,调用储备信息,引导思维信息加工,进行即兴表达。

(4) 短小精悍,达意为上。即兴演讲是在有限的时间内对现实话题所做的迅速的反应,所以演讲者一般都会直截了当地表明自己的观点,否则繁杂啰唆,节外生枝,语言拖沓,难以出彩。从听众角度分析,需要即兴发言的场合,听众多是未经过组织的,根本没有做好听长篇大论的时间和心理准备,演讲时间过长,会造成听众听力疲劳和反感。

2. 材料的快速组合是体现即兴演讲能力的主要因素之一。它要求演讲者在极短的时间内解决好"说什么"和"怎样说"这两个问题。即兴演讲中材料的组合有平行并列式、正反对比式、层层递进式、联想式等多种形式,这些形式既可以单独使用,也可以交叉使用,从而使即兴演讲的形式更加丰富。

(1) 平行并列式

平行并列式即按照平行并列的思路来组合即兴演讲的材料,这种组材法的特点是将总题分解成若干个分题,而分题之间的关系是平行并列的关系。比如一些即兴演讲话题,如果立足理论角度难以展开，可多用事例来说明，所举的例子可以任意排列组合，它们之间都是平行并列关系，先讲哪个后讲哪个无关紧要，主要是在举完例子后要总结归纳，上升到理性高度。如"早恋的危害"一题，就可以先举一个早恋危害的例子，再举一两个早恋危害的例子，最后总结，指出早恋的危害。这种组材法最简单，能达到快速组材的目的。

(2) 正反对比式

正反对比式即按照正反对比的思路来快速组材，这种快速组材法中材料间的关系是正反对比的关系。具体做法是，围绕题目要求，先选用一到两个正面事例来演讲说明，然后再选一至两个反面事例来演讲说明，最后做出总结，这样正反对比，可以让听众印象深刻，增强演讲的说服力，也能较好实现快速组材。如"诚信"一题就可以先举一两个因诚信而成就事业、实现人生成功的例子，再举一两个因不诚信而导致身败名裂的事例，最后指出诚信这种品德对一个人来说是多么重要。正反对比，效果明显突出，引人深思，也可以增强演讲的说服力，同时也达到了快速组材的目的。

第 5 章

一、选择题

1. B　　2. A　　3. C　　4. C

二、简答题

1. 为了使演讲产生好的效果，演讲者要调整语音、语调、语速、节奏等。尤其是面对大场面或者混乱的场面就要声如巨雷，震慑全场。例如，演讲者声音突然提高一个八度，很可能会让开小差的、打瞌睡的人突然惊醒，然后认真听讲；或者突然降低音量，现场会慢慢安静下来，交头接耳的人也会停止讲话。开国大典上毛主席在天安门城楼宣布："中华人民共和国、中央人民政府今天成立了！"这就是高声控场，高得全场都听得见，激扬得全国人民为之感动。

2. 这段演讲词运用了叙述、描述和抒情的表达方式，以及排比的修辞手法。

第 6 章

一、选择题

1. B　　2. AB　　3. ABCD　　4. ABCD　　5. ABCD

二、简答题

1. 前视法。即视线平直向前流动的方法，要求演讲者视线平直向前而弧形流转，立足听众席的中心线，以此为中心弧形兼顾两边，视线推进时不要匀速，要按语句有节奏进行，要顾及坐在偏僻角落的听众。一般情况下，整个演讲过程中应以前视为主，从而统摄全场，使更多的听众认为演讲者正在对自己讲话。

一般来说，前视法视线的落点应放在全场中间部位观众的脸上，同时，又适当变换视线，照顾到全场观众，并用弧形的视线在全场流转，不可忘掉任何一个角落的观众。这样，既有利于演讲者保持良好端正的姿态，随时注意及调节现场气氛和听众情绪，又可使每个听众都感到演讲者在关注自己，从而提高注意力及兴趣。

2. 演讲时，可以根据自己想要取得的演讲效果，结合使用不同的演讲手势。演讲者在演讲时确立一个正确的手势形象时，要注意一些规则。

(1) 使用手势要准确、适度

所谓准确，是指手势与语言内容要一致，不能让人产生费解和误解，虽然相同的手势在不同的民族、国家会表达不同的意思，但手势又有一定的规定性和更大的一致性。如果演讲者"言行不一"，听众就会被搞得丈二的和尚摸不着头脑。手势应当适时地与你的语言信息相配合，当你说到有三点时，你列举的动作应当在你说到"三"的时候同时做出。如果你说完三点后又停顿了一两秒才竖起三根手指，那就糟糕了。

所谓适度，是指演讲时手势的频率和幅度。先说频率，演讲者在演讲中自始至终没有任何手的动作，虽然显得生硬呆板，但动作太多，又会喧宾夺主，使听众根本没有注意到他所讲的内容。手势的幅度要视听众的多少和会场的大小而定。在许多正式的演讲场合，特别是向一大群听众演讲时，更大胆、更人幅度的、更戏剧性的手势比较合适，而非正式情境下小范围内的听众则适合较为不正式的手势。

(2) 使用手势要简练

简练，就是每一个手势都力求简单、精练、清楚、明了，要做得干净利落，不拖泥带水，个别的演讲者出于哗众取宠的心理，经常在自己的手势上加一点花样，结果反倒使听众茫然不解，其实，手势越简练越有表现力。

(3) 使用手势要自然

自然是指手势不要太机械，不要太僵硬。演讲者的手势贵在自然，自然才是感情的真实流露，自然才能表达情意，才能给人以美感。呆板的手势会使听众感到不舒服，甚至反感。

演讲者的手势从来都不是单独进行的，他的一招一式，总是和声音、姿态、表情等密切配合进行的，只有将一切表演手段都调动起来，共同为总目标服务才能产生感染力，就如身边的同学，有好多人有时候话说完了，可手势却还在做，这就会使听众感到滑稽可笑。

再者，要使用那些最有效的适合你的手势，不要试图让自己成为另外一个人。耶西·杰克逊的风格或许会对你有用，但你毕竟不是耶西·杰克逊。你的手势应与你的性格相配，即便不做任何手势，也要比做笨拙、令人分心的手势或模仿别人的手势好得多。

(4) 使用手势要谨慎

每个人所特有的具体表现力的手势动作是有限的，不谨慎就会与所有人一样，失去特性，其演讲也就失去了光彩。演讲时不要滥用手势。手势不应该太引人注目，你的听众关注的并不是你的手势是否美观或合适，而是你的信息。你的目的是向听众传递信息，而不是让你的表演得到更多的关注。

第7章

一、选择题

1. ABCD　　2. C　　3. C　　4. ABC　　5. AB

二、简答题

1. 包括以下方面。

(1) 内容与事实

在这一级别中，倾听者所关注的是讲话者所传递信息的实质性内容，着重说话者所表达的实际思想，从而理解信息内容和事实。

(2) 方式与情感

在这一级别中，倾听者除关注内容外，还关注讲话者的情感特征，着重于说话者讲话时自身的真实感受，从而理解讲话者的方式和情感。

(3) 影响

在这一级别中，倾听者关注讲话者讲话时的真正意图或者讲话内容背后的故事，着重于这次说话所能带来的影响，从而理解讲话者的意图和原因。

在实际工作中，我们应该关注的是第三个级别，明白每次谈话所能带来的影响，这些影响往往会导致某些具体的行动，例如对项目的实际方向的修正等。我们可以将这三个级别作为每次谈话的检查项，检查自己每次谈话时究竟获得了哪些内容。

2. 人类的全部活动，都是由积累的知识、经验和以前作用于我们大脑的环境所决定的，我们从经历中早已建立了牢固的条件联系和基本的联想。在每个人的思想中都有意或无意地含有一定程度的偏见。由于人都有根深蒂固的心理定式和成见，很难以冷静、客观的态度接收说话者的信息，这也会大大影响倾听的效果。偏见是倾听的重要障碍。假设你对某个人产生了某种不好的看法，他和你说话时，你也不可能注意倾听。又假设你和某个人之间由于某种原因产生了隔阂，如果他有什么异议，你就可能认为他所做的一切都是冲着你来的，无论他做出什么解释，你都认为是借口。

在信息沟通中，如果双方经验水平和知识水平差距过大，就会产生沟通障碍。此外，个体经验差异对信息沟通也有影响。例如，让一个普通初中生去听量子物理方面的讲座，即便他再认真去听也听不明白，所以，有时知识、经验水平的差距造成的倾听障碍是难以逾越的。

第8章

一、选择题

1. D　2. A　3. ABCD　4. BD　5. ACD　6. D　7. ABC　8. ABC

二、简答题

1. 包括以下方面。

(1) 自我介绍的内容

首先报出自己的姓名并让面试官记住。然后，简单地介绍一下你的学历、工作经历等基本情况。这部分的陈述务必简明扼要、抓住要点。最后要着重结合你的职业理想，说明你应聘这个职位的原因。

(2) 自我介绍的要点

一是要注意把握好时间。二是要注意身体语言的表达。三是要讲究态度。四是要注意扬长避短。

2. 单面说服是指说服过程中只讲正面的道理，双面说服是指说服过程中从正、反两方面讲道理。当你就某一话题企图说服对方时,仅仅提示自己主观的说服方法就是"单面说服",一并指出反对的观点和自己主张的缺陷的说服方法就是"双面说服"。在说服他人的过程中,单面论证和双面论证各有利弊,运用时要具体情况具体分析,了解沟通对象的特点、双方观点和时效要求。

(1) 沟通对象。对于智商和知识水平比较低的人,单面说服就足够;对于智商和文化层次比较高的人,最好用双面说服,因为这些人知识经验丰富,接触过很多观点,对他们如果只用一面之词,会没有力度。

(2) 双方观点。如果双方观点一致,用单面说服就会越谈越投机;如果双方观点对立或存在差异,就要用双面说服,详细分析利弊得失,沟通效果会更理想。

(3) 时效要求。如果沟通之后需要迅速做出决定,就要用单面说服;如果沟通之后需要过一段时间再做决定,以防对方在此期间接触到反面观点,就要双面论证给对方打好预防针。

第9章

一、选择题

1. ABCD　　2. AB　　3. AB　　4. ABC　　5. ABCD

二、简答题

1. 包括以下方面。

(1) 忌讳主动介绍个人爱好

面试时不要介绍个人爱好,除非面试官主动问起。有的求职者虽然工作多年了,往往在做自我介绍时,仍兴致盎然地介绍个人爱好,如登山、打球、听音乐等,不仅白白浪费时间,还会让面试官感觉求职者成熟度不够。毕竟个人爱好不等于个人特长。

(2) 忌讳过于简单,没有内容

有的求职者认为简历中自己的情况已经写得很清楚了,面试中再进行自我介绍简直是多此一举,于是就用一分钟草草把工作的经历全部说完,而后便没有下文了,只介绍干了什么,没介绍干成了什么和自己的专业特长,全等着面试官发问。而面试官除了你简单的经历什么也没了解到,不知该从何问起。这就等于你放弃了一次主动展示自己的机会,等面试官发问你就得被动应付。面试官也会认为你过于轻率,或沟通表达能力不强。

(3) 忌讳把岗位职责当个人业绩来呈现

比如是市场部总监,结果你把整个市场部的职责逐条介绍了一遍,占了很多时间。你应该介绍自己在担任市场部总监这段时间所做出的个人努力,采取的工作方法,动用了什么资源,最终取得的实实在在的业绩。

(4) 忌讳说满和说谎

在做自我介绍时,全部事实不一定都说尽,但说出来的一定是事实,一定不要说谎,不要把自己吹嘘得天花乱坠,无所不能。说得太完美了,面试官也不会相信,轻则会认为你自我认知能力不够,重则会认为你职业操守有问题。坦然面对我们过往工作经历中的一些曲折,也是一种职业品质和潇洒。

(5) 忌讳言谈举止非职业化

这一问题通常会出现在刚刚走出校门的毕业生身上。人在职场就要职业化，言谈举止不要太随意，不要用很世俗、江湖、随意的语言来介绍自己，应该用近乎书面的语言来表达。举止端庄即可，不要摇头晃脑、表情过于丰富，眼光尽量直视面试官。

2.“下个月我就23周岁了。尽管我没有相关的工作经历，但我却有整整两年的领导学生会的工作经验。大二时，我被选为校学生会主席，之后又连任一年。你们可以想象，要管理3000多名学生，并非易事，没有一定的管理才能和领导方法，是无法胜任的。所以我认为，年龄固然能说明一定的问题，但个人的素质和能力更为重要。因为这正是一个部门经理所不可缺少的。”

第10章

一、选择题

1. ABCD　　2. ABCD　　3. ACD　　4. BCD　　5. ABE

二、简答题

1. 客户买东西时都会想要便宜点，这是客户的一个正常的消费心理，并不是决定他买不买的主要问题，毕竟在绝大多数客户的眼中，能够满足价格和品质双重标准的产品，才值得自己购买。作为一个老练的销售人员根本没有必要就“能不能便宜点”开始讨价还价，而是应该在客户关心价格的时候引导他关注价值。

(1) 比较法。与同类产品进行比较。如“您看，市场某某牌子的产品要×元，我们是一线大品牌，可打折后，这款产品的价格却比某某牌子的还要便宜，质量也比某某牌子要好，绝对经济实惠。”与同价值的其他物品进行比较。如“这块表的价格确实有些高，用这些钱您可以买到一套西装加一个手包，但那些东西您都不缺，而且西装穿两年款式就旧了，手包也不常用，但男人不能没有一块好表，可见手表才是您目前最需要的。”与其他人进行比较。一位贵妇看上了一条祖母绿项链，但由于价格实在昂贵，所以一直在买与不买之间犹豫不决，聪明的销售员理解地点点头：“上个月总统夫人也很喜欢这条项链，结果也因为太贵所以最终没能买下来。”贵妇一听，果断刷卡买下了项链。

(2) 拆分法。时间上的拆分。将产品价格分摊到每月、每周、每天，尤其对一些高档服装销售最有效；将产品的几个组成部件拆开来，一部分一部分来解说，每一部分都不贵，合起来就更加便宜了。

(3) 强调质量和售后服务。当顾客说产品太贵的时候，销售人员要做的就是告诉顾客这件产品为什么这么贵，因为客户感知价值永远比产品价格更重要，将产品贵的选择变成客户对的选择，才能最终迎合对方的心理要求。

2. 客户在购买产品时，一般会受到社会环境以及时尚的影响，而使用新的产品时，多少会受到其他人的影响，销售员可以利用客户的这种心理，借用名人效应收到良好的效果。在与客户打交道时，可以一些著名的公司或人为例，这样可以壮大自己的声势，尤其举例的公司或人是客户所熟悉、所景仰或所羡慕，效果就会更加显著，如“刘总，您××大学总裁班的同学推荐我来找您，他认为您可能会对我们的移动互联网营销平台感兴趣，因为，这些产品为他的公司带来了很多好处与便利。”

第11章

一、选择题

1. C　　2. AB　　3. AC

二、简答题

1. 人们在吵架的时候，经常为了谁对谁错、谁好谁坏而争执不休，直接的褒贬至少会引起一方的不满，甚至伤害其自尊心。因此，劝架者在对一方进行劝解时应该避重就轻，不对双方道德上的孰优孰劣做出判断，而是强调两者在个性、能力上的差异，适当地“褒一方，贬一方”可使被褒一方的心理得到满足并放弃争执，而又不伤害被贬的一方，使劝解成功。

遇到题目中的情况，可以拍拍小陈肩膀说：“小陈啊，你脾气好，办事周到，这个大家都清楚，也都很欣赏，可是小杨天生是个蹂性子，牛脾气一上来什么都忘了，等脾气过去了就天下太平。你是一个细心人，懂得从团结同事、搞好工作的角度看待问题，你怎么能跟他那个暴性子一般见识呢？”通过比较两人截然不同的性格来肯定小陈待人办事的方法是正确的，小陈领悟到校长的意思，自然也不会再跟小杨计较。

2. 遇到这类问题，稳定情绪是前提，坦诚相告是关键，“如有可能，会后答复”则是基本策略。

3. 会议进行过程中，当会议主持者提出一些问题时，时常会遇到没有人应答的尴尬局面，在这种情况下，会议主持者应该怎么办呢？没有人应答的场面会对整个会议目标最终的达成产生负面影响，因为得不到反馈。会议主持者就一定要想办法鼓励参会者说出自己的意见和建议。最简单的办法就是点出参会者的名字，这样冷场的局面就很容易打破。此外，会议主持者还可以通过运用眼神来鼓励参会者发言。

4. 一是不让电话铃响超过三声。最好是在第二声铃响之后、第三声铃响之前迅速摘机应答，尽量不要让电话铃响超过三声。如果铃声响过三声后依旧无人接听，对方往往会认为这个单位的工作人员工作状态不佳，使单位的形象大打折扣；如果铃声只响一声就立即接听，容易使对方有唐突之感。

二是自报家门。通话时首先说话的是被叫方，因此，摘机后应当主动向主叫方自报家门，以便对方判断电话拨打得是否准确，如“您好，这里是A公司办公室。”

三是辨明身份。如果主叫方已作自我介绍，则可进行正式通话；但如果主叫方未作自我介绍，我们就应当用礼貌的方式了解对方的身份和来电意图，尤其是找领导的电话，更应如此。如果领导暂时不能接电话，下属要做好解释。

四是听记陈述。对方陈述通话内容时，应注意倾听，弄清意图，抓住要害，记住细节。凡有不清楚、不明白的地方，一定要请对方重复或者解释；对方声音不清晰时，应该善意提醒。给领导的留言以及重要事项，要做好详细记录，事后及时向领导汇报。

五是复述内容。作为被叫方，我们应主动复述来电内容，既可以与主叫方核对信息，同时也有助于自己加强记忆。

六是告别、挂机。一般情况下，应当由主叫方先告别，被叫回敬对方“再见”，也可以向对方表示感谢，在确认对方已经挂机后，再轻轻放下听筒，以示尊重，并检查是否挂好电话。

七是处理电话留言。如果电话事务自己无法单独处理，需上报领导，这时就需要对电话留言进行处理。应尽早传递留言，如果留言是紧急内容，应将留言表中紧急一项重点标出，提醒领导及时查看。

第 12 章

一、选择题

1. ABCD　2. D　3. ABCDE　4. AB　5. ABC　6. D

二、简答题

1. 反证法（又称悖理法）是“间接证明法”的一类，是从反方向证明的证明方法，即首先假设某命题不成立（即在原命题的题设下，结论不成立），然后推理出明显矛盾的结果，从而下结论说假设不成立，原命题得证。具体地讲，反证法就是从反论题入手，把命题结论的否定当作条件，使之得到与条件相矛盾，肯定了命题的结论，从而使命题获得了证明。在数学上人们也常用这种“以子之矛，攻子之盾”的方法来证明一些问题，在辩论过程中也是如此。

2.

（1）马克思主义者（中项）不应当割断历史（大项）（大前提）；我们（小项）是马克思主义者（小前提）；我们不应当割断历史（结论）。

（2）鸟（大项）不是哺乳动物（中项）（大前提）；蝙蝠（小项）是哺乳动物（小前提）；所以，蝙蝠不是鸟（结论）。

（3）有的违法行为（大项）是犯罪行为（中项）（大前提），而犯罪行为是要追究刑事责任的（小项）（小前提），所以，有的要追究刑事责任的行为是违法行为（结论）。

参 考 文 献

[1] 胡瑜芩,鲁小俊. 世界百篇经典演讲辞[M]. 武汉：长江文艺出版社,2004.
[2] 刘植荣. 美国历届总统竞选辩论精选[M]. 南昌：江西人民出版社,2009.
[3] 克里斯·安德森. 演讲的力量：如何让公众表达变成影响力[M]. 北京：中信出版社,2016.
[4] 雅瑟. 演讲与口才知识大全集[M]. 北京：企业管理出版社,2010.
[5] 戴尔·卡耐基. 卡耐基：魅力口才与演讲的艺术[M]. 北京：中国华侨出版社,2011.
[6] 殷亚敏. 练好口才的第一本书[M]. 北京：民主与建设出版社,2015.
[7] 问道. 实用演讲词大全[M]. 北京：中国华侨出版社,2010.
[8] 包镭. 演讲与口才技能实训教程[M]. 北京：北京大学出版社,2007.
[9] 谢伯瑞. 实用演讲与口才教程[M]. 武汉：华中科技大学出版社,2014.
[10] 胡伟. 实用演讲与口才教程[M]. 北京：科学出版社,2010.
[11] 吴翰林. 销售与口才[M]. 北京：中国致公出版社,2017.
[12] 郑斌. 销售与口才技巧全书[M]. 北京：中国纺织出版社,2018.
[13] 欣溶. 幽默与口才[M]. 北京：中国华侨出版社. 2018.
[14] 陈浩. 逻辑说服力[M]. 北京：中华工商联合出版社,2017.
[15] 鸿雁. 心理学与社交策略[M]. 长春：吉林文史出版社,2017.
[16] 普通话水平测试研究中心. 普通话水平测试实用教材[M]. 北京：中译出版社,2017.
[17] 汪启明. 社交口才[M]. 成都：四川巴蜀书社,2013.
[18] 汪启明. 辩论口才[M]. 成都：四川巴蜀书社,2013.
[19] 汪启明. 演讲口才[M]. 成都：四川巴蜀书社,2013.
[20] 汪启明. 幽默口才[M]. 成都：四川巴蜀书社,2013.
[21] 易书波. 脱稿讲话训练速成[M]. 北京：北京大学出版社,2014.
[22] 马浩天. 有效社交完美沟通的关键技巧与方法[M]. 广州：广东经济出版社,2017.
[23] 金正昆. 社交礼仪[M]. 北京：北京联合出版公司,2013.
[24] 西武. FBI教你学读心[M]. 北京：新世界出版社,2011.
[25] 周婷. 成功面试礼仪与口才[M]. 北京：经济管理出版社,2010.
[26] 姜英俊. 好工作需要好口才[M]. 北京：人民邮电出版社,2015.
[27] 杰瑞米·多诺万. TED演讲的秘密：18分钟改变世界[M]. 冯颙,安超,译. 北京：中国人民大学出版社,2014.
[28] 梁素娟. 脱稿讲话[M]. 北京：北京联合出版公司,2016.
[29] 谭大容. 演讲、论辩与逻辑[M]. 北京：北京大学出版社,2007.
[30] 谢伦浩. 即兴论辩技法大全[M]. 桂林：广西师范大学出版社,2013.
[31] 应天常,王婷. 主持人即兴口语训练[M]. 北京：中国传媒大学出版社,2014.
[32] 邢群麟. 99种讨人喜欢的说话方式[M]. 北京：中国言实出版社,2006.
[33] 麦克·P.尼可斯. 倾听[M]. 南京：译林出版社,2014.
[34] 马克·郭士顿. 只需倾听：与所有人都能沟通的秘密[M]. 苏西,译. 重庆：重庆出版社,2010.
[35] 麦凯. 倾听技能[M]. 周志平,译. 上海：上海人民出版社,2006.
[36] 王克瑞,杜丽华. 绕口令：播音员主持人训练手册[M]. 北京：中国广播电视出版社,2012.